THASSOS SAMOTHRAKI

Antje Schwab
Gunther Schwab

INHALT

Kartenverzeichnis

Zeichenerklärung für die Karten und Pläne

- Verbindungsstraße
- Piste
- Fußweg
- Bach
- trockener Bach
- Gewässer
- Wasserfall
- Quelle
- Grünanlage
- Strandfläche
- Strand mit Sonnenschirmverleih
- Leuchtturm
- Campingplatz
- Schild/Wegweiser
- Gatter
- Bushaltestelle
- Taxistandplatz
- Flugplatz
- Post/Briefkasten
- Telefon
- Supermarkt
- Apotheke
- ärztliche Versorgung
- Tankstelle
- Parkplatz
- Kirche/Kapelle
- Kloster
- Ausgrabung
- antike Sehenswürdigkeit
- antiker Marmorsteinbruch
- Marmorsteinbruch
- Berggipfel
- Aussichtspunkt
- Höhle
- Felsen/Steine
- Brunnen
- mittelalterlicher Turm
- Olivenbaum
- Laubbaum
- Nadelbaum
- Palme
- Farn
- Oleander
- Weinstock
- Bienenstock

Verzeichnis der Wanderungen

auf Thássos

auf Samothráki

Mittels **GPS kartierte Wanderungen**
Waypoint-Dateien zum Downloaden unter:
www.michael-mueller-verlag.de/gps/homepage.html

Was haben Sie entdeckt?

Haben Sie eine freundliche Taverne weitab vom Trubel gefunden, ein nettes Hotel mit Atmosphäre, einen schönen Wanderweg?

Wenn Sie Ergänzungen, Verbesserungen oder neue Tipps zum Buch haben, lassen Sie es uns bitte wissen!

Antje und Gunther Schwab
Stichwort „Thassos/Samothraki“,
c/o Michael Müller Verlag
Gerberei 19
91054 Erlangen
E-Mail: schwab@michael-mueller-verlag.de

Alikí – eines der Badeparadiese auf Thássos

Die Inseln erleben

Weit im Norden der Ägäis gelegen, weisen das fast ein wenig mondän wirkende Thássos und das deutlich bescheidenere, etwa um die Hälfte kleinere Samothráki einige Gemeinsamkeiten, aber noch weit mehr Unterschiede auf.

Die beiden nördlichsten Inseln Griechenlands ragen aus dem festlandnahen Schelf des Thrakischen Meers, wie dieser Teil der Ägäis genannt wird, hoch heraus, sind außerordentlich gebirgig, so dass man stellenweise von einem alpinen Landschaftsbild sprechen kann. Immerhin ist der Fengári mit nach neueren Messungen 1624 m nicht nur der höchste Gipfel Samothrákis, sondern aller griechischen Inseln, wenn man Kreta und die Euböa unberücksichtigt lässt. Und auch der Ipsárion auf Thássos erreicht immerhin knapp über 1200 m.

Die mächtigen Gebirge sind es auch, denen Thássos und Samothráki ihren Wasserreichtum und ihre z. T. üppige Vegetation verdanken, so dass man sie als die „grünen Eilande" Griechenlands bezeichnet. Im Winterhalbjahr verfängt sich in den Bergen nämlich so manches Tiefdruckgebiet, das vom nahen Festland herüberzieht, es kommt zu ergiebigen Regenfällen, und die Gipfel sind wochen-, ja monatelang schneebedeckt. Allerdings ist auf Thássos ein nicht unerheblicher Teil des herrlichen Kiefernwaldes den Bränden der letzten Jahrzehnte zum Opfer gefallen, Samothráki mit seinen einmaligen Platanenwäldern hatte diesbezüglich mehr Glück. Doch auch auf Thássos herrscht dort, wo es gebrannt hat, inzwischen wieder Grün vor, wuchern Sträucher und Büsche, sprießen junge Bäume, und im östlichen Teil ist der Urwald völlig intakt, so dass Naturliebhaber und Wanderer auf beiden Inseln auf ihre Kosten kommen.

Bukolische Szene auf Samothráki

Neben den landschaftlichen und klimatischen Gemeinsamkeiten gibt es auch eine Reihe historischer Parallelen. In der Antike waren beide Inseln bedeutend und haben heute für Archäologieinteressierte wunderschöne Ausgrabungsstätten zu bieten. Genueser hinterließen ihre Spuren, und vom späten Mittelalter an waren die Inseln in türkischem Besitz, bis sie erst 1914 offiziell wieder mit dem griechischen Mutterland vereint wurden. Gerade während der osmanischen Herrschaft hatten beide unter ständigen Piratenüberfällen zu leiden, so dass sich die geplagte Bevölkerung in von den Küsten nicht einsehbare Bergregionen zurückzog, wo die heute sehenswerten Bergdörfer entstanden. Und auf beiden setzte im 20. Jh. eine Rückwanderungswelle in Richtung Küste ein, aus der die Hafenorte hervorgingen, die nun die Zentren des Tourismus darstellen.

Die gravierendsten Unterschiede: Zwar sind beide Inseln Naturschönheiten, aber in ganz verschiedenen Ausprägungen. Hier das lieblich-schöne, kreisrunde Thássos, da das eher rau-wilde, ovale Samothráki, dessen Südostseite so schroff ins Meer abfällt, dass sie überhaupt nicht zugänglich ist – man kann sie nur vom Schiff aus bewundern. Thássos öffnet sich dem Besucher dagegen ganz und gar, ist verkehrsmäßig bestens erschlossen, sogar auf den höchsten Punkt der Insel kann man mit dem Auto fahren.

Überhaupt wurde Thássos von der Natur her schon immer mehr begünstigt, sorgten doch Edelmetalle und der berühmte weiße Marmor schon seit alters für relativen Wohlstand. Marmor wird immer noch abgebaut, aber heute sind vor allem die vielen herrlichen Sandstrände im wahrsten Sinne des Wortes Gold wert, denn deretwegen kommen die meisten Besucher. Während sich auf Thássos, das noch dazu vom nahe gelegenen internationalen Festlandsflughafen Kavála profitiert, jede Menge Individual- und Pauschalurlauber tummeln, befindet sich das umständlicher zu erreichende Samothráki auf der Schattenseite des Tourismus und wird immer noch als Geheimtipp gehandelt. Dafür ist hier noch viel Ursprünglichkeit erhalten geblieben. Aber auch auf Samothráki steigen die Besucherzahlen, während man andererseits auch auf Thássos selbst in der Hochsaison noch einen ruhigen Strand finden kann, wenn man Initiative entwickelt bzw. mobil ist.

Geographie

Das von fünf Satelliteninselchen umgebene Thássos ist mit einer Gesamtfläche von etwa 390 qkm die neuntgrößte Insel Griechenlands, nur wenig kleiner als das größte Kykladeneiland Náxos. Samothráki nimmt mit knapp 180 qkm flächenmäßig dagegen nur einen mittleren Platz in der mannigfaltigen Inselwelt von Hellas ein.

Die Inseln sind waldreich

Beide zählen zusammen mit Límnos und Ágios Efstrátios zu den Nordägäischen Inseln. Oftmals bezeichnet man die beiden wegen ihrer Lage im Thrakischen Meer auch als Thrakische Inseln. Thássos ist der ostmakedonischen Küste nur knapp 8 km vorgelagert und gehört verwaltungsmäßig zum Bezirk Kavála. Samothráki, ca. 38 km von der ostthrakischen Küste entfernt, ist dem Verwaltungsbezirk Évros zugeordnet, der nordöstlichsten Region Griechenlands überhaupt. In nächster Nachbarschaft zu Samothráki liegt die türkische Insel Gökceada, die Griechenland nach dem griechisch-türkischen Krieg 1922 neben anderen Gebieten an den ungeliebten Nachbarn abtreten musste. Was die Bevölkerung betrifft, so leben auf Thássos mit ca. 16.000 fast siebenmal so viele Menschen wie auf dem etwa 40 Seemeilen östlich liegenden Samothráki.

Geologie

Mit Ausnahme des Südens von Thássos und des Westens von Samothráki sind beide Inseln sehr gebirgig. Diese Gebirge bestehen im Wesentlichen aus metamorphen Gesteinen bzw. kristallinen Schiefern wie Gneisen, Glimmerschiefern und Marmor (Thássos) sowie Hornblende-, Ton-, Marmor- und Kieselschiefern (Samothráki).

Kristalline Schiefer sind Gesteine, die durch tief greifende Umwandlungen (Metamorphose) ehemaliger Sediment- oder Magmagesteine entstanden sind. Diese Umwandlungen sind hervorgerufen worden durch Kontakt mit glutflüssiger Lava (Kontakt-Metamorphose) oder durch gewaltigen Druck und ungeheuer hohe Temperaturen (Druck-Metamorphose), wie sie bei tektonischen Faltungsvorgängen in großer Tiefe auftreten. Und da die höchsten Erhebungen Samothrákis aus Trachyt, einem Glutflussgestein, bestehen, wird klar, dass es hier in Urzeiten Vulkanismus

Beeindruckende Gesteinsformation auf Samothráki: „Die Wäsche der Alten"

gegeben hat und es dabei auch zu Kontakt-Metamorphose kam. Auch auf Thássos gibt es dafür einige Indizien.

Eine noch größere Bedeutung hatte auf beiden Inseln allerdings die Druck-Metamorphose. Tektonisch war ja auch im Gebiet der Ägäis einiges los. Thássos und Samothráki sind abgespaltene Teile eines im Paläozoikum (vor 350 bis 250 Mio. Jahren) entstandenen, aus metamorphosen Gesteinen aufgebauten Gebirges, des sog. Rhodopen-Massivs, das sich im Nordosten Griechenlands und im Süden Bulgariens erhebt. Zu diesem gehörten z. B. auch große Teile der Chalkidikí sowie der Olymp, der höchste Berg Griechenlands. Ursprünglich eine zusammenhängende Masse, zerbrach es unter dem Einfluss ungeheuer starker tektonischer Bewegungen, als vor 70 bis 20 Mio. Jahren im Rahmen der alpidischen Gebirgsbildung unmittelbar südlich davon im einstigen Thetys-Meer, dem riesigen Ur-Mittelmeer, aufgrund des Drucks der afrikanischen auf die europäische Platte ein junges Faltengebirge entstand. Dieses verhakte sich gleichsam in den südlichen Rand des Rhodopen-Massivs und erstreckte sich vom Peloponnes bis in die heutige Türkei. Und wenn schon in der antiken Überlieferung von einem zusammenhängenden ägäischen Festland die Rede ist, dessen Teil Thássos, Samothráki und die anderen Inseln einst waren, dann spricht das für das Wissen der Alten.

Im Jungtertiär (vor 20 bis 2 Mio. Jahren) kam es erneut zu gewaltigen bruchtektonischen Vorgängen, von denen das jüngere Faltengebirge und die alte Rhodopen-Masse betroffen waren. Entlang von Verwerfungen zerbrach das „ägäische Land" in ein Mosaik von einzelnen Schollen, die sich unterschiedlich tief senkten, wieder hoben, um sich dann erneut zum großen Teil zu senken. Von Süden her, vom Mittelmeer, wurde das Gebiet überflutet und dadurch in etwa die gegenwärtige Form des Ägäischen Meeres geschaffen. Was heute als Inseln daraus herausragt, sind nur die Gipfel des ehemaligen Festlands. Anders entstanden sind nur die ganz jungen vulkanischen Inseln, also z. B. Santoríni oder Níssiros. Dass die Erde in diesem Raum noch längst nicht zur Ruhe gekommen ist, zeigen die vielen Erdbeben. Griechenland weist einen Jahresdurchschnitt von etwa 270 Beben auf, von denen allerdings die meisten nur mit empfindlichen Geräten messbar sind.

Klima und Wetter

Auf Thássos und Samothráki herrscht subtropisches Mittelmeerklima, d. h. die Sommer sind heiß und trocken, die Winter regenreich, oft recht kühl und stürmisch. Immer mal wieder fällt Schnee, der in den Bergen lange liegen bleibt. Die Übergangsphasen im Frühling und Herbst sind verhältnismäßig kurz.

Empfehlenswerte Winterziele wie beispielsweise die Kanaren sind die beiden Inseln keinesfalls. Zwar gibt es gelegentlich recht milde Tage, doch häufiger sind heftige Regengüsse, Kälte und Sturm. Bezeichnenderweise hat man auf Thássos an einigen Anstiegen der Inselrundstraße Salz gegen Eis und Schnee deponiert. Das Winterwetter erklärt, warum fast alle Hotels von November bis April geschlossen sind. Alles wartet auf den Frühling, der im April zaghaft, ab Mai dann in voller Pracht einsetzt. Entschädigt wird man für die winterliche Kälteperiode durch den relativ lang anhaltenden Sommer: Bis in den Oktober hinein kann man zumindest mittags (oft auch noch abends) im Freien sitzen und meist auch noch baden. Die Tage allerdings werden ab September schon deutlich kürzer.

Klimatabelle für Thássos (Durchschnittswerte)

Monat	April	Mai	Juni	Juli	August	Sept.	Okt.
Tageshöchsttemp. in °Celsius	22	25	30	33	33	25	22
Nachttemp. in °Celsius	8	13	17	20	20	16	12
Sonnenstunden pro Tag	8	9	11	12	11	9	5
Anzahl der Regentage	6	6	4	3	2	4	7
Wassertemp. in °Celsius	14	18	22	24	25	23	20

Durch die Nähe zum Festland und wegen der hohen Gebirge regnet es auf Thássos und Samothráki im Sommer etwas häufiger als auf anderen Inseln. Leichte Bewölkung oder ein kurzes Gewitter kommen gelegentlich vor. In manchen Jahren allerdings fällt im Sommer in küstennahen Landstrichen monatelang kein Tropfen vom Himmel. Meist ist der Himmel wolkenlos blau, die Luft trocken, und die Mittagstemperaturen klettern auf über 30 Grad. Dass es sich trotzdem gut am Strand aushalten lässt, dafür sorgt der Meltémi, der typische Sommernordwind der Ägäis. Auf Thássos ist er nicht ganz so ausgeprägt, auf Samothráki dagegen umso mehr.

Annähernd alpine Wetterverhältnisse können in den Hochlagen der Inselgebirge herrschen. Bei Wanderungen ist also Vorsicht geboten, und selbst im Hochsommer sollte man sich den Gegebenheiten entsprechend ausrüsten. Bergtouren in einfachen Turnschuhen und T-Shirt sind lebensgefährlicher Leichtsinn!

Die Pflanzenwelt der Inseln

Die beiden „grünen Inseln der Ägäis" verdanken den regenreichen Wintern ihre einmaligen Pinien-, Kiefern-, Platanen- und Eichenwälder, die an manchen Stellen bis an die Küste hinunterreichen.

Doch während auf Samothráki die Natur noch weitgehend intakt ist, wurde auf Thássos ein beträchtlicher Teil der hier vorherrschenden hochstämmigen Kiefern ein Opfer dreier verheerender und mehrerer kleinerer Brände. Nur in Teilen des Nordostens kann man den Wald mit z. T. mannshohem Farndickicht noch so erleben wie vor den Katastrophen der Jahre 1985, 1989 und 1993, als er die gesamte Insel bedeckte – alles in allem wurde mehr als die Hälfte des Bestands vernichtet.

Waldbrände

Jedes Jahr trifft es mehrere Regionen in Griechenland, aber Thássos hat es ganz besonders schlimm erwischt. Und der Schock sitzt bei den Insulanern tief, über die Waldbrände sprechen sie nur zögerlich. Sicher, sommerliche Hitze und Trockenzeit sowie der manchmal kräftig blasende Meltémi ergeben zusammen ideale Bedingungen für einen Brand. Zudem gibt es auf der Insel zu viele offene Müllkippen in der freien Natur. Aber an Selbstentzündung mag keiner glauben.

Über die Ursachen kann man nur spekulieren. Waren es Hirten, denen ein Lagerfeuer außer Kontrolle geriet oder die mehr Weideland für ihre Tiere wollten? Waren es Grundstücksspekulanten? War es einfach Nach- oder Fahrlässigkeit von Thassioten oder Touristen? Genaues weiß man nicht.

Inzwischen hat man in den Wäldern Brandschutzschneisen angelegt, an exponierten Stellen der Insel wacht im Sommer die Feuerwehr Tag und Nacht, und überall hat man Schilder aufgestellt, die zur Vorsicht mahnen. Daran sollte man sich auch als Besucher halten. Schon der kleinste Funke kann die Katastrophe auslösen, z. B. eine achtlos weggeworfene Cola-Dose. Das Aluminium reflektiert die Sonnenstrahlen, und durch die enorme Hitze können sich im Sommer trockene Äste oder Grashalme entzünden. Auch eine vermeintlich ausgedrückte Zigarette hat schon für ein Flammenmeer gesorgt. Am besten verzichtet man außerhalb der Ortschaften ganz auf jedwede Spielerei mit Feuer. Ohnehin drohen für offene Lagerfeuer im Wald und an den Stränden drastische Strafen.

Das vorläufig letzte Feuer wütete im Sommer 2000 zwischen Makríammos und Chrissí Ammoudiá. Zwar wachsen auf den verbrannten Flächen schon wieder Büsche und Sträucher, an vielen Stellen auch bereits junge Kiefern, und es wird zudem staatlicherseits aufgeforstet, aber der Wald würde sich noch sehr viel schneller erholen, gäbe es nicht die vielen halbwilden Ziegen und Schafe, die eine ganze Menge der jungen Triebe abfressen.

Zum Grün der beiden Inseln trägt neben den Wäldern auch die **Macchia** bei, eine Gebüschformation aus zwei bis vier Meter hohen immergrünen Hartlaubgewächsen und verkrüppelten bzw. kleineren Bäumen, die häufig Rodungsgebiete und einstige Waldbrandflächen besetzt. Insbesondere in Wassernähe (an der Küste oder neben Flüssen) bildet die Macchia oft ein schier undurchdringliches Dickicht. Zur inseltypischen Macchiavegetation von Thássos und Samothráki gehören z. B. Kermeseichen, Myrten, Wacholder, Mastix-, Erdbeer- und Judasbäume, Ginster, Zistrosen und Baumheide. In überweideten Gebieten oder bei felsigem Boden weicht die Macchia der **Phrygana,** einer Zwergstrauchformation, die u. a. aus Dornkugelbüschen (z. B. Dornigem Ginster oder Dornbusch-Wolfsmilch) besteht. Durch die Stacheln und Dornen geschützt, wachsen im Umfeld der Phrygana oft duftende Kräuter wie Oregano, Thymian, Salbei, Rosmarin etc.

Die Küstenebenen und die unteren Flusstäler sind dicht mit **Obst-,** insbesondere **Olivenbäumen,** bewachsen. Und im Frühjahr gleichen Thássos und Samothráki einem Meer aus **Blumen:** Margeriten, Klatschmohn, Anemonen, Leimkraut, Nelken, Pfingstrosen und viele andere wild wachsende Arten stehen bis in den Juni hinein in voller Blüte. Besonders schön ist dann ein Spaziergang durch die Olivenhaine mit ihren Blumenteppichen.

Die Tierwelt der Inseln

Vögel, Amphibien, Reptilien und Insekten sind auf Thássos und Samothráki aufgrund der dichten Vegetation und des Wasserreichtums relativ zahlreich vertreten.

Wilde Säugetiere sieht man dagegen selten. Auf Thássos soll es noch ein paar Rehe geben, Kaninchen, Marder und Igel leben auf beiden Inseln. Nachts kann man Fledermäuse im Licht der Straßenlaternen umherschwirren sehen. Zum alltäglichen Bild gehören neben Hunden und Katzen Nutztiere wie Hühner, Ziegen, Schafe sowie Esel und Maultiere, Letztere werden allerdings immer seltener.

Vögel: Gelegentlich sieht man einen Mäusebussard oder einen Wanderfalken, sehr viel häufiger die zahlreichen Nebelkrähen und in den Häfen die Weißkopfmöwen. In der kleinen Andréas-Lagune auf Samothráki trifft man ab und zu auf Grau- und Silberreiher, Störche und Sichler. Sehr groß ist die Zahl der Singvögel. Auf beiden Inseln

Begegnung am Wegesrand

kann man im Sommer u. a. den farbenprächtigen Bienenfresser bewundern.

Amphibien und Reptilien: Auf beiden Inseln leben in der Nähe der vielen Bäche der Europäische Laubfrosch sowie der Spring- und der Seefrosch. Weit verbreitet sind auch die Südliche Erdkröte und die Wechselkröte. Letztere wird so genannt, weil sie ihre Färbung der Umgebung anpassen kann. Häufig trifft man auf Mauereidechsen, die sich vor allem an Trockenmauern und in Ausgrabungsgeländen aufhalten. Ebenfalls stark vertreten ist die grüne Smaragdeidechse.

Wanderer müssen mit Schlangen rechnen. Die allermeisten sind ungiftig, z. B. die recht häufig vorkommende, eine Länge von über 2 m erreichende Springnatter. Allerdings gibt es auch die Hornviper bzw. Sandotter, erkennbar an einem kleinen Horn auf dem Kopf und sägeförmigen Schuppen auf dem Körper, deren Biss (zwei Einstichpunkte im Gegensatz zum halbmondförmigen Abdruck ungiftiger Schlangen) lebensgefährlich sein kann. Im Fall eines Bisses die betroffene Körperstelle ruhig stellen oder schienen und den Patienten möglichst liegend sofort zum Arzt transportieren. In unübersichtlichem Gelände ist die beste Vermeidungsstrategie ein fester Schritt, denn die Schlangen flüchten, wenn man ihnen die Chance lässt. Außerdem sollte man knöchelhohe Schuhe und lange Hosen tragen.

Keine Angst muss man vor dem schlangenähnlichen Scheltopusik haben, dem man auf Thássos oft begegnen kann. Dabei handelt es sich um die größte beinlose Echse Europas, eine entfernte Verwandte unserer Blindschleiche, die völlig ungefährlich ist. Das bräunlich gefärbte Tier wird bis zu 1,40 m lang. Auf glatten Flächen ist es aufgrund seiner unbeweglichen Schuppen recht schwerfällig, weshalb man auf den Asphaltstraßen der Insel häufig von Autos überfahrene Scheltopusik-Echsen sieht. Schließlich sind noch die Schildkröten, die Griechische und die Maurische Landschildkröte sowie verschiedene Wasserschildkröten, zu erwähnen.

Insekten: Neben vielen Heuschrecken und Zikaden gibt es prächtige Schmetterlinge (z. B. das Wiener Nachtpfauenauge, den größten Schmetterling Europas) und an den Gewässern in allen Farben schillernde Libellen.

Meerestiere: Kleine Fischchen, Krebse und andere Schalentiere sind in Ufernähe reichlich vorhanden; größere Fische werden dagegen immer seltener, denn die Ägäis ist weitgehend leer gefischt. An Meeressäugern sieht man gelegentlich Delfine, und in Meereshöhlen des unzugänglichen Südostens von Samothráki sollen einige der seltenen mediterranen Mönchsrobben ein Rückzugsgebiet gefunden haben.

Froschkonzerte sind auf den Inseln häufig zu hören

Schönes, altes Pantopolíon in Mariés

Wirtschaft

Bis vor einigen Jahrzehnten lebte man auf den beiden Inseln fast ausschließlich von der Land- und Holzwirtschaft sowie dem Fischfang, in Thássos kam noch der Marmorabbau dazu. Zu wenig, um die Bewohner zufriedenzustellen, so dass vor allem jüngere Menschen ihre Heimat verließen und in den großen Festlandstädten oder im Ausland ihr Glück suchten. Die Inseln wurden zu typischen Abwanderungsgebieten. Neue Hoffnung brachte der Tourismus – der wichtigste Wirtschaftszweig in den letzten Jahren.

Nach wie vor eine große Rolle spielt die **Landwirtschaft.** Seit alters waren viele Thassioten und Samothrakier **Viehzüchter,** und die Zahl der meist halbwild gehaltenen Schafe und Ziegen ist immer noch enorm. Sie gehören zum Bild der Inseln genau wie das Meer, das diese umgibt. Regelmäßig vor großen Festen, z. B. Ostern, wird eine ansehnliche Menge der Tiere mit Lastwagen aufs Festland gebracht, wo sie auf den Fleischmärkten von Thessaloníki und Athen verkauft werden. Noch wichtiger ist der **Olivenanbau.** Kaum eine Familie, die nicht mehrere Olivenfelder besitzt. Auf Thássos ziehen sich die Bäume im küstennahen Bereich wie ein silbriggrün glitzerndes Band nahezu rund um die Insel, auf Samothráki findet man sie vor allem im trockeneren Südwesten. Hier, wo die Insel relativ flach ist, wird auch Getreide angebaut. Thássos dagegen hat sich mit Getreideprodukten schon immer vom nahe gelegenen Festland versorgt. Dafür findet man dort jede Menge Obstbäume, z. B. Nuss-, Aprikosen-, Birnen- und Feigenbäume.

Enorm wichtig für Thássos – und in deutlich geringerem Maße auch für Samothráki – ist die **Bienenzucht.** Auf Thássos wurden vor den Waldbränden, die auch für die Imker eine Katastrophe bedeuteten, immerhin 1500 Tonnen pro Jahr produziert – das waren mehr als zehn Prozent des griechischen Honigs. Nach der Zerstörung großer Teile der Wälder – auch viele Bienenvölker fielen den Flammen zum Opfer –

sanken die Zahlen natürlich dramatisch um mehr als die Hälfte, stiegen in den letzten Jahren aber wieder deutlich an. Folglich trifft man abseits der Wege ständig auf bunt bemalte Bienenkästen, denen man sich mit gebührender Vorsicht nähern sollte. Der Waldhonig, dem oft Nüsse zugesetzt werden, wird in nahezu allen

Über den Ölbaum

Wie in großen Teilen Griechenlands trägt auch auf Thássos und Samothráki der Olivenbaum, eine der ältesten Kulturpflanzen im Mittelmeerraum überhaupt, zum typischen Landschaftsbild bei. Nach der mythologischen Überlieferung brachte ihn die Göttin Athene nach Griechenland. Tatsächlich stammt er ursprünglich wohl aus dem südlichen Vorderasien, man kultivierte ihn aber schon in minoischer Zeit (ab 3000 v. Chr.) im Ägäis-Raum, und in der Blütezeit des klassischen Athen trug er viel zum Reichtum der Stadt bei. Außerdem galten damals Olivenzweige sowohl als Symbol des Friedens als auch des Sieges, weswegen man bei den Olympischen Spielen den Siegern einen Ölbaumzweig überreichte.

Der knorrige immergrüne Baum (selten auch Strauch) wird drei bis zehn Meter hoch. Seine derben, ledrigen Blätter sind an der Oberseite dunkelgrün, an der Unterseite dagegen hellgrau und dicht mit Schuppenhaaren besetzt, so dass sie in der Sonne silbrig glänzen. Er besitzt weit verzweigte und bis zu sechs Meter in die Tiefe reichende Pfahlwurzeln, mit denen er sich auch dann noch versorgen kann, wenn der Grundwasserspiegel im Sommer abgesunken ist.

Olivenbäume können uralt werden. Was den Boden anbelangt, sind sie sehr anspruchslos. Allerdings vertragen sie nur wenige Frosttage, und auch die dürfen nicht kälter als maximal -5 °C sein. Deswegen gedeihen die Bäume in den höheren Regionen der beiden Inseln nicht. Im Sommer verlangen sie nach Wärme und Trockenheit, im Herbst und Winter jedoch brauchen sie einige kräftige Regengüsse. Die kleinen gelbweißen Blüten zeigen sich im Mai und Juni, Reifezeit ist zwischen September und November. Der Anbau verlangt Geduld: Je nachdem, ob aus Stecklingen oder Samen gezogen, trägt der Baum erst nach fünf bis zehn Jahren die ersten Früchte; den höchsten Ertrag erzielt er sogar erst nach 20 Jahren. Dieser ist jedoch von Jahr zu Jahr sehr unterschiedlich. Je nach Größe des Baumes kann er weit über 100 kg Oliven betragen, im Durchschnitt der Jahre sind es allerdings nur 20 bis 30 kg (zur Olivenernte und zum Olivenöl → S. 254).

Inselorten angeboten. Kaum eine Rolle spielt dagegen der **Weinbau,** für den Thássos in der Antike sehr berühmt war. Nur noch selten bekommt man den wirklich hervorragend schmeckenden thassitischen Rotwein. Eine schlimme Rebenkrankheit soll den Anbau vor einigen Jahren nahezu zum Stillstand gebracht haben.

Die **Holzwirtschaft** ist rückläufig, denn man achtet auf beiden Inseln inzwischen glücklicherweise mehr auf den Bestand der Wälder. Nicht besonders gut bestellt ist es um die **Fischerei.** Die Ägäis, die ohnehin nie zu den fischreichen Meeren zählte, ist bekanntlich nahezu leer gefischt. Dynamitfischerei und zu engmaschige Netze, beide Fangarten verhängnisvoll für die Jungbrut, taten ihr Übriges. Dazu kommt, dass durch schwere Grundschleppnetze sowie durch Gewässerüberdüngung die Seegras- und Tangwiesen zerstört wurden, die gerade für Jungfische überlebensnotwendige Rückzugsgebiete darstellen. Eine bescheidene Rolle spielt der Fischfang auf beiden Inseln aber immer noch.

Auf Thássos ist nach wie vor der **Marmor** von Bedeutung. Zwar haben in jüngster Zeit einige Firmen den Marmorabbau eingestellt, weil sie mit der kostengünstiger arbeitenden Konkurrenz, z. B. aus Bulgarien, nicht mehr mithalten konnten, aber immerhin baut man auf der Insel derzeit noch in etwa zehn Brüchen das edle weiße Gestein ab und verarbeitet es in mehreren Fabriken. Exportiert wird in die ganze Welt, u. a. nach Afrika, Saudi-Arabien und auch nach Mitteleuropa.

Gar nichts bringen den Thassioten die Ölfunde vor der Westküste. Zum einen sind sie nicht so ergiebig, zum anderen hat die Ölgesellschaft ihren Sitz in Néa Karváli auf dem Festland, und von dort kommen auch die wenigen Arbeiter und Ingenieure. Gänzlich zum Erliegen gekommen ist der früher so wichtige Erzabbau, der 1964 von der Firma Krupp wegen der schwierigen Transportprobleme eingestellt wurde. Da die Straßen inzwischen sehr gut sind und der Erzbergbau sich immer noch lohnen würde, wird er irgendwann vielleicht doch wieder aufgenommen werden.

Weltweit begehrt: Marmor aus Thássos

Fischer im Hafen von Kamariótissa (Samothráki)

Arbeitsplätze bieten ansonsten nur die zwei kleinen Werften auf Thássos sowie die Geschäfte und Verwaltungseinrichtungen in den Hauptstädten Liménas und Chóra (auf Thássos kommt noch Limenária, auf Samothráki in jüngster Zeit Kamariótissa hinzu). Allzu viele sind es allerdings nicht. So zogen es auf beiden Inseln v. a. die Jüngeren vor, aufs Festland oder nach Mitteleuropa zu gehen, um dort zu arbeiten (die Samothrakier sowieso, aber auch die wohlhabenderen Thassioten). Eine Trendwende setzte ein, als der **Tourismus** in den 70er und 80er Jahren des letzten Jahrhunderts die Inseln entdeckte und insbesondere auf Thássos boomte. Viele Emigranten kehrten zurück und stiegen ins Tourismusgeschäft ein. Inzwischen ist auf beiden Inseln der Fremdenverkehr zum mit Abstand wichtigsten Wirtschaftsfaktor geworden. Auf Thássos entstanden immer mehr Hotels, Pensionen, Restaurants, Cafés und Souvenirgeschäfte, zahlreiche Arbeitsplätze im Dienstleistungssektor wurden geschaffen. Auf Samothráki ging alles sehr viel langsamer, aber dort fehlen auch die Urlauber anziehenden Strände. Dennoch: Auf beiden Inseln haben die jüngeren Bewohner eine Perspektive und sehen die Möglichkeit, auf ihrer Insel Geld zu verdienen. In der Tat sind die Auswanderungszahlen seit einigen Jahren rückläufig, und die Bevölkerungszahl bleibt konstant.

Doch gerade für das vom Tourismuserfolg verwöhnte Thássos gab es auch herbe Rückschläge. Da waren zunächst die für negative Schlagzeilen sorgenden Waldbrände, dann vor allem aber der Bürgerkrieg im ehemaligen Jugoslawien im Jahre 1990. Dadurch wurde die gewohnte Anreise auf dem Landweg über die Balkanroute für einige Jahre unpassierbar. Ein deutlicher Rückgang der mitteleuropäischen Erholungsuchenden (vor allem der Campingurlauber) war die Folge. Daraufhin setzte man verstärkt auf den Pauschaltourismus, wodurch man sich allerdings von den großen Reiseveranstaltern abhängig machte. In jüngster Zeit sorgen zudem zahlreiche Touristen aus Südost- und Osteuropa für einen Anstieg der Besucherzahlen. Vielen von ihnen fehlt es allerdings noch an Kaufkraft, klagen im Tourismus arbeitende Thassioten.

Traditionen im Umbruch

Die Mitgliedschaft Griechenlands in der EU, der zunehmende Tourismus, der Einfluss der aus Deutschland oder aus Amerika zu Besuch kommenden Verwandten, die Rückkehr der Auswanderer, sicher auch Fernsehen und Internet – all dies hat auch auf Thássos und Samothráki uralte Werte ins Wanken gebracht und manche Gebräuche aussterben lassen. Doch wer genau hinschaut, wer nicht nur in den Touristenorten bleibt, sondern auch die Dörfer besucht und sich dort Zeit nimmt, der findet durchaus noch Inseltypisches, das sich aller modernen Entwicklungen zum Trotz erhalten hat.

Natürlich sieht man an immer mehr Häusern Satellitenschüsseln, und der Siegeszug des Handys war auch hier unaufhaltsam. MP3-Player und Computerspiele sind für die Jugend der Inseln selbstverständlich, ebenso Markensportschuhe, ein Mountainbike oder das Trikot des Lieblingsfußballclubs aus Thessaloníki oder Athen. Viele dieser Kinder und Jugendlichen sind aber auch Mitglied in den rührigen Kulturvereinen, die es in vielen Dörfern der beiden Inseln gibt. Dort treffen sie sich regelmäßig und lernen begeistert die alten Insellieder und -tänze. Voller Stolz ziehen sie zu besonderen Anlässen die alten Trachten an, die bis in die Mitte des 20. Jh. von ihren Großeltern noch getragen wurden. Sicher, in der Hochsaison dominiert heute der Tourismus, und vieles wird für die Touristen bzw. für deren Geld getan. Man veranstaltet „griechische Abende", die Kulturvereine führen die Inseltänze und -trachten vor, eine traditionelle Hochzeit wird nachgespielt, inseltypische Häuser werden gezeigt. Ein Stück weit verkauft man damit seine Identität, um ein paar Krümel vom Tourismuskuchen abzubekommen. Uns steht es nicht an, darüber die Nase zu rümpfen: Der Tourismus ist nun mal der Tropf, der die beiden Inseln weitgehend am Leben erhält, oder, wie uns Ánna in Theológos auf Thássos sagte, „das Brot, von dem wir das ganze Jahr über leben müssen". Trotz aller Veränderungen: Der Besucher bewegt sich auf den Inseln immer noch in einer Kultur, die durchaus beträchtliche Unterschiede zu unserer aufweist.

Stolz präsentiert sich der letzte Backofenbauer von Samothráki

Familie und Gesellschaft

Die Familie ist im ländlichen Griechenland bzw. auf den Inseln nach wie vor der Mittelpunkt des Lebens. Ohne Ehepartner und Kinder als Single zu leben, ist für die allermeisten Thassioten und Samothrakier undenkbar. Da man das auch von den Touristen erwartet, werden ihnen schon nach ganz kurzer Zeit der Bekanntschaft Fragen nach den Familienverhältnissen gestellt: „Bist du verheiratet?“, „Habt ihr Kinder?“, „Wie viele?“ bzw. „Warum nicht?“ etc.

Kinderlosigkeit bedeutet eine wirkliche Entbehrung, nicht selten sogar immer noch eine Schmach. Und so ist es verständlich, dass man, klappt es nach der Hochzeit nicht bald mit einem Baby, alles Erdenkliche tut, um diesen Wunsch in Erfüllung gehen zu lassen. Die Palette reicht von jahrelangen medizinischen Behandlungen über das Aufsuchen von Wunderheilern bis hin zu Pilgerfahrten.

Auch die Verbundenheit mit Eltern, Geschwistern, Onkeln, Tanten, ja selbst mit Cousins und Cousinen ist sicherlich deutlich stärker als bei uns. Immer noch ist es eine Selbstverständlichkeit, in Not geratene Angehörige, und seien es nur entfernte Vettern, durch tatkräftige oder zumindest finanzielle Hilfe zu unterstützen. Der Familienverband, nicht der Staat, übernimmt die soziale Absicherung. Wie weit die Familienbande reichen kann, zeigt das Beispiel jüngerer Inselheimkehrer, die jahrelang in Deutschland lebten und wie selbstverständlich mitgingen, als ihre Eltern auf ihre Heimatinsel zurückkehrten – und dies, obwohl sie sich in Deutschland bereits heimisch fühlten und z. T. sogar eine gut dotierte Stelle aufgeben mussten.

Doch auch auf Thássos und Samothráki ist inzwischen die Kernfamilie weitgehend an die Stelle der traditionellen Großfamilie getreten. Wie in anderen griechischen Insel- und Festlandstädten wohnen z. B. in Liménas meist nur noch Eltern und Kinder in einem Haus oder einer Wohnung zusammen, die Großeltern leben für sich. Nur in den Dörfern findet man manchmal noch drei Generationen unter einem Dach. Oft aber sind dort nur die Alten geblieben, die Jungen sind zum Geldverdienen in die Touristenorte, aufs Festland oder gar nach Deutschland umgezogen. Aber an großen Feiertagen wie Ostern und Panagía (15. August) kehrt, wer immer nur kann, ins Elternhaus zurück, und die Familienwelt ist für ein paar Tage wieder in Ordnung.

Kombolói

Des Griechen liebstes Spielzeug ist das Kombolói, ein Kettchen aus Holz-, Kunststoff-, Bernstein-, Glas- oder Silberkugeln, dessen Ähnlichkeit mit einem Rosenkranz nicht zu übersehen ist. Die Griechen haben es aus der türkischen Gebetskette entwickelt, die aus 99 Perlen für die 99 Namen Allahs besteht. Das Kombolói hat jedoch keine religiöse Bedeutung mehr. Mittlerweile hat sich die Zahl der Kugeln auf 13, 15 oder 17 reduziert – mit ihnen lässt es sich leichter spielen. Der Name *Kombolói* leitet sich von *Kómbos* (Knoten) ab. Ein Knoten – z. B. im Taschentuch – gilt bei den Griechen als Glückssymbol.

Noch vor ein paar Jahren kam es auf den Inseln durchaus vor, dass die **Heirat** einer Tochter oder eines Sohnes von den Familien arrangiert wurde. Auch heute noch wünschen sich viele Eltern, dass die Kinder einen Partner „aus der Nähe“ heiraten –

möglichst von der eigenen Insel, zumindest aber aus Makedonien bzw. Thrakien. Zum einen bleibt die Familie dann eher beisammen, zum anderen ist einem so die Mentalität der zukünftigen Familienmitglieder vertraut. Da es aber die Jungen aus beruflichen und finanziellen Gründen oft nach Athen, Thessaloníki oder gar ins Ausland zieht, bröckelt diese Tradition natürlich sehr. Immer häufiger kommt es vor, dass ein junger Mann aus Thássos, der in Frankfurt arbeitet, ein Mädchen von dort heiratet. Aber immerhin: Wenn man z. B. nach Deutschland geht, achtet man sehr darauf, sich dort niederzulassen, wo schon andere ehemalige Inselbewohner ansässig sind. So leben nahezu alle Samothrakier in Deutschland – und das sind mehr als auf der Insel – im Raum Stuttgart. Und so ist die Chance doch wieder größer, einen Lebenspartner aus Samothráki zu finden.

Prächtig ist die Männertracht auf Thássos

Eine schwere Belastung für die Familien war und ist das System der **Mitgift** *(Príka)*. Je höher der soziale Status des Heiratskandidaten, desto höher auch die von den Eltern der Braut aufzuwendende Aussteuer, die aus Geld, Wohnraum oder auch einem Stück Land bestehen kann. Offiziell ist dieses Mitgiftsystem seit 1983 zwar abgeschafft, doch besteht es unter der Hand im ländlichen Griechenland teilweise weiter. Außerdem gilt es auf den Inseln auch heute noch als wichtig, dass die Braut jungfräulich in die Ehe geht – zumindest der Anschein muss gewahrt bleiben.

Die orthodoxe Kirche

Griechenland ist das Land der Kirchen und Kapellen. Wohin man auch kommt, sei es auf einen Berg, sei es an eine Bucht, leuchtet einem das ziegelgedeckte Dach oder die rote, blaue oder weiße Kuppel eines Kirchleins entgegen. Und auch das kleinste Dorf besitzt mit Sicherheit mehrere Gotteshäuser.

In weiten Teilen der Bevölkerung hat die orthodoxe Kirche immer noch großen Rückhalt. Nicht vergessen ist nämlich bis heute die bedeutende Rolle, die sie während der Jahrhunderte der türkischen Herrschaft als Bewahrerin griechischer Kultur spielte. Mutige Äbte und Mönche lehrten damals im Verborgenen die griechische Sprache und unterstützten, wie später auch während des Zweiten Weltkriegs, tatkräftig den Widerstand gegen die Besatzer. Traditionell sind deshalb Staat und Kirche in Griechenland eng verbunden.

Im Jahre 1054 kam es zur formellen Trennung zwischen orthodoxer Ost- und der vom Papst verkörperten katholischen Westkirche. Schon lange vorher hatte es immer wieder Streit um den Primat des Papstes, Dogmen, liturgische Unterschiede etc. gegeben. Auslöser für die Kirchenspaltung war schließlich der Besuch einer Gesandtschaft des katholischen Oberhauptes beim Patriarchen Michael Keroullários in Konstantinopel, der in einem Desaster endete. Papst Leo IX. belegte Michael daraufhin mit einem Bannfluch, den dieser mit der Exkommunikation des Papstes beantwortete. Deutlich vertieft wurde der Bruch dann während des vierten Kreuzzugs, als im Jahr 1204 die Kreuzfahrer Konstantinopel eroberten und plünderten. Seitdem gingen die Kirchen endgültig getrennte Wege. Erst 1965 hoben Papst Paul VI. und der Patriarch Athenágoras die gegenseitige Exkommunikation auf. Dies war der Beginn einer bis heute nur langsam verlaufenden Annäherung der beiden Kirchen.

Viele Kirchen sind mit alten Fresken geschmückt

Die orthodoxe („rechtgläubige") Kirche dokumentiert schon mit ihrem Namen den Anspruch, die einzige rechtmäßige Nachfolgerin der ursprünglichen römischen Kirche zu sein; sie betrachtet sich deshalb als vollkommen und immerwährend. Folgerichtig hat sie ihre Lehre und ihren Kultus, in dessen Mittelpunkt die Vergegenwärtigung der Heilsgeschichte und der Empfang des Abendmahls stehen, seit dem siebten ökumenischen Konzil von 787 kaum mehr verändert. Eine solche Grundhaltung, verbunden mit einer starken Position im Staat, sorgt naturgemäß für eine extrem konservative Einstellung gegenüber Reformen. Die sozialistische PASOK-Regierung hat in den 80er Jahren des 20. Jh. deshalb versucht, die Macht der Kirche zu beschneiden und deren immense Reichtümer zu verstaatlichen, was aber nur teilweise gelungen ist.

Die **Liturgie** der griechisch-orthodoxen Kirche unterscheidet sich deutlich von katholischen und evangelischen Gottesdiensten; das Gleiche gilt für die Architektur der Kirchengebäude. Die Predigt spielt eine untergeordnete Rolle. Dominiert wird der Gottesdienst, bei dem auch nicht-orthodoxgläubige Besucher willkommen sind, von Wechselgesängen ohne Instrumentalbegleitung. Die Kuppel der Kirche symbolisiert das Firmament, das Gebäude selbst wird als Eingang des Himmels empfunden. Sichtbares und Unsichtbares, Glaube und Architektur verschmelzen zu einer Einheit.

Die **Priester** *(Papádes)* sind fester Bestandteil des Dorflebens. Bekleidet mit langen, dunklen Gewändern und einer charakteristischen Kopfbedeckung *(Kalibáfi)*, sieht man sie auf dem Dorfplatz in einem Kafeníon sitzen oder im Supermarkt einkaufen. Manche haben noch üppige Bärte und tragen das lange Haar im Nacken verknotet. Aber auch diesbezüglich kommt es seit einigen Jahren zu einem Wandel der Tradition, denn immer mehr Priester bevorzugen inzwischen Kurzhaarfrisuren. Ihr Gehalt ist nicht sehr hoch (eine Kirchensteuer gibt es nicht, die Papádes werden vom Staat bezahlt), weshalb sie praktisch gezwungen sind, einem Nebenerwerb nachzugehen. Das Zölibat betrifft in der orthodoxen Kirche nur obere Ränge. Ein einfacher Papás darf verheiratet sein und Kinder haben, der Aufstieg zum Bischof bleibt ihm dann aber verwehrt.

Ikonen spielen in der Orthodoxie eine bedeutende Rolle

Feste und Feiertage

Die Thassioten und Samothrakier lieben ihre Feste *(Panigýria)*, die sie mit großem Aufwand feiern. Anlässe sind neben familiären Ereignissen wie Hochzeiten und Taufen insbesondere nationale und religiös-lokale Feiertage. Die oft zweitägigen Feiern sind Höhepunkte im Inselalltag. Man isst und trinkt zusammen, außerdem wird manchmal musiziert und getanzt. Fremde sind immer willkommen. Zuvor findet meist ein Gottesdienst statt.

Nationale Feiertage

1. Januar	Neujahr und Fest des Ágios Vassílios – in Griechenland statt Weihnachten Tag der Geschenke.
6. Januar	Epiphanie (Erscheinungsfest) – man feiert Jesu Taufe im Jordan und damit seine erste öffentliche „Erscheinung“ als Licht im Dunkel der Welt.
25. März	Griechischer Unabhängigkeits- und Nationalfeiertag – Erinnerung an den 1821 begonnenen Freiheitskampf gegen die Türken.
Karfreitag/Ostern	Ein Erlebnis! Das Osterfest der griechisch-orthodoxen Konfession wird, da nach dem Julianischen Kalender berechnet, in der Regel später gefeiert als bei uns: 2008 am 27.4., 2009 am 19.4., 2010 am 4.4., 2011 am 24.4. und 2012 am 15.4. Nur selten, wie z. B. 2010 und 2011, fallen die Termine zusammen.

Traditioneller Brautzug

1. Mai	Frühlingsfest und Tag der Arbeit.
Pfingsten	Ebenfalls ein bewegliches Fest, 50 Tage nach Ostern. Besonders gefeiert wird in den Agía-Triáda-Kirchen (Dreifaltigkeitskirchen).
15. August	Mariä Entschlafung – man gedenkt des leiblichen Todes Marias (der Panagía), eines der größten Feste in Griechenland (die eigentliche Himmelfahrt findet für die orthodoxe Kirche erst drei Tage später statt).
28. Oktober	„Óchi-Tag". „Nein" (= „óchi") zu Mussolinis Ultimatum von 1940, das von der griechischen Regierung die Kapitulation forderte; Nationalfeiertag.
25./26. Dezember	Weihnachten – wird in den Familien mit einem großen Festessen gefeiert.

Lokale Feiern (Patronatsfeste)

Fast ohne Ausnahme feiert jedes Dorf und jede Stadt sein bzw. ihr eigenes Kirchweihfest. Oft wird mit einer Prozession an den örtlichen Kirchenheiligen erinnert. Ansonsten sind die Kirchweihfeste ein willkommener Anlass, sich bei Musik und Tanz endlich wieder einmal zu treffen.

18. Januar	Ágios Athanásios in Kástro (Thássos) und bei Alónia (Samothráki).
23. April	Ágios Geórgios in Mikró Kazavíti (Thássos) und bei Alónia (Samothráki). Falls dieses Datum in die Karwoche oder auf Ostern fällt, wird am Montag nach Ostern gefeiert.
Donnerstag nach Ostern	Panagía Kamariótissa in Kamariótissa (Samothráki).

Sonntag nach Ostern	In Chóra wird der fünf Märtyrer aus Samothráki mit einer großen Feier gedacht.
29. Juni	Ágii Apóstoli in Megálo Kazavíti (Thássos).
20. Juli	Profítis Ilías in Profítis Ilías (Samothráki).
26. Juli	Agía Paraskeví in Theológos (Thássos) und bei Paläópolis (Samothráki).
27. Juli	Ágios Panteleímonas im gleichnamigen Kloster (Thássos).
6. August	Metamórphosis tou Sotíra in Sotíras und in der Gipfelkirche über Kalliráchi, in Limenária (Thássos) und bei Chóra (Samothráki).
15. August	Mariä Entschlafung in Panagía, in Rachóni und im Panagoúda-Kloster (Thássos) sowie in Chóra und Loutrá (Samothráki).
29. August	Ágios Ioánnis in Megálo Kazavíti (Thássos).
8. September	Mariä Geburt in Lákkoma (Samothráki).
26. Oktober	Ágios Dimítrios in Theológos und Kalliráchi (Thássos).
8. November	Agíon Taxiarchón (Erzengelfest) im Erzengelkloster und in Mariés (Thássos).
6. Dezember	Ágios Nikólaos in Liménas (Thássos).

Karneval auf Thássos

Wer bisher glaubte, nur am Rhein sei man in der Lage, die tollen Tage angemessen zu begehen, der sollte vor dem Beginn der griechischen Fastenzeit einmal nach Thássos reisen. In verschiedenen Orten wird dort ausgelassen gefeiert. In Panagía z. B. veranstaltet man zu Ehren des Weingottes, Wráchos genannt, am Faschingsmontag ein rauschendes Fest. Während man sich früher auf archaische Art lediglich mit Fellen bekleidete, erinnert das, was heute geschieht, doch mehr an den uns bekannten Karneval. Zwei Monate vorher beginnt man damit, überdimensionale Puppen und Wagen zu basteln. Das ganze Dorf hilft dabei mit, denn eines der zentralen Elemente des Festes ist auch hier der Umzug.

Dieser beginnt um die Mittagszeit an einem kleinen Platz oberhalb der Kirche und zieht mit ca. 30 Wagen bis zur Platía hinunter. Wie bei uns wird ein aktuelles Thema aus Gesellschaft oder Politik aufs Korn genommen. Daneben verkleiden sich auch kleinere Gruppen von Freunden oder Nachbarn unter einem bestimmten Motto und begleiten z. B. als Piraten, Touristen, Bauersfrauen oder Zigeuner kostümiert den Zug. An der Platía haben sie dann ihren großen Auftritt und spielen fast professionell mit offizieller Ansage, Mikrophon und musikalischer Untermalung einen zu ihrer Verkleidung passenden Sketch vor. Beispielsweise drohen sie der Regierung, nicht nur alle Hühner und Schweine, sondern auch den einzigen Esel der Familie zu schlachten und aufzuessen, um die hohen Steuern für die Landwirte nicht bezahlen zu müssen. Anschließend gibt es zum reichlich fließenden Wein an mehreren Ständen die verschiedensten Köstlichkeiten: Fleisch, Oktopus, Fladenbrot, Kuchen usw. Doch damit nicht genug: Auch die Restaurants unterbrechen ihre Winterpause und öffnen eigens für diesen Tag. Es lohnt sich, denn nicht nur halb Thássos, sondern auch viele Bürger Kaválas und Thessaloníkis kommen zum Karneval nach Panagía.

Willkommensgruß und Mahnung zugleich

Anreise nach Thássos

Am bequemsten und schnellsten ist Thássos mit dem Flugzeug zu erreichen. Die Hin- und Rückfahrt mit dem eigenen Fahrzeug oder der Bahn lohnt nur, wenn man genügend Zeit hat bzw. zusätzliche ausgedehnte Trips in Griechenland plant. Zudem sind beide Varianten in der Regel kaum billiger als der Flug.

Mit dem Flugzeug

Flug ist nicht gleich Flug: Es gibt eine ganze Reihe von Möglichkeiten, auf dem Luftweg nach Thássos zu reisen.

Flug nach Kavála: Am populärsten sind Charter- oder Linienflüge zu dem der Insel gegenüberliegenden Festlandflughafen Kavála. Er wird z. B. ab Berlin, Düsseldorf, Frankfurt, Hamburg, Köln, München, Nürnberg, Stuttgart und Wien von mehreren Fluggesellschaften (z. B. Air Berlin, Germanwings, LTU und Aegean Airlines) bedient; die Preise bewegen sich zwischen 200 und 600 €. Vom Airport erreicht man mit dem Taxi oder dem Bus in kurzer Zeit den Hafen Keramotí und setzt von dort mit der Fähre nach Thássos über. In insgesamt vier bis sechs Stunden hat man die Insel erreicht.

Flug nach Thessaloníki: Häufiger und von mehr Flughäfen in Mitteleuropa (z. B. auch von Basel, Bremen, Dresden, Leipzig, Münster und Zürich) können Sie per Charter oder Linie die nordgriechische Metropole erreichen. Von Thessaloníki bestehen ausgezeichnete Busverbindungen ins etwa 170 km entfernte Kavála (→ S. 35), von wo es mit dem Schnellboot oder der Fähre hinüber nach Thássos geht (→ S. 35 f).

Flug nach Athen: Von den meisten großen Airports in Mitteleuropa werden z. T. preislich sehr interessante Charter- und/oder Linienflüge in die griechische Hauptstadt angeboten. Von dort kann man mit Aegean oder mit Olympic Airlines je nach Saison 1- bis 2-mal am Tag nach Kavála weiterfliegen. Außerdem besteht eine Busverbindung zwischen den beiden Städten (→ S. 35).

Flug mit Unterkunft: Zahlreiche Reiseveranstalter bieten diese sog. Pauschalreisen an. Empfehlenswert insbesondere in der Hauptsaison – v. a. für Familien mit Kindern –, denn die Zimmersuche kann im Juli/August zu einem langwierigen Unternehmen ausarten, da dann auch viele griechische Urlauber auf die Insel kommen. Enthalten sind Hin- und Rückflug nach Kavála, Transfer nach Thássos und weiter ins Hotel sowie Unterkunft, wahlweise mit Frühstück oder Halb- bzw. Vollpension. Es empfiehlt sich, genaue Preisvergleiche anzustellen, oft zahlt man bei verschiedenen Reiseveranstaltern für die gleiche Leistung erheblich unterschiedliche Preise.

Reiseveranstalter, die derzeit Thássos im Programm haben, sind u. a. Attika (www.attika.de), Gulet (www.gulet.at), ITS (www.its.de), ITS-Billa-Reisen (www.itsbilla.at), Jahn (www.jahn-reisen.de), Kuoni (www.kuoni.at) und die nur auf Nordgriechenland spezialisierte Agentur Thassos-Reisen (www.thassos-reisen.de).

• *Studien- und Wanderreisen* Geboten werden geführte Besichtigungen bzw. Wandertouren mit Unterkunft und Verpflegung. In der Regel handelt es sich um Rundreisen. Thássos, z. T. auch Samothráki, haben z. B. die folgenden Anbieter im Programm:

culterramar, Gaisbergstr. 99, D-69115 Heidelberg, ✆ 06221/433974-0, 📠 06221/433974-1, www.culterramar.de. Der Spezialveranstalter für Südosteuropa bietet eine 15-tägige Wanderstudienreise nach Thássos sowie an den Fluss Néstos und an den Kerkíni-See.

Wikinger Reisen, Kölner Str. 20, D-58135 Hagen, ✆ 02331/904742, 📠 02331/904704, www.wikinger-reisen.de. Auf einer 15-tägigen Reise werden Bade- und Wanderfreuden miteinander verknüpft. Angeboten wird zudem eine zweiwöchige Wanderreise durch Thrakien und nach Samothráki mit Abstechern ins Néstos-Delta, nach Dadiá und zu den Dörfern der islamisierten Volksgruppe der Pomaken in den Rhodopen.

Wandern.de, cG-Touristik, Wilhelm-Diess-Str. 16, D-94149 Kösslarn, ✆ 08536/912297, 📠 08536/912296, www.wandern.de. Bietet ebenfalls eine zweiwöchige geführte Wanderreise mit Schwerpunkt auf Thássos.

Hermann Richter Wanderreisen, Kemeler Weg 15, D-56370 Reckenroth, ✆/📠 06120/8651. Ein Kenner führt Sie durch die Bergwelt von Thássos und Samothráki sowie durch die Néstos-Schlucht und das Néstos-Delta. Sehr zu empfehlen. Programm anfordern.

Nur Flug: Um zu verhindern, dass Chartermaschinen nur halb voll fliegen, bieten alle großen Reiseveranstalter und Fluggesellschaften sog. „Only Flights" an. Da die Hotelkosten wegfallen, sind diese Flüge natürlich deutlich billiger als normale Charterflüge mit gebuchter Unterkunft. Außerdem ist man flexibel und an keinen bestimmten Ort gebunden. Allerdings hat man, wie bei Pauschalreisen auch, einige Nachteile in Kauf zu nehmen: Geflogen wird nur während der Saison von Mitte Mai bis Anfang Oktober, man muss vergleichsweise früh buchen und meistens an dem gleichen Wochentag hin- wie zurückfliegen. Linienmaschinen hingegen verkehren in der Regel ganzjährig, man hat die freie Wahl des Hin- und Rückflugtages, und außerdem sind per Linie einfacher Gabelflüge zu bekommen, also z. B. Frankfurt – Kavála hin, Thessaloníki – Frankfurt zurück. Prinzipiell ist Letzteres per Charter aber auch möglich.

• *Last-Minute/Restplatzbörsen* Das Angebot zahlreicher Last-Minute-Anbieter kann vom Band abgehört werden, viele Reisebüros geben Auskunft, und auch auf allen wichtigen Flughäfen sind Last-Minute-Schalter eingerichtet. Ebenso kann man sich über Internet informieren und z. T. auch buchen. Thássos-Angebote gibt es allerdings nicht allzu häufig.

L'tur, größter Last-Minute-Anbieter mit zahlreichen Filialen in allen deutschsprachigen Ländern. Hotline für Deutschland ✆ 01805/212121, für Österreich ✆ 0820/600800, für die Schweiz ✆ 0848/808088, www.ltur.de.

Travel Overland, ✆ 01805/276370, www.travel-overland.de.

Weitere aktuelle Angebote finden Sie online unter **www.start.de** und **www.tii.de**.

Mit dem eigenen Fahrzeug oder der Bahn

Mit beiden Verkehrsmitteln kann man auf dem reinen Landweg über den Balkan oder über Italien mit anschließender Fährüberfahrt nach Griechenland reisen. Die Bahnfahrt erfordert allerdings enormes Sitzfleisch und kostet – je nachdem, von wo man in Mitteleuropa startet – zudem annähernd bzw. genauso viel wie ein Flugticket. Die Tour mit dem Auto/Motorrad lohnt sicherlich nur dann, wenn man sich längere Zeit in Nordgriechenland aufhalten und z. B. beide Nordostägäische Inseln besuchen möchte.

Balkanrouten: Mittlerweile gilt die Anreise mit dem eigenen Fahrzeug über den legendären *Autoput* durch die Länder des ehemaligen Vielvölkerstaats Jugoslawien – Slowenien, Kroatien, Serbien und Mazedonien – wieder als praktikabel. Die Wartezeiten an den Grenzen und Mautstellen sind laut den Erfahrungsberichten von Reisenden in der Regel erträglich. Die zusätzlich zur österreichischen Zweimonatsvignette (ca. 22 €) anfallenden Straßennutzungsgebühren in diesen Ländern sowie in Griechenland belaufen sich auf ca. 67 €. Allerdings lassen die Straßenverhältnisse stellenweise nach wie vor noch zu wünschen übrig. In allen Ländern sollte man unbedingt die Geschwindigkeitsbegrenzungen einhalten, da streng kontrolliert wird.

Zwar ist die *Alternativroute* über Ungarn, Serbien und Mazedonien etwa 100 km länger, aber dennoch empfehlenswert, da es seltener zu Staus kommt und man außerdem eine Grenze weniger passieren muss. Zudem liegen die Mautgebühren unter denen der direkten Route.

Auch die *Bahn* fährt durch Slowenien, Kroatien, Serbien und Mazedonien (Umsteigen in Belgrad), aber auch über Ungarn, Serbien und Mazedonien (Umsteigen in Wien und Belgrad). Mit dem Wort „Urlaub“ hat die 29 bzw. 31 Stunden dauernde Fahrt jedoch nur wenig gemeinsam.

Über Italien: Eine landschaftlich reizvolle Strecke führt über die Alpen und Oberitalien zu den Fährhäfen von Venedig, Ancona, Bari und Brindisi. Für *Selbstfahrer* treiben Autobahngebühren in den Alpenländern Schweiz und Österreich sowie auf dem italienischen Stiefel die Reisekosten ganz schön in die Höhe, zudem sind die Fähren (s. u.) oft Monate im Voraus ausgebucht – deshalb niemals ohne Vorbuchung losfahren.

Mit der *Bahn* ist man z. B. von München nach Ancona gut 12 Stunden unterwegs, hinzu kommen noch etliche Stunden Fährüberfahrt.

Bedenken sollten Sie bei der Planung in jedem Fall auch, dass die griechischen Fährhäfen Igoumenítsa und Pátras von Thássos weit entfernt sind und man für die Weiterreise bis zur Insel mindestens noch einen zusätzlichen Tag veranschlagen muss.

Gedränge vor der Fähre

• *Vorbereitung* Selbstfahrer sollten sich in jedem Fall vor Antritt der Fahrt bei ihrem **Automobilclub** die neuesten Informationen zur Sicherheitslage, zu Autobahngebühren, besonderen Verkehrsregeln, Benzinverfügbarkeit und -preisen sowie zu Autopapieren in den Transitländern besorgen. Auch die Homepage des Auswärtigen Amts (www.auswaertiges-amt.de) liefert dazu verlässliche Daten. Erfahrungsberichte von Selbstfahrern finden Sie z. B. unter www.samothraki.com oder auch unter www.gothassos.com/de.

Die **Deutsche Bahn** unterhält eine Hotline, die unter ✆ 11861 Fahrplan- und Tarifauskünfte gibt und Buchungen sowie Reservierungen vornimmt. Auch über das Internet kann man sich informieren und buchen (www.bahn.de).

Fährüberfahrt nach Griechenland: Das ganze Jahr über pendeln die Fähren der Reedereien ANEK Lines, Blue Star Ferries, Minoan Lines, Superfast Ferries, Stríntzis Lines, Endeavor Lines/HML, Ventouris Ferries etc. zwischen den italienischen Häfen und Igoumenítsa bzw. Pátras. Thássos-Reisende sollten bereits in Igoumenítsa von Bord gehen, da diese Stadt deutlich näher an der Insel liegt.

• *Fahrtzeiten* Ab Venedig 21–23 Std., ab Ancona 15–17 Std., ab Bari 10 Std., ab Brindisi 7–9 Std. (jeweils nach Igoumenítsa). Die Reedereien setzen unterschiedlich schnelle Schiffe ein, achten Sie bei der Buchung darauf.

• *Reservierung* Buchen Sie über Ihr Reisebüro unbedingt frühzeitig; Fährplätze für das Fahrzeug sind ebenso wie Kabinen oft lange im Voraus ausgebucht.

• *Preise* Zwischen den konkurrierenden Reedereien bestehen z. T. erhebliche Preisunterschiede. Vergleichen lohnt sich. Achten Sie auch auf Ermäßigungen. So gewähren z. B. die meisten Reedereien einen Rabatt von bis zu 50 % auf das Rückfahrticket. Folgendes Preisbeispiel (Ancona–Igoumenítsa) gilt nur für die einfache Fahrt während der Hochsaison: Deckpassage 74 €, Pullmannsitz 100 €, Doppelkabine (je nach Ausstattung) 228–340 €. Pro Auto (bis 6 m) bezahlt man 116 €, pro Wohnmobil (je nach Länge) 224–430 €, pro Motorrad 40 €.

• *Fahrradmitnahme* Auf allen Strecken kostenlos.

Weiterreise innerhalb Griechenlands

Wer mit dem Ziel Thássos die Fährpassage ab Italien wählt, muss in Griechenland für die Weiterfahrt mit dem Auto nach Kavála noch einen weiteren Tag einkalkulieren und auch mit einer eventuellen Zwischenübernachtung rechnen. Kommt man per Bahn, geht es ab Igoumenítsa weiter mit dem Bus über Thessaloníki nach Kavála. Ebenfalls mit dem Bus muss man weiterreisen, wenn man mit dem Flieger in Thessaloníki ankommt. Nur wer mit dem Flugzeug über Athen anreist, hat es komfortabler: Von hier gibt es eine Flugverbindung nach Kavála.

• *Per Auto* Ein ehrgeiziges Autobahnprojekt, der Bau der sog. **Odós Egnatía**, soll in den nächsten Jahren eine schnelle und bequeme Ost-West-Verbindung in Griechenlands Norden herstellen. Von Igoumenítsa wird sie dann über Ioánina, Métsovo, Grévena und Kozáni nach Thessaloníki führen, von hier geht es über Amphípolis weiter nach Kavála und Alexandroúpolis bis zur türkischen Grenze. Unzählige Tunnels wurden bereits gegraben, etliche Streckenabschnitte geteert, einige auch schon für den Verkehr freigegeben, doch bis zum Abschluss des Projekts wird es wohl noch ein paar Jahre dauern (den aktuellen Stand erfahren Sie im Internet unter www.egnatia.gr). Bis dahin muss man sich für die Fahrt zwischen **Igoumenítsa und Thessaloníki** für eine der folgenden Möglichkeiten entscheiden:

Schön, aber kurvig ist die Strecke über Ioánina, Métsovo, Miléa, Kozáni und Véria, landschaftlich noch reizvoller die südlicher verlaufende Route über Kalambáka (mit den spektakulären Metéora-Klöstern), Tríkala und Lárisa. Von dort geht es über die gebührenpflichtige Autobahn am Olymp-Massiv vorbei weiter nach Norden. Von den Lkw-Fahrern bevorzugt wird die z. T. eng an der albanischen Grenze entlangführende, ebenfalls reizvolle Strecke über Kónitsa, Néapoli und Véria. Die drei Routen sind ca. 380–410 km lang.

Gleichgültig welche der drei Varianten man gewählt hat, in jedem Fall zweigt man vor Thessaloníki auf die Umgehungsstraße **nach Kavála** ab. Die hier bereits zum großen Teil fertiggestellte Odós Egnatía bringt einen nördlich der Seen Korónia und Vólvi nach Amphípolis und

Die Strecke von Kavála nach Thássos wird mehrmals täglich bedient

Blick vom Kástro auf den Hafen von Kavála

von hier entlang der Küste zum Ziel (ca. 170 km).

• *Per Bus* **Von Igoumenítsa nach Thessaloníki** fährt 1-mal am Tag jeweils vormittags ein Direktbus (ca. 8 Std., 35 €). Darüber hinaus verkehren mehrmals täglich Busse über Ioánina nach Thessaloníki. Startpunkt ist der zentrale Busbahnhof.

Von Thessaloníki nach Kavála fährt im Sommer täglich zwischen 6 und 22 Uhr zu jeder vollen Stunde ein Bus (ca. 13 €). Am Sonntag entfällt der Frühbus, im Winter verkehren weniger Busse. Die Fahrt durch das makedonische Bergland dauert knapp 3 Std., schneller geht's, wenn man einen der an der Küste entlangfahrenden Busse über Néa Péramos und Iraklítsa nimmt, die ab 7 Uhr alle zwei Stunden ab Thessaloníki verkehren. Die Busse nach Kavála starten von der neuen Busstation im Norden der Stadt, Odós Monastíriou 319. Man kann sie ab dem Flughafen jede halbe Stunde mit der Buslinie 78 (Preis 60 Cent) in ca. 45 Minuten erreichen.

• *Per Flugzeug oder Bus ab Athen* Je 1- bis 2-mal täglich fliegen Aegean und Olympic Airlines nach Kavála. Der Flug dauert ca. eine Stunde und kostet inkl. Steuern je nach Buchungszeitraum 60 bis 130 €. Unter Umständen ist also der Bus, der 3-mal täglich die etwa 700 km in knapp 11 Std. zurücklegt (einfache Fahrt ca. 50 €) kaum billiger. Abgefahren wird von der Kifissoú-Busstation, Kifissoú-Str. 100, im Nordwesten der Stadt.

Transfer nach Thássos

Wer in Kavála landet oder auf dem Landweg dort ankommt, hat zwei Möglichkeiten, nach Thássos überzusetzen: vom nahe beim Flughafen gelegenen Ort **Keramotí** oder von **Kavála.** Die erste Variante wird von allen Pauschalanbietern und von vielen Pkw-Reisenden gewählt, denn Keramotí ist nur sechs Seemeilen von *Liménas,* dem Haupthafen von Thássos, entfernt. Von Kavála dagegen sind es zwölf Seemeilen bis zur Insel, dafür hat man aber die Möglichkeit, neben dem normalen Fährschiff nach *Skála Prínou* die viel schnelleren Flying Dolphins nach *Liménas* oder nach *Skála Prínou* zu benutzen.

Für die mit dem eigenen Fahrzeug aus Thessaloníki Anreisenden gibt es zudem die Alternative, vom etwa 20 km vor Kavála liegenden **Néa Péramos** nach *Skála Prínou* überzusetzen. Allerdings verkehren auf dieser Strecke weniger Fähren.

Von Keramotí nach Thássos: Der Flughafen liegt von Keramotí nur etwa 10 km entfernt (die Taxifahrt kostet ca. 11 €), die Entfernung nach Kavála beträgt etwa 40 km. Der Ort ist von wunderschönen Sandstränden umgeben, und Netze flickende Männer am Kai sowie die für Makedonien so typischen recht großen Fischkutter sorgen für ein romantisches Ambiente. Von hier aus werden auf den Fähren neben zahlreichen Pkws auch die Marmorlaster und viele Reisebusse mit Pauschaltouristen in etwa 40 Minuten hinüber nach *Liménas* gebracht. Pro Person bezahlt man dafür ca. 2,40 €, ein Pkw kostet je nach Größe 13–16,50 €, ein Motorrad 3–4,50 €.

• *Verbindungen* Keramotí bietet die besten Verbindungen, auch im Winter fahren die Fähren immerhin 6-mal am Tag, während der Hochsaison zwischen 6 und 22 Uhr sogar 33-mal. Über die Abfahrtszeiten der beiden Gesellschaften Aneth und Kinopraxía Plíon erhalten Sie Informationen unter ✆ 2593022694 bzw. www.anethferries.gr sowie unter ✆ 2593024001.

Das Aquädukt von Kavála

• *Übernachten* * **Hotel Holiday**, in einer ruhigen Seitengasse nahe dem Fähranleger zu finden. Kleines Haus mit gemütlich eingerichteten Zimmern mit AC, Bad, Kühlschrank und schmalem Balkon (ca. 35 €), in dem wir uns sehr wohl gefühlt haben. Der fließend Deutsch sprechende Stávros Tatarídis arbeitet seit Jahren mit verschiedenen auf Ökotourismus spezialisierten Anbietern zusammen und kann jede Menge Tipps für das Néstos-Delta, aber auch für die weitere Umgebung bieten. Jeden Morgen steht er seinen Gästen bei einem kräftigen Frühstück (ca. 5 € pro Person) auf der schönen Dachterrasse mit Auskünften zur Verfügung. Ganzjährig geöffnet. ✆/℻ 2591051151, TAZTARIDOU@alternet.gr.

Daneben gibt es zahlreiche andere preiswerte Unterkunftsmöglichkeiten in dem kleinen Badeort.

• *Essen und Trinken* **Tavérna Alexándra**, nahe dem Anlegekai für die Fischerboote sitzt man in diesem Lokal sehr schön direkt am Wasser und isst dabei ganz vortrefflich. Viele gute preiswerte Fischgerichte, z. B. Sardellen oder Seezunge, als Vorspeise empfehlen wir den leckeren Taramósalat. Bei griechischen Touristen sehr beliebt.

Tavérna Sardeládiko, einfaches Lokal neben dem Hotel Kástero. Auch hier sind die Meeresfrüchte wie Muscheln Saganáki, die besonders zarten Kalamáres, Koutsoumoúra, Anchovies etc. sehr zu empfehlen und überdies auch wirklich preiswert.

Von Kavála nach Thássos bestehen zwei Möglichkeiten. Die schnellste ist die Überfahrt mit dem Flying Dolphin, der in nur 40 Minuten von Kavála nach *Liménas* oder auch in den an der Westküste der Insel gelegenen Hafen *Skála Prínou* „fliegt" – allerdings kann er keine Fahrzeuge mitnehmen. Der Preis für die einfache Fahrt beträgt etwa 10 €, wer gleich die Rückfahrkarte kauft, zahlt nur knapp 18 €, für Kinder wird die Hälfte berechnet.

Die zweite Möglichkeit ist, mit einer der großen Autofähren überzusetzen, allerdings nicht nach Liménas, sondern nach *Skála Prínou*. Die ca. 90-minütige Fahrt kostet einfach ca. 4 €, für den Pkw zahlt man etwa 17,50–21 €.

• *Verbindungen* **Flying Dolphin** von Kavála nach *Liménas* oder *Skála Prínou* von April bis Oktober an Werktagen (Mo–Sa) 4-mal, sonn- und feiertags nur 2-mal.

Fähre von Kavála nach *Skála Prínou* während der Hochsaison zwischen 7.30 und 20 Uhr etwa 10-mal am Tag (häufige Verbindungen auch in der Nebensaison). Informationen siehe oben.

• *Adressen* **Städtisches Infozentrum**, sehr nett und umfassend, z. T. auch auf Deutsch, wird man in dem kleinen Gebäude Ecke Odós Dragoúmi und Odós Venizélou beraten. Öffnungszeiten von Mai bis Oktober Mo–Sa 8–21 Uhr, im Winter nur bis 20 Uhr. ✆/℻ 2510231011, www.kavala-cosmopolitan.com.

Touristenpolizei, Omónias-Platz, vom Infocenter in nordwestliche Richtung (etwa 15 Gehminuten entfernt), ✆ 251062224.

• *Übernachten* Das Angebot an Hotels ist in Kavála nicht gerade umwerfend, die meisten sind recht laut, ziemlich teuer und z. T. schon älterer Bauart.

*** **Hotel Galaxy**, Odós Venizélou 27, direkt am Hafen, bietet den schönsten Blick und zudem auch eine recht ruhige Lage. Die z. T. mit AC sowie TV, Bad und Balkon ausgestatteten Zimmer (ab 60 €) sind zwar nicht mehr ganz taufrisch, aber dafür recht geräumig. Restaurant und Dachgarten gehören dazu. ✆ 2510224811, ℻ 2510226754, www.hotelgalaxy.gr.

Fährverbindungen nach Thássos

*** **Hotel Espería**, Odós Erithroú Stavroú, etwa 10 Minuten zu Fuß vom Hafen entfernt. Ein DZ mit Bad, AC, Kühlschrank und Balkon kostet je nach Saison zwischen 50 und 80 € inkl. ordentlichem Frühstücksbuffet. Kleine Tiefgarage im Haus (5 €). Lassen Sie sich eines der Zimmer zur Seitenstraße hin geben. ✆ 251022962-1 bis -5, ℻ 2510220621, www.esperiakavala.gr.

Auch das unmittelbar benachbarte ** **Hotel Neféli** machte einen soliden Eindruck, ✆ 251022744-1 bis -4, ℻ 2510227440, www.nefeli.com.gr.

• *Essen und Trinken* An der Ostseite des Hafens kann man in mehreren Terrassenlokalen gut Fisch und andere Meeresfrüchte essen, große Auswahl auch an Vorspeisen. Hier wird immer noch wie in alter Zeit jedes Gericht ohne Beilagen auf kleinen Tellern serviert. Uns hat es im **Oréa Mytilíni** gut geschmeckt.

Einige weitere empfehlenswerte Restaurants findet man in der Odós Th. Polizoúdou (gehen Sie vom Hafenbecken Richtung Aquädukt nach Norden und zweigen dann bei der ersten Gelegenheit rechts ab). Ein Tipp ist z. B. die **Tavérna Kanadós**, deren Besitzer 20 Jahre in Kanada verbracht hat, bevor er nach Kavála zurückkam. Zahlreiche Vorspeisen, aber auch eine große Auswahl an frischem Fisch.

Von Néa Péramos nach Thássos: Dauer und Preise der Fährüberfahrt nach *Skála Prínou* entsprechen denen von Kavála. Allerdings wird die Strecke nur 3- bis 4-mal am Tag bedient.

Delfine begleiten häufig die Fähren

Anreise nach Samothráki

Besser, als man glaubt, sind die Anreisemöglichkeiten zu der weitab gelegenen Insel. Doch trotz vielfältiger Möglichkeiten kommt man meist nicht ohne einen Zwischenstopp auf dem Festland aus. Die Kombination der beiden Nordägäischen Inseln während eines Aufenthalts in Griechenland ist problemlos möglich, allerdings gibt es zwischen ihnen keine direkten Fährverbindungen.

Der gängigste Anreiseweg führt zum nordgriechischen Hafenstädtchen **Alexandroúpolis,** von wo aus man ganzjährig mit der Fähre relativ schnell nach Samothráki übersetzen kann. Alexandroúpolis ist mit dem Flugzeug von Athen aus zu erreichen, in den letzten Jahren gab es sogar 1-mal pro Woche eine Verbindung von Stuttgart (TUIfly). Von Thessaloníki aus hat man die Möglichkeit, mit dem Zug oder Bus zu fahren.

Insbesondere dann, wenn man einen Besuch auf Samothráki mit einem Aufenthalt auf Thássos verbinden möchte, stellt auch **Kavála** eine interessante Anreisevariante dar, wenngleich die Fähre im Sommer 2007 nur 1-mal pro Woche von dort nach Samothráki fuhr. Alternativen: mit dem Taxi in knapp zwei Stunden (ca. 90 €) bzw. in drei Stunden mit dem Bus (ca. 13 €) nach Alexandroúpolis fahren und von dort aus übersetzen. Schließlich besteht 1-mal pro Woche die Möglichkeit mit der Fähre von **Lávrion,** einem Hafenstädtchen in der Nähe Athens, nach Samothráki anzureisen.

Die wichtigsten Informationen zur Anreise nach Thessaloníki, Kavála und Athen finden Sie im Kapitel „Anreise nach Thássos“ ab S. 30 ff.

Von Thessaloníki und Kavála nach Alexandroúpolis: Die klassische Anreisevariante führt über Alexandroúpolis, die lebhafte, kaum 50 km von der türkischen Grenze entfernte Hauptstadt Thrakiens. Von Thessaloníki aus kann man sie mit Zug oder Bus bzw. mit dem Pkw erreichen. Da Kavála aber nicht an das Schienennetz angeschlossen ist, bleiben von hier aus nur die letzten beiden Möglichkeiten. Wer ein eigenes Fahrzeug hat, kann die Strecke nach Alexandroúpolis ab Kavála auf der hier zum Großteil fertiggestellten Odós Egnatía oder auf der alten Straße mit reizvollen Stopps am Fluss Néstos, in Xánthi oder am Vistónis-See bzw. in Pórto Lágos zurücklegen. Insbesondere in der Gegend um Komotiní trifft man auf Dörfer der türkischen Minderheit. Kleine Moscheen mit hoch in den Himmel aufragenden Minaretten sind charakteristisch für diese Region Thrakiens.

• *Verbindungen* Von **Thessaloníki** aus gibt es 7-mal täglich eine **Zugverbindung** nach Alexandroúpolis, Fahrtzeit 5,5–7 Std., 10–17 € (abhängig vom Zugtyp). Die landschaftlich reizvolle Fahrt führt u. a. durch die Néstos-Schlucht. Auskünfte erhalten Sie am Bhf. Thessaloníki (✆ 2310517517) und am Bhf. Alexandroúpolis (✆ 2551026395).

Bis zu 7-mal täglich fährt auch ein **Direktbus** die 330 km lange Strecke auf der Schnellstraße, Fahrtzeit 4–5 Std., Preis 25 €, Abfahrt an der Busstation KTEL Evroú in der Odós Koloniári nahe dem Bahnhof. Alternative: vom KTEL tis Kaválas (Odós Langadá) mit dem Bus nach **Kavála**, von wo aus man 8- bis 9-mal täglich nach Alexandroúpolis (2,5 Std., 13 €) gelangt. Informationen über alle Busverbindungen erhalten Sie auch beim KTEL in Alexandroúpolis, ✆ 2551026479.

• *Übernachten in Alexandroúpolis* Zahlreiche Unterkünfte in der Nähe des Hafens, die meisten sind jedoch nicht besonders preiswert.

** **Hotel Mariánna**, in der kleinen Straße Odós Malgáron. Man folgt vom Hafen kommend der Odós Karaóli & Dimitríou nach rechts und biegt in die fünfte Querstraße links ein. Die nette Patrizia aus Italien führt mit ihrem Mann Geórgios das saubere kleine Hotel, das sich wohltuend von den älteren Kästen der Umgebung abhebt. Ein DZ mit Bad, Balkon, Kühlschrank und AC kostet 60–70 €. Ganzjährig geöffnet; ✆ 2551081456, ℻ 2551081455.

• *Essen und Trinken* Alexandroúpolis ist eine Universitätsstadt, deshalb gibt es hier besonders viele Cafés und Ouzerien. Aber man kann auch gut Fisch essen. Zahlreiche Psárotavernen haben sich rund um den kleinen Fischmarkt schräg gegenüber vom Fähranleger angesiedelt. Einer der Marktführer ist das große Terrassenlokal von **Kirá Dímitra**. Umfangreiches Angebot an Fisch, verschiedenen Vorspeisen und Salaten.

Gemütliche Lokale findet man aber auch an der kleinen kreisrunden Platía Politechníou oberhalb vom Hafen. Gut geschmeckt hat es uns im **Neráida**, wo man bei einem reichhaltigen Angebot an Fisch- und Fleischgerichten bestimmt das Passende findet. Viele traditionelle Gerichte aus dem Kochtopf, die man kaum mehr irgendwo bekommt, werden in der **Tavérna Néa Klimatariá** schräg gegenüber serviert: gefüllte Krautwickel in Zitronensoße, mit Reis und Lammleber gefüllter Darm, Bámies etc.

Von Athen per Flug nach Alexandroúpolis: Neben dem internationalen Flug nach Athen können Sie auch den innergriechischen Anschlussflug nach Alexandroúpolis mit Olympic bzw. Aegean Airlines über Ihr Reisebüro in Mitteleuropa buchen.

• *Verbindungen/Preise* Olympic und Aegean Airlines fliegen insgesamt 5-mal täglich in etwa 1 Std. den 10 km östlich von Alexandroúpolis gelegenen Flughafen an, Preis ca. 77–100 €. Das Büro von Olympic Airlines befindet sich in der Odós Éllis, 10 Gehminuten westlich vom Hafen; ✆ 2551026207 und 2551026361. Tickets für beide Gesellschaften bekommen Sie bei **Kass Line Travel** in der Odós Dimokratías 209 (nördlich vom Bahnhof), ✆ 2551080910, ℻ 2551026548.

Von Alexandroúpolis nach Samothráki: schöne Überfahrt und mit ca. 2–2,5 Std. auch sehr kurz. Immer größer wird der gewaltige Knubbel, bald sind die dichten Wälder der Nordseite deutlich zu erkennen, ebenso die mittelalterlichen Türme von Paläópolis. Kurz vor der Insel begleiten manchmal Delfine das Schiff.

• *Verbindungen* Die schon recht betagte Fähre „Nóna Mary" der Gesellschaft „Sáos" pendelt zwischen Alexandroúpolis und der Insel 1- bis 2-mal täglich hin und her. Tickets gibt's etwa 1 Std. vor Abfahrt in einem Container der Fährgesellschaft oder zu den üblichen Geschäftszeiten (So geschl.) bei Kass Lines in der Odós Dimokratías (s. o.), ✆ 2551023306 und 2551023307, 📠 2551023726 (Preis pro Person ca. 11 €, Pkw je nach Größe 45–58 €, Motorrad ca. 9–14 €).

Die Fahrten mit dem Flying Dolphin sind 2006 eingestellt worden, möglicherweise werden sie aber in naher Zukunft wieder eingerichtet.

Aktuelle Infos zu den Fahrplänen von Zügen, Bussen und Schiffen bekommen Sie im Internet unter **www.samothraki.com**, außerdem unter den von uns weiter unten genannten Telefonnummern. Da sich die Zeiten der Fähren ständig ändern, empfiehlt es sich, sie vor Reiseantritt genau zu überprüfen. Auch die Fährgesellschaft unterhält eine Webseite: www.saos.gr.

Von Kavála nach Samothráki: Derzeit fährt die „Panagía Soumelá" 1-mal pro Woche in gut 3 Std. nach Samothráki.

Preise Pro Person bezahlt man ca. 15 €, ein Auto kostet je nach Länge zwischen 52 und 67 €, ein Motorrad etwa 11–16 €.

Von Lávrion nach Samothráki: Im Jahre 2007 fuhr die „Panagía Soumelá" 1-mal pro Woche vom attischen Städtchen Lávrion über die Inseln Ágios Evstrátios und Límnos in etwa 13 Std. nach Samothráki, so dass man dorthin auch als Inselhüpfer gelangen konnte.

Preise Pro Person ca. 34 €, ein Auto kostet zwischen 109 und 140 €, ein Motorrad zwischen 22 und 33 €.

Studien- und Wanderreisen: Anbieter, die organisierte Touren auch nach Samothráki im Programm haben, finden Sie auf S. 31.

Kavála – Abendstimmung im ehemaligen türkischen Imaret

Blick über die schiefergedeckten Dächer von Panagía

Übernachten

Die Größenverhältnisse sind eindeutig: Auf Thássos gibt es knapp 17.000 Fremdenbetten, Samothráki erreicht kaum 15 % dieser Kapazität. Die meisten stehen natürlich in den Hotels, Apartment- und Studioanlagen der Touristenorte, aber auch in manchen Bergdörfern gibt es mittlerweile neben Privatzimmern schöne Studios zu mieten; in Panagía auf Thássos findet man sogar kleine Hotels. Da der Tourismus auf den beiden Inseln noch relativ jung ist, sind die Zimmer in der Regel in einem ordentlichen bis sehr guten Zustand. Fast alle verfügen über Balkon oder Terrasse, ein eigenes Bad ist Standard. Wenn nicht anders vermerkt, müssen die Zimmer bei der Abreise bis 12 Uhr geräumt sein, sonst kann der Besitzer die Hälfte des Übernachtungspreises verlangen.

Quartiere in diesem Reisehandbuch: In den Ortskapiteln finden Sie ausführliche Beschreibungen zahlreicher Unterkünfte mit Lage, Ausstattung, Kategorie, Telefon/Fax und, falls vorhanden, Webseite bzw. E-Mail-Adresse. Die genannten Preise gelten für individuelle Buchung und jeweils für ein Doppelzimmer (DZ). Bei zwei Preisangaben bezieht sich der niedrigere Preis auf die Nebensaison (NS), der höhere auf die Hauptsaison (HS). Für ein zusätzliches Bett im Zimmer werden in der Regel geringe Preisaufschläge erhoben. Da die **Preise** häufigen Änderungen unterworfen sind und selbst innerhalb einer Saison eigentlich fast immer variieren, sind sie nur Anhaltspunkte. In jedem Fall lohnt es sich – abgesehen von der absoluten Hochsaison –, um den Zimmerpreis zu handeln. Faustregel: Je größer der zeitliche Abstand zu den Monaten Juli/August, desto günstiger wird er. Beachten Sie aber auch, dass die meisten Unterkünfte erst Ende April/Anfang Mai öffnen und im

Oktober wieder schließen. In der kalten Jahreszeit existiert nur ein sehr eingeschränktes Angebot.

Hotels: Bis vor kurzem waren sie in Griechenland in die Kategorien Luxus, A, B, C, D und E eingeteilt. Mittlerweile hat man jedoch nach folgendem Schema auf die international üblichen Sterne umgestellt: Luxus = fünf Sterne, A = vier, B = drei, C = zwei, D und E = ein Stern. Die Klassifizierung erfolgt durch die *Griechische Zentrale für Fremdenverkehr* (EOT), ist aber oft nicht einfach zu durchschauen. So kann ein Zimmer in einem 2-Sterne-Hotel durchaus besser als eines in einem 3-Sterne-Hotel sein, allerdings ist dann z. B. kein Restaurant angeschlossen oder kein Swimmingpool vorhanden. Ein weiterer Grund dafür ist, dass griechische Hoteliers je nach Kategorie ihrer Häuser Steuern zahlen. So kommt es vor, dass Zimmer einer höheren Kategorie angehören könnten, der Besitzer aus Steuergründen jedoch die Eingruppierung in eine niedrigere Kategorie bevorzugt. Fazit zumindest für Individualreisende: Fragen Sie nicht allein nach der Anzahl der Sterne, sondern werfen Sie lieber gleich einen Blick ins Zimmer. Eine offizielle Preisliste muss in jedem Zimmer aushängen. Die Preise bewegen sich je nach Kategorie und Saison zwischen 25 und 170 € für das Doppelzimmer.

Privatzimmer stellen eine preiswerte Alternative zu Hotels dar. Zu erkennen sind sie an Schildern wie *„Rooms to let"*, *„Rooms to rent"* oder einfach *„Rooms"* bzw. *„Domátia"* (griech. = Zimmer) sowie, wenn sie registriert sind, am Logo der griechischen Fremdenverkehrszentrale. *„Domátia enikiásontai"* heißt „Zimmer zu vermieten". Manchmal nennt man sich auch Pension (Pansijón), obwohl dieser Begriff als offizielle Kategorie in Griechenland überhaupt nicht existiert. Privatzimmer werden in drei Kategorien eingeteilt: A, B oder C. Die Qualität ist natürlich unterschiedlich, meist aber zufriedenstellend bis gut, wenn man keine großen Ansprüche stellt. Die Preise variieren je nach Jahreszeit zwischen 20 und 50 €.

Studios, d. h. in der Regel größere Zwei- bis Dreibettzimmer mit Kochnische inkl. Kühlschrank, Spüle, Bad und Balkon, sind auch auf Thássos und Samothráki insbesondere in Strandnähe sehr beliebt. Für ein Studio zahlt man etwa 20–30 % mehr als für ein gutes DZ. Noch größer als Studios, in der Regel mit zwei Schlafräumen ausgestattet und entsprechend teurer, sind **Apartments** (Diamerísmata). Viele Reiseveranstalter haben neben Hotelunterkünften auch Studios/Apartments im Angebot. Wer also nicht in Eigenregie vor Ort bzw. von zu Hause aus per Telefon, Fax etc. buchen möchte, kann auch über das heimische Reisebüro die passende Ferienwohnung finden.

Ein leidiges Thema in Griechenland ist die **Zimmerreinigung**. Nur in Hotels können Sie davon ausgehen, dass jeden Tag (manchmal außer So) sauber gemacht wird. In Privatzimmern, Studios und Apartments ist die Bandbreite groß: Manchmal wird mehrmals wöchentlich, manchmal gar nicht gereinigt. Erkundigen Sie sich am besten vorher danach.

Camping: Nachdem im Jahr 2007 der Platz in Nistéri bei Liménas geschlossen wurde, verfügt Thássos noch über vier Campingplätze: in Chrissí Ammoudiá, Pefkári, bei Skála Sotíra und in Skála Prínou. Auf Samothráki gibt es deren zwei, unmittelbar nebeneinander bei Loutrá. Sie sind gut, z. T. sogar sehr gut ausgestattet und liegen alle direkt bzw. nahe am Meer. Näheres im Reiseteil bei den jeweiligen Orten.

Kalí órexi – guten Appetit!

Essen und Trinken

Wie Griechenland überhaupt sind auch Thássos und Samothráki keine Traumziele für verwöhnte Gourmets. Aber in den touristisch erschlossenen Gebieten findet man all die Gerichte, die man als Hellas-Urlauber erwartet, und darüber hinaus manche leckere Überraschung. Deftige inseltypische Hausmannskost wird in den einfachen Tavernen der Bergdörfer angeboten. Und überall an der Küste kann man Fisch essen, der allerdings seinen Preis hat, denn auch hier, wie überall in der Ägäis, sind die Fanggründe überfischt.

Die **Speisekarte** (Katálogos) ist in einigen Touristenlokalen viersprachig – dann auch auf Deutsch. Meistens aber ist sie auf Griechisch und Englisch abgefasst. Zu haben sind nur die Gerichte, hinter denen ein Preis steht. In den einfachen Tavernen auf dem Dorf fragt man, was es gibt *(„Ti échi ja faí?")*. Nur noch in wenigen Restaurants ist es üblich, in die Küche zu gehen, dort in die Töpfe zu schauen und sich das Essen auszusuchen, das man später auf seinem Teller sehen möchte. Sämtliche Gerichte, auch Beilagen, Vorspeisen etc., können gesondert bestellt werden, so dass man sich sein Essen ganz individuell zusammenstellen kann – ein Hauptgericht muss nicht dabei sein. Von allem, was man bestellt, bekommt man in der Regel einen Teller voll. Falls man keine anderen Wünsche äußert, wird alles nahezu gleichzeitig serviert. Fleischgerichte reicht man normalerweise mit Beilagen, meist mit Patátes (Pommes frites) und manchmal auch mit Gemüse oder etwas Salat.

Ungewohnt ist sicher, dass die Speisen oft nicht sehr heiß auf den Tisch kommen, weil sie, wie in Griechenland allgemein üblich, schon Stunden vorher zubereitet worden sind. Scheuen Sie sich jedoch nicht, den Kellner mit der Bitte zurückzuschicken, das Gebrachte ausreichend erhitzen zu lassen. Wer auf Nummer

Sicher gehen will, sollte Gegrilltes oder Gebratenes bestellen, weil beides erst unmittelbar vor dem Verzehr zubereitet wird. Manche Mitteleuropäer wundern sich vielleicht über den großzügigen Umgang mit Knoblauch und vor allem Olivenöl. In der Regel gewöhnt man sich jedoch schnell daran, zudem sind beide Produkte sehr gesund.

Festzuhalten bleibt, dass sich viele griechische Speisen auf der ganzen Welt großer Beliebtheit erfreuen. Denken Sie nur an den Bauernsalat, an *Moussaká,* an *Gýros* im Teigfladen *(Pítta),* an *Tsatsíki* oder *Souvláki-Spieße.*

In der nordgriechischen Küche wird sehr häufig Käse verwendet. Nicht nur dass die auf dem Bauernsalat obligatorische Scheibe Féta hier besonders dick ist, man füllt z. B. auch Kalamar, Biftéki, ja ab und zu sogar Souvláki mit Käse, und Muscheln werden gerne in einer Tomaten-Käse-Soße angeboten. Unbedingt probieren sollten Sie den Käsesalat *(Tirosaláta),* der in nahezu jeder Taverne zum Standardprogramm gehört.

Die Preise, obwohl in den letzten Jahren auch auf Thássos und Samothráki deutlich gestiegen, sind immer noch günstiger als in anderen Regionen Griechenlands oder auch zu Hause. Zwei Personen bezahlen für eine vollständige Mahlzeit mit Getränken etwa 25–35 €. Wenn Sie Hummer und eine Flasche Spitzenwein bestellen, wird's natürlich entsprechend mehr. Auch beim **Bezahlen** („*To Logariasmó parakaló*" = die Rechnung bitte) gibt es einige landestypische Besonderheiten. Für Brot und Gedeck wird ein geringer Betrag verlangt, der allerdings nicht immer in der Karte ausgewiesen ist. Die Rechnung sollte stets für den ganzen Tisch angefordert werden, untereinander abrechnen können Sie ja später. Das ist für die oft sehr gestressten Kellner wesentlich einfacher und entspricht den griechischen Gewohnheiten. **Trinkgeld** hat nicht denselben Stellenwert wie bei uns. Wenn man zufrieden war, sollte man ruhig die Rechnung aufrunden – jedoch nicht übermäßig, da dies nicht üblich ist und die Preise schnell in die Höhe treibt.

Die Lokale

In den Touristenorten auf Thássos lassen sich die Wirte bei der Ausgestaltung ihrer Lokale nicht lumpen. Man sitzt auf mit riesigen Blumenkübeln, manchmal auch noch mit Fischernetzen und Nachahmungen antiker Vasen dekorierten Terrassen, oft direkt am Meer. Im Inselinnern und auf Samothráki dagegen sind die meisten Tavernen schlicht und ohne Schnickschnack: ein paar Tische und Stühle im hell gekalkten Speiseraum, die im Sommer einfach ins Freie gestellt werden. Fast alle Restaurants sind Familienbetriebe, deren Personal in den Touristenorten aber durch Hilfskräfte vom Festland, in den letzten Jahren auch häufig aus dem Ausland, verstärkt wird.

Estiatório (Restaurant) und **Tavérna** (Taverne) unterscheiden sich heute nur noch unwesentlich – früher war das Estiatório das bessere Lokal mit der größeren Auswahl. Gegessen wird zu Mittag und zu Abend jeweils eine bis zwei Stunden später als in Mitteleuropa. Im Sommer gibt es oft bis Mitternacht noch Hauptgerichte – griechische Sommerabende sind lang. Vor allem in Küstenorten stößt man auch auf die **Psarotavérna,** das Fischrestaurant. In einer **Psistariá** bzw. dem **Owolistírio** wird vor allem gegrilltes Fleisch angeboten: Lamm, Rind, Hähnchen und natürlich auch die berühmten Souvlákia. Eine große Auswahl an Mezédes (verschiedene leckere Kleinigkeiten) zum Oúzo, Bier oder Wein hält man im **Mezedopolíon** bzw. in der **Ouzerí** bereit. Wer gerne einfach und schnell isst, für den gibt es in letzter Zeit immer mehr Fastfood-Lokale. Vor allem in Touristenorten hat auch die **Pizzeria** Einzug gehalten. Die Griechen sind auf dem besten Weg, leidenschaftliche Pizza- und Pastafans zu werden.

Das **Kafeníon** ist eine der wichtigsten Einrichtungen des sozialen Lebens in Griechenland. Es ist Dorfparlament, Stammlokal, Treffpunkt für Geschäftsleute und zweites Zuhause. Jedes noch so kleine Bergdörfchen hat mindestens ein solches Kaffeehaus, meistens mehrere. Es besteht in der Regel nur aus wenigen Tischen und Stühlen in einem schmucklosen Innenraum, die im Sommer z. T. draußen stehen. Für griechische Frauen ist das Kafeníon tabu. Sie treten höchstens als Bedienung in Erscheinung, Touristinnen werden akzeptiert. Man bekommt Getränke, manchmal auch Frühstück und gelegentlich einfache Gerichte wie ein Omelett. Im **Sacharoplastíon** (Konditorei) gibt es Kuchen, Blätterteiggebäck und häufig Eis.

Vorspeisen (Orektiká)

Vielleicht zuerst einen **Oúzo,** den bekannten Anisschnaps. Mit Eiswürfeln oder Wasser verdünnt, verfärbt er sich milchig, man kann ihn aber auch pur trinken. Der Nordgrieche liebt aber mindestens genauso den **Tsípouro,** eine Art Tresterschnaps, dem je nach Geschmack des Erzeugers bestimmte Aromastoffe, z. B. Anis oder Vanille, zugegeben werden. Dazu gibt's Nüsse, Mandeln oder eine Auswahl der zahlreichen **Mezédes** – Appetithappen wie Käsewürfel, Tomaten- und Gurkenscheibchen, Scampi, Schnecken, Oliven, Melonenstückchen, Muscheln, kleine Fische, etwas Wurst und andere leckere Kleinigkeiten, je nachdem, was gerade günstig auf dem Markt zu haben war. Daneben wird eine große Auswahl kleiner Gerichte angeboten, die zum Oúzo, als Vorspeisen oder als Beilagen zum Hauptgericht verzehrt werden können. In manchen Lokalen kann man auch eine meist sehr leckere gemischte Vorspeisenplatte, **Pikilía,** bestellen.

Oúzo mit Mezédes – ein Genuss!

Achiní – Seeigel, gewürzt mit Zitrone und Salz (die Eier der weiblichen Tiere pult man mit einem Stückchen Brot aus dem Gehäuse); **Antsoújes** – Anchovis (gesalzene Sardellenfilets); **Chtapodisaláta** – Tintenfischsalat; **Dolmadákia** – gerollte Weinblätter, mit Reis und Gewürzen gefüllt; **Eliés** – Oliven; **Gígantes** – dicke weiße Bohnen in scharfer Gemüse-Tomaten-Soße, gibt's manchmal auch als Salat; **Kolokithákia tiganitá** – frittierte Zucchini; **Melitsanosaláta** – Auberginensalat (die gegrillten Auberginen werden durch ein Sieb gedrückt und dann zu einem Salat verarbeitet); **Salingkária** – kleine Schnecken; **Taramosaláta** – lachsfarbener Fischrogensalat, meist vom Karpfen; **Tirosaláta** – zerdrückter, pikant angemachter Schafskäse; **Tonnosaláta** – Thunfischsalat; **Tsatsíki** – Knoblauchjoghurt mit Dill und Gurken.

Tsatsíki (oder Tsazíki, Zazíki, Tzazíki oder ...)

Ein einheitliches Rezept zu nennen, hieße, sich mit einem Schwung griechischer Hausfrauen anzulegen. Fest stehen lediglich die Zutaten: Joghurt mit einem hohen Fettgehalt (10 %), gewürfelte oder geraspelte Gurke, Dill, Salz, etwas Zitronensaft oder Essig, ein Schuss Olivenöl und natürlich reichlich Knoblauch (der einen reicht eine Zehe, manch andere verarbeitet eine ganze Knolle). Aber nicht nur die Zubereitung ist interessant, sondern auch die Entstehungsgeschichte der Geruchsbombe. Selbst unter Experten für kulinarische Genüsse herrscht Uneinigkeit über den Ursprung des Namens. Vieles spricht jedoch dafür, dass die Griechen den Türken nicht nachstehen wollten und so auch deren Speise „cacik" als „Mutmacher" vor jeder Schlacht einnahmen. Daraus soll sich dann der Schlachtruf „Tzazíki" entwickelt haben. Ein Schlachtruf, den heute jeder Gast in einer griechischen Taverne beherrscht.

Hauptgerichte

Fleisch (Kréas): Die bergige, zerklüftete Landschaft Griechenlands ist für Rinderhaltung kaum geeignet, die von Thássos und Samothráki schon gar nicht. Auch die Schweinezucht hat keine große Tradition. Dafür gibt es mehr als genug Schafe und Ziegen.

Unbedingt einmal versuchen sollten Sie Lammfleisch. Auf raffinierte Zubereitung wird kein Wert gelegt, deftig soll es sein, ausreichend, herzhaft und nicht zu fett. Die Tavernen der Bergdörfer von Thássos und Samothráki haben sich auf das Grillen ganzer Lämmer, Ziegen und auch Spanferkel spezialisiert, von denen dann einzelne Portionen abgeschnitten werden. Auf Samothráki wird Ziege in vielen Varianten angeboten: gefüllt mit Reis und Innereien, im Ofen mit Kartoffeln gebacken, in Pergamentpapier im Holzofen gegart (Exochikó) usw.

Biftéki: eine Art flach gedrückte, gegrillte Frikadelle, mit Oregano gewürzt, manchmal außerdem mit Schafskäse gefüllt.

Bekrí Mezé: scharf gewürzte Fleischstückchen in einer Weinsoße, manchmal auch mit Pilzen oder Käse verfeinert.

Gýros: Im Gegensatz zum türkischen Döner Kebap verwendet man nicht Lamm-, sondern Schweinefleisch. Es wird in dünne Scheiben geschnitten, über Nacht in Olivenöl eingelegt und mit Zwiebeln, Oregano und Pfeffer gewürzt. Anschließend schichtet man die Scheiben aufeinander und gart sie durch Drehen vor Heizspiralen an senkrechten Spießen. Serviert wird Gýros als Tellergericht oder als Snack mit Zwiebeln und Kräutern in einem zusammengerollten Fladen, der sog. **Pítta**.

Jouwétsi: kleine, spindelförmige Nudeln mit Kalb- oder Lammfleisch, im Tontopf gegart.

Kefthédes: „meat balls", gebratene Hackfleischbällchen.

Kokkinistó: geschmortes Rind- oder Lammfleisch aus dem Backofen, oft im Tontopf serviert.

Kokorétsi: Innereien, mit Darm gewickelt und am Spieß gegrillt. In Bergdörfern relativ häufig zu haben.

Kontosoúvli: Hähnchenfleisch am Spieß.

Makkarónia me kimá: Spaghetti mit Hackfleischsoße.

Moussaká: ein Auflauf aus Kartoffeln, Auberginen und Hackfleisch, mit einer Béchamel-Soße überbacken. Wird auf großen Blechen zubereitet und den ganzen Tag über warm gehalten.

Pa'idákia: mit Oregano gewürzte Lammkoteletts, die meist gegrillt, gelegentlich aber auch in der Pfanne gebraten werden.

Pastítsio: Nudelauflauf mit Hackfleisch und Tomaten, mit Béchamel-Soße überbacken.

Souvláki: aromatische Fleischspieße aus Lamm- oder Schweinefleisch, mit Oregano gewürzt und über Holzkohle gegrillt. Es gibt kleine und große Spieße, preiswert und überall zu haben. Mit etwas Zitrone verfeinert man den Geschmack. Die kleinen schmecken uns viel besser.

Souzoukákia: ähnlich wie Kefthédes, aber in länglicher Form und in Tomatensoße serviert. Den türkischen Einschlag spürt man daran, dass das Hackfleisch mit Kümmel oder auch Cumin gewürzt wird.

Spetsofái: Wursteintopf mit Zwiebeln, Tomaten und Paprika.

Stifádo: zartfasriges Rindfleisch mit gekochten ganzen Zwiebeln. Die Soße ist mit Zimt gewürzt! Gibt's auch mit Lammfleisch, in der Jagdsaison mit Kaninchen.

Arní – Lamm; **Brizóla** – Kotelett; **Chirinó** – Schwein; **Katsíka** – Ziege; **Kimá** – Hackfleisch; **Kotópoulo** – Hähnchen; **Kounéli** – Kaninchen; **Mos'chári** – Kalb; **Sikóti** – Leber; **Wódi** – Rind.

Erst muss er trocknen – dann wird er gegrillt

Fisch (Psári) und anderes Meeresgetier: Fisch ist in Griechenland wesentlich teurer als Fleisch, da die Ägäis ziemlich leer gefischt ist. Die Fischer müssen lange und weit hinausfahren, um den Bedarf der Tavernen decken zu können. Aber noch ist es auf Thássos und Samothráki nicht üblich, Tiefkühlkost aus anderen EU-Ländern oder aus Übersee zu servieren, wie das in manchen überlaufenen Touristenzielen in Griechenland mittlerweile der Fall ist. Der Preis wird auf den Speisekarten meist per Kilo oder per 100 Gramm angegeben. Bei der Bestellung von ganzen Fischen ist es üblich, dass der Gast sich diese selbst aussucht.

Barboúni: Rotbarbe oder Red mullet. Sehr geschätzter Edelfisch.

Chtapódi (oder Oktapódi): Der Oktopus muss nach dem Fang viele Dutzend Mal mit Kraft auf einen harten Untergrund geschlagen werden, damit das Fleisch weich und genießbar wird. Danach wird er auf einer Leine zum Trocknen aufgehängt, später gegrillt und mit Zitrone serviert.

Garídes: Garnelen (Scampi). Werden auch als Vorspeise serviert.

Gávros: das preiswerteste Fischgericht. Die in Mehl gewendeten winzigen Fischchen (Sprotten oder Sardellen) backt man in Öl heraus. Wenn sie klein genug sind, kann man sie mit Kopf und Schwanz verspeisen.

Kalamári: Tintenfisch. Die Arme werden in Scheiben geschnitten, paniert und in der Pfanne gebraten.

Marídes: Wie Gávros ein preiswertes Fischgericht. Die kleinen Fische werden in der Regel frittiert.

Menoúlles oder **Sardélles**: Sardellen. Werden mal gegrillt, mal gebraten serviert.

Xifías: Schwertfisch. Sehr lecker. Die meterlangen Prachtexemplare werden säuberlich in dicke Scheiben gesäbelt.

Oft wird Fisch mit der berühmten **Skordaliá**, einer dicken Kartoffel-Knoblauch-Soße, serviert. Unbedingt probieren!

Eine besondere Spezialität ist die **Psarósoupa**, eine reichhaltige Fischsuppe, die allerdings nur in ausgesprochenen Fischtavernen erhältlich ist.

Astakós – Hummer; **Bakaláos** – Kabeljau; **Galéos** – Neunauge; **Glóssa** – Seezunge; **Kéfalos** – Meeräsche; **Lithríni** – Brasse; **Mídia jemistá** – gefüllte Muscheln; **Skoumpriá** – Makrele; **Tónnos** – Thunfisch; **Tsipoúra** – Meerbrasse.

Beilagen (Gemüse, Suppen und Salate): Da sich die thassiotischen und samothrakischen Familien früher hauptsächlich von den Früchten des eigenen Gartens oder der Felder ernährten, gibt es traditionell eine große Anzahl vegetarischer Gerichte. In den Lokalen werden heute viele davon als Beilagen, z. T. auch als vollständige Mahlzeiten angeboten.

Anginåres me Patátes: Eintopf aus Artischocken und Kartoffeln, verfeinert mit Dill und manchmal auch mit Ei-Zitronen-Soße.

Briám: eine Art Eintopf aus Gemüse und Kartoffeln.

Fassólia: grüne Bohnen, werden manchmal mit einer Skordaliá (Knoblauch-Kartoffel-Soße) serviert.

Fáwa: kleine gelbe Hülsenfrüchte, die meist zusammen mit Tomaten, Karotten und Zwiebeln gekocht werden.

Jemistá: mit Reis und gehackten Pfefferminzblättern gefüllte Tomaten oder Paprika.

Melitzánes: Auberginen, sehr beliebt. Die Frucht wird in Öl angebraten, damit sie weich wird. Um den bitteren Geschmack zu entziehen, bestreut man sie vorher mit Salz und lässt sie einige Zeit stehen. Das Salz wird anschließend abgetupft.

Ókra: Die fingerlange, grüne Frucht, der Bohne vergleichbar, benötigt eine aufwendige Zubereitung. Die schleimartige Flüssigkeit im Inneren soll beim Kochen nicht austreten, deshalb muss man beim Putzen und Säubern sehr vorsichtig sein.

Piperiés florínes: Rote Paprika wird im Ofen gegart, bis man die Haut abziehen kann, und anschließend in Essig und Öl eingelegt.

Fassoláda: Suppe aus weißen Bohnen mit viel Karotten und Sellerie.

Giouverlákia: Ei-Zitronen-Suppe, in der Reis-Hackfleisch-Bällchen gegart werden.

Choriátiki: Beliebtester Salat ist natürlich der bekannte griechische Bauernsalat. Er besteht aus Tomaten, Gurken, Zwiebeln und Oliven, das Ganze gekrönt mit einer aromatischen Scheibe Féta (Schafskäse). Man kann ihn als Vorspeise, aber auch als Beilage zum Hauptgericht essen. Mit etwas Brot reicht er sogar allein als Hauptmahlzeit aus.

Chórta: Wildgemüse, in Aussehen und Geschmack am ehesten mit Löwenzahn vergleichbar.

Patatosaláta: Kartoffelsalat, auf Samothráki sehr beliebt.

Pikántiki: gemischter Salat aus Kraut, Peperoni, Paprika, Karotten und Oliven.

Angoúria – Gurken; **Arakádes** – Erbsen; **Gígantes** – große weiße Bohnen; **Karóta** – Karotten; **Kologíthia** – Zucchini; **Kolokíthi** – Kürbis; **Pantsária** – rote Bete; **Patátes** – Kartoffeln oder Pommes frites; **Rísi** – Reis; **Piperjá** – Paprika; **Spanáki** – Spinat; **Tomátes** – Tomaten.

Angourosaláta – Gurkensalat; **Lachanosaláta** – Krautsalat; **Maroúli** – eine Art Römersalat; **Tomatasaláta** – Tomatensalat.

Gewürze und Dressings

Dill: gibt Gemüse- und Fleischeintöpfen einen sehr feinen Geschmack.

Essig: wird nur in kräftigen Salaten, z. B. in Rote-Bete- oder Krautsalat, verwendet, aber auch zum Abschmecken von Tsatsíki, Skordaliá usw.

Minze: Damit würzt man oft Hackfleisch und Reis, verleiht eine besondere Schärfe.

Olivenöl: Da die Griechen ihr Essen manchmal kalt oder lauwarm genießen, verwenden sie sehr viel Olivenöl. Es hat nämlich konservierende Eigenschaften. Im Gegensatz zu Butter wird Olivenöl nicht hart und ist gesünder.

Oregano: Der wild wachsende Majoran zählt zu den Lieblingsgewürzen der Griechen. Fast in allen Grillgerichten enthalten.

Pinienkerne: dienen oft der Verfeinerung von Reisgerichten.

Zimt: nicht nur in Süßspeisen, sondern auch in der Tomatensoße und in Fleischgerichten zu finden.

Zitrone: verfeinert Fisch- und Fleischgerichte, außerdem ersetzt sie in der griechischen Küche nicht selten den Essig.

Daneben werden auch Basilikum, Bohnenkraut, Rosmarin, Salbei und Thymian gerne verwendet.

Feta, erste Produktionsphase

Käse (Tirí)

Féta: gesalzener Weichkäse aus Schaf- oder Ziegenmilch. Wird sehr vielseitig verwendet, z. B. in Aufläufen, Gebäck, zu Salaten oder einfach auch als Beilage.

Kasséri: weicher Hartkäse, dient als Brotbelag, wird aber auch in der Pfanne herausgebraten.

Kefalotíri: Der gesalzene Hartkäse ist dem Parmesan vergleichbar und eignet sich gut zum Reiben.

Kopanistí: sehr lange gereifter Weichkäse mit starkem, fast scharfem Aroma.

Mizíthra: gesalzener oder ungesalzener Frischkäse.

Saganáki: frittierter Käse, wird heiß serviert und manchmal auch am Tisch flambiert.

Brot (Psomí)

Ohne Brot ist kein Essen komplett; es wird immer gereicht, selbst wenn ausreichend stärkehaltige Speisen wie Nudeln oder Kartoffeln bestellt sind. In der Regel handelt es sich um nährstoffarmes Weißbrot, **áspro** oder **lefkó Psomí.** Schmeckt frisch lecker, wird aber schnell trocken und hart. Seltener bekommt man das viel schmackhaftere **Choriátiko** (Bauernbrot). **Paximádi** ist ein zwiebackähnliches Brot und wird beim Bäcker oder auch abgepackt in Supermärkten verkauft.

Nachspeisen/Süßes (Gliká)

Das im Folgenden genannte Gebäck gibt es vor allem im *Sacharoplastíon* (Konditorei), manchmal wird es aber auch im Restaurant als Dessert serviert.

Baklavá: hauchdünner Blätterteig, mit Mandeln und Nüssen gefüllt und dann mit Honig übergossen. Stammt ursprünglich aus der Türkei.

Bougátsa: Blätterteiggebäck, mit einer Art Quark gefüllt. Ebenfalls sehr empfehlenswert.

Chalvá: knusprig-süßes Gebäck aus Honig und Sesamsamen.

Galaktoboúreko: sehr leckeres Blätterteiggebäck mit einer Griescremefüllung.

Kataífi: sehr süßer Sirupkuchen aus dünnen Teigfäden.

Loukoumádes: In heißem Öl gebrühte Hefeteigkugeln, die mit Honig übergossen werden. Besonders lecker!

Risógalo: Milchreis, gibt's leider nur selten.

Yaoúrti me Méli: Joghurt mit Honig, eine Spezialität! Auf Wunsch werden oft zusätzlich Nüsse dazu gereicht. Übrigens: Wenn Sie wissen wollen, warum der griechische Joghurt so viel besser als der mitteleuropäische schmeckt, riskieren Sie im Supermarkt mal einen Blick auf die Angaben zum Fettgehalt.

Obst (Froúta)

Achládi – Birne; **Banána** – Banane; **Fráoula** – Erdbeere; **Karídi** – Walnuss; **Karpoúsi** – Wassermelone; **Kerási** – Kirsche; **Mílo** – Apfel; **Pepóni** – Honigmelone; **Portokáli** – Orange; **Rodákino** – Pfirsich; **Síko** – Feige; **Stafíli** – Traube; **Veríkoko** – Aprikose.

Frühstück (Proinó)

Wie fast alle Mittelmeeranrainer frühstücken auch die Thassioten und Samothrakier nur wenig. Ähnlich karg fällt oft auch das gebuchte Hotelfrühstück aus: Brot, Butter, Marmelade, vielleicht etwas Käse oder Wurst – das war's. Frühstücksbuffets gibt es lediglich in den Häusern der oberen Kategorien. Eine Alternative sind die Frühstücksangebote der Kafenía und Tavernen, deren Wirte sich auf die morgenhungrigen Mitteleuropäer eingestellt haben: ein gekochtes Ei (Avgó wrastó), Spiegeleier (Avgá mátia), Omelett (Omeléta) oder Toast mit Schinken und Käse. Empfehlenswert an heißen Sommermorgen ist der exzellente griechische Joghurt (Yaoúrti) mit Honig (Méli), Früchten (Froúta) oder Nüssen (Karídia). Außer Kaffee, Milch (Gála) und Kakao (Gála sokoláta) gibt es oft auch frisch gepressten Orangensaft (Chymós portokalioú).

Kafé ellinikó

Getränke (Potá)

Wasser (Neró): In Griechenland seit jeher eine Kostbarkeit und das wichtigste Getränk. Wo es ständig knapp ist, weiß man es am ehesten zu schätzen! Früher war es üblich, zum Kaffee ein Glas und im Restaurant zum Essen eine Karaffe Wasser gereicht zu bekommen. Leider wird das immer seltener. Viele Griechen halten es für eine Verschwendung, Wasser auf den Tisch zu stellen, das die Touristen dann – wenn überhaupt – nur halb austrinken. In den Restaurants geht man mehr und mehr dazu über, in Flaschen abgefülltes Quellwasser zu verkaufen.

Kaffee (Kafé): Espresso, Cappuccino und Filterkaffee mitteleuropäischer Art sind in einigen Restaurants und Cafés in den Touristenorten mittlerweile im Angebot. Wenn man den typisch griechischen Kaffee, ein starkes, schwarzes Mokkagebräu in winzigen Tassen, bekommen will, muss man ausdrücklich *Kafé ellinikó* oder „Greek Coffee" verlangen. Im Zweifelsfall serviert man Ausländern nämlich in der Regel Nescafé, wenn Kaffee gewünscht wird. Und bloß nicht „türkischen Kaffee" bestellen!

Ausgesprochen beliebt bei Griechen ist der **Frappé:** Nescafé-Pulver mit Wasser, je nach Geschmack mit viel oder wenig Zucker und/oder Milch geschüttelt und mit Eiswürfeln aufgefüllt.

Kafé ellinikó/Frappé: *elafrí* = leicht; *métrio* = mittelstark, mit Zucker; *varí glikó* = sehr süß; *skéto* = ohne Zucker; *varí glikó me polí Kafé* = sehr süß und sehr stark; me Gála = mit Milch.

Nescafé: *sestó* = heiß; *skéto* = schwarz; *me Sáchari* = mit Zucker; *me Gála* = mit Milch.

„Kafé ellinikó" oder „Kafé toúrkiko"?

Auch wenn es die Griechen nicht gerne hören: Der griechische Kaffee wurde von den Türken zur Zeit ihrer Herrschaft über Hellas ins Land gebracht. Aber auch die Osmanen sind nicht die Erfinder des anregenden Gebräus. Vielmehr soll – so eine Art Kaffeelegende – dessen Geschichte auf der arabischen Halbinsel begonnen haben. In der Nähe des kleinen Ortes Mocca hauste vor etwa 750 Jahren ein von seinem Orden ausgestoßener islamischer Derwisch. Gegen den ihn plagenden Hunger kaute er die Samen einer dort wachsenden, ihm unbekannten Pflanze. Bald kam er auf den Gedanken, diese Samen zu rösten und dann zu kochen. Das Ergebnis war phänomenal: Der Trank half gegen seinen Hunger und regte den Geist an.

Bereits einige Jahre später hatte der Kaffee Arabien, Persien und Ägypten erobert und kam auch nach Istanbul, in die Hauptstadt des Osmanischen Reiches. Hier wurden auch die ersten Kaffeehäuser eröffnet. Und trotz erbitterten Widerstands der Religionsführer – zeitweise wurde das Kaffeetrinken als lasterhaft angeprangert, war streng verboten, und Kaffeeliebhaber konnten ihr Tässchen nur heimlich schlurfen – war der Siegeszug des Kaffees nicht mehr aufzuhalten. Durch die Türken wurde das Koffeingetränk auch in Griechenland populär – die griechischen Männer hatten eine neue Leidenschaft entdeckt.

Über Venedig kam der Kaffee dann Ende des 17. Jh. auch nach Mitteleuropa, wo man ihn aber filterte, um beim Trinken nicht ständig den Satz im Mund zu haben. Damit nämlich muss man rechnen, wenn man seinen ersten griechischen Kaffee bestellt und noch nicht weiß, dass man ihn in ganz kleinen Schlucken schlürfen muss.

Der „Kafé ellinikó" wird traditionell in einem Metallkännchen, dem Bríki, zubereitet. Kaffeemehl, die gewünschte Menge Zucker sowie heißes (nicht kochendes) Wasser gibt man hinein. Diese Mischung bringt man auf schwacher Hitze fast zum Kochen, unterbricht kurz den Kochvorgang und führt das Ganze ein zweites Mal durch. Kurz vor dem erneuten Erreichen des Siedepunkts nimmt man das Bríki vom Herd und gießt das Gebräu in kleine Tässchen. Durch diese besondere Art der Zubereitung erreicht man, dass der Kaffee dickflüssig wird und die charakteristische Schaumschicht erhält.

Strandtavernen laden zum Relaxen ein

Tee (Tsái): In den Dörfern bekommt man oft den schmackhaften Kräutertee (Tsái tou Wounoú). Ansonsten ist Tee wenig gebräuchlich und wird fast immer in der Beutelversion serviert (Zucker und Zitrone liegen bei).

Limonade: Wenn man Lemonáda bestellt, bekommt man Zitronenlimonade, Orangenlimonade heißt dagegen Portokaláda.

Wein (Krassí): Die größten Weinanbaugebiete Griechenlands befinden sich in Makedonien, auf dem Peloponnes, in Attika sowie auf Kreta. Mit Ausnahme des berühmten Retsínas sind die Weine im Vergleich zu italienischen oder französischen recht lieblich. Erst in den letzten Jahren bemüht man sich mehr um den Ausbau von trockenen Sorten, um auf dem europäischen Markt größere Chancen zu haben.

In der Antike war Thássos berühmt für seine Weine, heute spielt der Weinbau auf der Insel keine große Rolle mehr. Wenn Sie aber einmal die Möglichkeit haben, Thássos-Wein zu bekommen, sollten Sie ihn unbedingt probieren: Vor allem der rote, der aus winzigen Trauben gemacht wird, schmeckt wirklich hervorragend. Auf Samothráki wird nur in ganz geringem Ausmaß Wein angebaut.
In den meisten Tavernen der beiden Inseln gibt es Flaschen- und offene Weine. Letztere stammen in der Regel von der Insel Límnos oder vom nahen Festland, sind deutlich preiswerter und oft auch geschmacklich besser. Offener Wein wird oft kiloweise verkauft (ein Kilo entspricht einem Liter). Verlangen Sie Wein *apó to Varéli* (= vom Fass).

áspro Krassí = Weißwein; *mávro* (oder *kókkino) Krassí* = Rotwein. Wer seinen Wein trocken liebt, bestellt ihn *ksiró*.

Bier (Bíra): Das Getränk, das der aus Bayern stammende König Otto I. in der ersten Hälfte des 19. Jh. in Griechenland einführte, hat dem Wein inzwischen den Rang abgelaufen. Vor allem tagsüber, gerade zum Mittagessen, wird Bier öfter bestellt.

Die europäischen Brauereien haben sich darauf eingestellt. *Löwenbräu* (München) und *Henninger* (Frankfurt) sowie vor allem *Heineken, Amstel* (Holland) und *Karlsberg* (Dänemark) haben in Griechenland Niederlassungen errichtet. In den Touristenorten auf Thássos bekommen Sie im Übrigen auch die Biersorten, die Sie von zu Hause vielleicht gewöhnt sind: Warsteiner, Erdinger Weißbier, Beck's usw. Seit ein paar Jahren gibt es auch drei griechische Biere *(Mýthos, Vergína* und *Álfa)*, die sich hinter denen der ausländischen Konkurrenz nicht zu verstecken brauchen.

Retsína

Sein charakteristischer Geschmack resultiert aus dem Harz der Aleppo-Kiefer, das man dem Wein untermischt. Beim ersten Probierversuch wird der Retsína, den es als Rot-, häufiger aber als Weißwein gibt, oft abgelehnt, doch meist gewöhnt man sich rasch daran. Warum der Wein geharzt wird, darüber gehen die Meinungen auseinander. Ein Grund ist sicher, dass Harz gewisse konservierende Eigenschaften besitzt, weswegen er bereits vor 3000 Jahren dem Wein zugesetzt wurde. Aber Harz hat noch andere Vorteile: Zum einen ist der etwas säuerliche Geschmack sehr durstlöschend, und zum anderen behaupten Retsína-Fans steif und fest, dass Harz das Aroma des Weines verfeinere, so absurd das auch klingen mag. In ländlichen Regionen sagt man dem geharzten Wein auch Heilwirkungen nach. Wie auch immer, die Griechen stehen zu ihrem Retsína. Man trinkt ihn hauptsächlich zum Essen, übrigens nicht nur pur, sondern auch gerne mit Cola, Soda oder Wasser gemischt.

Spirituosen: Neben Oúzo und Tsípouro bekommt man natürlich auch überall den griechischen Weinbrand Metaxá sowie ein breites Angebot internationaler Spirituosen, die aber teurer sind als die nationalen Produkte.

Überall bekommt man Wein vom Fass

Wissenswertes von A bis Z

Ärztliche Versorgung/Apotheken

Die medizinische Versorgung auf Thássos ist für Inselverhältnisse nicht schlecht. In Prínos gibt es sogar ein kleines **Krankenhaus** mit verschiedenen Fachärzten. Weitere Fachärzte (z. B. auch Zahnärzte) findet man in Liménas und Limenária. Darüber hinaus praktizieren in den Gesundheitsstationen einiger Dörfer **Allgemeinmediziner.** Adressen, Telefonnummern und Sprechstunden finden Sie im Reiseteil bei den jeweiligen Ortsbeschreibungen.

Auf Samothráki gestaltet sich die medizinische Versorgung schwieriger, nur in Chóra und Kamariótissa findet man Ärzte. Mit Ausnahme eines Zahnarztes gibt es nur im Gesundheitszentrum von Chóra Fachärzte. Für beide Inseln gilt: Bei ernsthafteren Erkrankungen wird man mit einem Hubschrauber oder einem Flying Dolphin nach Kavála bzw. Alexandroúpolis aufs Festland gebracht. Die Verständigung klappt in der Regel problemlos, da die meisten Ärzte zumindest eine Fremdsprache beherrschen.

Prinzipiell übernehmen die privaten und gesetzlichen Krankenkassen die Kosten ärztlicher Behandlungen in Griechenland. Erkundigen Sie sich jedoch vorab bei Ihrer Kasse über die Einzelheiten. Wer in einer gesetzlichen Kranken- oder Ersatzkasse versichert ist, sollte sich vor der Abreise die **European Health Insurance Card (EHIC)** besorgen. Diese legt man dem behandelnden Arzt vor. Wird die Karte von einem Doktor nicht akzeptiert, bezahlt man bar (in vielen Fällen muss man auch auf die EHIC Zuzahlungen leisten) und lässt sich von ihm eine **Quittung** *(Apódixi)* geben, aus der genau hervorgehen muss, welche Leistungen erbracht wurden. Diese übergibt man später zu Hause seiner Kasse, die den Betrag nach Prüfung in der Regel ganz oder teilweise erstattet. Die Gebührensätze griechischer Ärzte sind nicht allzu hoch, im Krankenhaus *(Nosokomío)* zahlen Ausländer sogar nur einen geringen Pauschalbetrag, oft ist die Behandlung auch kostenlos (Medikamente müssen natürlich bezahlt werden, aber auch diese Kosten erstattet Ihre Krankenkasse).

Zu erwägen ist der Abschluss einer **zusätzlichen Auslandsreiseversicherung**, die manche Automobilclubs sowie die meisten privaten Krankenkassen preiswert anbieten (auch für Mitglieder gesetzlicher Kassen). Darin ist auch ein aus medizinischen Gründen nötig gewordener Rückflug eingeschlossen, den die gesetzlichen Krankenkassen nicht bezahlen.

Apotheken *(Farmakía)* findet man auf Thássos in Liménas, Panagía, Limenária und Prínos, auf Samothráki nur im Hafenort Kamariótissa. Sie sind durch ein grünes Kreuz auf weißem Grund gekennzeichnet. Die Öffnungszeiten entsprechen denen der normalen Geschäfte. Hinweise zu Nacht- und Sonntagsdiensten hängen an den einzelnen Apotheken aus. Die Grundversorgung ist durchaus gewährleistet, wichtige Medikamente, die Sie ständig brauchen, sollten Sie sich aber sicherheitshalber bereits zu Hause in ausreichender Menge besorgen. Ansonsten sind Arzneimittel in Griechenland wesentlich billiger als in Mitteleuropa, nicht nur Aspirin, sondern auch Antibiotika, und viele sind ohne Rezept erhältlich.

Baden/Strände

Wer gerne Badeurlaub macht, kommt auf Thássos voll auf seine Kosten. Die Insel verfügt über sehr schöne Sand- und Kiesstrände mit bester Wasserqualität, viele weisen eine gute touristische Infrastruktur auf. Samothráki hat dagegen nur zwei nennenswerte Strände, dafür kann man hier in von sauberen Bergbächen gebildeten Becken baden.

Die schönsten **Sandstrände** von Thássos finden sich östlich von Liménas, in Makríammos, an der Golden-Beach-Bucht, bei Kínira (Paradise Beach) und rund um Potós und Limenária. An der Westküste der Insel gibt es vor allem **Kiesel-Sand-Strände.** Vorzeigestrand von Samothráki ist die große Sandbucht Pachiá Ámmos, der Kípos Beach weist recht große Kieselsteine auf.

In der warmen Ägäis reicht die **Badesaison** von Mai bis in den Oktober. Während dieser Zeit liegen die Wassertemperaturen im Strandbereich bei Werten ab 20 °C aufwärts und erreichen im Hochsommer sogar Spitzentemperaturen um die 26 °C.

Nacktbaden ist in Griechenland verboten, ausgewiesene FKK-Strände gibt es auf Thássos und Samothráki bisher nicht. An Urlauberstränden ist Oben-ohne-Baden dagegen üblich und wird geduldet. Immerhin legt inzwischen auch so manche junge Griechin das Oberteil ab. Weiter enthüllen sollte man sich allerdings nicht. Kein griechischer Familienvater sieht es gerne, wenn er beim Ausflug mit seinen Lieben auf nackte Touristen stößt. Im Zweifelsfall sollte man sich lieber an den Einheimischen orientieren, schließlich ist man Gast.

An den stärker frequentierten Stränden werden meist **Sonnenschirme** und **Liegen** vermietet. 2007 bezahlte man für ein Set (zwei Liegen, ein Schirm) 6–8 €. Strandbars geben ein Set oftmals auch gegen ein Getränk ab.

Jede Menge Strände laden auf Samothráki zum Baden ein

Botschaften/Konsulate

Auf Thássos und Samothráki gibt es keinerlei diplomatische Vertretungen. Die nächsten Anlaufstellen (Konsulate) befinden sich in Thessaloníki. Die Botschaften Deutschlands, Österreichs und der Schweiz haben ihren Sitz in Athen. In Notfällen – z. B. bei Verlust sämtlicher Geldmittel oder der Papiere – kann man sich dorthin wenden. Mit Überbrückungshilfe sieht es aber meist schlecht aus. Zuerst wird man aufgefordert, sich das nötige Geld für die sofortige Heimreise von zu Hause schicken zu lassen. Verständlich, wenn man bedenkt, dass jährlich Hunderte, wenn nicht Tausende von Urlaubern bei der Botschaft bzw. bei einem Konsulat anklopfen und um Geld bitten, das sie dann oft nur nach zähen Mahnungen zurückzahlen. Erst wenn zu Hause niemand zu erreichen ist, erhält man ein Zugticket für die unmittelbare Heimreise, das dann sofort zurückerstattet werden muss.

• *Deutschland* **Athen (Botschaft)**, Odós Karaóli & Dimítriou 3, 10675 Athen, ☏ 2107285111, ℻ 2107251205, www.germanembassy.gr. Mo–Fr 9–12 Uhr.

Thessaloníki (Konsulat), Odós Karólou Diehl 4a, 54623 Thessaloníki, ☏ 2310251120, ℻ 2310240393, www.thessaloniki.diplo.de. Mo–Fr 9–12 Uhr.

• *Österreich* **Athen (Botschaft)**, Vass. Sofías 4, 10674 Athen, ☏ 2107257270, ℻ 2107257292, www.bmeia.gv.at. Mo–Fr 10–12 Uhr.

Thessaloníki (Konsulat), vorläufig geschlossen, wo ein neues Konsulat eröffnet wird, stand bei der Drucklegung nicht fest.

• *Schweiz* **Athen (Botschaft)**, Odós Iassíou 2, 11521 Athen, ☏ 2107230364, ℻ 2107249209, www.eda.admin.ch. Mo–Fr 10–12 Uhr.

Thessaloníki (Konsulat), Odós Leofóros Níkis 47, 54622 Thessaloníki, ☏ 2310282214, ℻ 2310252789, realestate@mandilas.gr oder swiss@mandilas.gr. Mo–Fr 9–12 Uhr.

Einkaufen/Souvenirs

Die üblichen griechischen Souvenirs gibt es natürlich auch auf Thássos und Samothráki: Reproduktionen von antiken Vasen und Figuren, Musikkassetten oder -Cds, bunt bedruckte T-Shirts, Schmuck, Ikonen usw. Besonders breit ist die Angebotspalette in Liménas, wo u. a. schöner Schmuck, dekorativ gefärbte Glaswaren und geschmackvolle Keramik angeboten werden. Die typisch thassiotischen Mitbringsel sind aber kulinarischer Art: Honig, z. T. mit Walnüssen, ist überall auf der Insel erhältlich, in Sirup eingelegte Früchte (Feigen, Walnüsse, Kürbis, Zitrusfrüchte, Kirschen usw.) sind eine Spezialität aus Panagía, werden aber auch in Liménas und in vielen anderen Dörfern verkauft. In Panagía und in Prínos kann man hervorragendes Öl direkt von der Olivenpresse kaufen, und überall bekommt man den thassiotischen Walnuss-Honiglikör, Weine und Tsípouro (eine Art Tresterschnaps). Auf Samothráki können wir Ihnen wiederum die süßen Früchte sowie Töpferwaren empfehlen.

Traditionelle Bäckerei auf Samothráki

Lebensmittel kauft man insbesondere in den Dörfern im **Pantopolíon,** einer Art Tante-Emma-Laden. Die etwas größeren Geschäfte mit einem breiter gefächerten Angebot nennen sich Supermarkt (Öffnungszeiten → S. 60).

Geld

Auch Griechenland gehört zu den Ländern, die seit 2002 ihren Geldumlauf auf **Euro** (gesprochen Evró) umgestellt haben; Cent werden übrigens *Leptá* genannt. Für Deutsche und Österreicher ist also kein Geldumtausch nötig. Schweizer müssen weiterhin ihre Franken wechseln.

Banken finden Sie auf Thássos in Liménas und Limenária (Mo–Do 8–14 Uhr, Fr nur bis 13.30 Uhr). Auf Samothráki gibt es nur in Kamariótissa Geldinstitute.

EC-/Maestro-Geldautomaten mit 24-Stunden-Service bieten auf den beiden Inseln inzwischen alle Banken. Ein weiterer Automat steht auf Thássos am Fähranleger von Skála Prínou und im Zentrum von Potós. Es ist zu erwarten, dass in den nächsten Jahren in den Touristenorten noch weitere Geldautomaten aufgestellt werden.

Das Abheben mit Karte und Geheimnummer ist zweifellos die bequemste Art, an Bargeld zu kommen. Zu Hause fällt dann pro Abbuchung eine Gebühr an. Bedenken Sie aber, dass ein Automat gelegentlich leer ist, z. B. wenn er am Wochenende zu stark frequentiert wurde (Bedienungshinweis: Als Sprache „Deutsch" oder, wenn das nicht möglich ist, „English" einstellen, für Abhebung „Scheck" oder „Checking" drücken). Bei Verlust der EC-/Maestro-Karte kann man diese unter ✆ (0049)180/5021021 zu jeder Tages- und Nachtzeit sperren lassen.

Auch mit den gängigen Kreditkarten bekommt man an den meisten Geldautomaten Bargeld. Doch nicht alle Automaten nehmen alle Karten an, man muss auf die Aufkleber achten. Und: Die Gebühren sind sehr viel höher als bei EC-/Maestro-Karten.

Reiseschecks werden hauptsächlich von American Express, Thomas Cook und Visa angeboten. Man muss sie vor der Reise bei einer Bank kaufen; dabei kassiert das Institut eine Kommission von 1 % des Wertes. Beim Einlösen in Griechenland werden Gebühren von 1–2 % fällig. Bei Verlust oder Diebstahl erhält man vollen Ersatz bei den Büros der Scheckgesellschaften, im Notfall auch per Kurier, jedoch muss die Kaufquittung vorgewiesen werden. Die Adressen der Büros Ihrer Scheckgesellschaft in Griechenland erfragen Sie am besten beim Kauf der Reiseschecks.

Kreditkarten: Gängige Karten wie American Express, MasterCard oder Visa werden in größeren Hotels, Souvenirgeschäften, Fahrzeugvermietungen und einigen Restaurants zumindest auf Thássos akzeptiert. Die Abbuchung vom eigenen Konto erfolgt erst Wochen später. Allerdings sollte man sich nicht ausschließlich auf Kreditkarten verlassen, in den Dörfern und fast überall auf Samothráki nutzt einem das Plastikgeld gar nichts.

Bei den meisten Banken kann man mit Kreditkarten auch Geld abheben, allerdings zu schlechten Bedingungen. Bei Verlust der Karte diese unbedingt sofort international sperren lassen, dann haftet man für keinen Schaden (für Visa ✆ 001/410/5813836, für MasterCard ✆ 001/31/42756690).

> Neben den genannten Sperrnummern gibt es seit 2006 den **Sperrnotruf**, ✆ 0049/116116. Unter dieser Nummer können EC-/Maestro- und Kreditkarten von Sparkassen und Banken sowie Mobiltelefone von überall auf der Welt gesperrt werden. Voraussetzung ist, dass sich Ihre Sparkasse, Bank oder Mobilfunkgesellschaft dem Sperrnotruf angeschlossen hat. Erkundigen Sie sich danach vor Reiseantritt.

Haustiere

Ob Sie Ihrem Vierbeiner die strapaziöse Anreise und die sommerliche Hitze in Hellas zumuten wollen, sollten Sie sich gut überlegen. Zwar hat sich die Einstellung der Griechen gerade gegenüber Hunden in den letzten Jahren teilweise geändert und deutlich mehr Hellenen als früher besitzen jetzt selbst einen, aber trotzdem sind Hunde oft immer noch nicht gerne gesehene Gäste in Hotels und Restaurants.

- *Einreisevorschriften für Haustiere* Für Ihren Hund oder Ihre Katze benötigen Sie einen EU-Pass, einen obligatorischen „Reisepass" samt implantierten Mikrochip (alternativ eine spezielle Tätowierung), der die Identität des Tieres nachweist und der bescheinigt, dass es gegen Tollwut geimpft ist. Über Details informiert der Tierarzt, der die Prozedur auch durchführt.
- *Tierschutz* Besuchern der Inseln fallen immer wieder vernachlässigte Hunde der Einheimischen auf, die angeleint stundenlang in der Hitze auf ihre Besitzer warten müssen, oft nicht genug Wasser bzw. Futter bekommen, misshandelt werden etc. Außerdem streunen zu viele Katzen umher. Viele von ihnen sterben im Winter, wenn die Tavernen geschlossen sind, einen jämmerlichen Hungertod. Um diese Tiere kümmern sich die Mitglieder von **F.O.S.** (Freunde der Tiere und der Umwelt auf Thassos), über deren hervorragende Arbeit man sich auch im Internet informieren kann (→ S. 59).

Informationen

Die Griechische Zentrale für Fremdenverkehr (GZF), in Griechenland unter dem Namen Ellinikós Organismós Tourismoú (EOT) zu finden, hat in Deutschland vier Büros, in Österreich und der Schweiz jeweils eines. Man erhält dort u. a. auch eine brauchbare Griechenlandkarte, farbige Broschüren zu allen touristisch interessanten Gebieten, eine jährlich aktualisierte Zusammenstellung der innergriechischen Schiffsverbindungen und eine Auflistung von Pauschalveranstaltern. Speziell über Thássos und Samothráki dürfen Sie allerdings nicht allzu viel erwarten.

- *Deutschland* **10789 Berlin**, Wittenbergplatz 3 a, ✆ 030/21762-62/-63, 📠 030/2177965, info-berlin@gzf-eot.de.

60311 Frankfurt, Neue Mainzer Str. 22, ✆ 069/2578270, 📠 069/25782729, info@gzf-eot.de.

20354 Hamburg, Neuer Wall 18, ✆ 040/454498, 📠 040/454404, info-hamburg@gzf-eot.de.

80333 München, Pacellistr. 5, ✆ 089/22203-5/-6, 📠 089/297058, info-muenchen@gzf-eot.de.

- *Österreich* **1010 Wien**, Opernring 8, ✆ 01/5125317/-18, 📠 5139189, grect@vienna.at.
- *Schweiz* **8001 Zürich**, Löwenstr. 25, ✆ 01/2210105, 📠 2120516, eot@bluewin.ch.
- *Griechenland* Ellinikós Organismós Tourismoú (EOT), *Zentrale*, 10564 **Athen**, Odós Amerikís 2, P. O. Box 1017, ✆ 2103271300, info@gnto.gr.

Thessaloníki, Platía Aristotélous 8, ✆ 2310222935 und 2310271888. Am Flughafen ✆ 2310425011.

Kavála, Odós Filellíon 2, ✆ 2510228762.

Auf Thássos und Samothráki gibt es bisher noch keine offizielle Informationsstelle des EOT. Hilfen bieten hier die Reisebüros, darüber hinaus kann man sich bei Problemen an die Touristenpolizei (Touristikí Astinomía) wenden. Näheres unter dem Stichwort „Polizei", → S. 60.

Internet

- *Über Thássos/Samothráki*

www.thassos-island.de: sehr informative Seite, organisiert von Personen, die ständig auf der Insel leben. Gute Informationsquelle, die mehr oder weniger regelmäßig aktualisiert wird. Ein besonderes Schmankerl sind die Videoclips zu verschiedenen Themen wie z. B. dem Markt in Prínos. Im Forum kann man außerdem untereinander Reiseerfahrungen austauschen.

www.gothassos.com/de: sehr schön aufgemachte Seite von Jánnis Markianós und seiner deutschen Frau Elke. Eindrucksvolle Fotogalerien insbesondere zur Natur (u. a. auch zur Tierwelt) der Insel. Interessante allgemeine Informationen (z. B. über Themen wie „Reisen mit Kindern").

www.lets-go-thassos.com: ebenfalls sehr gut gestaltete Seite, verantwortlich dafür ist Ilka Mastrandréou, die seit 20 Jahren auf der Insel lebt. Hier gibt es neben schönen Fotos auch Ideen für die Urlaubsplanung auf Thássos und praktische Tipps, außerdem werden häufige Fragen von Touristen beantwortet etc.

www.thassos.net: private Webseite in

deutscher Sprache, die Lust auf Urlaub macht.

www.fos.thassos.info: die Freunde der Tiere und Umwelt auf Thassos (→ S. 58) informieren hier über ihre Arbeit, berichten Lustiges und Trauriges, vermitteln ausgesetzte, vernachlässigte, herrenlose Tiere etc. Eine Seite, die einen so schnell nicht wieder loslässt.

www.gothassos.ws: informative Seite in englischer Sprache mit vielen praktischen Tipps.

www.samothraki.com: hervorragend gestaltete und ständig aktualisierte Seite, auf der man z. B. gesicherte Informationen zu den aktuellen Fahrplänen (Busse, Fähren, Rundfahrtschiffe usw.) sowie zu zahlreichen Unterkünften und aktuellen Ereignissen auf der Insel bekommen kann. Verantwortlich dafür ist der Deutsche Ralf Scheel, der seit Jahren auf der Insel wohnt.

www.michael-mueller-verlag.de: wenn Sie *Thassos/Samothraki* anklicken, finden Sie Updates und News zu unserem Reisebuch, außerdem ein ausführliches Kapitel „Ausflüge aufs Festland", das wir aus Platzgründen nicht mehr in diesem Buch unterbringen konnten.

• *Über Griechenland* **www.in-greece.de**: Statements und Erlebnisberichte mit der Möglichkeit, eigene beizusteuern. Viele weitere Informationen für den Hellasurlauber, auch zu aktuellen Reiseführern, Veranstaltern usw.

www.hellasproducts.com: Portal der „Griechenland-Zeitung" aus Athen, das täglich die neuesten Nachrichten und Schlagzeilen ins Netz stellt. Außerdem: Informationen, Hintergrundberichte, Reportagen, Adressen und Links.

Der Töpfer Kóstas in seiner Werkstatt in Liménas

www.griechische-botschaft.de: aktuelle Nachrichten und News aus Griechenland.

Landkarten

Es gibt zahlreiche Karten von **Thássos,** aber alle sind nur von mäßiger bis miserabler Qualität, weil ungenau und fehlerhaft. Bleibt zu hoffen, dass, wie zu vielen anderen Inseln bereits geschehen, bald neuere und bessere Landkarten erscheinen werden. Von den gegenwärtig erhältlichen Thássos-Karten genügt am ehesten die des Órama-Verlags einfachen Ansprüchen. Für **Samothráki** können wir dagegen die Karte des Verlags Road-Editions empfehlen, nicht jedoch die überall angebotene Wanderkarte. Obwohl sie im Auftrag der Inselverwaltung mit Hilfe von GPS erstellt worden sein soll, ist sie überaus fehlerhaft. Die Gemeinde Samothráki will sie in naher Zukunft überarbeiten lassen.

Órama Editions, Nr. 345, Thássos, ISBN 978-960-8293-28-2, Maßstab 1:50.000, ca. 4 €. Neben Thássos ist auch noch das Festland zwischen Kavála und Keramotí abgebildet.

Road Editions, Nr. 215, Samothraki, ISBN 960-8189-64-0, Maßstab 1:30.000, 7,50 €, auf der Insel wird die Karte preiswerter verkauft.

Öffnungszeiten

Geschäfte und öffentliche Einrichtungen passen sich mit einer langen Siesta-Pause den mediterranen Klimaverhältnissen an. Banken bleiben am Nachmittag sogar geschlossen, dafür sind die Läden abends, wenn die Hitze nachgelassen hat, lange geöffnet. Dann macht das Einkaufen auch viel mehr Spaß.

Banken: Mo–Do 8–14, Fr bis 13.30 Uhr.

Geschäfte sind in der Regel Mo–Sa von 8/9 bis 13/14 Uhr und von 17 bis 21/22 Uhr geöffnet, viele Supermärkte und Bäckereien auch am Sonntag. In den Touristenzentren bleiben Souvenirshops häufig den ganzen Tag (oft auch sonntags) offen.

Kirchen und Klöster öffnen ihre Pforten bereits zwischen 7 und 8 Uhr in der Früh, während der Mittagszeit sind sie meistens geschlossen. Danach ist in der Regel noch einmal von 16 bzw. 17 bis gegen 20 Uhr geöffnet. Allerdings gibt es große Unterschiede. In vielen Dörfern muss man sich den Kirchenschlüssel vom Popen oder einem anderen Schlüsselverwalter besorgen. Manche Klöster wie das Erzengel-Michael-Kloster auf Thássos sind ganztägig geöffnet. Nähere Informationen finden Sie in den jeweiligen Beschreibungen im Reiseteil.

Kioske sind meist bis spät in die Nacht geöffnet. Während der Siesta haben sie oft, aber nicht immer geschlossen.

Museen haben ebenfalls uneinheitliche Öffnungszeiten. Oft gilt folgende Regel: werktags 8–13 und 15–18 Uhr, sonn- und feiertags 10–18 Uhr, montags geschlossen.

Post: Mo–Fr 7/8–14 Uhr, samstags geschlossen.

Reisebüros halten sich theoretisch an die normalen Geschäftszeiten, haben aber in der Hochsaison oft durchgehend und bis spätabends geöffnet.

Polizei (Astinomía)

„Dein Freund und Helfer" ist auf Thássos in Liménas unter ✆ 2593022500, in Prínos unter ✆ 2593071230 und in Limenária unter ✆ 2593051204 zu erreichen; auf Samothráki in Kamariótissa unter ✆ 2551041303.

In vielen Urlaubsregionen Griechenlands gibt es eine spezielle Polizei, die nur für die Probleme der Gäste (z. B. mit Hotels) zuständig ist. Die **Touristenpolizei** (Touristikí Astinomía) finden Sie auf Thássos im allgemeinen Polizeibüro (✆ 2593023111), auf Samothráki gibt es keine Touristenpolizei. Falls man dort gar nicht weiter weiß, findet man bei der Ortspolizei in Kamariótissa Hilfe.

Notrufnummern

Polizei-Notruf für ganz Griechenland ✆ 100

Feuerwehr für ganz Griechenland ✆ 199

Erste Hilfe für ganz Griechenland ✆ 166

Pannenhilfe für ganz Griechenland ✆ 104

Krankenhaus auf Thássos ✆ 2593071100 und ✆ 2593071101

Gesundheitszentrum auf Samothráki ✆ 2551041217

ADAC-Notruf von Griechenland aus ✆ 0049/89/222222 (rund um die Uhr)

Post (Tachidromío)

Ein Postamt gibt es auf Thássos in Liménas, Theológos, Limenária und Prínos, auf Samothráki in Kamariótissa. Briefkästen hängen in fast allen Inseldörfern, man erkennt sie an der gelben Farbe. In etwa vier bis acht Tagen werden die Sendungen nach Mitteleuropa befördert. Der Vermerk „per Luftpost" bringt nichts, da die gesamte Post ab Thessaloníki bzw. Athen generell per Flugzeug befördert wird.

Öffnungszeiten: Mo–Fr 7.30–14 Uhr, Sa geschlossen.

Briefmarken gibt es bei der Post oder in Geschäften und Kiosken, die auch Ansichtskarten verkaufen. Die sich häufig ändernden Gebühren für die einzelnen Sendungen erfragt man am besten dort.

Postlagerung/Poste Restante: Man kann – falls ohne feste Adresse – postlagernd Briefe empfangen. Gegen Vorlage des Ausweises und eine kleine Gebühr holt man sie ab. Ein Brief wird im Normalfall bis zu zwei Monate aufbewahrt, dann an den Absender zurückgeschickt. Adressieren sollte man solche Sendungen immer an das „Main Post Office" (Hauptpostamt) – auf Thássos Liménas, auf Samothráki Kamariótissa – und der Adresse die jeweilige PLZ hinzufügen: 64004 Thássos, 68002 Samothráki. Wichtig ist außerdem der Vermerk „poste restante".

Telefonieren ist bei der Post nicht möglich. Näheres unter dem entsprechenden Stichwort.

Stillleben auf dem Dorf

Reisedokumente

Zwar fallen seit dem Inkrafttreten des Schengener Abkommens innerhalb der EU die Grenzkontrollen in der Regel weg, einen Rechtsanspruch auf unkontrolliertes Reisen gibt es aber nicht. Deutsche und Österreicher müssen nach wie vor einen gültigen **Personalausweis,** Schweizer die **Identitätskarte** bei sich haben. Wer über Serbien und Mazedonien anreist, benötigt unbedingt seinen **Reisepass.** Kinder unter 16 Jahren müssen im Pass der Eltern eingetragen sein oder einen eigenen Kinderausweis haben, ab zehn Jahren mit Passbild.

Kraftfahrer brauchen zusätzlich noch **Führerschein** (der internationale ist nicht nötig), **Fahrzeugschein** und auch die **grüne Versicherungskarte.** Dieser Nachweis für eine bestehende Haftpflichtversicherung ist offiziell zwar nicht mehr obligatorisch, aber der ADAC empfiehlt dringend, die Karte mitzuführen, da sie bei Unfällen und Kontrollen immer wieder verlangt wird. Wer über Serbien und Mazedonien auf dem Autoput anreist, muss sie unbedingt dabeihaben.

Sport

Auf Thássos kommen Sportlernaturen und Aktivurlauber auf ihre Kosten. Recht groß ist das Angebot an Wassersport. An zahlreichen Stränden hat man die Möglichkeit, Surfbretter zu leihen, Wasser- und Jetski zu fahren usw. An fast jedem größeren Beach befindet sich in der Regel auch mindestens ein Volleyballnetz. Auch jenseits des Strandes bieten insbesondere die großen Hotels einiges an sportlicher Unterhaltung. Die Insel eignet sich außerdem zum Wandern. Das gilt auch für Samothráki; dort besteht nur am Strand von Pachiá Ámmos ein Wassersportangebot.

Bootssport: Tretboote, Kanus usw. werden an den Stränden nahe den größeren Touristenorten (Ausnahme Liménas) vermietet, Motorboote kann man z. B. in Pefkári und Potós ausleihen. Einen Segelbootverleih findet man auf Thássos noch nicht. Preise: Für ein Tretboot zahlt man ca. 10 € pro Stunde, für ein Paddelboot ca. 8 €, ein Motorboot kostet je nach Ausleihdauer 50–75 €.

Fahrradfahren: Das eigene Rad oder Mountainbike kann man für ca. 50 € auf Charterflügen nach Griechenland mitnehmen (auf Linienflügen etwas teurer). Fahrräder bzw. Mountainbikes gibt es aber auch vor Ort in Liménas, Chrissí Ammoudiá, Potós, Limenária, Skála Prínou (Thássos) und in Kamariótissa (Samothráki) zu mieten (Näheres in den Kapiteln „Unterwegs auf Thássos" bzw. „Unterwegs auf Samothráki"). Mit Mountainbikes kann man hervorragend das gebirgige Innere der beiden Inseln erkunden. Bleiben Sie aber immer auf den Wegen!

Reiten: Nur auf Thássos gibt es einen Reitstall. In Theológos werden geführte Ausritte und Reitkurse angeboten (Näheres → S. 164).

Surfen: Zwar kann man an vielen Stränden auf Thássos Surfbretter ausleihen, doch sicher zählt die Insel nicht zu den besten Revieren Griechenlands – der Wind ist einfach im Vergleich zu anderen Regionen nicht stark genug. Ein Surfboard kostet pro Stunde ca. 10 €.

Beide Inseln sind reich an Naturschönheiten

Tauchen: Schnorcheln ist überall ohne Einschränkung gestattet, das Tauchen mit Sauerstoffgeräten und Tauchanzügen dagegen nur an ausgewiesenen Plätzen erlaubt, denn zu viele Amphoren und Münzen aus antiken Schiffswracks wurden schon von Tauchern gefunden und außer Landes geschleppt. Auskunft geben die örtlichen Behörden. Seit Kurzem gibt es auf Thássos in Potós und Pefkári je eine Tauchschule. Näheres in den Ortskapiteln. Auch auf Samothráki können Tauchausflüge gebucht werden; ✆ 6974557181, www.scubagr.com.

Tennis: Einige große Hotels auf Thássos verfügen über Tennisplätze (genauere Informationen finden Sie bei unseren Hotelbeschreibungen). Darüber hinaus kann man gegen Gebühr (ca. 10 € pro Stunde und Person) beim Tennis Club in Skála Rachoníou spielen (→ S. 210).

Wandern: Die beiden grünen Inseln der nördlichen Ägäis bieten hervorragende Wandermöglichkeiten. Auch geführte Wanderungen sind möglich (Näheres in den Kapiteln „Unterwegs auf Thássos" bzw. „Unterwegs auf Samothráki").

Wasserski, Bananaboat, Kneeboard, Ringo etc. sind beispielsweise in Golden Beach, Psilí Ámmos, Skála Prínou und Skála Rachoníou (Thássos) möglich; doch sollte man sich wegen der damit verbundenen Umweltschädigung überlegen, ob es

Nasse Landung

wirklich nötig ist, sich motorisiert auf dem Meer herumschleudern zu lassen. Zehn Minuten Wasserski kosten ca. 20 €, Ringo ca. 8 €, Bananaboat ca. 7 €, Fly Banana ca. 12 €, Gleitschirm ca. 30 €, zu zweit 45 €.

Sprache (Glóssa)

Neugriechisch ist nicht die einfachste Sprache und wird außerdem mit anderen Buchstaben als das Deutsche geschrieben. Nur wenige Urlauber können mehr als ein paar Brocken sprechen. Die Griechen haben sich daran gewöhnt. Mittelmäßige Englischkenntnisse genügen, um sich mit der Mehrzahl der Einheimischen zu verständigen. Im Gastgewerbe ist in den Touristenorten Englisch Standard. Zudem trifft man auf Thássos und Samothráki auf sehr viele Griechen, die Deutsch sprechen. Meist haben sie ihre Kenntnisse bei Arbeitsaufenthalten in Deutschland, Österreich oder der Schweiz erworben. Dennoch sollten Sie sich die wichtigsten Alltagswörter der griechischen Sprache aneignen. Ihr Bemühen wird in der Regel mit echtem Entgegenkommen und viel Gesprächsbereitschaft von Seiten der Einheimischen belohnt. Wichtig ist die richtige Betonung der Wörter. So liegt der Wortakzent bei *efcharistó* (danke) auf der letzten Silbe und nicht etwa auf der vorletzten, wie man es von Ausländern oft hört *(efcharísto)*. Deswegen haben wir jedes griechische Wort mit einem Betonungszeichen versehen und uns jeweils für die Schreibweise entschieden, die der korrekten Aussprache am ehesten entspricht. Noch ein Wort zu den Hinweis- und Ortsschildern: Sie sind fast immer in griechischen und lateinischen Buchstaben geschrieben.

Telefonieren

Wenn Sie nicht über das eigene Handy oder vom Hotel aus (man zahlt etwa das Doppelte) telefonieren möchten, ist es am bequemsten, Sie benutzen eines der überall auf den Inseln von der Telefongesellschaft OTE installierten öffentlichen **Kartentelefone.** Von diesen kann man problemlos ins Ausland anrufen.

• *Telefonkarten* Die hübschen OTE-Telefonkarten (Tilekártes) erhält man in verschiedenen Geschäften (Souvenirs, Schreibwaren, Kiosk etc.), bei der Post und in den Büros der OTE (auf Thássos in Liménas und Limenária, auf Samothráki in Chóra). Angeboten werden Karten für ca. 3, 6, 12 und 24 €.

• *Internationale Vorwahlen* Deutschland ✆ 0049, Österreich ✆ 0043, Schweiz ✆ 0041. Danach wählt man die Vorwahl des gewünschten Ortes, jedoch ohne die Null, dann die Rufnummer.

Wer nach Griechenland telefonieren möchte, wählt die Landesvorwahlnummer ✆ 0030 und anschließend die vollständige zehnstellige Nummer des Teilnehmers.

Die neuen griechischen Telefonnummern

Von Juli 2001 bis November 2002 wurden in ganz Griechenland in mehreren Phasen sämtliche Anschlüsse auf zehnstellige Nummern umgestellt. Das bedeutet, dass nun grundsätzlich immer die Vorwahl eines Orts bzw. einer Insel (Thássos ✆ 25930, Samothráki ✆ 25510, Alexandroúpolis ebenfalls ✆ 25510, Kavála ✆ 2510) mitgewählt werden muss, auch wenn man sich dort befindet. Vorsicht: Es kursieren noch immer zahllose Prospekte und Visitenkarten mit den alten Nummern. In unserem Reisehandbuch werden bei Telefonangaben immer die vollständigen zehnstelligen Nummern genannt. Im Rahmen dieses „Nationalen Telefon-Nummerierungsplans" hat man im Übrigen auch die erste Null aller Mobiltelefonnummern durch eine Sechs ersetzt.

Thema Mobiltelefon: Nach Ankunft in Griechenland sucht das Handy normalerweise automatisch das jeweilige Roaming-Partnernetz. In Griechenland gibt es die Netze Cosmote, Panafon, Vodafone GR und Telestet. Auf Betreiben der EU wurden die Roaming-Gebühren ab Sommer 2007 stufenweise deutlich reduziert. Der neue EU-Euro-Handy-Tarif sieht nun wie folgt aus: Für *abgehende Gespräche* zahlt man 58,31 Cent/min. (2007), 54,74 Cent/min. (ab 30.8.2008) und 51,17 Cent/min. (ab 30.8.2009). Die Gebühren für *ankommende Gespräche* sinken im gleichen Zeitraum von 28,56 Cent/min. über 26,18 Cent/min. auf 22,61 Cent/min. Diese EU-Verordnung gilt nicht für den SMS-Versand und die Nutzung mobiler Datendienste. Näheres, u. a. auch zum Telefonieren mit Prepaid-Karte, unter www.teltarif.de/reise.

Toiletten

Auch bei modernsten Toiletten in den Hotels darf das Papier nicht mit hinuntergespült werden. Dafür steht ein Eimer in der Ecke. Ansonsten wären dauernd die Abflussrohre verstopft. Die Beschilderung: Herren = *andrón,* Frauen = *jinaikón.*

Umweltbewusstsein

Wie überall – auch auf Thássos und Samothráki ein heikles Thema. Besonders problematisch ist die **Müllbeseitigung.** Abwässer werden oft noch ungeklärt ins Meer geleitet. Der Hausmüll, u. a. auch Plastiktaschen und ähnliche Einwegverpackungen, wird in den Dörfern der Inseln zwar gesammelt und abgeholt, doch dann lädt man ihn auf wild angelegten Halden in der freien Natur ab. Dort wird er dann häufig verbrannt, wobei Dioxine und andere Giftstoffe freigesetzt werden. Auf diesen Müllkippen landen oft auch ausrangierte Elektroherde, Kühlschränke, Autoreifen etc. Für Mitteleuropäer ist das oft nur schwer verständlich. Allerdings muss man sich klarmachen, dass eine ökologisch sinnvolle Müllbeseitigung Griechenland mit

In der Vorsaison sind die Strände noch leer

immerhin 167 ständig bewohnten Inseln vor ein schier unlösbares Problem stellt. Denn von Insel zu Insel pendelnde Müllschiffe, die den Abfall dann zur Entsorgung z. B. aufs Festland bringen, wären einfach viel zu teuer. Eine der wichtigsten Zukunftsaufgaben ist es zweifellos, auf den Inseln organisierte und nach Umweltkriterien geführte Deponien anzulegen. Ohne erhebliche Subventionierung wird dies allerdings kaum möglich sein. Ebenso dringend müsste die konsequente **Müllvermeidung** angedacht und gesetzlich geordnet werden. Wasser wird in Plastikflaschen verkauft, Limonade in Aludosen, und im Supermarkt wird selbst der kleinste Artikel in eine Plastiktüte gesteckt.

Außerdem ist es für Griechen selbstverständlich, jede auch noch so kurze Strecke mit ihren Pkws oder Bikes zurückzulegen. Ebenso werden unberührte Landstriche ohne Rücksicht auf ökologische Erfordernisse bebaut und zersiedelt, Gleiches gilt für die Trassenführung neuer Straßen und Wege. Seit der Pick-up den Esel als wichtigstes Transportmittel abgelöst hat, möchte jeder Bauer einen entsprechenden Zugang zu seinen Olivenfeldern haben.

Auf Thássos stellt zudem der **Marmorabbau,** der die Insel an vielen Stellen anfrisst, ein Problem dar. Schwierig ist die nach den Waldbränden eingeleitete **Aufforstung,** da es noch viele Schäfer mit großen Schaf- und Ziegenherden gibt – die Tiere fressen die Jungpflanzen blitzschnell wieder ab.

Zudem bringt der **Tourismus,** auch wenn es mancher nicht gerne hören wird, ebenfalls Umweltschäden mit sich: Zunahme des Motorverkehrs auf Thássos und Samothráki und im umliegenden Meer, erhöhtes Müllaufkommen, Schädigung natürlicher Lebensräume u. a. durch den Bau neuer Hotels, um nur einige Beispiele zu nennen.

Was kann man als Urlauber tun, um die Belastung der Umwelt durch seine Anwesenheit so gering wie möglich zu halten? Kaufen Sie möglichst Mehrwegbehältnisse und verzichten Sie auf Getränkedosen und Plastikflaschen. Bringen Sie beim Einkauf eine eigene Stofftragetasche mit. Belasten Sie Ihre Urlaubsinsel nicht mit Sondermüll, z. B. ausrangierten Batterien – nehmen Sie diese wieder mit nach Hause. Reißen Sie keine Pflanzen aus, und machen Sie keinesfalls Feuer. Schonen Sie bitte auch ökologisch sensible Zonen, indem Sie dort die Wege nicht verlassen. Verzichten Sie auf dubiose Wassersportarten, insbesondere auf die hoch umweltbelastenden Jet-Skis („Wassermotorräder"), die zudem eine enorme Lärmbelästigung darstellen.

Auch wenn das Thema Umweltschutz nicht gerade als das Steckenpferd der griechischen Regierung gilt, so zeichnet sich doch allmählich eine Entwicklung des Umweltbewusstseins ab. Umweltschutz ist zentrales Thema in den Schulen. Ganze Schulklassen ziehen beizeiten los und reinigen Strände und Wälder von Treibgut und Müll. Und auf Thássos und Samothráki sieht man inzwischen vermehrt Schilder, die die Bewohner auffordern, ihre Inseln und das Meer sauber zu halten.

Wasser (Neró)

Im Gegensatz zu vielen anderen griechischen Inseln sind Thássos und Samothráki sehr wasserreich. In den meisten Dörfern finden sich üppig sprudelnde Dorfbrunnen, und auch auf Wanderungen stößt man immer wieder auf frisches Quellwasser. Ebenso wie das Leitungswasser können Sie es bedenkenlos trinken, sollten aber dennoch nicht verschwenderisch damit umgehen (vom Genuss des Leitungswassers in den Festlandstädten Thessaloníki, Kavála und Alexandroúpolis raten wir dagegen ab).

Zeit

In Griechenland gilt die osteuropäische Zeit (OEZ); sie ist der mitteleuropäischen Zeit (MEZ) um eine Stunde voraus. Da es in Hellas genau wie bei uns eine Sommerzeit gibt, bleibt der Zeitunterschied auch im Sommer bestehen.

Zeitungen/Zeitschriften

Die internationale Presse, also auch Zeitschriften und Zeitungen aus Deutschland, Österreich und der Schweiz, ist in den größeren Urlaubsorten auf Thássos erhältlich, trifft aber meist einen Tag später ein und ist durch die Beförderung per Luftpost relativ teuer. 2007 bekam man auf Samothráki, anders als noch vor ein paar Jahren, keine deutschsprachigen Zeitungen.

Zoll

Innerhalb der EU gelten sehr liberale Bestimmungen. Grundsätzlich wird die Mehrwertsteuer im Erwerbsland, d. h. beim Kauf der Waren, fällig. Bei der Ausreise sind weder Zollabgaben noch sonstige Steuern zu entrichten. Bedingung dafür ist, dass alle gekauften Produkte – Textilien, Keramik, Schmuck, Olivenöl etc. – nicht gewerbsmäßig genutzt, beispielsweise also weiterverkauft werden. Bei folgenden Mengen (pro Person) stellen die Behörden den persönlichen Bedarf nicht in Frage:

Alkohol: 10 l Spirituosen; 20 l Zwischenerzeugnisse (Port/Sherry); 90 l Wein oder weinhaltige Getränke, davon höchstens 60 l Sekt/Schaumwein; 110 l Bier.

Tabakwaren: 800 Zigaretten; 400 Zigarillos; 200 Zigarren; 1 kg Tabak.

Für **Schweizer** gelten niedrigere Quoten: 200 Zigaretten oder 100 Zigarillos oder 50 Zigarren oder 250 g Tabak; 1 l Spirituosen, 1 l Zwischenerzeugnisse oder 2 l Wein oder 2 l Bier sowie Geschenke bis 200 sfr.

Im Frühling gleicht Thássos einem Blumenmeer

Thássos – die Insel

Das nördlichste Eiland im „Inselmeer der Griechen" bietet dem Besucher eine große Vielfalt. Sehenswerte archäologische Stätten, pittoreske Dörfer in den Bergen, zahllose wunderschöne Buchten mit einmaligen Sandstränden sowie dichte Wälder machen die Insel zu einem kleinen Urlauberparadies.

Zwar ist Thássos nicht mehr der unbefleckte „grüne Smaragd", als der es immer wieder gepriesen wurde, denn die Waldbrände haben im Westen und in der Mitte Wunden hinterlassen, aber es weist noch immer mehr üppiges Grün auf als die allermeisten anderen Inseln und ist deshalb für **Wanderer** auch wegen seines stellenweise alpinen Charakters ein ideales Revier mit leichteren bis anspruchsvolleren Touren. Als Ziele bieten sich u. a. Berggipfel, Strände, Dörfer, einsam in der Landschaft stehende kleine Kapellen oder auch eines der drei Klöster auf der Insel an. Dort, wo die Kiefernwälder nicht zerstört sind, reichen sie oft hinunter bis an die türkis schimmernden, meist von sanften Wellen umspülten Buchten, die sich um die ganze Insel reihen. Mit ihrem feinen, weißen Sand oder kleinen Kieseln und dem sauberen Wasser bieten sie dem **Badeurlauber** all das, was er sich nur wünscht. Und doch hat fast jeder Strand auch etwas Besonderes, so dass man sich seinen Lieblingsbadeplatz aus dem großen Angebot aussuchen kann.

Aber die Insel ist nicht nur reich an Natur, sondern auch an Kultur. In der Blütezeit der griechischen Antike war Thássos wegen seines fruchtbaren Bodens und vor allem wegen seiner immensen Vorräte an Edelmetallen, Marmor und Holz die am dichtesten besiedelte Insel der Ägäis und wurde das „Athen des Nordens" genannt. Entsprechend prachtvoll waren seine Bauwerke, deren Ruinen das Herz eines jeden **Archäologiefreundes** höher schlagen lassen. Wahre Kleinode sind dabei, wie

z. B. die einzigartigen archaischen Reliefs an den Toren der alten Stadtmauern in Liménas oder die antiken Marmorsteinbrüche in Alikí.

Dass eine so vielseitige Ferieninsel in der Hochsaison keinen Hort der Einsamkeit darstellen kann, ist wohl offensichtlich. Die Hauptstadt Liménas und die wichtigsten Badeorte sind zumindest im August proppenvoll. An touristischer Infrastruktur ist alles vorhanden, und wer **Unterhaltung** sucht, kommt absolut auf seine Kosten. Insbesondere in den Touristenhochburgen wird in Bars, Discotheken und Bouzoúki-Lokalen ein reges **Nachtleben** geboten. Mit „Live-Musik" und „Griechischen Abenden" machen sich viele Tavernen gegenseitig Konkurrenz, die Geschäfte sind bis Mitternacht geöffnet, und auf den Straßen drängen sich die Menschen.

Doch Thássos bietet Alternativen: Wem es unten am Meer zu rummelig ist, kann sich etwas weiter ins Inselinnere zurückziehen, wo eine ganz andere Atmosphäre herrscht. Die Berge, die duftenden Kiefern und blühenden Sträucher sowie die Blumenteppiche zwischen uralten Olivenbäumen, dazu die weidenden Schafe, Ziegen und die vielen Bienenkästen – kein Zweifel, hier hat Thássos etwas von **Arkadien.** Und die Bergdörfer mit ihren z. T. noch traditionell gebauten Häusern, ihren Kafenía, vor denen Gruppen von Männern debattieren, vermitteln einem noch das Flair des so viel beschworenen alten Griechenland.

Thássos auf einen Blick

Geographische Lage: 40°40′ nördliche Breite und 24°40′ östliche Länge. Damit liegt die knapp 8 km von der ostmakedonischen Küste entfernte Insel in den sommertrockenen Subtropen.

Größe: Mit einer Fläche von 398 qkm gehört Thássos zu den größeren Inseln des ägäischen Archipels. Die Küstenlänge des nahezu kreisrunden Eilands beträgt ca. 110 km.

Oberfläche: Eine von NW nach SO verlaufende Gebirgskette, deren fünf Hauptspitzen 1000 m übersteigen, durchzieht die Insel. Der höchste Gipfel ist mit 1204 m der Ipsárion. In manchen Regionen hat Thássos durchaus alpinen Charakter, im Süden wird die Insel flacher.

Bevölkerung: Etwa 16.000 Menschen leben auf Thássos, in der Hochsaison kann sich diese Zahl mehr als verdoppeln.

Wichtige Orte: Thássos-Stadt oder Liménas – der Hauptort ist im Sommer sehr touristisch. Limenária ist das Zentrum des Inselsüdens, Theológos, Panagía, Potamiá und Kallirách sind die größten Bergdörfer. In Potós und in den meisten Skalen an der Küste drängen sich im Sommer die Badetouristen.

Straßen: Eine ca. 95 km lange asphaltierte Küstenstraße verläuft rund um die Insel. Ebenfalls asphaltiert sind die von ihr abzweigenden Stichstraßen in die Bergdörfer.

Entfernungen: Liménas – Panagía 7 km, Liménas – Theológos 58 km, Liménas – Limenária 42 km, Liménas – Skála Prínou 17 km.

Tankstellen: findet man nahezu in jeder Ortschaft entlang der Küstenstraße, im Inselinnern gibt es dagegen keine.

Mietfahrzeuge: gibt es in Liménas und allen wichtigen Touristenorten.

Telefonvorwahl: ✆ 25930 (für ganz Thássos). Sie muss grundsätzlich immer mitgewählt werden, gleichgültig ob bei Orts- oder Ferngesprächen. Näheres → S. 64.

Postleitzahlen: 64004 für Liménas und die Ostküste; 64002 für Potós und Limenária; 64005 für Theológos; 64010 für Prínos und Umgebung.

Unterwegs oder beim Studium der Inselkarte fällt auf, dass die meisten Dorfnamen zweimal auftauchen: oben in den Bergen und unten an der Küste, hier aber mit dem Zusatz Skála versehen und in der Genitivform, z. B. Kallirách und Skála Kalliráchis. Es handelt sich jeweils um eine Gemeinde, in dem Beispiel um die Gemeinde Kallirάchi. Skála bedeutet „Treppe“ bzw. „Zugang zum Meer“, die Skalen sind also nichts anderes als die Häfen der Bergdörfer. Vom 7. bis ins 18. Jh. war das reiche Thássos ein bevorzugtes Ziel von in der Ägäis plündernden Piraten. In dieser Zeit entstanden überall in den Bergen vom Meer her nicht einsehbare Dörfer, in die sich die geplagte Bevölkerung zurückzog; unten blieben nur noch die Ankerplätze. Nachdem man dem Piratenwesen in Griechenland Herr geworden war, zogen immer mehr Menschen wieder an die Küste, die Skalen entwickelten sich zu richtigen Orten, in denen heute meist der Tourismus boomt und oft mehr Menschen leben als in den Mutterdörfern.

Geschichte

Vor- und Frühgeschichte

Sehr viel ist nicht bekannt, aber die geographische Lage lässt vermuten, dass die ersten Siedler vom nahen thrakischen bzw. kleinasiatischen Festland kamen, das schon in der Jungsteinzeit ständig besiedelt war. Immerhin hatten zumindest die Bewohner der gegenüberliegenden Küste die Insel direkt vor ihren Augen. Ausgrabungen belegen dann mit Sicherheit die Anwesenheit thrakischer und kleinasiatischer Stämme vor 1150 v. Chr., also in der Bronzezeit und in etwa in der historischen Phase, als das gar nicht so weit entfernte Troja zerstört wurde. Und die gefundene Keramik lässt den Schluss zu, dass die Insulaner damals dem trojanischen Kulturkreis angehörten. Sogar ein Name ist überliefert: Odonís soll die Insel um 1000 v. Chr. geheißen haben.

Dann wird’s konkreter: Zwischen 1000 und 800 v. Chr. ließen sich die von der heutigen syrischen Mittelmeerküste stammenden Phönizier hier nieder, die damals zahlreiche Handelskolonien gründeten, darunter z. B. auch Karthago. Herodot berichtet, dass das bedeutende Seefahrervolk in der Nähe des heutigen Kínira mit dem systematischen Abbau von Gold begann und damit die Bergbautradition der Insel begründete. Außerdem brachten die Phönizier ihren Hauptgott Melkart mit, den die später kommenden Griechen insofern übernahmen, als sie ihn mit Herkules, der auf Thássos eine ganz besondere Verehrung genoss, gleichsetzten. Und die Phönizier sind indirekt auch für den heutigen Inselnamen verantwortlich.

Theológos blickt auf eine lange Geschichte zurück

Aus der Mythologie: Wie Thássos zu seinem Namen kam

Europa, die bildhübsche Tochter des Phönizierkönigs Agínoras, wurde vom Göttervater Zeus, der bekanntlich eine Schwäche für das weibliche Geschlecht hatte, durch eine List entführt. Er nahm die Gestalt eines Stiers an, und als sich die von dem Tier entzückte Europa auf dessen Rücken setzte, schwamm er mit ihr nach Kreta, wo er sie zu seiner Geliebten machte, die er dann immer mal wieder besuchte. Europa gebar ihm übrigens u. a. Mínos, den späteren Herrscher von Kreta.

Agínoras war außer sich über den Verlust seiner geliebten Tochter, schickte seine Söhne Kádmos und Thássos los, um sie zu suchen, und verbot ihnen, ohne Europa nach Hause zurückzukehren. Sie hatten natürlich keinen Erfolg, denn Zeus selbst verwischte die Spur. Nach jahrelanger vergeblicher Suche trennten sich ihre Wege. Kádmos folgte dem Spruch des Orakels von Delphi und gründete die Stadt Theben. Thássos kam mit seinen Begleitern auf eine reiche, wunderschöne Insel, von der er so angetan war, dass er sich zum Bleiben entschloss und ihr als Herrscher seinen Namen gab.

Griechische Kolonisierung und Blütezeit

Zwischen 680 und 660 v. Chr. wurde Thássos von ionischen Griechen erobert, die von der Kykladeninsel Páros stammten. Was die Beweggründe anbelangt, werden zwei Versionen gehandelt. Die eine besagt, die Thassioten hätten die Parier, mit denen sie schon seit längerer Zeit Kontakt hatten, gegen die aggressiven Festlandsthraker zu Hilfe gerufen. Die andere unterstellt den Pariern eher eigennützige Motive und erklärt die Einnahme von Thássos damit, dass die Eroberer vom inzwischen bekannt gewordenen Bodenschatzreichtum der Insel profitieren wollten. Welche Version die historischen Verhältnisse eher trifft, sei dahingestellt. Jedenfalls nahmen die Parier zunächst die Akrópolis von Thássos ein und kolonisierten später die ganze Insel. Schließlich erweiterten sie ihren Herrschaftsbereich um einen ansehnlichen Teil des der Insel gegenüberliegenden Festlands. Dort bauten sie Handelskolonien auf, z. B. Neápolis, das heutige Kavála, oder Krinídes, das Philipp II. später in Philippi umbenannte. An den verlustreichen Eroberungskämpfen waren u. a. auch der damals recht bekannte Dichter Archilóchas und sein Freund, der Feldherr Glaukos, beteiligt. Letzterer fand dabei den Tod. Die Reste eines zu Ehren von Glaukos errichteten Denkmals kann man in der Agorá von Liménas anschauen.

Das nun griechische Thássos entwickelte sich schnell. Gold- und Silberbergwerke in den Festlandskolonien und auf der Insel, der weiße Marmor, Edelsteinvorkommen, mehr als genug Holz für den Schiffsbau, Getreide, Öl und der berühmte Wein brachten enormen Wohlstand. Thássos war bald eine bedeutende Handelsmacht mit starker Kriegsflotte. Seine Schiffe kreuzten im ganzen Mittelmeerraum, thassische Münzen waren überall begehrtes Zahlungsmittel. Parallel zur Wirtschaft nahmen im 6. und 5. Jh. v. Chr. auch Kultur und Wissenschaft einen enormen Aufschwung. Auf der Insel, dem „Athen des Nordens", entstanden prachtvolle Bauwerke, die Hauptstadt wurde durch eine mächtige, 4 km lange Marmormauer geschützt. Kein Wunder, dass Thássos während dieser Blütezeit die dichtestbesiedelte Insel der Ägäis war.

Die antike Agorá von Liménas

Persiens, Athens und Spartas Herrschaft über die Insel

491 v. Chr. fielen die Perser auf Thássos ein; deren König Darios I. ließ u. a. die mächtige Stadtmauer der Inselhauptstadt schleifen. Es nützte den Bewohnern gar nichts, dass sie elf Jahre später das zur Entscheidungsschlacht gegen Athen und Sparta ziehende Riesenheer dessen Sohnes und Nachfolgers Xerxes einen Tag lang verköstigten, was die Insel, wie Herodot erzählt, den unvorstellbar hohen Betrag eines Jahreseinkommens kostete. Erst nach der verheerenden Niederlage der Perser 479 v. Chr. wurde sie frei, um aber unmittelbar darauf unter die Fuchtel der Athener zu geraten. Diese nötigten Thássos 477 v. Chr., dem Ersten Attischen Seebund beizutreten, und schlugen bald darauf den Widerstand der Insulaner gegen ihre Vormachtstellung gewaltsam nieder. Thássos war gleichsam zur Athener Provinz herabgesunken, musste seine Goldgruben und festländischen Handelskolonien abtreten und auch noch hohe Steuern bezahlen.

Kurz vor dem Ende des Peloponnesischen Krieges eroberte der spartanische Feldherr Lýsandros 405 v. Chr. die Insel, ließ alle Thassioten, die er im Verdacht hatte, mit seinen Feinden aus Athen zu sympathisieren, im Herakles-Heiligtum grausam abschlachten, setzte eine neue Verwaltung ein und verließ das nun völlig daniederliegende Eiland. Doch zu Beginn des 4. Jh. erholte sich Thássos, neue Bauwerke entstanden, die Stadtmauer wurde instand gesetzt, die Agorá war wieder Zentrum des politischen und wirtschaftlichen Lebens, im Hafen ankerten fast so viele Schiffe wie in der Blütezeit, und auch Münzen wurden wieder geprägt. 377 v. Chr. trat die Insel als Bündnispartnerin Athens in den Zweiten Attischen Seebund ein und gewann auch einige ihrer einstigen Festlandsstützpunkte zurück.

Antike und Gegenwart am Kap Evraiókastro

Makedonische und römische Epoche

Gegen 340 v. Chr. wurde Thássos Teil des von Philipp II. errichteten makedonischen Großreichs und beteiligte sich mit eigenen Truppen an den Eroberungszügen Alexanders des Großen. Mit einer kurzen Unterbrechung, in der die Insel wieder eigenständig war, währte die makedonische Herrschaft knappe 150 Jahre. 196 v. Chr. geriet Thássos dann als „freie und verbündete Stadt" in den Machtbereich Roms und wurde später in die Provinz Thrakien eingegliedert. Sowohl die Makedonier als auch die Römer räumten den eifrig Handel treibenden Bewohnern viele Privilegien ein, so dass die Insel erneut einen Aufschwung erlebte: Denkmäler, öffentliche Gebäude und Säulenhallen entstanden, und das bereits bestehende Theater wurde großzügig umgebaut.

Kurzfristig ins Zentrum der damaligen „Weltpolitik" rückte die Insel, als sich nach der Ermordung Cäsars ganz in der Nähe, in Philippi, die Truppen der Republikaner Brutus und Cassius und die der Autokraten Octavianus (des späteren Kaisers Augustus) und Antonius gegenüberstanden. Die Flotte der späteren Verlierer um Brutus und Cassius hatte sich ausgerechnet Thássos mit seinem großen Hafen als Stützpunkt und Versorgungsstation ausgewählt. Zum Glück für die Insel hatte das keine allzu negativen Folgen, der neue Kaiser Augustus gab Thássos bald seine alten Privilegien zurück.

Christianisierung und byzantinisches Zeitalter

Da der Apostel Paulus 50 n. Chr. im nicht weit entfernten Philippi die erste christliche Gemeinde in Europa gründete, hörte man vielleicht auch auf Thássos schon sehr früh von dem neuen Glauben. Es dauerte dann aber noch fast 300 Jahre, bis die Insel vollständig christianisiert war. 313 n. Chr. wurde das Christentum zur geduldeten Religion im Römischen Reich, und 325 nahm am Konzil im kleinasiatischen Nizäa, dem ersten seiner Art überhaupt, bereits ein Bischof aus Thássos mit dem Namen Arístarchos teil. Fünf Jahre später verlegte Kaiser Konstantin der Große den Kaisersitz von Rom nach Byzanz (Konstantinopel) und begründete das byzantinische Zeitalter, in dem die Insel zunächst zum Verwaltungsbezirk Makedonien, später zu Thrakien gehörte.

Über die Geschichte der Insel in dieser Epoche ist nicht viel bekannt. Thássos versank in eine Art Dämmerschlaf, aus dem die immer noch recht wohlhabenden Insulaner durch Slawenüberfälle (im 7.–9. Jh.) und vor allem durch die etwa vom 7. Jh. an in der Ägäis ihr Unwesen treibenden Piraten immer wieder aufgeschreckt wurden. Die Küstenregionen wurden teilweise verlassen, die Bewohner verlegten ihre Dörfer an vom Meer her nicht einzusehende Orte. Dennoch hatten sie sehr unter den Seeräubern zu leiden, und die Bevölkerungszahl ging stark zurück.

Wechselnde Inselherrscher in unruhigen Zeiten

Nach der Eroberung Konstantinopels 1204 durch die fränkischen Ritter des vierten Kreuzzugs war Thássos für gut 50 Jahre Teil des Königreichs Saloníki unter Bonifaz de Monferrat. 1259 wurde die Insel dann wieder an das mittlerweile wiederhergestellte Byzantinische Reich angegliedert. Da aber die Macht der Kaiser in Konstantinopel geschwächt war, wechselten sich in der Folgezeit verschiedene Eroberer in der Herrschaft über die Insel ab (Genueser, Türken, Byzantiner), bis sie 1414 von Emanuel II. Palaiológos der mächtigen genuesischen Familie Gattelusi aus Dank für die Unterstützung im byzantinischen Bruderkrieg um den Kaiserthron geschenkt wurde. Die durch mehrere Heiraten stark hellenisierten Gattelusis waren damals so etwas wie Diplomaten zwischen Byzanz und den westlichen Mächten und besaßen neben Thássos u. a. auch Samothráki und Lésbos. Übrigens waren sie mit den Grimaldis verwandt, die noch heute das Fürstentum Monaco regieren, und ein Grimaldi vertrat zeitweise auch die Gattelusis als Herrscher auf Thássos.

In den Jahren der Gattelusis erholte sich die Insel wieder ein wenig, insbesondere der Handel blühte auf. In Kástro und auf der alten Akrópolis in Liménas entstanden mächtige Befestigungsanlagen, den Insulanern ging es gut, bis Thássos 1455 in die Hände der Türken fiel.

Thássos im Osmanischen Reich

1457 schickte Papst Kallistos III. eine Flotte, um Thássos von den islamischen Besatzern zurückzuerobern – mit mäßigem Erfolg, denn nur wenige Monate nach ihrer Vertreibung nahmen die Türken die Insel erneut ein. Dabei brannten sie Dörfer nieder, töteten viele Inselbewohner oder verschleppten sie nach Istanbul, wo sie als Sklaven verkauft wurden. Nach einer kurzen Episode erneuter venezianischer Herrschaft fiel Thássos 1479 endgültig ans Osmanische Reich. Dort verblieb die Insel für mehrere Jahrhunderte, unterbrochen nur von einer vierjährigen russischen Kontrolle (1770–1774) während des türkisch-russischen Krieges. Verwaltet wurde sie vom Bey von Kavála, dem die Insulaner hohe Abgaben leisten mussten. Die rigide türkische Zwangsherrschaft und nicht zuletzt die im 17./18. Jh. verstärkt wütenden Piraten brachten die Thassioten trotz ihrer Naturschätze nach und nach in die schlimmste Armut. Die Küstenregionen entvölkerten sich wieder und verödeten nun vollständig. Es blieben nur die sog. Wigleriá, Wachposten, die die Bergbewohner vor Piratenüberfällen warnen sollten. Der französische Konsul Cousinéry, der Thássos Ende des 18. Jh. besuchte, berichtete, dass dort nur noch 2500 Menschen lebten – in der Antike waren es etwa 80.000 gewesen. 1813 übertrug der osmanische Sultan die Insel als eine Art Erblehen dem in Kavála gebürtigen Mohammed Ali, dem späteren Gründer der ägyptischen Dynastie,. Mohammed Ali war den Thassioten wohlgesonnen, denn er hatte seine Kindheit als Waise bei einer thassitischen Familie zugebracht. Er befreite die Insulaner von fast allen Steuern und führte ein relativ freiheitliches Verwaltungssystem ein. Jede Gemeinde hatte ihren Bürgermeister, den *„Tsorbatsís"*, der sie bei den ägyptischen Behörden vertrat. Hauptstadt der Insel war zunächst Theológos, später Panagía.

Trotz der relativ guten Kontakte zur türkisch-ägyptischen Besatzungsmacht beteiligten sich die Thassioten im Jahr 1821 am griechischen Freiheitskampf. Ihr Widerstand unter der Führung von Chatzigeorgíou aus Theológos blieb aber erfolglos. Der Fürsprache Mohammed Alis hatten sie es zu verdanken, dass die Türken keine Strafexpedition auf die Insel unternahmen.

Nach verschiedenen Aufständen gegen die ägyptische Verwaltung, die u. a. die Nutzung der Wälder einer englischen Firma überlassen wollte und die von Mohammed Ali gewährten Privilegien zurücknahm, wurde Thássos 1902 wieder direkt der Türkei unterstellt. Doch schon zehn Jahre später, während des ersten Balkankriegs, befreite der griechische Admiral Pávlos Kountouriótis die Insel, die laut dem Bukarester Vertrag von 1914 nun wieder in den Schoß des Mutterlandes zurückkehrte.

Nach der Wiedervereinigung mit Griechenland

Das wichtigste Ereignis zwischen den beiden Weltkriegen war die Ankunft der griechischen Flüchtlinge aus der Türkei und Ostthrakien nach der sog. „kleinasiatischen Katastrophe", der verheerenden Niederlage Griechenlands 1922 gegen die Türkei. Viele Ländereien, die verschiedenen Áthosklöstern gehörten, wurden vom Staat enteignet und an die neuen Inselbewohner verteilt. In dieser Zeit wurde auch der Bergbau auf der Insel wieder belebt.

Industrieruinen in Limenária

Während des Zweiten Weltkriegs besetzten deutsche Truppen die Insel (1941), traten sie aber sofort an die mit ihnen verbündeten Bulgaren ab – eine harte Zeit für das Eiland, wie viele ältere Bewohner immer wieder versichern. Vom griechischen Bürgerkrieg 1945–1949 blieb Thássos weitgehend verschont, da dieser vor allem auf dem Festland tobte. Danach dämmerte die Insel vor sich hin, und obwohl sie von der Natur so begünstigt ist, gingen viele Thassioten als Gastarbeiter nach Mitteleuropa. Erst der Tourismus, von dem Thássos heute fast völlig abhängig ist, brachte der Insel wieder einen gewissen wirtschaftlichen Aufschwung.

Malerisch sind die Gassen von Kazavíti

Unterwegs auf Thássos

Die meisten Besucher mieten sich wenigstens für ein paar Tage einen fahrbaren Untersatz, um die Natur und die Dörfer der Insel kennenzulernen. Doch daneben gibt es noch einige interessante Alternativen, wie man die Schönheiten von Thássos erkunden kann.

Das gut ausgebaute Busnetz erlaubt es, auch viele der abgelegenen Bergdörfer zu erreichen, die Preise für Taxifahrten halten sich immer noch so im Rahmen, dass man auch einmal auf dieses Verkehrsmittel zurückgreifen kann. Insbesondere im Bergland lohnt es sich, die Wanderstiefel zu schnüren. Und schließlich bleibt einem auch noch die Möglichkeit, einige Strände per Ausflugsboot anzufahren.

Mit Auto oder Zweirad

Die Vorteile liegen auf der Hand: Man ist unabhängig von Busfahrplänen und -linien, kann beliebig lange in Dörfern verweilen und gelangt selbst zu den abgelegensten Flecken der Insel. Neben einem reichhaltigen Angebot an Pkws und motorisierten Zweirädern steht in vielen Touristenorten auch eine große Zahl an Fahrrädern zur Verfügung.

Die Insel an einem Tag zu umrunden, ist kein Problem, wenn auch nicht empfehlenswert. Eine gut ausgebaute Ringstraße führt entlang der Küste, an die auch die Bergdörfer durch asphaltierte Stichstraßen angeschlossen sind (nicht aber Kástro, das nur episodisch bewohnt ist). Auf zahlreichen Schotterpisten kann man auch das landschaftlich reizvolle Inselinnere erkunden. Doch Vorsicht: Einige Pisten sollten nur mit einem geländegängigen Jeep und mit größter Achtsamkeit befahren werden, da man auf steilen Abschnitten bzw. auf losem Geröll leicht die Kontrolle über das Fahrzeug verlieren kann.

Im Juli und August, wenn auch viele Festlandgriechen auf der Insel Urlaub machen, drängt sich auf der Küstenstraße der Verkehr, und es kommt immer wieder durch unvorsichtige Fahrweise zu gefährlichen Unfällen. Oberstes Gebot sollte deshalb sein, sein Fahrzeug möglichst defensiv und risikoarm zu steuern. Fahren Sie auf Sicht, also so, dass Sie immer noch rechtzeitig anhalten können. Vor unübersichtlichen Kurven ist es in Griechenland üblich zu hupen. Halten Sie die Geschwindigkeitsbegrenzungen ein und vermeiden Sie möglichst Nachtfahrten.

• *Karten* Hinweise zum Kartenmaterial finden Sie auf S. 59.

• *Tankstellen* Nahezu in jedem größeren Dorf.

• *Zeitplanung* Bei Überlandtouren sollten Sie wesentlich mehr Zeit einplanen, als von zu Hause gewöhnt – auf den kurvigen Strecken sind Durchschnittsgeschwindigkeiten von 30–40 km/h keine Seltenheit.

Mietfahrzeuge

Das Angebot an Fahrzeugen ist überwältigend, demzufolge sind auch die Preise nicht übermäßig hoch. Handeln ist zudem häufig möglich, und in der Nebensaison werden gerne „Sonderangebote" wie „3 Tage mieten – 2 Tage bezahlen" offeriert.

Autovermietung: Für einen Kleinwagen (z. B. Nissan Micra, Opel Corsa, Seat Ibiza, Fiat Punto) zahlt man in der Hochsaison täglich 30–60 €. Ein kleiner Geländewagen kostet etwa 55–65 €, ein großer 90 € am Tag. Zu beachten ist, dass je nach Vertragsform nur eine bestimmte Anzahl an Kilometern pro Tag (in der Regel 110 km) frei ist, was darüber hinausgeht, kostet extra (je nach Wagentyp und Saison 0,15–0,50 € pro Kilometer). Wenn man ein Auto längere Zeit mietet, bekommt man u. U. deutliche Preisnachlässe. Wenn Sie pauschal nach Thássos reisen und genau wissen, dass Sie ein Auto mieten möchten, kann es sich durchaus lohnen, im Reisebüro nach entsprechenden Angeboten („Fly & Drive") ihres Veranstalters zu fragen. Bucht man nämlich zur Reise einen Wagen gleich mit, ist dies oft recht kostengünstig. Außerdem haben Sie so auch zur Hauptsaison die Garantie, ein Fahrzeug zu bekommen, denn dann kann es auf der Insel schon mal zu Engpässen kommen.

Mietwagen ab Flughafen

Wer gleich nach der Landung auf einem der beiden für Thássos relevanten Flughäfen Thessaloníki oder Kavála einen Mietwagen zur Verfügung haben möchte, muss nicht unbedingt auf einen der dort vertretenen internationalen Autoverleiher zurückgreifen. Auch die auf Thássos ansässige Agentur Potós Carental bietet diesen Service. Wer bereits von zu Hause aus per Fax oder Internet ein Auto bestellt, bekommt dies gegen eine Gebühr von 50–70 € zum Flughafen gebracht und kann das Auto auch dort wieder abgeben. Nähere Informationen unter www.rentacar-potos.gr.

• *Bedingungen* Das **Mindestalter** für das Entleihen von Autos liegt bei 21 Jahren; den Führerschein muss man länger als ein Jahr besitzen.

Bei der Anmietung wird oft eine Anzahlung bzw. **Kaution** verlangt, was sich bei vielen Firmen mit einer Kreditkarte regeln lässt. Manchmal ist auch der gesamte Mietpreis im Voraus zu bezahlen.

• *Mietverträge* Die **Rental Contracts** sind meist nur auf Englisch und oft so abgefasst, dass der Mieter für sehr vieles haftbar gemacht werden kann. Fast immer muss man bestätigen, dass das Fahrzeug bei Übernahme vollständig in Ordnung war, und sich gleichzeitig verpflichten, es im selben Zustand zurückzubringen. Bei Schäden, für die der Mieter nicht verantwortlich ist, wird entweder Ersatz gestellt oder das Fahrzeug wird umgehend repariert. Für Schäden, die vom Fahrer verursacht wurden, haftet dieser jedoch voll! Was vom Fahrer zu verantworten ist oder nicht, kann leicht zur Streitfrage werden; auch deshalb ist eine **genaue Fahrzeuginspektion** bei der Übernahme ratsam.

- *Versicherung* Eine **Kfz-Haftpflicht** („third party insurance") ist im Mietpreis grundsätzlich inbegriffen, wobei die Haftungssummen geringer sind als bei uns daheim. Was darüber hinausgeht, müsste der Fahrer im Falle eines Falles aus eigener Tasche begleichen. Eine **zusätzliche Haftpflichtversicherung** kann man schon zu Hause bei verschiedenen Unternehmen abschließen.

Ansonsten bieten die Leihfirmen **Vollkasko** („collision damage waiver"), meist mit Eigenleistung für Schäden am Leihwagen. Die Eigenbeteiligung kann überall für ca. 10–15 € pro Tag wegversichert werden. Bedingung bei Vollkasko ist jedoch, dass man keinen Verstoß gegen die griechische Straßenverkehrsordnung begeht. Falls man also z. B. die vorgeschriebene Höchstgeschwindigkeit überschritten hat und dies aktenkundig wurde, ist der Schutz meist dahin. Schäden an **Reifen und Unterboden** des Wagens sind mittlerweile bei vielen Firmen mitversichert. Erkundigen Sie sich sicherheitshalber danach. Eine **Insassenversicherung** („personal accident insurance") kann bei einigen Unternehmen für ca. 3–3,50 € pro Person zusätzlich abgeschlossen werden.

- *Mietdauer* Sie beträgt bei tageweiser Anmietung **24 Stunden**. Also muss man ein Fahrzeug, das man morgens mietet, erst am nächsten Morgen abgeben – und nicht bereits am Abend desselben Tages, wie von den Vermietern oft gefordert.

Rent a car – einfach tierisch

Zweiradvermietung: In allen größeren Touristenorten werden Fahrräder und Mountainbikes angeboten, auch die Auswahl an motorisierten Zweirädern ist groß, so dass Sie sicher das für Sie passende Fahrzeug finden. Die Preise sind überall nahezu einheitlich. Schauen Sie sich aber das Gefährt genau an, nicht alle Zweiräder sind in einem guten Zustand.

Wegen der vielen Unfälle durch leichtsinnige Urlauber, die keine Erfahrung mit Motorrädern, Mopeds und Rollern haben, wurden 1997 die griechischen Gesetze über Mietverträge von Zweirädern verschärft. Die Verleiher haften nun anteilig für Schäden, die vom Mieter eines Zweirads verursacht werden, für das er keine Fahrerlaubnis besitzt. Entsprechend rigoros wird diese nun verlangt. Mit der allgemeinen Pkw-Lizenz (Klasse 3) erhält man nur mehr 50-ccm-Maschinen. Zwar sind in vielen (insbesondere älteren) Autoführerscheinen auch höhere Zweiradkategorien bis hin zu 125 ccm eingeschlossen, doch muss man dies auch nachweisen können. Die neuen rosafarbenen EU-Führerscheine mit ihren exakten Angaben zu den erlaubten Kubikzentimeterzahlen sind deshalb vorteilhafter als die alten, in denen nur die jeweiligen Klassen eingetragen sind. Auch wenn Sie z. B. in Deutschland eine 125er- oder eine 80-ccm-Maschine fahren dürfen, bekommen Sie in Griechenland ohne Nachweis nur einen 50-ccm-Roller.

Immer noch als Lastentier gefragt ist der Esel

• *Ausrüstung* Tragen Sie geeignete Kleidung! Steigen Sie niemals in Badeschlappen, Shorts und T-Shirt auf ein Zweirad. Üble Verletzungen können die Folge sein, bei längerer Fahrt übrigens auch ein kapitaler Sonnenbrand. Es muss ja nicht gleich eine Lederkombi sein: Feste Schuhe, solide Jeans und Jeansjacke oder Ähnliches schützen bei niedrigen Geschwindigkeiten auch schon ganz gut; Handschuhe sind ebenfalls sinnvoll. Die seit einigen Jahren bestehende **Helmpflicht** wird mittlerweile regelmäßig kontrolliert, ihre Missachtung mit über 80 € geahndet. Lassen Sie sich also vom Verleiher einen Helm aushändigen, er ist im Mietpreis inbegriffen. Wichtig: Ohne Helm erlischt der Versicherungsschutz.

• *Fahrzeugtypen* **Fahrrad/Mountainbike**; auch hier gilt: Bremsen, Licht etc. überprüfen. Ab ca. 5 €/Tag.

Automatik-Mofas; leicht zu bedienen, man muss nicht schalten, daher prinzipiell auch für Neulinge einfach zu fahren. Ein kleiner Nachteil ist die schwache Motorisierung, die Bergstrecken zur Geduldsprobe werden lässt. Mofas tanken meist Zweitaktgemisch aus Benzin und Schmieröl. Etwa 11–14 €/Tag.

Mopeds; ein weiter Begriff – optisch oft einem Mofa ähnlich, in der Regel aber mit Sitzbank für zwei Personen. Dank der relativ großen Räder sind Mopeds auch für Pistenstrecken ganz gut geeignet. Es gibt sie mit Hubräumen von 50–100 ccm, wobei die höheren Kubikzahlen leistungsmäßig schon in den Motorrad-Bereich vorstoßen, die Bremsen aber, gerade im Zweipersonenbetrieb, nicht immer auf die erreichbaren Geschwindigkeiten ausgelegt sind – also Vorsicht. Getankt wird in der Regel Benzin, gelegentlich auch Zweitaktgemisch. Die Schaltung funktioniert meist halbautomatisch (ohne Kupplung). Je nach Hubraum 12–18 €/Tag.

Roller; handgeschaltete Vespas und die meist **Scooter** genannten japanischen Automatic-Roller mit 50, 80 und 125 ccm zählen zu den gängigsten Mietzweirädern; auch im Zweipersonenbetrieb recht komfortabel. Leicht zu bedienen, aber nur für befestigte Straßen geeignet. Vorsicht: Roller fahren ziemlich schnell und sind wegen der kleinen Reifen sehr sturzanfällig; v. a. in Kurven brechen sie leicht aus. Je nach Hubraum und Saison ab etwa 15–22 €/Tag.

Motorräder; Straßenmaschinen werden kaum angeboten, vielmehr meist leichte Enduros (Geländemotorräder) zwischen 125 und 250 ccm, für Thássos völlig ausreichend und für Pisten optimal. Für Neulinge sind Enduros zwar zu „hochbeinig“, wer aber schon etwas Erfahrung hat und seine Gashand zügeln kann, der fährt mit ihnen sicherer als mit den kleinen Maschinen, da hier die Bremsen der Motorleistung entsprechen. Ab etwa 20–33 €/Tag.

Quads/ATV (All Terrain Vehicle); die vierrädrigen Buggys mit Straßenzulassung scheinen das ideale Gefährt für alle diejenigen zu sein, die sich nicht so recht aufs motorisierte Zweirad trauen, zumal man sich mit ihnen nahezu überall fortbewegen kann: im Straßenverkehr, auf Pisten, z. T. sogar im Sand. Allerdings ist Vorsicht geboten: Auf den gewundenen Inselstraßen wird man bei überhöhter Geschwindigkeit allzu leicht aus den Kurven hinausgetragen. Mehrere Unfälle mit Todesfolge haben sich aus diesem Grund in den vergangenen Jahren in Griechenland ereignet. Auf Thássos konnten sich diese Gefährte bisher nur zögernd durchsetzen, auf Samothráki gab es 2007 keine zu mieten. Tragen Sie unbedingt einen Helm! Mietpreis 30 €/Tag.

Eine **Haftpflicht** für Unfallgegner ist immer im Mietpreis inbegriffen. Vollkasko mit oder ohne Eigenbeteiligung kann zusätzlich abgeschlossen werden. In ihr sind aber im Allgemeinen nicht enthalten: Diebstahl, Feuer- und Glasschäden. Nähere Informationen zu den Mietmodalitäten finden Sie im Abschnitt „Autovermietung“.

Mit dem Bus

Thássos verfügt über ein recht gut ausgebautes und effizientes Bussystem, betrieben von der Busgesellschaft **KTEL tis Kaválas.** Ihre Station befindet sich in Liménas schräg gegenüber der Anlegestelle für die Flying Dolphins und ist täglich vom frühen Morgen bis zum Abend besetzt (✆ 2593022162). Hier ist auch – von wenigen Ausnahmen abgesehen – der Start- und Zielpunkt der Buslinien. Im Büro erhalten Sie den aktuellen **Fahrplan,** er hängt außerdem an den meisten Bushaltestellen der Insel aus. **Achtung:** Der Plan ändert sich z. T. von Monat zu Monat und ist auch

Linie	Frequenz (Mo–So)	Preise (einfach)
Liménas – Skála Potamiás (über Panagía und Potamiá)	10-mal tägl., ebenso häufig zurück	ca. 1,50 €
Liménas – Chrissí Ammoudiá (über Panagía, z. T. auch über Potamiá und Skála Potamiás)	8-mal tägl., ebenso häufig zurück	ca. 1,70 €
Liménas – Alikí (über Kínira)	4-mal tägl., ebenso häufig zurück	ca. 3,20 €
Liménas – Potós – Limenária (entlang der Westküste, also über Skála Prínou)	10-mal tägl. (So nur 9-mal), ebenso häufig zurück	ca. 3,80 €
Liménas – Theológos (über Potós)	4-mal tägl. hin (So nur 3-mal), 7-mal zurück (So nur 6-mal)	ca. 5,10 €
Inselrundbus (Liménas – Westküsten-, Südküsten-, Ostküstendörfer – Liménas)	5-mal tägl.	ca. 9,10 €
Inselrundbus (Liménas – Ostküsten-, Südküsten-, Westküstendörfer – Liménas)	4-mal tägl.	ca. 9,10 €
Ganzjährig werden die Bergdörfer **Rachóni, Kallirráchi** und **Mariés** jeweils von Montag bis Samstag am Nachmittag von Skála Prínou aus angefahren. Achtung: Erst am nächsten Morgen, in der Regel sehr früh, kann man mit dem Bus von diesen Dörfern wieder nach Skála Prínou zurückfahren.	1-mal tägl.	ca. 3,20 €

nicht ganz vollständig – die Linien in die Bergdörfer werden nicht abgedruckt, sondern müssen beim Personal direkt erfragt werden.

Die folgenden Angaben gelten für die Monate Juli und August (Stand: Sommer 2007), in der Nebensaison sind die Frequenzen etwas geringer, im Winter liegen sie deutlich darunter. Zu jeder Jahreszeit gilt jedoch: Finden Sie sich frühzeitig zur Abfahrt der Busse ein, z. T. fahren diese nämlich überpünktlich ab. Die angegebenen Preise beziehen sich auf den Zielort der Linie.

Was die **Tickets** betrifft, so gilt seit wenigen Jahren folgende Regelung: Nur noch in Ausnahmefällen kann man sie im Bus beim Fahrer lösen. Die Busgesellschaft möchte, dass man die Fahrkarten bereits vor Antritt der Fahrt kauft. In den einzelnen Ortschaften sind dazu verschiedene Kioske *(Períptero)*, Geschäfte, Kafenía und Hotels autorisiert worden – achten Sie auf das Hinweisschild „KTEL-Tickets“ bzw. „Isitíria“ (Fahrkarten); meist befinden sie sich in unmittelbarer Nachbarschaft zur Bushaltestelle. An diesen Verkaufsstellen besteht die Möglichkeit, schon im Voraus mehrere „offene Tickets“ für bestimmte Streckenabschnitte zu erwerben, die zeitlich flexibel einsetzbar sind. Auch am Kiosk am Fährhafen kann man Tickets kaufen.

Ticketverkaufsstellen (Stand Sommer 2007; die letzten Jahre haben gezeigt, dass es immer mal wieder zu Änderungen bei den Ticketverkaufsstellen kommt.)

Liménas	KTEL-Büro, Kiosk am Fährhafen
Panagía	Supermarkt I Goniá
Chrissí Ammoudiá	Minimärkte Árista, Makedonía, Mouchavéti
Potamiá	Sacharoplastíon
Skála Potamiás	Supermärkte Álbatros, Énira, Aloe, Níki
Kínira	Minimarkt oberhalb der Tavérna Fáros
Alikí	Minimarkt
Astrís	Supermarkt Trófimon
Psilí Ámmos	Supermarkt Emílias's House
Potós	Kiosk Marigás (an der zentralen Kreuzung), Hotel Alexándra
Theológos	Kafeníon Zignás
Pefkári	Hotel Thássos
Limenária	Kiosk bei der Tavérna Kóstis, Supermarkt gegenüber Potós Carental, Zigarettenlädchen an der zentralen Kreuzung im Ortsteil Kalívia
Tripití	Hotel Tripití
Skála Marión	Tavérna Álfas
Kallirάchi	Kafeníon Níkos
Skála Kallirάchis	Minimarkt an der Abzweigung nach Kallirάchi
Skála Sotíra	Kiosk (zentrale Kreuzung)
Prínos	Supermarkt gegenüber Hotel Vógdanos
Skála Prínou	Geschäft, in dem thassiotische Produkte verkauft werden (neben der Tankstelle)
Ag. Geórgios	Supermarkt Kiossés
Skála Rachoníou	Psitopolíon Ólga's Place
Pachís	Hotel Pachís Beach

Mit dem Taxi

Auch auf Thássos kein billiges Vergnügen, aber immer noch preisgünstiger als bei uns. Insbesondere während der Hochsaison ist es deshalb auch nicht immer einfach, ein Fahrzeug zu ergattern. In Liménas warten die Taxis direkt am Hafen (✆ 2593023391), weitere Standplätze gibt es in Skála Prínou, Limenária, Potós und Panagía, aber auch in anderen Touristenorten steht zumindest während der Hochsaison oft ein Fahrzeug zur Verfügung.

Das Taxameter wird nur auf kurzen Strecken eingeschaltet, für Überlandfahrten gelten Festpreise, die man zur Sicherheit am besten vor der Abfahrt erfragt. Teilt man sich einen Wagen zu dritt oder zu viert, sollte man darauf achten, als Gruppe angesehen zu werden. Bei mehreren Einzelgästen wird nämlich gerne mehr verlangt. Beachten Sie auch, dass bei Nachtfahrten und für Gepäck ein Aufschlag erhoben werden darf.

• *Preisbeispiele/Stand 2007* Von **Liménas** zu den Stränden *Nistéri* oder *Makríammos* 5 €, nach *Panagía* 6 €, nach *Potamiá* 8 €, nach *Skála Potamiás* 12 €, nach *Skála Prínou* 12 €, nach *Kazavíti* 16 €, nach *Kínira* 17 €, nach *Skála Marión* 22 €, nach *Alikí* 25 €, nach *Limenária* 30 €, nach *Mariés* und *Potós* 33 €, nach *Theológos* 40 €.
Von **Potós** kostet die Fahrt nach *Liménas* 38 €, nach *Prínos* 20 €. Für einen Trip nach *Pefkári* bezahlt man 4 €, nach *Limenária* 5 €, nach *Mariés* 14 €, nach *Alikés* 16 € und nach *Theológos* 9 €.

Bootsausflüge

Von **Liménas** aus kann man während der Sommermonate täglich mit mehreren Taxibooten zu den nahe gelegenen Stränden Makríammos und Chrissí Ammoudiá gelangen; Abfahrt nahe der Anlegestelle der Dolphins bzw. am Fischerhafen täglich um 10.30 Uhr, hin und zurück 3 bzw. 6 €. Ebenfalls von Liménas aus werden Touren „rund um die Insel“ angeboten, z. B. mit dem Boot „Éros II“, bei denen verschiedene Strände angefahren werden. Inklusive Barbecue zahlt man ca. 28 €. Auf der „Éros II“ kann man auch an einem „Fishingtrip“ (25 € inkl. Verpflegung) teilnehmen. Einen kleinen Infostand für diese empfehlenswerten Ausflüge finden Sie am alten Fischerhafen. Dort bieten oft auch noch andere Bootseigner ihre Dienste an.

In **Limenária** werden ähnliche Touren angeboten. Genauere Informationen finden Sie im entsprechenden Ortskapitel auf S. 179.

Wandern

Im gebirgigen Inselinnern lässt es sich auf alten Pfaden oder wenig befahrenen Pisten wunderbar wandern, und man lernt die Insel dabei erst so richtig kennen. Wer gerne zu Fuß unterwegs ist, findet hier lohnende Ziele, z. B. versteckte Wasserfälle, einsame Kapellen und Klöster, hohe Berggipfel, verlassene Dörfer und anderes mehr. Bei der **Orientierung** helfen häufig hölzerne Wegweiser oder auch farbige Markierungen, die allerdings leider manchmal nur spärlich angebracht wurden und in der grellen Sonne oft allzu schnell verblassen. Ein zusätzliches Problem stellt die ausgeprägte Leidenschaft der Griechen für den Straßenbau dar. Ständig werden neue Schotterpisten angelegt, die sich immer wieder verzweigen oder auch im Nichts enden. Sollten Sie einmal nicht sicher sein, ob Sie sich auf dem richtigen Weg befinden, kehren Sie besser um. Gehen Sie nicht das Risiko ein, sich im weglosen Gelände zu verlaufen! Es empfiehlt sich außerdem, **früh am Morgen** aufzubrechen, damit man die Mittagshitze so gut wie möglich vermeidet. Gehen Sie außerdem, wenn es irgendwie möglich ist, **nicht alleine** auf Tour bzw. informieren Sie zumindest vor dem Start jemanden über Ihr Vorhaben. Denn auf manchen Wegen trifft man stunden-, vielleicht sogar tagelang keinen Menschen, und niemand könnte Ihnen bei einem möglichen Unfall helfen. Was die **Kondition** angeht, so stellt Thássos unterschiedliche Ansprüche an den Wanderer. Wer lange Touren nicht gewöhnt ist, sollte deshalb lieber mit einfachen Strecken beginnen (z. B. die im Buch vorgeschlagenen Wanderungen 2, 3, 6 und 8).

Wegbeschreibungen in diesem Reisehandbuch: Alle unsere Wanderrouten haben wir mehrfach überprüft, aktualisiert und durch Skizzen veranschaulicht. Die meisten Skizzen wurden mit Hilfe von **GPS (Global Positioning System)** erstellt. Deren Genauigkeit hilft Wanderern noch besser, den rechten Weg zu finden. Als zusätzliche Orientierungshilfen sind Kompass und Pedimeter zur Überprüfung von Himmelsrichtungen und Entfernungen gut geeignet. Wer gar ein GPS-Gerät besitzt, dem ist vor Ort eine punktgenaue Standortbestimmung möglich. Natürlich ist so viel Technik nicht zwingend: Wann immer es möglich ist, geben wir auffällige Orientierungspunkte an, die allerdings auch Veränderungen unterliegen können. So passiert es immer wieder, dass einem die einmal blau gestrichene Kuppel eines Kirchleins im folgenden Jahr dunkelrot entgegenleuchtet, dass ein Stall abgerissen oder ein Gatter angebracht wurde etc. Auch können **neu angelegte** und daher nicht auf der Skizze verzeichnete **Pisten** für Verwirrung sorgen. Die genannten Wanderzeiten beziehen sich auf die einfachen Strecken (Pausen nicht mitgerechnet) und sind natürlich nur als Richtwerte zu verstehen. Mancher geht eben schneller, mancher langsamer. Bereits nach kurzer Zeit jedoch werden Sie unsere Angaben in die richtige Relation zu Ihrem Wandertempo setzen können.

Bus/Taxi und Wandern: Einige unserer Wanderungen lassen sich auf dem Hin- oder Rückweg mit einer Busfahrt kombinieren, so dass die Tour nicht zu lang wird. Hinweise dazu finden Sie in den einzelnen Wanderbeschreibungen. Darüber hinaus stellt aber auch das Taxi eine gute Möglichkeit dar, um zum Ausgangspunkt von Wanderungen gebracht oder vom Ziel der Tour abgeholt zu werden. Für den letzten Fall vereinbart man mit dem Fahrer schon vorher Termin und Ort.

• *Wandersaison* Am schönsten wandert es sich natürlich in den Monaten April bis Juni, wenn alles blüht und die Temperaturen in der Regel angenehm sind. Letzteres gilt auch für September und Oktober, doch dann sind die Tage leider schon ziemlich kurz, und die Wanderzeit ist eingeschränkt. Im Juli und August nimmt die Hitze beträchtlich zu, so dass das Wandern eigentlich nur an windigen Tagen empfohlen werden kann.

• *Geführte Wanderungen* Seit vielen Jahren lebt die aufgeschlossene Holländerin **Roos Gruwel** auf der Insel. Das Wissen, das sich die Biologin dabei über die Pflanzenwelt und Kultur von Thássos angeeignet hat, gibt sie auf von ihr geführten Wandertouren auf hervorragende Weise (sie spricht perfekt Deutsch) an interessierte Touristen weiter. Informationen erhalten Sie unter ✆/✆ 2593062193 oder per E-Mail: roos.gr@gmx.net. Roos hat übrigens auch das **Grüne Wanderheft** mit 14 Touren über die Insel verfasst. Sie können es in Liménas bei Val's Leather Lane (nahe der Bar Mílos/Just in Time) in deutscher Sprache für 6,95 € erwerben.

• *Ausrüstung* Knöchelhohe, gut eingelaufene Wanderschuhe sind natürlich empfehlenswert, **gute Sportschuhe** reichen aber auf den meisten Pisten aus. Vergessen Sie nicht Sonnenschutzmittel, -brille, eine Kopfbedeckung sowie einen Rucksack.

• *Verpflegung* Auch wenn eine Quelle am Wegesrand liegt – ohne ausreichend **Wasser** sollten Sie sich nie auf den Weg machen. Falls man doch einmal in die Irre läuft, ist man dankbar für einen Notvorrat. Was bzw. wie viel man zu essen braucht, hängt von jedem selbst ab. Ein Picknick im Schatten einer Kapelle oder unter einem alten Olivenbaum gehört jedoch sicherlich zu den schönsten Wandererlebnissen.

Eines der beliebtesten Fotomotive in Liménas

Liménas

Lebendige, im Sommer oft hektische Inselhauptstadt, die intensiv mit dem Meer lebt. Um den pittoresken Fischerhafen herum gruppieren sich jede Menge Cafés, Ouzerien und Tavernen – der schönste Platz der Stadt. Am Fähranleger herrscht ein ständiges Kommen und Gehen: Marmorlaster, Ausflugsbusse vom Festland, vom Einkauf in Kavála heimkehrende Insulaner, griechische Urlauber in ihren Autos, Pauschal- und Rucksacktouristen. Kulturelles Schmankerl: Beim Spaziergang durch die Straßen stößt man ständig auf beeindruckende Überbleibsel aus der Antike.

Der Name Liménas bzw. dessen ab und zu noch gebrauchte altgriechische Form „Limín“ weist auf die wichtigste Funktion der Stadt hin, gehen die beiden Bezeichnungen doch auf das griechische Wort für Hafen, „Limáni“, zurück. Wie auf anderen Inseln auch, trägt die Hauptstadt amtlich den Namen des Eilands, also Thássos-Stadt, gebräuchlich ist er im Alltag allerdings eher nicht. Zu Hauptstadtehren, wie bereits in der Antike, kam Liménas erst wieder 1870. Im Mittelalter hatte sich die Bevölkerung, der permanenten Piratenüberfälle überdrüssig, in den Bergen des Inselinneren versteckt – die einst blühende Metropole verödete völlig, ihre Ruinen überwucherte Macchia. Erst nachdem man Mitte des 19. Jh. den Piraten weitgehend den Garaus gemacht hatte, zogen viele Bewohner des Bergdorfes Panagía, das damals die Hauptstadtfunktion ausübte, wieder an die Küste zurück. Ihre Zahl war bald so groß, dass es sich lohnte, den Sitz der Verwaltung zu verlegen. Inzwischen leben hier etwa 3000 Menschen.

Nicht nur die endlos langen Autoschlangen am Hafenkai belegen die touristische Bedeutung von Liménas, an Sommerabenden ist durch die „Einkaufsgasse“ (die

Parallelstraße zur Uferpromenade) kaum ein Durchkommen, und die Tavernen sind proppenvoll. Kein Wunder, denn die Stadt bietet die beste Infrastruktur auf der Insel, jede Menge Unterhaltung, viel Kultur und auch recht ordentliche Strände, etwas weiter außerhalb sogar hervorragende. Und in mancher Seitengasse abseits vom Trubel hat man die Gelegenheit, den griechischen Alltag weitaus besser zu erleben, als dies in einer der vielen Strandsiedlungen auf Thássos möglich ist.

Viele Liménas-Besucher kennen das Fotomotiv Nr. 1 der Stadt schon vor ihrer Anreise aus Prospekten und Katalogen: das lang gestreckte Walmdachgebäude, ein ehemaliges Metóchi (Klostergut) des Áthosklosters Vatopédi. Der Fischerhafen mit den bunten Booten kommt auch noch in Betracht, ansonsten gibt Liménas in dieser Hinsicht, sieht man von den antiken Ausgrabungen ab, nicht viel her. „Kunterbunt baut hier jeder durcheinander", schimpft der Töpfer Kóstas, Ästhet von Berufs wegen. „Der eine hat einen Balkon aus Holz, der andere aus Plastik. Ein Haus ist schiefergedeckt, das nächste mit Ziegeln, das dritte besitzt ein Flachdach. Wie sieht das aus!" Recht hat er, aber andererseits spiegelt sich in dem Durcheinander der typisch griechische Individualismus wider, und der hat doch gerade für uns Mitteleuropäer viel Liebenswertes.

Reisebüros/Adressen/Telefonnummern

• *Reisebüros* Mehrere Agenturen bieten Tagesausflüge, z. B. Inselrundfahrten oder Festlandtouren (→ S. 104 und 213 f) an, helfen aber auch bei der Zimmersuche oder bei der Autoanmietung.

Endless Holidays, Paraliakí Leofóros (neben dem Gymnasium), ✆ 2593022676 und ✆ 2593022087. Sehr freundliches Personal, z. T. auch deutschsprachig. Umfassender Service, die richtige Adresse für die Buchung aller möglichen Ausflüge (Inselrundfahrt, Kavála, Philippi, Höhle Agíti oder Höhle Alistráti etc.), außerdem unterhält Europcar in diesem Büro eine Vertretung.

Neápolis Travel, an der Straße nach Prínos, ✆ 2593022357, 2593023224. Ebenfalls eine empfehlenswerte Agentur, um Ausflüge zu buchen.

Thássos Tours, an der Uferpromenade, ✆ 2593022546, ✆ 2593023005. Das älteste Reisebüro auf der Insel. Hier kann man u. a. auch Autos mieten und erhält Hilfe bei der Zimmersuche.

• *Touristenpolizei* In der Zeit von Juni bis September findet man im Gebäude der allgemeinen Polizei an der Uferpromenade einen bzw. zwei Polizisten, die die Aufgabe haben, Reisenden bei Problemen mit Hoteliers, Autovermietern etc. zu helfen. Darüber hinaus stehen sie Ihnen aber auch bei der Zimmersuche zur Seite. ✆ 2593023111.

• *Hafenamt* Das Hafenamt befindet sich in der Nähe des Polizeigebäudes. Hier erhalten Sie Auskünfte über den Fährbetrieb, z. B. ob bei stürmischer See die Schiffe fahren können oder nicht. ✆ 2593022355.

• *Telefonnummern* **Polizei** ✆ 2593022500; **Rathaus** ✆ 2593061108; **Taxi** ✆ 2593023391.

Verbindungen

• *Schiff* Je nach Saison fahren die **Fähren** 6- bis 33-mal täglich von **Keramotí** nach Liménas und zurück. Fahrtdauer ca. 40 Minuten, pro Person ca. 2,40 €, Pkw etwa 13–16,50 €. Von und nach **Kavála** kommt man bis zu 4-mal am Tag in ebenfalls ca. 40 Min. mit dem **Flying Dolphin**. Die einfache Fahrt kostet ca. 10 €, die Rückfahrkarte ca. 18 €, Kinder bezahlen die Hälfte.

Aktuelle Fahrpläne und Informationen über Preise erhält man an den kleinen, weißen Ticketkiosken der Fähragenturen Aneth und Kinopraxía Plíon am Fährhafen.

Samothráki konnte man zum Zeitpunkt der Recherche nicht erreichen. Möglicherweise wird aber in Zukunft wieder – wie noch vor einigen Jahren – ein 1-mal wöchentlich verkehrendes Ausflugsschiff eingesetzt. Erkundigen Sie sich in den Reisebüros danach.

Einige der schönsten **Badestrände** in der Nähe von Liménas werden von Ausflugsschiffen angefahren (→ S. 104).

• *Bus* Nahezu jeder Ort auf Thássos ist durch Busse mit Liménas verbunden. Die

Sunset am Hafen

Busstation befindet sich schräg gegenüber der Anlegestelle der Flying Dolphins. Dort erhält man auch kostenlos Fotokopien des aktuellen Fahrplans. Die Fahrkarten werden am Schalter verkauft. Wer nach Thássos anreist, kann die Tickets auch schon am Kiosk beim Fährhafen kaufen. Genauere Informationen zu Fahrplan und Preisen finden Sie auf S. 80.

- *Taxi* Die Taxifahrer warten am Hafen, ✆ 2593023391. Dort finden Sie auch eine Übersicht über die aktuellen Tarife. Weitere Informationen dazu auf S. 80 f.

Adressen (→ Karte S. 86/87)

- *Banken* Das ganze Jahr über haben vier Banken geöffnet. Alle verfügen über einen internationalen Geldautomaten, u. a. für EC- und verschiedene Kreditkarten. Öffnungszeiten: Mo–Do 8–14 Uhr, Fr nur bis 13.30 Uhr.
- *Internet* Es gibt mehrere Möglichkeiten, im Netz zu surfen oder E-Mails zu versenden, z. B. im **Millenium Net Café (24)**.
- *Medizinische Versorgung* **Allgemeinmediziner** Dr. Geórgios Dedópoulos, nahe der Taverne Mávros Gátos an der Straße nach Panagía, ✆ 2593022400. **Fachärzte**: u. a. Dr. Ilías Ioánnis Glávos (Kardiologe) neben dem Reisebüro Mýthos, ✆ 2593022184. Dr. Konstantínos Chatziemanouíl (Zahnarzt) nahe der Zweiradvermietung Bábis, ✆ 2593022705. Dr. Simeón Evthimíou (ebenfalls Zahnarzt) beim Hotel Viky, ✆ 2593023722.

Weitere Arztpraxen liegen in der Odós Gallikís Scolís.

Apotheken findet man in Liménas recht viele, z. T. sind sie im Stadtplan mit einem Apothekensymbol gekennzeichnet. Welche der Apotheken gerade Sonntags- bzw. Nachtdienst hat, erfahren Sie wie in Mitteleuropa auch durch einen Aushang im Fenster.

- *Post* Das Postamt liegt im Zentrum der Stadt. Geöffnet: Mo–Fr 7.30–14 Uhr. Es empfiehlt sich, Postkarten oder Briefe hier einzuwerfen bzw. abzugeben. Erfahrungsgemäß werden die Briefkästen in der Stadt nur unregelmäßig geleert.
- *Tanken* An der Straße nach Panagía haben Sie die Wahl zwischen zwei Tankstellen, eine weitere befindet sich im westlichen Stadtgebiet.
- *Wäscherei* In der einzigen Laundry von Liménas kann man seine Wäsche waschen oder reinigen lassen, eine Waschmaschinenfüllung kostet etwa 12 €. Geöffnet: Mo–Sa 9–13 Uhr und 17–20 Uhr.

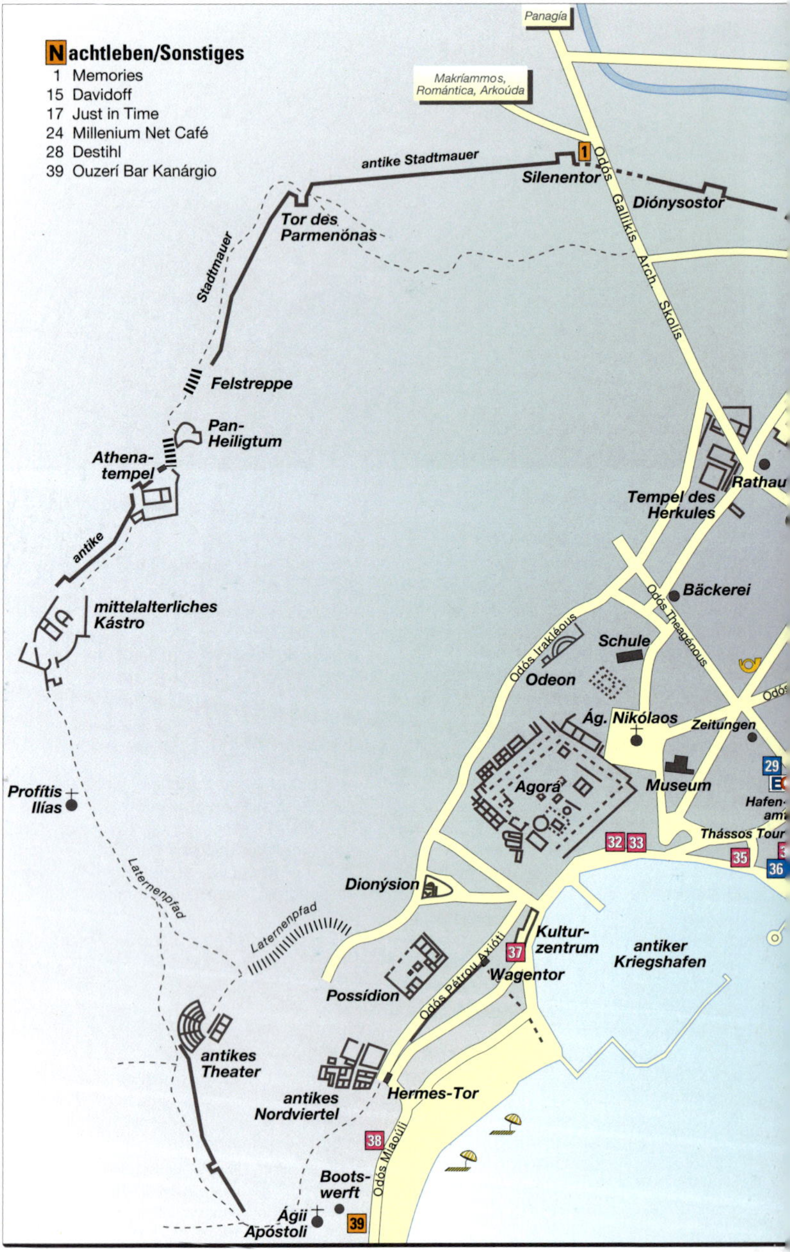

N achtleben/Sonstiges
1 Memories
15 Davidoff
17 Just in Time
24 Millenium Net Café
28 Destihl
39 Ouzerí Bar Kanárgio
Panagía
Makríammos, Romántica, Arkoúda
antike Stadtmauer
Silenentor
Odós Gallikís Arch. Skolís
Diónysostor
Tor des Parmenónas
Stadtmauer
Felstreppe
Pan-Heiligtum
Athena-tempel
antike
mittelalterliches Kástro
Rathau
Tempel des Herkules
Bäckerei
Odós Theagénous
Odós Irakléous
Schule
Odeon
Ág. Nikólaos
Zeitungen
Agorá
Museum
Hafen-amt
Thássos Tour
Profítis Ilías
Laternenpfad
Dionýsion
Kultur-zentrum
antiker Kriegshafen
Odós Pétrou Axióti
Wagentor
Possídion
antikes Theater
antikes Nordviertel
Hermes-Tor
Odós Miaoúli
Boots-werft
Ágii Apóstoli

E **ssen & Trinken**

4 Restaurant Possidónas
8 Tavérna Toxótis
18 Restaurant Tákis
20 Tavérna Mezógion
22 Ouzerí Moúses
25 Kafeníon Petríno
27 Café Pizza Plátanos
31 Eiscafé Dodóni
32 Tavérna Sými
33 Tavérna Ta Platanákia
34 Pizza Da Remo
35 Bar Café Remézzo
37 Café Óstria
38 Restaurant Sirtáki

Ü **bernachten**

2 Apartments Ánthos
3 Villa Chríssa
5 Pension Elía
7 Hotel Aéthria
10 Hotel Viky
13 Hotel Pégasus
19 Hotel Vournélis
23 Hotel Láios
29 Hotel Mary
30 Hotel Possidón
36 Hotel Angélika

A **uto- und Zweiradvermietung**

6 Budget
9 2 Wheels
11 Hermes
12 Europcar
14 Potós Carental
16 Avis
21 Bábis
26 Hertz

70 m
Liménas

Liménas
Karte S. 86/87

Mietfahrzeuge (→ Karte S. 86/87)

Ein ganzer Schwung von lokalen und internationalen Agenturen hat v. a. Kleinwagen, Jeeps und motorisierte Zweiräder (einige auch Fahrräder) im Angebot. Ein Vergleich lohnt sich in jedem Fall, da insbesondere in der Nebensaison starke Preisnachlässe gegeben werden. Näheres → „Unterwegs auf Thássos", S. 76 ff.

• *Autos* **Avis (16)**, im Zentrum und an der Straße nach Panagía gelegen, ✆ 2593022535, ✆ 2593023124.

Budget (6), die Agentur befindet sich in der Odós Dimitriádou nahe dem Hotel Aéthria, ✆ 2593023150.

Europcar (12), im Büro von Endless Holidays, ✆ 2593023776, ✆ 2593023876.

Hermes (11), Odós Dimitriádou, ✆ 2593022509.

Potós Carental (14), lokaler Anbieter, der es durchaus mit den internationalen aufnehmen kann, ✆ 2593023969, ✆ 2593051703.

Hertz (26), vermietet Autos in allen Größen, ✆ 2593023712.

• *Zweiräder* **Bábis (21)**, mitten in der Stadt, hat sich auf Fahrräder spezialisiert, ✆ 2593022129.

2 Wheels (9), im Westen. Bietet Fahrräder, Mofas, Scooter und Motorräder, ✆/✆ 2593023267.

Einkaufen (→ Karte S. 86/87)

Thássos ist kein Einkaufsparadies, der Konsumterror hält sich zum Glück noch in Grenzen. Die Läden konzentrieren sich in der parallel zur Uferfront verlaufenden **Einkaufsgasse** (18.-Oktober-Straße), die im Winter allerdings fast völlig verwaist ist. In der Hochsaison sind die Geschäfte und Verkaufsstände dagegen sehr gut besucht, eine Sonntags- oder Mittagsruhe wird dann meist nicht mehr eingehalten.

• *Backwaren* Brot und Gebäck bekommt man in mehreren Bäckereien (→ Stadtplan). Leckere **Pitten** und **Bougátsa** gibt es in der Saison täglich frisch an den Ständen zu Beginn der Einkaufsgasse oberhalb vom Hafen.

• *Fotozubehör/Musik* Wer's nicht bis zu Hause erwarten kann, die Urlaubsbilder zu sehen, ist in der **Foto-Station** in der Einkaufsgasse richtig. Dort gibt es auch eine ordentliche Auswahl an griechischen CDs.

• *Lebensmittel* Besonders gut sortiert ist der **Supermarkt Arrenópoulos** nahe dem **Restaurant Tákis (18)**. Daneben unterhält Arrenópoulos mehrere kleinere Filialen, außerdem gibt es jede Menge weitere Läden mit umfangreichem Angebot.

• *Schmuck* Gute und geschmackvolle Ware finden Sie bei der **Firma Mirónis**, die gleich zwei Läden im Zentrum von Liménas besitzt. Man wird zuvorkommend auf Deutsch beraten.

• *Souvenirs* Wie in allen Touristenorten gibt es auch hier zahlreiche Mitbringsel, einerseits recht hübsches Kunsthandwerk, andererseits aber auch einfach den üblichen Kitsch, versehen mit der Aufschrift „Thássos". Schönes Kunsthandwerk bietet z. B. der etwa in der Mitte der Einkaufsgasse gelegene Laden **Enplo**, in dem man neben Kerzen, Schmuck und Bildern auch die geschmackvollen Zoe-T-Shirts mit antiken Motiven findet. Kóstas, der legendäre Töpfer von Thássos, verkauft mittlerweile nicht mehr nur in seiner Werkstatt (→ S. 105), sondern auch nahe der OTE in einem kleinen Laden namens **Costis' Pottery** seine hübschen Keramikwaren.

Kulinarisches aus Thássos wie z. B. Honig, süße eingelegte Früchte (Glikó tou Koutalioú), Wein, Oliven, Öl und leckeres Mandelgebäck (Kourabiédes) werden von Sofía Katzamáki in einem kleinen Laden nahe der Ethnikí Trápeza (Nationalbank) verkauft. Die größte Auswahl an thassitischen Leckereien bietet aber das Geschäft Paté Ánna in der Einkaufsgasse, wo man auch dekorativ in Gläsern aufeinandergeschichtete, grellfarbige Früchte bekommt, die allerdings nicht zum Verzehr geeignet sind.

• *Zeitungen* In der Nähe des Fähranlegers bekommt man in einem Laden deutschsprachige Zeitungen und Zeitschriften, ein weiteres Geschäft (auch in der Nebensaison geöffnet) befindet sich in der Odós Theagénous.

Übernachten (→ Karte S. 86/87)

Es besteht ein umfangreiches Angebot an Quartieren sowohl mitten in der Stadt als auch in den ruhigeren Außenbezirken und oberhalb des Strandes von Ágios Vassílios. Das Angebot an **Privatzimmern** ist verglichen mit dem der reinen Ferienorte am Meer relativ gering, einige finden Sie in der Nähe der Stadtkirche. **Studios** gibt es vor allem an der Straße nach Prínos.

• *Im Zentrum* *** **Hotel Aéthria (7)**, im Süden der Stadt, ruhig gelegen, auch pauschal buchbar. Schöne, kürzlich renovierte Anlage mit gepflegtem Garten, Tennisplatz, Pool, Bar und Kinderspielplatz. Ein DZ mit Bad, AC, Kühlschrank, TV, Telefon und Balkon kostet je nach Saison 65–90 € inkl. Frühstücksbuffet, bei längerem Aufenthalt gibt's Nachlass. Auch Einzelzimmer stehen zur Verfügung. Von Mai bis Anfang Oktober geöffnet. ✆ 2593023310, 📠 2593022170, www.aethriahotel.gr.

*** **Hotel Pégasus (13)**, professionell geführtes, angenehmes Haus in einer ruhigen Seitenstraße. Auf zwei Stockwerke verteilt sind die insgesamt 27 praktisch eingerichteten Zimmer mit Bad, TV, AC, Kühlschrank und Balkon, die zum großen Teil auf einen schönen Pool ausgerichtet sind. Zu zweit bezahlt man je nach Saison 50–75 € inkl. Frühstück, gegen Aufpreis (8 € pro Person) kann man im hauseigenen A-la-Carte-Restaurant auch Abendessen bekommen. Ganzjährig geöffnet. ✆ 2593022061, 📠 2593022373, www.thassos-pegasus.com.

** **Hotel Possidón (30)**, direkt am Hafen, nach gründlicher Renovierung mit modernem Ambiente. Nicht besonders große, aber helle DZ mit Bad, TV, AC, Kühlschrank und Balkon werden zum Preis von 50–70 € angeboten. Zwei kleine Hotelbars, während der Sommermonate wird ein Dachgarten (schöner Blick!) betrieben. Ganzjährig geöffnet. ✆ 2593022690, 📠 2593022190, www.thassos-possidon.com.

** **Hotel Láios (23)**, angenehmes Haus an der Uferfront, dessen 33 Zimmer zum Meer oder zum Garten mit Pool und Bar ausgerichtet sind. Ausgestattet sind sie mit Bad, Balkon, AC und Kühlschrank. Zu zweit bezahlt man zwischen 53 und 70 €, bei längerem Aufenthalt gewährt die nette Wirtin auch gerne Nachlass. Ganzjährig geöffnet. ✆ 2593022309, 📠 2593023249.

** **Hotel Angélika (36)**, sehr schöne Lage nahe beim Fischerhafen. Die jüngst renovierten DZ mit Bad, AC, Kühlschrank und Balkon (toller Blick!) kosten 45–60 €, Frühstück wird mit 5 € pro Person extra berechnet. Ein EZ bekommt man für 35–50 €. Von April bis Oktober geöffnet. ✆ 2593022387, 📠 2593022160. Der Besitzerin gehört auch das ** **Hotel Mary (29)**, in dem zu etwas günstigeren Preisen vermietet wird.

** **Hotel Viky (10)**, ruhige Lage in einer Seitenstraße. Schöner Garten mit Springbrunnen und riesigen Palmen. Ein DZ mit Bad, AC, Kühlschrank und Balkon gibt's für 35–60 €, fürs Frühstück wird ein Aufpreis von 3 € pro Person berechnet. Ein Studio (2–4 Betten) kostet bis zu 65 €. Ganzjährig geöffnet. ✆ 2593022314, 📠 2593023054, www.vickyhotel.gr.

Apartments Ánthos (2), unweit vom Zentrum vermieten Ilka und Stélios in einem ruhigen Viertel gut eingerichtete, z. T. klimatisierte Apartments mit bis zu 5 Betten, die auch über einen Fernseher mit Satellitenempfang sowie über einen Internetzugang verfügen. Wer will, kann im nahe gelegenen Hotel Antigónis den Pool benutzen, auch Frühstück kann man sich dort servieren lassen – oder man nutzt den täglichen Brötchen-Service und bereitet die Morgenmahlzeit selbst zu. Sie erreichen die Anlage, indem Sie von der Straße nach Prínos dem Schild „Hera-Zeus-Tor" nach rechts folgen und dann unmittelbar nach einer kleinen Brücke nach links abzweigen. Zwei Personen bezahlen ca. 38–46 €. Ganzjährig geöffnet. ✆/📠 2593022285, www.lets-go-thassos.com.

• *Oberhalb vom Strand* *** **Hotel Vournélis (19)**, sehr hübsch und ruhig direkt am Ágios-Vassílios-Strand gelegen. Recht großes Gelände, in dem 17 DZ mit Bad, AC, Kühlschrank und Balkon (Blick aufs Meer) zum Preis von 60–70 € (inkl. Frühstück) vermietet werden. Zum Haus gehört ein kleiner Pool sowie ein nettes Gartenrestaurant. Von Mai bis Anfang Oktober geöffnet. ✆ 2593022901, 📠 2593023211.

Villa Nikolétta, an der Straße nach Prínos, durch seine zurückversetzte Lage jedoch recht ruhig. Bietet komfortabel eingerichtete Studios (65–80 €) und Apartments mit AC, in denen bis zu 4 Personen unterkommen können (zwischen 90 und 130 €). Sehr familiäre Atmosphäre, gepflegter Garten, Tischtennis, Schwimmbad, tägliche Reinigung. Ganzjährig geöffnet. ✆ 2593022020, ℻ 2593023220.

Villa Chríssa (3), netter Familienbetrieb, in dem nicht nur die schwäbische Schwiegertochter, sondern quasi alle Deutsch sprechen. Insgesamt werden 22 Einzel-, Doppel- und Dreibettzimmer mit AC, Kühlschrank und Balkon sowie ein großes Studio (4 Betten) vermietet, zu zweit bezahlt man inkl. Frühstücksbuffet 46–61 €. Zum Haus gehören ein kleiner Pool mit Bar sowie ein einfacher Kinderspielplatz. Wer mag, kann in dem angeschlossenen Restaurant auch Halbpension bekommen. Von Mai bis Oktober geöffnet. ✆ 2593023094, ℻ 2593023686.

Pension Elía (5), ebenfalls an der Straße nach Prínos. Ein DZ mit AC, Bad, Kochnische und großem Balkon bekommt man bei dem Polizisten Kóstas je nach Saison für 35–50 €. Die ebenfalls mit einer kleinen Küche eingerichteten Dreibettzimmer kosten zwischen 40 und 60 €. Geöffnet von Mai bis Oktober. ✆/℻ 2593022783.

Essen und Trinken (→ Karte S. 86/87)

Große Auswahl an edleren wie auch einfacheren Restaurants und Tavernen. Am schönsten sitzt man sicher am Fischerhafen, wo Tische und Stühle oft so aufgebaut sind, dass man direkt am Meer schlemmen kann. In Liménas wird vor allem griechische Küche serviert, man bekommt aber auch Pizza und andere italienische Gerichte. Die meisten Lokale sind im Winter geschlossen, dafür gibt es in der Regel während der Saison keinen Ruhetag.

Tavérna Sými (32), am Fischerhafen. Der ursprüngliche Besitzer kam von der kleinen Dodekanes-Insel Sými hierher und eröffnete das in Liménas äußerst beliebte Restaurant. Im Winter im hübschen Innenraum, im Sommer am Wasser sitzt man hier besonders schön und genießt auch noch beste Küche, z. B. würzig gefüllten Kalamar, Oktopuskefthédes, Soupiés mit Zwiebeln, verschiedene Fische usw. Im Sommer ist die Karte schier endlos.

Tavérna Ta Platanákia (33), direkt daneben und ebenfalls empfehlenswert. Auch hier hat man die Qual der Wahl auf der riesigen Speisekarte. Zu den Spezialitäten des Hauses gehört Plakí, Fischfilet aus dem Ofen mit einer dicken Schicht aus gedünsteten Zwiebeln, dazu werden Kartoffeln serviert – sehr lecker. Auch die Auswahl an Weinen lässt kaum Wünsche offen.

Restaurant Sirtáki (38), östlich vom Fischerhafen. Bei Einheimischen und Touristen sehr beliebtes Lokal am Strand. Große Auswahl an Fisch, aber z. B. auch an gemischten Grilltellern, wie man sie aus griechischen Restaurants in Mitteleuropa kennt. Lecker fanden wir auch die Vorspeisenplatte Wláchiki, die zwei Personen durchaus als kleines Mittagessen ausreicht.

Pizza Da Remo (34), nahe beim Fischerhafen. Lange Schlangen von Wartenden sind in der Hochsaison keine Seltenheit, besonders bei den Einheimischen sind die ca. 20 verschiedenen Pizzen sehr beliebt. Im Angebot außerdem einige Pastagerichte. Die Zubereitungsart entspricht allerdings eher der einer griechischen Mama als der, die wir vom Italiener kennen.

Tavérna Toxótis (8), im westlichen Teil der Stadt. Hübsche Wandbilder, z. T. ist das Lokal klimatisiert. Geórgios serviert Leckeres vom Grill, traditionelle griechische Küche und Fisch. Empfehlenswert ist das Stifádo; nur abends geöffnet.

Restaurant Tákis (18), sehr authentisch gebliebenes Lokal am Ende der Tavernengasse. Neben Grillspezialitäten sind aber auch die traditionellen Gerichte wie Moussaká oder gefüllte Gemüse empfehlenswert.

Ouzerí Moúses (22), unser Tipp! Etwas außerhalb der Stadt auf dem Gelände einer ehemaligen Töpferwerkstatt liegt das immer gut besuchte Lokal, dessen freundlicher Service auch von Lesern und vielen Einheimischen sehr gelobt wurde. Gerlind aus Berlin und Stávros bieten hier seit einigen Jahren eine tolle Auswahl an Fischgerichten und leckeren Mezédes, darüber hinaus aber auch ausgefallenere Gerichte wie z. B. Rucolasalat mit Parmesan. Direkt daneben haben die beiden vor einiger Zeit das italienische Restaurant **Le Muse** eingerichtet, in dem man neben frischer Pasta auch knusprige Holzofenpizzen bekommt.

Tavérna Mezógion (20), in unmittelbarer Nachbarschaft und tatsächlich scheint Konkurrenz wirklich das Geschäft zu beleben, wird hier doch ebenfalls eine sehr gute

Auswahl an Mezédes geboten. Probieren Sie z. B. einmal die hausgemachten Dolmádes oder die gebratenen Muscheln.

Restaurant Possidónas (4), bietet mit seiner Lage an der Straße zwar nicht das romantischste Ambiente, doch Atmosphäre und Essen sind auf jeden Fall zu empfehlen. Wer's deftig mag, sollte Ziegenfleisch vom Soúfla, dem Drehspieß, probieren. Außerdem stehen einige internationale Gerichte auf der Speisekarte.

Bar Café Remézzo (35), am Fischerhafen. Der nette Wirt aus Athen und sein Bruder servieren den Fischern am Vormittag zu ihrem Oúzo ein gutes Mezé, das auch Touristen schmeckt. Mal gibt's Fleisch aus dem Ofen, dann Gávros (kleine Fischchen) in Zitronen-Öl-Soße usw. Lassen Sie sich überraschen!

Café Pizza Plátanos (27), direkt am Anleger der Flying Dolphins im Gebäude des ehemaligen Rathauses. Ein schöner Platz, um das Geschehen im Zentrum von Liménas zu beobachten. Großes Angebot für den Frühstückshunger, auch frisch gepresste Säfte, daneben mehrere Kaffeespezialitäten, z. B. Cappuccino mit dicker Sahnehaube. Außerdem viele Kuchen, Eis und Snacks.

Kafeníon To Petríno (25), unmittelbar daneben. Eines der wenigen richtigen Kafenía in Liménas. Bei Kóstas gibt's Kaffee, aber auch leckeres Frühstück, z. B. Spiegeleier, Reispudding, Toast. Probieren Sie auch mal die von seiner Mutter Ánna eingelegten Früchte (Gliká tou Koutalioú)!

Eiscafé Dodóni (31), die auf dem griechischen Festland beliebte Kette hat auch eine Niederlassung auf Thássos. Große Auswahl an leckerem Milch- und Fruchteis, allerdings nicht gerade preiswert. Im Angebot sind natürlich auch Milchshakes, Kaffeespezialitäten etc. Selfservice.

Café Óstria (37), direkt neben dem Kulturzentrum am Fischerhafen. Vor den Stühlen dümpeln die bunten Fischerboote im Wasser. Doch werfen Sie zumindest einen Blick in das Innere des geschmackvollen Kaffeehauses, das mit edlen Holzmöbeln eingerichtet ist. Schöner Platz für einen gepflegten Kaffee oder für den abendlichen Oúzo.

Der antike Kriegshafen dient heute Fischerbooten als Ankerplatz

Nachtleben (→ Karte S. 86/87)

Das Angebot ist so vielseitig, dass Nachtschwärmer voll auf ihre Kosten kommen. Insbesondere durch den griechischen Tourismus ist einiges geboten. Etwas außerhalb von Liménas befinden sich mehrere Bouzoúki-Lokale und Discos, aber auch in der Stadt selbst haben einige Bars bis lange nach Mitternacht geöffnet. Zudem laden einige Hotels und Restaurants im Juli und August immer mal wieder zu Live-Musik oder „griechischen Abenden" ein. Da dann auch viele Einheimische zu Gast sind, ist die Stimmung oft wirklich angenehm und die Atmosphäre auf keinen Fall mit der von Touristenabenden zu vergleichen.

Arkoúda, an der Straße nach Makríammos liegt das typisch griechische Bouzoúki-Lokal. Wenn's den Einheimischen besonders gut gefällt, fliegen hier auch mal Teller. Sa und So geöffnet, vor 23 Uhr ist kaum etwas los, dafür geht's bis zum frühen Morgen.

Romántica, fast schon in Makríammos liegt das alteingesessene Lokal, in dem Fr und Sa zu griechischer Live-Musik getanzt wird.

Memories (1), am Ortsausgang an der Straße nach Panagía kommen in einer schönen alten Villa v. a. Fans von Bouzoúki auf ihre Kosten; ab 21 Uhr geöffnet.

Just in Time (17), im Westen der Stadt, wurde gerade wieder renoviert und ist vielen auch noch unter seinem alten Namen Mílos bekannt. Rap-Musik dröhnt einem meist schon von weitem entgegen, aber auch hier ertönen manchmal Bouzoúki-Klänge. Ab 21 Uhr.

Davidoff (15), weitere sehr beliebte Bar im Herzen der Stadt, auch die Einheimischen lassen sich auf den grasgrünen Sofas gerne zu einem Drink nieder.

Destihl (28), tagsüber ein schöner Platz für einen gepflegten Kaffee, am Abend gehen stattdessen Biere und diverse Drinks über den Tresen.

Ouzerí Bar Kanárgio (39), am äußersten Zipfel von Liménas. Dient tagsüber als Café bzw. Ouzerí, doch abends geht die Post ab. Schließlich kann man so weit draußen die Musik (v. a. Bouzoúki, aber auch Reggae und Techno) bis zum Anschlag aufdrehen.

Sehenswertes

Wie wohl in keinem Inselstädtchen der Ägäis sind in Liménas Antike und Gegenwart baulich miteinander verwoben. Nahezu auf Schritt und Tritt stößt man auf Ruinen zwischen den Häusern der modernen Stadt, etwa auf ein 2500 Jahre altes Stadttor in einem Vorgarten, auf ein ehemaliges Kultheiligtum an einer der Hauptstraßen, auf eine frühchristliche Basilika mitten auf einer belebten Platía etc. Und der antike Kriegshafen wird sogar heute noch von den Fischern genutzt – Antike zum Anfassen also.

Nicht zu Unrecht hat man Liménas als ein einzigartiges antikes „Freilichtmuseum" bezeichnet. Zu verdanken ist dies in erster Linie der Französischen Archäologischen Schule Athen, die seit 1911 bis in die Gegenwart hinein Ausgrabungsarbeiten durchführt. Besonders sehenswert sind neben dem wunderschön gelegenen Theater in der antiken Oberstadt die Agorá und das Museum, vor allem aber die teilweise noch sehr gut erhaltene, einst etwa 3,5 km lange, gewaltige Stadtmauer mit ihren schönen und mächtigen Toren, die die damalige Unter- und Oberstadt halbkreisförmig umgab. Auch die mittelalterliche Festung auf der Akrópolis, die Nikolauskirche in der Stadtmitte und eine kleine Bootswerft hinter dem Fischerhafen sind einen Besuch wert. Wer unsere drei Rundgänge miteinander kombinieren möchte, sollte einen ganzen Tag dafür einplanen.

Erster Rundgang: Durch die Unterstadt

Der Spaziergang, für den Sie etwa zwei Stunden benötigen, beginnt an der Mole, wo die Flying Dolphins nach Kavála abfahren. Erst vor wenigen Jahren hat man hier eine aus dem blendend weißen thassitischen Marmor gefertigte **Delfinskulptur** aufgestellt.

Gegenüber der Anlegestelle für die Flying Dolphins geht man, vorbei an der Nationalbank (Ethnikí Trápeza) und am Café Petríno, die Odós Gallikís Arch. Scolís leicht aufwärts und erreicht nach insgesamt 150 m einen Platz. An dessen Ostseite befinden sich die Reste einer **frühchristlichen Basilika** vom Beginn des 6. Jh. Zwei der auffallend schlanken Säulen hat man wieder aufgerichtet, am Boden liegen die verbliebenen zahlreichen Säulentrümmer, z. T. kann man in Kapitellen noch ein-

Die Stadtkirche von Liménas: Ágios Nikólaos

Liménas
Karte S. 86/87

gravierte lateinische Kreuze erkennen. Zu sehen sind auch die Mauerreste der halbrunden Apsis.

Geht man die Straße weiter aufwärts, kommt man nach wenigen Metern an einer riesigen ummauerten Platane vorbei, deren Stamm unten an einer Seite so tief ausgehöhlt ist, dass man sich bei Regen bequem darin unterstellen könnte. An der übernächsten Abzweigung hält man sich an dem kleinen Hotel Akrópolis rechts, dann an der folgenden Gabelung links. Nachdem man kurz darauf eine Bäckerei passiert hat, kommt man zu einer weiteren Kreuzung. Hier stehen rechts Reste der alten Stadtmauer bzw. **das Zeus-Hera-Tor,** ein wichtiger Zugang zur antiken Stadt. Dieser war etwa 4 m breit und wurde seit dem 5. Jh. v. Chr. zu beiden Seiten von je einem hohen Marmorpfeiler mit den Reliefs des Göttervaters bzw. seiner Frau begrenzt. Nur der Hera-Pfeiler ist noch vorhanden und zeigt die Göttin mit dem Zepter in der Hand auf ihrem Thron sitzend, die Füße auf einen Schemel gestellt. Die geflügelte Gestalt vor ihr ist die Götterbotin Iris, die Aufträge von ihrer Herrin entgegennimmt.

Folgt man der Odós Pierre Vambez ca. 50 m stadtauswärts, sieht man rechts unter einem Olivenbaum einen großen steinernen Sarkophag aus dem 3. Jh. n. Chr. In ihm wurde laut der eingemeißelten Inschrift ein gewisser Poliádis bestattet. Dieser römische Sarkophag ist das letzte Überbleibsel eines antiken Friedhofs.

Zur Besichtigung der **Stadtmauer** geht man wieder zurück und biegt schräg gegenüber vom Zeus-Hera-Tor nach rechts ab (Schild South Wall). Nach knapp 50 m beginnt die ca. 2500 Jahre alte Schutzmauer, die zunächst noch niedrig ist, dann aber höher wird. Bald passiert man die Reste eines in die Mauer integrierten Wehrturms. Der Weg entfernt sich nun von der Mauer, und man geht am Hotel Galaxy vorbei zur Odós Gallikís Arch. Scolís, der man wenige Meter nach rechts zum **Silenentor** folgt. Falls die Eingangstür geschlossen ist, kann man die Anlage von Osten her (bei den großen Zypressen) betreten. Benannt wurde dieses Stadttor nach dem Relief, das sich an seiner linken Seite befindet: Ein zwei Meter hoher, nur mit Stiefeln bekleidetet Silene, ein Dämon, schreitet mit einem zweihenkeligen Trinkgefäß in der Hand in Richtung Stadt. In einer kleinen Nische neben der Figur ließen Reisende damals einen Obolus zurück. Durch dieses Tor kam man einst zunächst in das sog. Silenenviertel, von dessen Häusern noch einige Grundmauern erhalten sind. Überquert man am Silenentor die Odós Gallikís Arch. Scolís, kann man auf einem schmalen Pfad (Schild South Wall) 150 m weit an sehr gut erhaltenen Teilen der Stadtmauer entlangspazieren.

Nach diesem Abstecher geht man auf der Odós Gallikís Arch. Scolís stadteinwärts und kommt bald zum **Heraklion,** dem Heiligtum des Herakles, der im antiken Thássos nicht nur als Held, sondern auch als Gott verehrt wurde. Von dem einst riesigen Gebäudekomplex sind kaum mehr als die rechteckigen Fundamente eines Tempels sowie Reste eines Altars zu erkennen. Hier wurde jedoch nicht nur dem gewaltigen Herakles gehuldigt, die Kultstätte war 405 v. Chr. auch Schauplatz grausamer Hinrichtungen: Als die damals auf der Seite Athens stehenden Thassioten von dem spartanischen General Lýsandros besiegt worden waren, ließ dieser im Heraklesheiligtum einen großen Teil der „attischen“ Inselbewohner ermorden.

Schräg gegenüber dem Heraklesheiligtum steht das moderne Rathaus der Stadt. Unmittelbar hinter dem Gebäude entdeckt man ein Feld, auf dem mehrere antike Sarkophage, zumeist aus römischer Zeit, herumliegen.

Vom Heraklion folgt man der Odós Irakléous, die oberhalb des Heiligtums verläuft. Bei der ersten Möglichkeit zweigt man nach links in die Odós Theagénous ab. Nimmt man dann wieder die erste Möglichkeit nach rechts, stößt man nach wenigen Metern zunächst auf die kleine schiefergedeckte **Nikolauskirche,** neben der man erst vor einigen Jahren einen modernen Glockenturm errichtet hat. Links vom Eingang befindet sich die Ikone des heiligen Bischofs und Schutzpatrons der Seefahrer. Gewaltige marmorne Säulen trennen die Seitenschiffe vom Mittelschiff. Die Fresken an der Decke sind vom Kerzenruß fast völlig schwarz, in der Kuppel lassen sich jedoch der Pantokrator und in der Apsis eine Darstellung der Auferstehung ausmachen. Sehenswert ist auch die hölzerne Ikonostase mit Weinreben und dem als Motiv auch andernorts stets wiederkehrenden byzantinischen Doppeladler. Unmittelbar an die Kirche schließt sich das Gelände der antiken Agorá an.

Zweiter Rundgang: Die antike Agorá und das archäologische Museum

Die Agorá, seit dem 4. Jh. v. Chr. bis in die Zeit der Römerherrschaft Zentrum des sozialen, administrativen und kultischen Lebens der antiken Stadt Thássos, war einst im Westen, Osten und Süden von Säulenhallen (Stoen) umgeben, während sich an der Nordseite v. a. Geschäfte und Verwaltungsgebäude befanden. Im Innern dieses annähernd quadratischen Platzes standen Altäre, Heiligtümer, ein Tempel sowie Ehrenpodeste. Heute sind zwar keine sensationellen Reste mehr zu sehen, doch mit etwas Fantasie kann man sich anhand der Ausgrabungen einige der einst eleganten Gebäude gut vorstellen. Sehenswert ist die Agorá auch, weil sie eine der lebendigsten archäologischen Stätten Griechenlands ist, die wir bisher kennengelernt haben. Zwar wurde sie von Mitarbeitern der Französischen Archäologischen Schule vor etwa 50 Jahren im Wesentlichen ausgegraben, doch noch heute trifft

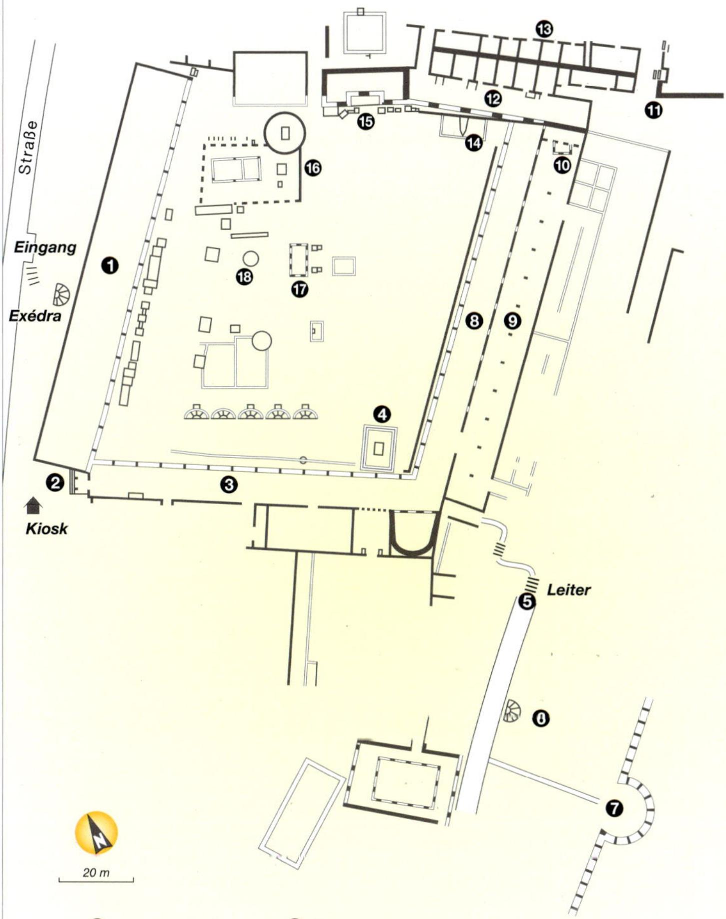

1 Nordwest-Stoá
2 Propylon
3 Südwest-Stoá
4 Monumentalaltar
5 antike Straße
6 Exédra
7 Odeon
8 Südost-Stoá
9 Lagerhalle
10 Glaukos-Denkmal
11 Durchgang der Theoren
12 Nordost-Stoá
13 Werkstätten, Geschäfte
14 steinerner Schiffsbug
15 Paraskenien-Gebäude
16 Zeus-Agoraíos-Tempel
17 Denkmal für Gaius und Lucius Cäsar
18 Altar des Theogénes

Antike Agorá

Liménas
Karte S. 86/87

man dort regelmäßig Spezialisten bei der Arbeit an, die immer noch weitere Teile freilegen. So kann man nie genau vorhersehen, wie oder ob sich eine Stoá, eine Tempelanlage oder ein Bezirk verändert hat, wenn man nach einiger Zeit wieder zu Besuch kommt.

Öffnungszeiten Das Gelände der Agorá ist jederzeit zugänglich. Eintritt frei.

Nach dem Betreten des Geländes sieht man direkt vor sich die Grundmauern einer **römischen Exédra,** eines halbkreisförmigen Raums, der sich einst zu einem nicht mehr vorhandenen Säulenhof öffnete. Dahinter schließt sich die **Nordwest-Stoá (1)** an, von deren 35 dorischen Säulen immerhin einige wieder aufgerichtet werden konnten.

Rechts von dieser Säulenhalle sind sechs flache Stufen erkennbar. Sie gehören zum **westlichen Propylon (2),** dem einstigen Haupteingang der Agorá. Von hier kommt man in die **Südwest-Stoá (3).** In dem halbrunden Raum am Ende dieser langen Wandelhalle wurde eine beeindruckende Statue des Kaisers Hadrian aus thassischem Marmor gefunden, die man – nach dem vollständigen Abschluss der Renovierungsarbeiten – im Museum bewundern kann. Von hier geht man wenige Meter geradeaus weiter, steigt nach rechts einige Stufen aufwärts und sieht etwas tiefer einen Teil der **antiken Straße (5)** vor sich liegen. Über diese kommt man zu einem der Schmuckstücke der Agorá, einer nahezu vollständig aufgebauten **Exédra (6).** Von der halbkreisförmige Mauer vor Wind geschützt, konnte man damals bequem auf einer Bank sitzen und wunderbar plaudern. Hervorragend erhalten ist auch die Dekoration, eine mit Stierköpfen und Ornamenten verzierte Girlande. Am Ende der antiken Straße kommt man in wenigen Schritten zum **Odeon (7).** Von dem kleinen Theater mit Elementen aus der griechischen und römischen Zeit sind vier Sitzreihen und die Treppenaufgänge noch mehr oder minder gut erhalten.

Antike und Moderne liegen nah beieinander

Geht man zurück zur Südwest-Stoá, sieht man im rechten Winkel dazu die spärlichen Reste der **Südost-Stoá (8),** dahinter Mauerüberbleibsel einer einst geschlossenen großen **Lagerhalle (9).** In der Ostecke dieser Halle finden sich noch die Fundamente des sog. **Glaukos-Denkmals (10)** aus dem 7. Jh. v. Chr. General Glaukos soll zur Zeit der griechischen Kolonisierung der Insel mit den Pariern gekommen und im Kampf mit den einheimischen „Barbaren“ gefallen sein. Nach seinem Tod wurde er als Held verehrt. Die Inschrift auf diesem ältesten auf dem Gelände der Agorá ausgegrabenen Monument – „Es ist das Denkmal des Glaukos, Sohn des Leptines ...“ – wurde übrigens noch in der sog. Bustrophen-Art verfasst. Dabei

Reste eines steinernen Schiffbugs

wechseln links- und rechtsläufige Zeilen einander ab – vergleichbar damit, wie ein Bauer mit seinem Ochsengespann die Ackerfurchen zieht.

Man geht nun unter der heutigen Straße hindurch zum **Durchgang der Theoren (11).** Auf diesem Weg, der zu beiden Seiten von mit wertvollen Reliefs geschmückten Marmormauern begrenzt war, gelangte man einst zum Sitz der höchsten Beamten der Stadt, eben den Theoren. Leider wurden die Reliefs, u. a. Apollon mit den Nymphen, während der türkischen Herrschaft in den Louvre nach Paris überführt. Jenseits des Durchgangs steht man auf einem kleinen Platz mit zwei Brunnen. In diesem Bereich hat man in den letzten Jahren Ausgrabungen durchgeführt und u. a. die Mauern eines großen frühchristlichen Wohnhauses (5. Jh. n. Chr.) sowie eines Bades freigelegt. Rechts am Hang des Akrópolishügels sieht man die Reste eines Ártemistempels.

Wieder zurück auf dem eigentlichen Agorágelände, betritt man die kleine **Nordost-Stoá (12),** hinter der sich **Werkstätten** und **Geschäfte (13)** reicher Thassioten befanden. Unmittelbar vor der Stoá fällt ein **steinerner Schiffsbug (14)** ins Auge, zu beiden Seiten mit wellenförmigen Ornamenten verziert. Wahrscheinlich handelt es sich um das Fundament eines Denkmals, vergleichbar mit dem der berühmten Nike von Samothráki, das ebenso wie das auf der Nachbarinsel zur Erinnerung an siegreiche Seeschlachten errichtet worden war. In Richtung Eingang weitergehend, passiert man schließlich noch den wegen seiner einst eigenwilligen Architektur – die Front ähnelte einer Theaterbühne – **Paraskenien-Gebäude (15)** genannten Gerichtshof der antiken Stadt.

Von den Ausgrabungen im Innern des Platzes sind die des einstigen **Zeus-Agoraíos-Tempels (16)** (Zeus des Marktes) am wichtigsten, denn er war das Haupttheiligtum der Agorá. Die noch erhaltenen Fundamente finden Sie vor der nördlichen Ecke der Nordwest-Stoá. Ganz in der Nähe davon errichteten die Bürger von Thássos dem Faustkämpfer Theogénes, einem der berühmtesten Sportler der Antike, einen **runden Stufenaltar (18).** Dieser Athlet wurde wie ein Gott

Totenmahlrelief

verehrt, da er bei verschiedenen Wettkämpfen für seine Insel insgesamt 1200 bis 1400 Siegeskränze errungen haben soll. Der Dichter Pausanias berichtet sogar von einem Theogénes-Standbild, das er in Olympía entdeckt haben will. Anlässlich der Olympischen Spiele 2004 in Athen hat man übrigens an der Hafenpromenade ein modernes Standbild des Athleten aufgestellt (→ S. 104). Wenige Schritte östlich vom Altar wurde sehr viel später Gaius und Lucius Caesar, den Enkeln des Kaisers Augustus, ein **Denkmal (17)** gewidmet. Von den beiden Statuen ist noch der Kopf des Lucius erhalten, der sich im Museum befindet. Erwähnenswert sind schließlich noch die Überreste eines **Monumentalaltars (4)** im Süden der Agorá, der wohl v. a. für Tieropfer diente.

Das **archäologische Museum** befindet sich genau gegenüber dem Eingang zur Agorá. Da der Platz wegen der vielen Fundstücke nicht mehr ausreichte, wird es seit Jahren umgebaut. Seit 2006 ist immerhin das gründlich renovierte und sehr ansprechend gestaltete Erdgeschoss für Besucher wieder zugänglich.

Öffnungszeiten Tägl. außer Mo und feiertags 9–18, in der HS bis 19 Uhr, Eintritt 2 €.

Werfen Sie zunächst einen Blick in den **Museumsgarten.** Unter den hier ausgestellten Exponaten fallen besonders ein liegender steinerner Löwe (er bewachte einst eines der Stadttore) aus hellenistischer und daneben ein riesiger Vogel aus römischer Zeit ins Auge. Ihn fand man bei den Ausgrabungen des antiken Haupteingangs zur Agorá. Das noch sehr gut erhaltene Mosaik am Boden stammt aus dem 2. Jh. n. Chr. Es fand sich in den Ruinen eines Privathauses.

Wohl das bekannteste Ausstellungsstück im **Innern des Museums,** aufgestellt im Eingangsbereich des Erdgeschosses, ist die Monumentalstatue des widdertragenden Koúros aus dem 6. Jh. v. Chr. Im Gegensatz zum langen Haar ist das Gesicht des nackten Jünglings, möglicherweise handelt es sich um Apoll, kaum ausgearbeitet. Das Werk blieb wahrscheinlich deshalb unvollendet, weil der Künstler einen Riss im Marmor entdeckte.

Ein Raum thematisiert das Alltagsleben der Menschen auf Thássos vom Neolithikum bis zur Eisenzeit. Man bekommt u. a. gezeigt, wie man damals die Toten bestattete, Kleidung herstellte, Speisen aufbewahrte, womit Handel getrieben und mit welchen Werkzeugen gearbeitet wurde. Ein weiterer Raum widmet sich v. a. dem Sport. Neben Texten über Theagénis findet man hier mehrere Torsos von Athleten sowie Siegertrophäen, Gedenkschriften, Darstellungen von Wettkämpfen etc.

Lebenslanges Projekt Agorá

Viele Agorá-Besucher bekommen ihn zu sehen. Mit seinem weißen Kapotthütchen vor der Sonne geschützt, in der Erde grabend oder mit Hilfe eines vorsintflutlich anmutenden Gestells einen Seilzug zum Bewegen von Säulentrommeln in Gang setzend, arbeitet er unermüdlich an der Vervollständigung des Zentrums der antiken Stadt. Seit 1911 führt die Französische Archäologische Schule Athen in Liménas Grabungen durch – seit etwa drei Jahrzehnten ist der aus dem ehemaligen Jugoslawien stammende und auf Archäologie spezialisierte Architekt Toni der Frontmann dieser Arbeit. Zwar führen auch einige Altertumsforscher, Doktoranden sowie Praktikanten zeitweilig hier Untersuchungen und Grabungen durch, ständig ist aber nur Toni hier beschäftigt, ohne den die Agorá sicher nicht das wäre, was sie heute ist.

Architekt Toni – die Agorá ist sein Leben

Langweilig wird es ihm dabei nie, denn es gibt viel zu tun. Einmal sahen wir ihm dabei zu, wie er gerade ein mit einer dicken Erdschicht bedecktes Mosaik aufdeckte. Beim nächsten Besuch berichtete er uns stolz, dass er nach fünf Stunden harter Arbeit eine fast im Schlamm versunkene Säulentrommel hervorgezerrt habe, mit der er nun eine weitere dorische Säule aufbauen könne. Jede Veränderung muss dabei vermessen, aufgezeichnet und fotografiert werden.

Zu Hause gehe die Arbeit dann am Schreibtisch weiter, erzählte er uns. Mit dem Computer erstellt er Berechnungen und Skizzen von Grabungsergebnissen, um sie dann nach Athen zu schicken. Dabei arbeitet er mit seiner Frau Manuela zusammen, die ihm vor Jahren hierher gefolgt ist. „Dieser Mann kann nur auf Thássos leben", erkannte die gebürtige Straßburgerin, gab ihr Architekturbüro auf, entließ sämtliche Angestellte und machte noch eine kurze archäologische Zusatzausbildung. Doch nicht nur für die Antike interessiert sie sich, Manuela ist auch an der Restauration vieler inseltypischer Häuser, z. B. in Kazavíti, tatkräftig beteiligt.

Liménas Karte S. 86/87

Dritter Rundgang: Vom ehemaligen Kriegshafen in die antike Oberstadt

Der zwei- bis dreistündige Spaziergang gehört mit zum Schönsten, was Liménas zu bieten hat, und lohnt wegen der Lichtverhältnisse besonders an einem Vormittag. An heißen Tagen sollte man sich mit genügend Wasser eindecken.

Beginnen Sie den Rundgang am heutigen **Fischerhafen,** dem antiken Kriegshafen, der seit eh und je durch zwei Molen geschützt ist und in der Vergangenheit entsprechend „geschlossener Hafen" genannt wurde. Sein Pendant, der „offene Hafen", der den Thassioten als Handelshafen diente, ist heute nicht mehr vorhanden. Er lag weiter nordöstlich – dort, wo sich jetzt ein schmaler Sandstrand befindet – und wurde vom Felsenkap Evraiókastro (Judenburg) gegen das offene Meer abgeschirmt. Von der antiken Anlage des Kriegshafens ist heute nicht mehr viel zu sehen. Hier und da erkennt man noch Reste der beiden alten Molen und Marmorplatten im Wasser. Mit Letzteren war einst der gesamte Grund dieses Hafens ausgelegt. Am Ende der südlichen Mole sind bei ruhiger See noch die Fundamente eines runden Wachturms auszumachen. Daneben gibt es aber auch einiges von der Unterwasserwelt zu sehen: Seeigel, lachs- und orangefarbene Seesterne, pockennarbige Muscheln, zahlreiche kleine Fischschwärme und mit etwas Glück auch mal einen Oktopus.

Am Hafen herrscht eine angenehme Atmosphäre. Wo einst die berühmten „schwarzgeschnäbelten" Kriegsschiffe der Thassioten lagen, dümpeln heute die Kaíkia der Fischer und ankern die Ausflugsboote. Am von Platanen beschatteten Kai breiten die Fischer ihre Netze aus, um sie zu trocknen oder zu flicken. Vormittags sitzen sie oft auch in einer der Tavernen und erholen sich bei Oúzo und Mezé von ihrer nächtlichen Arbeit. Zwischen den Tavernen fällt ein lang gestrecktes, schiefergedecktes Gebäude mit Giebelfenstern im Obergeschoss und schönen schmiedeeisernen Balkonen ins Auge. Das sog. **Metóchi** gehörte dem Áthoskloster Vatopédi. Die darin lebenden Mönche verwalteten von hier aus ihre Ländereien auf der Insel und dem gegenüberliegenden Festland. Vor einigen Jahren hat es dann die Inselverwaltung der Mönchsrepublik abgekauft und, nachdem es jahrelang dem Verfall preisgegeben war, mit viel Aufwand renovieren lassen. Ein Kulturzentrum für wechselnde Ausstellungen, Konzerte und Theaterveranstaltungen ist hier entstanden, so dass das Gebäude endlich für die Öffentlichkeit zugänglich ist.

• *Abstecher* Der Rundweg zur Oberstadt führt unmittelbar hinter dem einstigen Klostergebäude nach links in die Straße Odós Pétrou Axióti. Wer möchte, kann noch einen kurzen Schlenker zum **Diónyssos-Heiligtum** machen: Dazu geht man an der Taverne Vassílis in die Odós Akropoléos ca. 100 m aufwärts. Von dem viereckigen Heiligtum aus dem 4. Jh. v. Chr., dessen Fundamente heute tiefer als die Straße liegen, ist nicht mehr viel erhalten. An der Südseite sieht man noch die sechs Stufen, die einst ins Innere führten. In dem Tempel sind verschiedene Statuen von Nymphen und Musen, z. B. die Personifikation der Komödie, gefunden worden.

Die am Restaurant Vassílis beginnende Axiótistraße führt einen aus der modernen Stadt hinaus. Nach kaum 100 m stößt man wieder auf Reste der antiken Stadtmauer: In einem Vorgarten steht, tiefer als die heutige Straße, das sog. **Wagen-Tor.** Auf seinem linken Pfeiler kann man noch gut die Göttin Ártemis und den bärtigen Götterboten Hermes erkennen. Ártemis ist mit einem Faltengewand bekleidet, sitzt auf ihrem Streitwagen und hält die Zügel, während Hermes die Pferde am Zaum führt. Schräg gegenüber dem Wagen-Tor liegt das Possídion. Neben den spärlichen Tempelruinen sind auch noch Reste eines Hera-Altars auszumachen.

Der Berg Áthos ist allgegenwärtig

Im Laufe der Jahrhunderte erhielten die 20 Klöster des Berges Áthos jede Menge Geschenke, z. B. Kunstschätze, Reliquien und auch Gelder, am wichtigsten waren jedoch die sog. **Metochien.** Das waren Ländereien, verstreut in Griechenland, in Kleinasien, in den Donauländern und in Russland, die von den Klöstern als landwirtschaftliche Güter genutzt und von mehreren Mönchen gemeinsam bewirtschaftet wurden. Der Gewinn floss dem das jeweilige Metóchi besitzende Kloster auf dem Áthos zu. Nach dem verlorenen Krieg gegen die Türken konfiszierte die griechische Regierung zwischen 1923 und 1927 einen Großteil der in Griechenland gelegenen Metochien (es gab eine ganz geringe Entschädigung), um dort Flüchtlinge aus Kleinasien anzusiedeln. Einige Ländereien – auch auf Thássos und Samothráki – sind aber immer noch im Besitz der Mönchsrepublik Áthos. Sie werden allerdings in der Regel nicht mehr bewirtschaftet; stattdessen befinden sich dort häufig Kirchen und Klöster.

Liménas
Karte S. 86/87

Wenige Minuten später erreicht man das **Hermes-Tor,** dessen einstiger Reliefschmuck (Hermes führt einen Triumphzug von Göttern an) sich heute im Museum befindet. Dem Tor gegenüber hat man die Ruinen des sog. **Nordviertels** der antiken Stadt ausgegraben. Seit dem 8. Jh. v. Chr. – damals noch von „barbarischen" Thrakern – war es bis zum Ende der Römerzeit ständig bewohnt. Natürlich erfuhren die Behausungen in diesem langen Zeitraum von mehr als 1000 Jahren große Veränderungen: Waren die ersten Häuser noch mit Schilf und Lehm gedeckt, gab es in diesem Wohnviertel nach der Zeitenwende lichtdurchflutete Innenhöfe und kleine Säulengänge.

Der Weg wird nun zum Fußpfad, und nach etwa 300 m erreicht man die hübsche **Apostelkirche** auf einer Felsplattform am Kap Evraiókastro. Die Kapelle wurde in die Mauerreste einer frühchristlichen Basilika hineingebaut, deren Apsis noch genau erkennbar ist. Auch zwei Säulen, eine sogar mit Kapitell, stehen noch. Die Basilika wiederum hatte man im 5. oder 6. Jh. auf den Fundamenten eines antiken Heiligtums errichtet, von dem kaum noch Überreste erhalten sind.

Unterhalb der Kapelle sieht man am Ende des Strandes neben der Bar Kanárgio eine kleine **Bootswerft,** in der Kaíkia gebaut werden. Wer will, kann auf einem schmalen Pfad hinabsteigen (die Werft erreicht man allerdings bequemer, wenn man vom Fischerhafen den Strand entlangläuft) oder auf der anderen Seite der Felsnase zum Meer hinunterklettern, wo man meistens noch ungestört baden kann (kein Strand, sondern Felsen!).

Tipp! Wenn Sie romantische Sonnenuntergänge lieben, sollten Sie die Apostelkirche zur entsprechenden Zeit unbedingt noch einmal besuchen!

Man steigt nun den Weg, auf dem man zur Apostelkirche gelangt ist, weiter aufwärts. Nach ca. 100 m hält man sich an einer Gabelung rechts und folgt einem getreppten Fußpfad links von der **alten Stadtmauer,** die hier wieder sehr gut erhalten ist. Trotz des recht beschwerlichen Aufstiegs sollte man einen Blick auf die Mauer werfen, denn es ist faszinierend, wie exakt die verschieden großen und unterschiedlich behauenen Marmorblöcke ineinandergefügt sind. Nach ca. 500 m erreicht man das wunderschön gelegene **antike Theater,** das schon der große Arzt Hippokrates um 410 v. Chr. gelobt hat. Im Laufe der Zeit wurden viele bauliche Veränderungen vorgenommen. So erhielt es im 3. Jh. v. Chr. eine marmorne Bühne und eine Vorbühne mit 12 dorischen Säulen. Während der römischen Epoche wurde es so verändert, dass es auch für Zwei- und Tierkämpfe geeignet war. So wurde z. B. eine 1,70 m hohe, den Zuschauerraum abtrennende bzw. schützende Balustrade errichtet. Es handelte sich damals mehr um eine Arena als um ein Theater. 2000 bis 3000 Personen sollen auf den steinernen Sitzreihen Platz gefunden haben.

In den letzten Jahren wurden hier wiederum gravierende Umbauarbeiten durchgeführt, diesmal mit dem Ziel, das alte Theater für Aufführungen zu modernisieren. Um ins Innere des Theaters zu gelangen bzw. um den Rundgang fortzusetzen, biegen Sie nach rechts ab, folgen dem bald von Laternen gesäumten Weg weiter aufwärts und zweigen bei der nächsten Gelegenheit auf einen weiteren Laternenpfad wiederum nach rechts ab. Er führt Sie in wenigen Minuten zum Eingang hinunter. Wer den Rundgang am Theater abbrechen möchte, kann auf dem gepflasterten und getreppten Laternenweg weiter abwärts zum antiken Hafen zurückgehen.

Tipp! Im Sommer werden hier Konzerte und antike Tragödien aufgeführt. Informationen dazu erhalten Sie bei der Ticketverkaufsstelle an der Anlegestelle der Flying Dolphins bzw. unter www.thassos-festival.gr.

Das sog. Wagen-Tor

Um den Rundgang fortzusetzen, steigen Sie wieder zu dem zuvor begangenen Pfad hinauf und wenden sich dort nach rechts. Bald kommen Sie zu der idyllisch gelegenen kleinen **Ilíaskapelle.** Von hier oben kann man einen schönen Blick auf die Ostküste der Insel genießen.

Wenige Minuten nach der Kapelle erreicht man die Ruinen des mittelalterlichen **Kástros.** An dieser Stelle lag einst die Akrópolis der antiken Stadt und darin ein dem delphischen Orakelgott Apoll Pýthios geweihter Tempel, von dem kaum noch etwas zu sehen ist. Während der byzantinischen Zeit hatte der 137 m hohe Festungsfelsen insbesondere als Fluchtburg vor den häufigen Piratenüberfällen Bedeutung. Im 14. und 15. Jh. verbesserten und erweiterten die Genueser die byzantinische Anlage. Aus dieser Zeit stammen z. B. die Reste der kleinen Burgkirche an der Ostseite des Felsens, erkennbar an der halbrunden Apsis sowie einem schmalen Fenster in der Seitenwand, die zwei Zisternen sowie die beiden Wachtürme an der Westseite des Kástros. Von dort sollten Sie unbedingt einmal einen Blick hinunter auf die moderne Stadt, den Hafen und die Agorá werfen – es lohnt sich!

Das Silenen-Tor war ein wichtiger Zugang zur antiken Stadt

Am Südausgang des Kástros kann man noch ein ganz besonderes Kleinod bewundern. Steigt man links vom südlichen Turm über eine Treppe durch zwei aufeinander folgende Tore abwärts und geht direkt hinter dem letzten Ausgang nach rechts, sieht man in einem Stein der inneren Westwand ein wunderschönes **Totenmahlrelief.** Vor einer liegenden männlichen Gestalt richtet sich eine Schlange auf, rechts des Mannes steht ein Kind, gegenüber sitzt eine Frau, hinter der ein Pferd zu sehen ist.

Von diesem Kástroausgang aus sieht man eine große Plattform (in Wirklichkeit ein zweiter Hügel), auf der einst der antike **Athena-Tempel** stand. In wenigen Minuten hat man die Ruinen erreicht. Außer den Grundmauern der rechteckigen Tempelanlage aus dem 5. Jh. v. Chr. ist allerdings nichts mehr erkennbar. An ihrer Südwestecke führt links von einer großen Kiefer der Pfad weiter. Er wird jetzt wieder von Laternen gesäumt und zieht sich durch Olivenhaine zum dritten Hügel, an dessen Nordostseite eine halbrunde Nische in den Fels gemeißelt wurde. In diesem **dem Hirtengott Pan gewidmeten Heiligtum** kann man an der Rückwand der Grotte ein stark zerstörtes Relief erkennen. In der Mitte bläst der gehörnte Pan auf seiner Flöte, links davon stehen drei Ziegen verschiedener Größe. Darüber lassen sich mit etwas Mühe ein Leuchter und zwei auf den Hinterbeinen stehende Böcke ausmachen.

Links von dem Heiligtum führt der Pfad weiter aufwärts und bringt Sie dann über den Hügel hinweg zu einer steilen Treppe. Glücklicherweise sind die Stufen fast ständig durch ein Geländer gesichert, sonst bekäme man es vielleicht doch mit der Angst zu tun. Ohnehin scheint dieser Abstieg mehr von Ziegen als von Touristen benutzt zu werden, eindeutige Spuren lassen zumindest darauf schließen. Bald passiert man wieder gut erhaltene Teile der Stadtmauer. Nach insgesamt mehr als 200 Stufen biegt man an einer Gabelung rechts ab und stößt nach 10 m auf das **Parmenónas-Tor,** das einzige, durch das man wirklich hindurchgehen kann. Es wurde um 500 v. Chr. errichtet. Von hier aus windet sich ein schmaler Pfad zwischen Olivenbäumen und einigen Tierställen hindurch. Hinter einem Gatter (wegen der Tiere wieder schließen!) stößt man auf eine steile Gasse, der man abwärts zur Hauptstraße folgt. Rechts geht es zum Hafen zurück.

Baden, Sport und Ausflüge

Baden: Nicht gerade umwerfend sind die Möglichkeiten unmittelbar in Liménas. Am besten ist noch der nördlich des Fischerhafens gelegene Stadtstrand. Er bietet Schatten durch einige Bäume, ist sandig und flach abfallend, insbesondere im Hochsommer aber häufig überfüllt. Toiletten, Süßwasserduschen und ein Kinderspielplatz sind vorhanden, man kann auch Liegen und Sonnenschirme leihen, z. T. werden sie auch von umliegenden Restaurants zur Verfügung gestellt. Im Sommer wird er zudem täglich außer mittwochs von 10.30 bis 17.30 Uhr bewacht.

Am westlichen Stadtrand liegt der weitaus ruhigere, sehr schmale Ágios-Vassílios-Strand (unterhalb der gleichnamigen kleinen Kirche). Das Wasser ist zwar einigermaßen sauber, jedoch stören zu viele Wasserpflanzen. Auch hier stehen Liegen zur Verfügung, Schatten spenden die Bäume oberhalb des Strandes.

Ausflüge mit Boot oder Bus: Die Palette der Angebote reicht von Transfers zu Badebuchten über Inseltouren bis hin zu Fahrten aufs Festland.

Westlich der Anlegestelle der Flying Dolphins fahren täglich kleine Boote zu den nahe gelegenen Stränden Makríammos und Golden Beach. Der Preis beträgt 3 bzw. 6 € (hin und zurück). Mit umgebauten Fischerbooten kann man auch eine Inselrundfahrt unternehmen. Dabei werden verschiedene Strände angefahren, so dass man neben dem Sightseeing immer wieder die Möglichkeit zum Baden hat. Buchbar sind die Touren bei den Reisebüros oder direkt (und damit preiswerter) an einem der Boote am Fischerhafen (z. B. der „Eros II“ oder der „Zoe“). Pro Tour inkl. Barbecue muss man mit einem Preis von ca. 28 € rechnen. Beliebt sind neben Off-Road-Safaris (68 €) außerdem Bustouren, z. B. Rundfahrten im Norden oder im Süden der Insel (je ca. 36 €) und auch nach Panagía zur „Greek Night“ (ca. 34 €), die natürlich auch auf Thássos nicht fehlen darf.

Ganz besonders interessant finden wir die Ausflüge zum Festland, die man organisiert (über ein Reisebüro), aber durchaus auch auf eigene Faust von Thássos aus unternehmen kann. Nähere Informationen darüber finden Sie auf S. 213 f.

Spaziergang zum Töpfer von Liménas: Ungefähr eine halbe Stunde dauert der Spaziergang zu der hübsch gelegenen Töpferei von Kóstas. Von der Anlegestelle für die Flying Dolphins folgt man der von Tavernen gesäumten Straße in südwestliche Richtung, passiert die anlässlich der Olympischen Spiele im Jahr 2004 aufgestellte Statue des Faustkämpfers Theagénis, überquert bald einen Bach und kommt zum modernen Hafen, wo die Fähren nach Keramotí abfahren. Sie befördern täglich zahlreiche Lastwagen, voll beladen mit thassischem Marmor, im Sommer auch jede Menge Pauschaltouristen, die vom nahe bei Keramotí gelegenen Airport „Mégas Aléxandros-Kavála“ nach Hause fliegen. Die Straße folgt dem Verlauf der Strandbucht. 200 m weiter kommt man an der Ouzerí Moúses vorbei und geht nun auf einem gepflasterten Weg, der hinter dem Hotel Vournélis in eine schmale ungeteerte Straße übergeht, weiter am Meer entlang. Links liegt die kleine Kirche Ágios Vassílios, deren Vordach durch überdimensionale Säulen abgestützt wird. Dahinter erkennt man freigelegte Grundmauern aus byzantinischer Zeit. Oberhalb des schmalen Sandstrands schlängelt sich der Weg durch einen kleinen Olivenhain bzw. entlang neuerer Häuser bis zum Ziel, dem letzten Haus in der Bucht; möglicherweise wird bald ein parallel zu diesem Pfad verlaufender Weg durchgängig gepflastert sein.

In der Töpferei bei Kóstas

In einem der letzten Häuser am Westrand von Liménas liegt die kleine Werkstatt von Kóstas Chrysogélou. Hier findet man geschmackvolle Keramik, die sich wohltuend vom griechischen Durchschnittsallerlei unterscheidet, meist in gedämpften Blau-, Grau- und Grüntönen glasiert. Dass Kóstas aber noch mehr kann, als nur Tongeschirr und -figuren herzustellen, sieht man erst auf den zweiten Blick. Überall in den Räumen sind seine aus Olivenholz geschnitzten abstrakten Figuren verteilt. Noch mehr beeindruckt waren wir allerdings davon, wie er in seinen Werken die Antike wieder aufleben lässt. Bruchstücke alter Amphoren inspirierten ihn vor einiger Zeit zu einer ganz besonderen Arbeit. An den Henkeln der Gefäße hatte man eine Art Stempel mit den Namen der Händler und der Bezeichnung des Inhalts entdeckt (mit modernen Flaschenetiketten vergleichbar). So konnte man schneller unterscheiden, was sich in den Amphoren befand. Kóstas bildete diese antiken Stempel nach, drückte sie in Tontafeln und stellte damit ein Souvenir der besonderen Art her.

Gerne zeigt er den Besuchern auch seine Werkstatt, deren Geschichte bereits zu Anfang des 20. Jh. begonnen hat. Kóstas' Großvater kam 1908 von der bekannten Töpferinsel Sífnos nach Thássos. Die grüne Insel und auch eines der thassischen Mädchen hatten es ihm angetan, so dass er blieb, heiratete und eine Töpferei einrichtete, die dann einer seiner Söhne übernahm. Und Kóstas setzte die Handwerkstradition einige Jahrzehnte später fort. Wie Vater und Großvater auch modelliert er im Übrigen heute noch die typischen sifnischen Schmortöpfe mit der runden Form – darin werde das Essen einfach besser warm gehalten, meint er.

Heute formt er an einer strombetriebenen Töpferscheibe und brennt in einem elektrischen Ofen, der Ton kommt fix und fertig aus Athen. Noch gut erinnern kann er sich an die Zeit, als er sein Arbeitsmaterial selbst herstellen musste. In eine Grube gab er Wasser und Erde und mischte diese beiden Bestandteile durch, indem er die Masse immer wieder mit den Füßen stampfte. Auch das Brennen war damals viel mühsamer als heute. In dem großen Ofen in der Mitte der Werkstatt wurde abends Feuer gemacht, die ganze Nacht über legte Kóstas einen Scheit nach dem anderen auf. Erst wenn das Feuer die richtige Farbe, d. h. der Ofen die notwendige Temperatur hatte, konnte gebrannt werden. Heute gibt der Töpfer an der Schaltuhr des Ofens Temperatur und Zeit ein – für den ersten Brand 10 Stunden und 950 °C, für den zweiten 14 Stunden und 1080 °C –, und es kann losgehen.

Wer außer an Keramik auch an der Archäologie Spaß hat, sollte von der Töpferei zu der nördlich gelegenen Landstraße hinaufgehen. Dort kommt man zu den Ausgrabungen einer spätantiken Grabanlage.

Wanderung 1: Von Liménas zum Strand von Makríammos und weiter zum Golden Beach

Für die insgesamt 14 km lange, zum größten Teil oberhalb der Küste und meist eben verlaufende Wanderung benötigen Sie etwa 4 Stunden (einfacher Weg). Unterwegs

Liménas
Karte S. 86/87

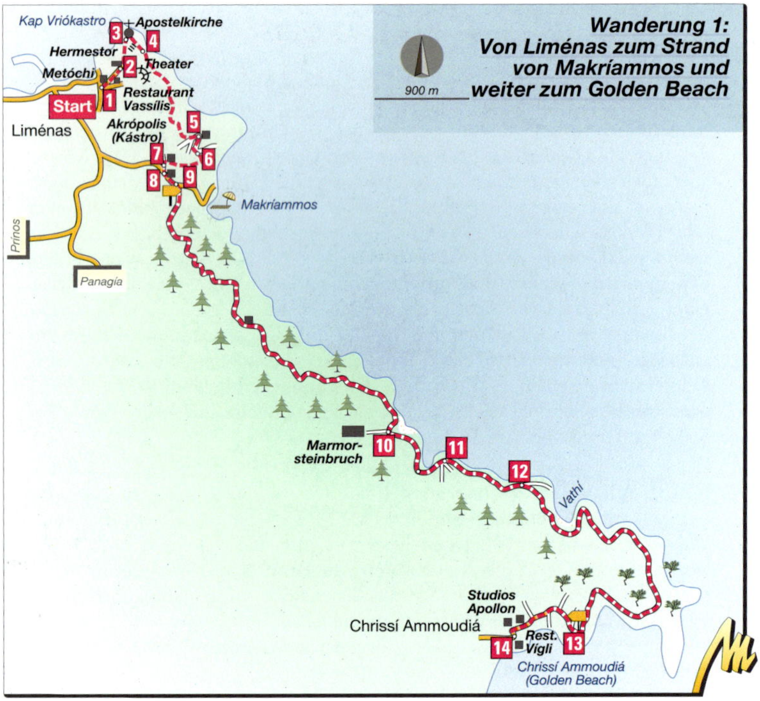

haben Sie die Möglichkeit, sich bei einem Bad im Meer zu erfrischen und die Arbeit in einem Marmorsteinbruch zu beobachten. Wer nicht so lange auf Schusters Rappen unterwegs sein möchte, wandert in ca. 45 Minuten nur bis Makríammos und fährt von dort mit einem der Ausflugsboote oder läuft auf der Asphaltstraße nach Liménas zurück. In Chrissí Ammoudiá (Golden Beach) gibt es gute Tavernen; man sollte sich für den Marsch jedoch mit genügend Wasser eindecken.

In Liménas geht man am Fischerhafen die rechts neben dem ehemaligen Áthosgebäude und heutigen Kulturzentrum (WP 01) verlaufende Straße einige Meter aufwärts und biegt vor dem Restaurant Vassílis in die Odós Pétrou Axióti nach links ab. Nach 280 m erreicht man das Hermes-Tor (WP 02). Über einen schmalen, von Olivenbäumen gesäumten Weg kommt man bald zum **Kap Vriókastro** (auch Evraiókastro) mit der Apostelkirche (WP 03). Rechts führt der Weg weiter den Hang hinauf. Wenige Minuten später hält man sich dort, wo die antike Stadtmauer beginnt, links und lässt somit einen Treppenpfad rechter Hand liegen (WP 04). Auf einem breiten Erdweg wandert man stets an der Küste entlang sanft aufwärts. Links und rechts wachsen riesige, weiß und rosa blühende Zistrosenbüsche.

Etwa 1,4 km nach der Apostelkirche stößt die Piste auf eine andere Erdstraße (WP 05). Hier nimmt man den nach links bergab verlaufenden Weg und passiert bald ein auffallend großes Haus. Nach weiteren 250 m zweigt man in einer Linkskurve nach rechts auf einen schmalen Fußweg ab (rote Markierung an einem Baum; WP 06). Zwischen Olivenbäumen und Steinmäuerchen wandert man den Hang entlang und genießt schon bald einen schönen Blick auf die **Bucht von Makríammos.** Kurz danach kommt man wieder an einem großen Haus vorbei und stößt dahinter auf eine Piste (WP 07). Hier geht man links und erreicht die Asphaltstraße (WP 08), die nach links zum Eingang der Bungalowanlage mit schönem Sandstrand führt.

Wer die Tour fortsetzen möchte, biegt kurz vor diesem Eingang auf eine Staubpiste rechts ab, gekennzeichnet durch ein Holzschild mit der Aufschrift „Panagía" (WP 09). Alle Abzweigungen ignorierend, wandert man auf dieser z. T. recht staubigen Piste in südöstliche Richtung zwischen Kiefern und Ginsterbüschen. Etwa 4,5 km nach Makríammos passiert man einen schönen, kleinen Sandstrand, nach rechts führt eine Erdstraße zu einem **Marmorsteinbruch** den Hang hinauf (WP 10). Möglicherweise ist Ihnen unterwegs einer der Lastwagen begegnet, die von hier ständig riesige Marmorblöcke nach Kavála, Thessaloníki oder nach Athen transportieren.

Etwa 300 m, nachdem man einen weiteren Strand passiert hat, erreicht man bei einer Schiffsladestelle für Marmorblöcke eine markante Gabelung (WP 11). Folgen Sie weiter der geradeaus unten an der Küste verlaufenden Piste, die allmählich ansteigt. Etwa 1 km nach der Verladestelle führt nach links ein Stichweg zu der tief eingeschnittenen **Bucht Vathí** mit schönem **Sandstrand** hinunter (WP 12). Leider stören ein Rohbau – hier soll ein Hotel entstehen – und eventuell einige Ausflugsboote die Idylle.

Sie wandern oben um die Bucht herum und weiter in südöstliche Richtung. Bald kann man auf die große **Bucht von Chrissí Ammoudiá und Skála Potamiás** blicken, knorrige Olivenbäume bestimmen nun die Landschaft. Immer auf dem Weg bleibend, erreicht man etwa 4 km nach Vathí eine Weggabelung mit hölzernen Hinweisschildern (WP 13). Nun geht es abwärts, vorbei an den ersten Hotels von Chrissí Ammoudiá bis zum Restaurant Vígli (WP 14) oberhalb der Bucht, in der man sich dann ein wohlverdientes Bad im Meer gönnen kann.

Liménas
Karte S. 86/87

Strände rund um Liménas

Westlich von Liménas reihen sich mehrere schöne Badeplätze mit touristischer Infrastruktur bis zum Kap Pachís aneinander. Von hohen Kiefern umgeben bieten sie teilweise natürlichen Schatten, und da die Strände flach abfallen und im Großen und Ganzen feinsandig sind, kann man auch die Kleinen gut planschen lassen. Gleiches gilt für den wunderschönen Strand Makríammos im Osten der Inselhauptstadt – er ist allerdings in Privatbesitz, und eine große, luxuriöse Bungalowanlage ist dort entstanden.

• *Verbindungen* Die **Busse** nach Prínos halten auf Wunsch an der Asphaltstraße oberhalb der westlichen Strände.
Nach Makríammos führt von der Inselrundstraße eine 2,5 km lange asphaltierte Stichstraße hinab. Am bequemsten aber erreichen Sie den Strand mit dem Ausflugsboot ab Liménas: Abfahrt um 10.30 Uhr, Rückkehr um 17 Uhr. Alternative: ein 45-minütiger Spaziergang.

Gourgiótis-Beach: In unmittelbarer Nachbarschaft zum Hauptort befindet sich die kleine Sandbucht, die auch unter dem Namen Tarsanás bekannt ist. Wer vom Baden Hunger bekommen hat, kann diesen in einer empfehlenswerten Taverne stillen, angeschlossen ist auch eine kleine Studioanlage.

Nistéri: Kaum 2 km westlich von Liménas liegt der lange, mit vielen Bäumen bestandene Sandstrand, weiter östlich findet man außerdem eine kleine Kies-Sand-Bucht. Trotz recht guter touristischer Infrastruktur (Liegen- und Sonnenschirmverleih, Dusche, Volleyballnetz) sowie Hotels ist es hier auch während der Hochsaison noch nicht überfüllt. Dabei kann man es gerade auch an heißen Augusttagen besonders gut hier aushalten, weht doch fast immer ein kühlendes Lüftchen, dem der Strand auch seinen Namen verdankt. So kalt, wie ein Skalpell (Nistéri) sich anfühlt, soll der Wind oft blasen.

• *Übernachten/Essen und Trinken*
*** **Hotel Villa Nistéri**, gepflegte, terrassenartige Anlage am westlichen Ende der Bucht. Panagiótis und seine österreichische Frau Regina sind zu Recht richtig stolz auf ihr Hotel: 23 in hellem Holz eingerichtete Zwei- und Dreibettzimmer mit Bad, AC, Minibar, Sat-TV und sehr großen Balkonen (teilweise Blick aufs Meer). Neben Pauschaltouristen fühlen sich hier auch Einzelreisende wohl. Mit Frühstück kostet ein DZ in der Vorsaison ca. 60 €, im Juli und August etwa 75 €. Zum Hotel gehört auch ein empfehlenswertes Restaurant. Von Mai bis Oktober geöffnet. ✆ 2593022055, ℻ 2593023355, www.nisteri.gr.

Glifáda: stellenweise recht schmaler, dafür aber langer Sandstrand, vereinzelt Schatten. Außer einem Volleyballnetz keine weiteren touristischen Angebote. Entsprechend ruhig geht's hier meist noch zu.

• *Übernachten/Essen und Trinken* ** **Hotel Glifáda**, Geórgios Kiriakídis und sein Sohn Níkos, Letzterer mit unverkennbarem Stuttgarter Akzent, haben ihre Anlage, bestehend aus Hotel, Restaurant und Bar, in den letzten Jahren gründlich renoviert und bieten nun luftige, mit hellen bzw. farbigen Möbeln ausgestattete DZ (z. T. toller Meerblick) zum Preis von 60–75 €. Geöffnet von Mai bis Oktober. ✆ 2593022164.

Agía Iríni: Oberhalb des von Bäumen umrahmten Sand-/Kiesstrands wurde vor kurzem ein hübsches Hotel errichtet. Ein kleines, der heiligen Iríni gewidmetes Minikapellchen steht versteckt zwischen Ölbäumen rechts oberhalb vom Beach.

Papalimáni: kleine Sandbucht mit Mole hinter dem Felssporn westlich von Agía Iríni.

Glikádi: Direkt an den Papalimáni Beach schließt sich der recht abwechslungsreiche Strandabschnitt Glikádi an. Im Osten vor allem durch ins Meer reichende Felsen bestimmt, entdeckt man weiter westlich eine wunderschöne Bucht mit feinem, weißem Sand und einer netten Beachbar (Sonnenschirmverleih). Oberhalb davon parken im Hochsommer unter den hohen Kiefern die vielen Autos der hier badenden Griechen, im September kehrt wieder Ruhe ein.

• *Übernachten/Essen und Trinken*
*** **Hotel Kohýlia Beach**, sehr großzügig gebautes, modernes Hotel mit komfortablem Pool, der auch Kinderschwimmbecken und Hydromassage bietet. Bei der netten Familie Katsarapínis kommen in 23 gut ausgestatteten, klimatisierten Studios bzw. Apartments jeweils 2–5 Personen unter. Von den Balkonen bietet sich ein wunder-

Liménas Karte S. 86/87

barer Meerblick. Zu zweit bezahlt man 70–90 € inkl. Frühstückbuffet. Zum Haus gehört auch ein empfehlenswertes Restaurant. Von Mai bis Oktober geöffnet. 2593023633, 2593023634, www.kohylia.gr.

*** **Esperídes**, an der Straße gelegene, sehr gepflegte Anlage. Acht zweistöckige Häuser gruppieren sich um einen Pool mit Snackbar. Zwei Personen bezahlen inkl. Frühstück ca. 55–75 €. Von Juni bis Oktober geöffnet. 2593023257, 2593023260, www.esperides-thassos.com.

Glikádi Studios, einen knappen Kilometer weiter. Ein sehr nettes Ehepaar vermietet von Mai bis September 25 voll eingerichtete Studios mit AC und TV. Von den Balkonen blickt man teilweise aufs Meer, teilweise ins Hinterland, und es gibt einen schönen Pool mit Bar. Um zum Strand zu gelangen, muss man lediglich die Straße überqueren. Für zwei Personen kostet ein Studio 50–70 € inkl. Frühstück. 2593022610, / 2593023859, www.glikadi-hotel.gr

Makríammos: weites, sichelförmiges Halbrund mit feinem Sandstrand, eingerahmt von einem dichten Kiefernwald. Zusätzlich setzt ein mit Bäumen bestandenes Inselchen am südöstlichen Rand einen hübschen optischen Akzent. Weniger gefallen allerdings die riesige Mole und der Blick auf die Marmorsteinbrüche bei Panagía. Dennoch übt die Bucht einen starken Reiz aus: Nicht nur die Gäste der hier ansässigen Hotelanlage, sondern auch zahlreiche Ausflügler aus den umliegenden Orten baden gerne hier. Es bestehen verschiedene Wassersportmöglichkeiten, außerdem kann man Liegen und Sonnenschirme mieten. Nicht-Anwohner, die mit dem Fahrzeug kommen, müssen eine Parkgebühr von 2,50 € entrichten.

• *Übernachten* **** **Makríammos Bungalows**, über 200 Bungalows und Apartments im inseltypischen Stil sind geschickt über den Hang verstreut. Große Büsche und im Frühjahr leuchtende Blumenpracht setzen Farbtupfer. Es gibt nichts, was es hier nicht gibt: großer Pool, Tennis-, Volleyball- und Basketballfeld, Massage, Billard-Raum, Kinderspielplatz, Animation (auch für Kinder), Restaurant usw. Zwei Personen zahlen für eines der Standardhäuser mit Bad und Balkon inkl. Frühstücksbuffet zwischen 100 und 147 €, die größeren und luxuriöseren Wohneinheiten kosten 109–195 €. Von Mai bis Oktober geöffnet. 2593022101, 2593022761, www.makryammos-hotel.gr.

Die Bergdörfer haben viel Atmosphäre

Der Nordosten

Landschaftliches „Highlight" von Thássos: Mit dichtem Wald bewachsene Hänge stürzen atemberaubend steil zu der riesigen Sandbucht „Golden Beach" hinab, wo man wunderbar baden kann. Und die beiden lebendigen Bergdörfer Panagía und Potamiá sind für einen nur kurzen Stopp viel zu schade.

Wanderer finden hier das schönste Revier auf Thássos, nicht zuletzt deshalb, weil die Region von den Waldbränden verschont geblieben ist. Dichte, urwaldartige **Kiefern- und Platanenwälder** mit riesigen Farnen, wie man sie heute nur noch in dem „grünen Herzen" der Insel sieht, waren vor noch gar nicht langer Zeit charakteristisch für ganz Thássos. Der mächtige **Ipsárion** und der kaum weniger imposante **Profítis Ilías** – im Winter oft schneebedeckt – bilden dazu eine alpenähnliche Kulisse. Beeindruckend ist auch der Wasserreichtum. Immer wieder stößt man auf kräftig sprudelnde Quellen und Bäche, und in den Dörfern rauscht das Wasser in dicken Strahlen pausenlos aus den Hähnen der charakteristischen Brunnen.

Die **Golden Beach Bucht** gehört ohne Zweifel zu den schönsten und beliebtesten Baderevieren auf Thássos. Die Bewohner von Panagía und Potamiá haben deshalb ihre strandnahen Felder in Bauplätze für Hotels und Tavernen umgewandelt. Und jedes Jahr kommen neue Bauten dazu. Wem's in der Hochsaison „unten" zu rummelig ist, der kann sein Quartier in einem der beiden **Bergdörfer** aufschlagen. In Panagía ist zwar im Juli und August auch ziemlich viel los, aber der Ort bietet genau wie Potamiá ein intaktes Dorfleben und Traditionspflege. Wenn man etwas länger bleibt, wird man bald die Herzlichkeit der Bewohner erleben und zu schätzen wissen.

Panagía

Ein pittoresker Anblick: Mit grauen Schieferplatten gedeckte Häuser, von Kiefernwäldern umgeben, drängen sich eng am Fuß des Profítis Ilías, des zweithöchsten Inselbergs. Beim Spaziergang durch die Gassen lernt man eines der lebhaftesten und liebenswertesten Dörfer von Thássos kennen. Schade nur, dass die Inselrundstraße mitten durch den Ort verläuft.

Was die Architektur betrifft, so gilt Panagía zu Recht als eines der traditionellsten Dörfer von Thássos, findet man doch hier noch jede Menge alter bzw. im inseltypischen Stil erbauter Häuser. Die zahlreichen Marmorbrüche der Umgebung lieferten einst nicht nur den Bruchstein für die Pflasterung der Gassen, sondern auch für das Mauerwerk der Häuser. Mittlerweile wird das Material dazu vom Festland herübergebracht. Im Gegensatz zu Theológos (→ S. 163 ff) sind nahezu alle Dächer schiefergedeckt. Ein überwältigender Anblick auf das Dächergewirr bietet sich von der schönen Marienkirche, die ebenso wie das Dorf nach der Gottesmutter, der Panagía, benannt ist.

Steigt man an der Platía aus dem Bus, fallen jedoch zuerst nicht Häuser und Gassen ins Auge, sondern die zahlreichen Verkaufs- und Souvenirstände. Vor allem Honig und verschiedene süß eingelegte Früchte werden angeboten.

Süße Früchtchen – Spezialität aus Panagía

Jede griechische Hausfrau bietet sie dem Besucher gerne an – die „Gliká tou Koutalioú", Süßigkeiten vom Löffel, genauer gesagt: in Sirup eingelegte Früchte. Man genießt sie teelöffelweise, am besten zusammen mit einem Glas Wasser, um die Süße zu neutralisieren. Auf Thássos gelten die v. a. auch in Panagía verarbeiteten Früchte als Spezialität. Mengenweise werden die Gläser und Aluminiumdosen insbesondere an griechische, aber auch an ausländische Touristen verkauft. Früher legte man nur Kürbisse, Feigen und Walnüsse ein, seit das Geschäft so gut läuft, verwendet man auch grüne Tomaten, Kirschen, Gurken- und Orangenstücke (besonders lecker!) und vieles mehr.

Die Verarbeitung von Walnüssen (Karídia) ist besonders aufwendig, etwa 20 Tage dauert es, bis sie ihren unvergleichlichen Geschmack erhalten. Ende Mai, Anfang Juni werden die Nüsse unreif geerntet. Die Frauen reinigen und schälen die noch grünen, dicken Schalen mit der Hand – ganz schwarz verfärbt sich dabei ihre Haut – und stechen dann mit spitzen Messern in die Früchte ein. Danach werden sie dreimal intensiv gekocht, zunächst nur in Wasser, beim zweiten und dritten Mal wird dem Wasser jeweils Asche zugesetzt.

Um die Nüsse fester werden zu lassen, legt man sie anschließend in eine dicke, weiße Kalkflüssigkeit ein, die später gründlich abgewaschen werden muss. Danach bereiten die Frauen den Sirup zu und übergießen die Früchte damit, aber erst weitere 24 Stunden später schmecken sie wirklich gut. In Panagía steht den Frauen eigens für diese Arbeitsgänge ein schuppenähnliches, wellblechgedecktes Gebäude zur Verfügung (am Ortsausgang Richtung Potamiá), in dem sie die Früchte in riesigen, schwarzen Töpfen auf offenem Feuer stundenlang kochen.

Verbindungen/Adressen/Einkaufen

• *Verbindungen* 7 km fährt man von Panagía auf einer kurvigen Waldstrecke bis nach *Liménas*, nach *Limenária* im Süden der Insel sind es etwa 45 km. Der Taxistandplatz befindet sich an der Platía direkt neben dem Brunnen, die Fahrer sind unter ✆ 2593062222 zu erreichen. Auch die Busse halten hier, der Busfahrplan hängt am Kafeníon To Retró aus.

Damals wie heute: In Panagía baut man traditionell

• *Parken* Im Hochsommer ein leidiges Problem. Am besten parkt man vor der Schule, vor der Kirche oder am Ortsausgang Richtung Liménas.

• *Medizinische Versorgung* Der **Arzt** hält Mo, Mi und Do vormittags in einem kleinen Gebäude beim ehemaligen Rathaus Sprechstunde, ✆ 2593061203. Eine **Apotheke** befindet sich am Ortsausgang Richtung Liménas.

• *Einkaufen* Um die Platía herum findet man jede Menge Läden mit Lebensmitteln und Souvenirs. Die besten **Supermärkte** sind in der Straße, die zur Kirche hinaufführt, der von Ánna ist besonders gut sortiert. Zwei große **Bäckereien** mit einem umfangreichen Angebot an Brot und Kuchen sowie vorzüglichen Pitten findet man in unmittelbarer Nähe. Die unserer Meinung nach besten Sesamkringel backt allerdings der Bäcker weiter oben, nahe dem Hotel Théo.

Auch an **Souvenirs** gibt es ein großes Angebot. Wer gerne kulinarische Spezialitäten einkauft, dem sei neben den überall erhältlichen Löffelsüßigkeiten auch das Öl der Mühle Sotiréllis (siehe S. 116) empfohlen.

Übernachten

** **Hotel Thássos Inn (8)**, gegenüber der Kirche liegt das im inseltypischen Stil erbaute Hotel. Gemütlich eingerichtete Zimmer mit Bad, Balkon, TV, AC und Kühlschrank, von einigen aus hat man einen fantastischen Blick über das Dorf bis hinunter zum Meer. Gefrühstückt wird in der angeschlossenen Cafetéria auf einer hübschen Terrasse vor dem Haus. Ein DZ kostet zwischen 40 und 65 €. Ganzjährig geöffnet. ✆ 2593061612, ℻ 2593061027, www.thassosinn.gr.

* **Hotel Théo (10)**, seit mehr als 20 Jahren führt die herzliche, deutschsprachige Theodóra, unterstützt von Tochter Agláia und Sohn Achiléas, das Haus, in dem man sich wirklich wohl fühlt. Mitten im Dorf und doch ruhig wohnt man in verschieden großen, hell eingerichteten Zimmern, die mit 2 oder 3 Betten, Bad und Balkon ausgestattet sind. Zu zweit bezahlt man je nach Saison zwischen 25 und 44 €. Für Familien gibt es auch ein neu eingerichtetes Apartment, in dem bis zu 6 Personen unterkommen (60–80 €). Wer mag, kann gegen Aufpreis in der kleinen Cafeteria ein gutes Frühstück bekommen. Tipp: Lassen Sie sich eines der Zimmer nach hinten hinaus geben, der Blick auf die schiefergedeckte Kirche ist fantastisch. Ganzjährig geöffnet. ✆ 2593061284 und 2593058168.

Pension Stathmós (2), neben dem ehemaligen Rathaus steht das hübsche Haus, in dem großzügige Zwei- und Dreibettzimmer mit Bad, Balkon, Kühlschrank und TV, aber auch zwei Apartments (4–5 Personen) vermietet werden. Ein DZ kostet zwischen 30 und 45 €. Auch hier sollte man die nach hinten gelegenen Räume nehmen. Sie sind

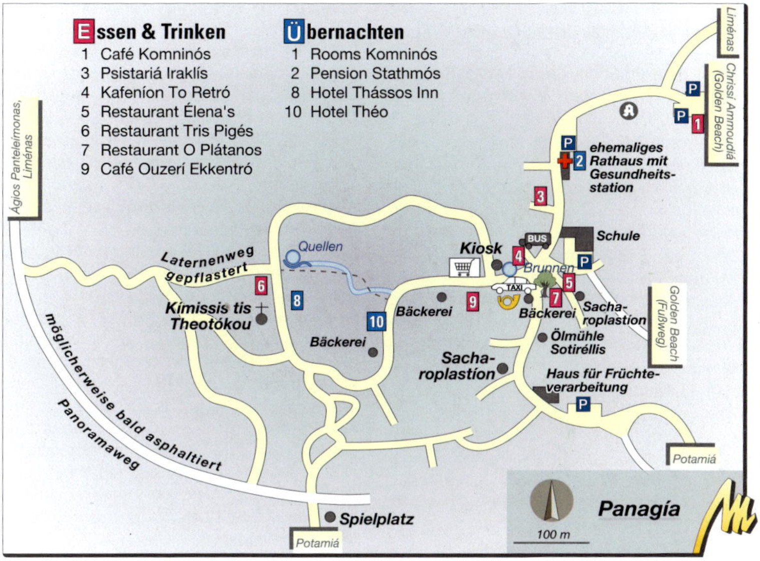

ruhiger, und man hat einen tollen Blick bis hinunter zur Golden-Beach-Bucht. Von Ende Mai bis Ende September geöffnet. ✆ 2593061666.

Rooms Komninós (1), über dem gleichnamigen Café vermietet der nette Besitzer 10 geräumige Zwei-, Drei- und Vierbettzimmer mit Bad, Kühlschrank und Balkon, teilweise mit sagenhaftem Meerblick. Zu zweit kostet die Übernachtung 35–45 €, wer mag, kann im Café auch Frühstück bestellen. Von Mai bis September geöffnet. ✆/℻ 2593062181, www.komninosrooms.gr.

Essen und Trinken

Als viel besuchter Ausflugsort bietet Panagía natürlich jede Menge gute Tavernen und Restaurants. Schon in der Nebensaison öffnen einige von ihnen zumindest am Abend, so dass Wanderurlauber mit Quartier in Panagía nicht Hunger leiden müssen.

Restaurant O Plátanos (7), hat inzwischen den Besitzer gewechselt, doch die gute Qualität ist geblieben. Unter der riesigen Platane kann man bei leckerem Essen wunderbar das Dorfleben verfolgen. Umfangreiches Angebot, z. B. gutes Ziegenfleisch von Tieren aus der Umgebung, gegrilltes Lamm- und Schweinefleisch, leckere Hähnchen, auch vieles aus dem Backofen und dem Kochtopf sowie einige Fischgerichte und Salate. Probieren Sie hier einmal Pikántiki, einen Kraut-Paprika-Salat, oder den besonders würzigen Tirosaláta.

Restaurant Élena's (5), schräg gegenüber, ebenfalls leckere Grillgerichtez. B. deftiges Kokorétsi. Aber auch wer gerne Gemüse isst, kommt bei Élena, die lange in Düsseldorf gelebt hat, auf seine Kosten. Die Moussaká oder die fein mit Minze abgeschmeckten Gígantes sind einfach lecker. Toll fanden wir zudem die vegetarische Platte, die nach den Wünschen des Gastes zusammengestellt werden kann. Auch im Winter abends geöffnet.

Psistariá Iraklís (3), das Lokal mit der kleinen Veranda schräg gegenüber der Metzgerei hat zwar offiziell keinen Geschäftsnamen, doch in Panagía kennt man es nur unter dem Namen des Wirtes Iraklís. Viele Einheimische lassen sich hier zum Oúzo die pikant gewürzte Wurst, gebratene Fischchen oder Sardellen mit Öl-Zitronen-

Soße schmecken. Das Gemüse für die Salate kommt aus dem eigenen Garten, der Käse aus Schafs- und Ziegenmilch ist selbst gemacht. Preiswert und sehr empfehlenswert, auch im Winter am Abend geöffnet.

Restaurant Tris Pigés (6), das unmittelbar neben den drei Quellen bei der Kirche gelegene Lokal war bei unserem letzten Check geschlossen, soll aber unter neuer Leitung zur Saison 2008 wieder eröffnet werden.

Café Ouzerí Ekkentró (9), winziges Lokal nahe der Platía. Zum Oúzo wird ein gutes Mezé serviert. Mal bringt der junge Wirt kleine Fischchen, Tomaten und Käse, dann Wurst, Kopfsalat oder Sardellen. Lassen Sie sich überraschen!

Café Komninós (1), auf der riesigen, zum Meer gewandten Terrasse bekommen Süßschnäbel wunderbare griechische Kalorienbomben oder Eisbecher, die schöne Aussicht auf den Golden Beach gibt's gratis dazu. Wer's lieber herzhaft mag, bestellt Toast oder ein leckeres Sandwich. Auch zum Frühstücken gut geeignet.

Kafeníon To Retró (4), der Treffpunkt in Panagía für Jung und Alt, Einheimische und Gäste ist Alékkos' Kafeníon an der Platía, dessen Weinlaube im Sommer wie ein Vorhang weit herunterreicht. Hier warten die Taxifahrer auf den nächsten Kunden, hier sitzen die alten Männer an der Hausmauer und beobachten das Geschehen um den Dorfbrunnen, während die jungen nur Augen für das Távli-Brett zu haben scheinen, hier schlägt das Herz von Panagía. Alékkos hält mit Touristen gerne ein Schwätzchen auf Deutsch und sitzt zu fortgeschrittener Stunde meistens mitten unter seinen Gästen. Spät am Samstagabend jedoch schließt er sein Kafeníon zu und feiert bis in die frühen Morgenstunden in einem Bouzoúki-Lokal in Liménas. Bis zum Sonntagnachmittag müssen seine Stammkunden dann auf ihren Wirt warten, außer dem Wasser aus dem Dorfbrunnen gibt es nichts. An der Tür ist auf einem Plastikschild zu lesen, wo Alékkos sich gerade befindet: „Der Kafezís feiert in der Kirche." Na, wer's glaubt!

Mariä Himmelfahrt

Schon am Abend vorher kündigt sich das große Ereignis an. An der Platía, mehr aber noch unterhalb der Marienkirche, lassen sich fliegende Händler mit den verschiedensten Waren nieder: Spielzeug, Badeschlappen, Turnschuhe, Haushaltsartikel, aber auch Kerzen und Ikonen mit dem Bild der Gottesmutter. Sonst in Panagía ein völlig ungewohntes Bild, sitzen am Straßenrand jetzt einige Bettler und appellieren an die Großzügigkeit ihrer Mitmenschen vor dem großen Marienfest.

Am nächsten Morgen scheint ganz Panagía, vielleicht aber auch halb Thássos auf den Beinen zu sein. Alles strömt Richtung Kirche, um die vor dem Gebäude ausgestellte, mit Blumen geschmückte Marienikone zu küssen und eine Kerze anzuzünden. Währenddessen liest der Pope im proppenvollen Innern die Messe, unterstützt von den beiden Psáltes, die unermüdlich die liturgischen Gesänge beisteuern. Bald hat sich auch der Vorplatz gefüllt, und um sich die Zeit des Wartens zu verkürzen, kauft man an den Ständen ein, hält ein Schwätzchen mit Bekannten oder raucht eine Zigarette. Wenn jedoch der Pope aus der Kirche herauskommt und die Ikone in beide Hände nimmt, ändert sich die Stimmung schlagartig. Angeführt von Blasmusik spielenden Pfadfindern, zieht die Menge hinter dem die Ikone tragenden Popen schweigend durchs Dorf zur Platía hinab, wo der Geistliche eine kurze Liturgie hält. Anschließend wird die Gottesmutter wieder in die Kirche zurückgebracht, doch auf diesem Weg begleiten sie schon nicht mehr so viele. Statt dessen füllen sich blitzschnell die Kafenía, bald, obwohl es kaum 12 Uhr ist, auch die Tavernen, und bei einem guten Essen wird die Panagía in Panagía weiter gefeiert.

Sehenswertes

Die meisten Besucher statten nur der schönen alten Marienkirche einen Besuch ab. Dehnt man jedoch den Spaziergang ein wenig aus, entdeckt man noch so manches Interessante in dem quirligen Dorf.

Ausgangspunkt für einen Rundgang ist natürlich die **Platía,** das Zentrum von Panagía. Kaum einer kommt hier an dem stets rauschenden **Dorfbrunnen** vorbei, ohne eine Hand voll frisches Wasser getrunken zu haben, wie es auch die Einheimischen ständig tun. Von hier aus folgt man dem Schild „Pros Naós Kim. Theotókou“ in eine schmale, sich in Kurven den Hang hinaufwindende Straße, sicherlich eine der malerischsten des Dorfes, und erreicht nach ca. 5 Minuten die 1831 errichtete **Marienkirche.** Ganz im inseltypischen Stil erbaut, fügt sie sich nahtlos in das Bild des Dorfes ein. Durch einen Rosengarten mit kleinem Teich gelangt man zum Eingang, dahinter liegt der Gemeindefriedhof. Obwohl der Glockenturm nicht besonders hoch ist, hat man von oben doch einen schönen Blick auf die Schieferdächer von Panagía. Im dreischiffigen Kircheninneren lohnt die gewaltige **Holzikonostase** mit dem Auge Gottes im Giebel ein genaueres Betrachten. An der rechten Seite des Mittelschiffs, dem Bereich der Männer, erkennbar an der Hinweistafel „Andrón“, befindet sich ein besonderes Kleinod: eine **Kreuzzugsstandarte von Richard Löwenherz.** Beachtung verdient aber auch die schöne alte Ikone der Gottesmutter schräg gegenüber dem Tisch mit Andenken und Devotionalien.

Fast genau schräg gegenüber der Kirche liegt etwas tiefer als die Straße ein Platz, an dem es schon wieder rauscht. Aus drei unterschiedlich eingefassten Quellen – nach ihnen hat der Platz auch seinen Namen „Tris Pigés“ – strömt das Wasser in ein Bassin und über einen Kanal weiter ins Dorf hinab. Ein schöner Ort zum Rasten oder für einen Kaffee in der nebenan liegenden Cafetéria.

Mariä Himmelfahrt in Panagía

Für den schönsten **Panoramablick** über das Dorf muss man einen halbstündigen Spaziergang machen. Gehen Sie die gepflasterte, laternengesäumte Gasse gegenüber von den drei Quellen aufwärts, bis sie in eine asphaltierte Straße übergeht, der Sie ca. 10 Minuten weiter aufwärts bis zu einer T-Kreuzung folgen. Hier wenden Sie sich nach links. Einen guten Kilometer läuft man auf einer möglicherweise demnächst asphaltierten Piste am Wald entlang

Prozessionsbeginn am Feiertag

und kann bald die besten Blicke aufs Dorf genießen. Bei der zweiten Gelegenheit biegen Sie nach links ab und gehen durch die Gassen zur Hauptstraße zurück.

Kurz vor der Platía passiert man hier die **Ölmühle Sotiréllis,** einen alteingesessenen Familienbetrieb. In der vierten Generation verarbeitet Geórgios zusammen mit seinem Vater Níkos eigene Oliven bzw. die der Bauern aus der Umgebung zu einem sehr guten Öl, das man in einem angeschlossenen Laden erwerben kann. Auf Wunsch zeigt Ihnen Geórgios auch ältere und neue Mahlwerke, Pressen und andere zur Ölgewinnung benötigte Geräte und erklärt auf Englisch den Ablauf der Produktion. Sehenswert ist auch die kleine Fotoausstellung, zudem kann man einen Videofilm anschauen.

Wanderung 2: Von Panagía nach Liménas

Eine leichte und auch während der heißen Jahreszeit gut zu machende Wanderung, da man nur auf dem ersten Kilometer eine Steigung bewältigen muss. Auf der ca. 8,5 km langen (einfache Strecke), nur spärlich gekennzeichneten Tour, für die man gut zwei Stunden einplanen sollte, kommt man an zwei hübschen Kapellen vorbei und geht weiter durch ein weites Tal nach Liménas hinunter. Unterwegs können Sie an einer Quelle Ihre Wasservorräte auffüllen.

In Panagía läuft man von der **Platía** mit dem Dorfbrunnen (WP 01) zur Marienkirche hinauf und biegt dort hinter dem **Restaurant Tris Pigés** (WP 02) in eine von Laternen gesäumte Straße nach links ein. Steil geht es den Berg hinauf, bis man auf eine andere Straße stößt (WP 03), der man weiter aufwärts bis zu einer **T-Kreuzung** (WP 04) folgt; hier hält man sich rechts. Die von Kiefern gesäumte Erdstraße steigt zunächst noch langsam an, um bald darauf wieder allmählich abzufallen. Man lässt die nächsten Gabelungen (WP 05 und 06) unberücksichtigt, passiert ein Gelände mit mehreren **Ställen** und erreicht so nach 2,7 km die auf einer Wiese gelegene **Kapelle Ágios Panteleímonas** und damit auch die Asphaltstraße (WP 07).

Von der Kapelle aus geht man auf der Straße einige Meter nach links und biegt dann wiederum nach links in einen steinigen Waldweg ein (WP 08). Nach ca. 500 m stößt dieser auf eine andere Piste (WP 09), der man noch einmal nach links folgt. Wiederum 500 m weiter schwenkt diese bei dem Schild „Pros Ágios Athanásios“ nach rechts, unmittelbar danach hält man sich wieder rechts (WP 10). Bald kommt man so zu einer **Quelle** (WP 11), oberhalb davon liegt neben Gärten die nächste Kirche, die eigentlich aus zwei Kapellen besteht. Der vordere Raum ist den drei Heiligen Ráfael,

Nikólaos und Iríni geweiht, dahinter liegt das im Jahre 1899 erbaute **Athanásios-Kapellchen.** Einst sollen hier auch Mönche gewohnt haben.

An der Quelle (WP 11) folgt man dem gepflasterten Weg abwärts. Dieser war übrigens bis vor etwa 30 Jahren die Verbindungsstraße zwischen Liménas und Panagía. Im ersten Teil spenden noch einige Laubbäume Schatten, dann bestimmen wieder Kiefern das Bild. Knapp 1 km nach der Doppelkapelle stößt man auf eine schmale Asphaltstraße (WP 12), der man nach rechts folgt; links oberhalb der Gabelung liegt ein **Feriencamp** für griechische Schülerinnen und Schüler. Bald sind immer mehr Häuser zwischen den Olivenbäumen zu sehen. 600 m nach dem Camp hält man sich an einer Gabelung (WP 13) links und wandert weiter auf einem bald wieder gepflasterten Weg, bis man nach 400 m auf einen Waldpfad abbiegt, links steht eine mit einem roten Punkt markierte Kiefer (WP 14). Auf diesem Weg erreicht man in wenigen Minuten eine **Marmorfabrik** (WP 15), wo man auf eine Betonstraße abzweigt, die einen, vorbei an einigen Industriebetrieben, nach 500 m zur Asphaltstraße bringt (WP 16).

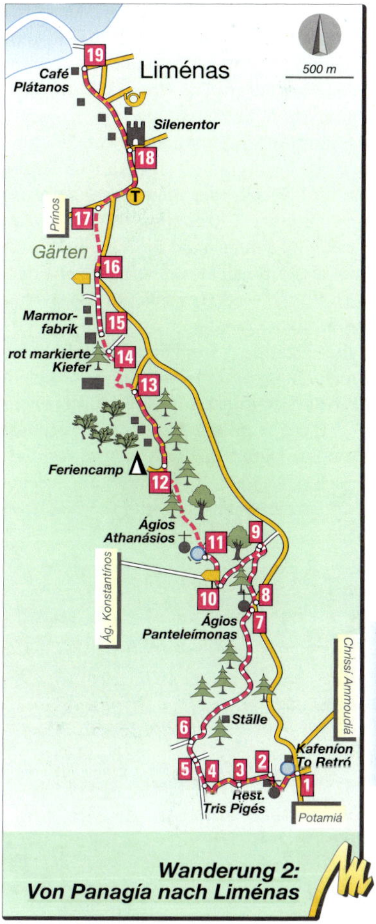

Man geht wenige Meter links, biegt dann aber gleich wieder nach links in einen von Gärten gesäumten Fußweg ein. Etwa 10 Minuten später erreicht man die Umgehungsstraße von Liménas (WP 17), läuft ein paar Meter nach rechts und zweigt dann nach links in die in den Hauptort der Insel führende Straße ab. Vorbei am **Silenentor** (WP 18) kommt man in ca. 20 Minuten zur **Anlegestelle der Flying Dolphins** (WP 19).

Wanderung 3: Von Panagía nach Potamiá

Zweieinhalb, höchstens drei Stunden benötigen Sie für die ca. 8,5 km lange, abwechslungsreiche Rundtour, die trotz einiger Steigungen wegen der Schönheit der Landschaft auch denjenigen zu empfehlen ist, die normalerweise nicht gerne auf Schusters Rappen unterwegs sind. In Potamiá gibt es mehrere Kafenía, und während der Sommermonate wird auch eine empfehlenswerte Taverne bewirtschaftet. Zwischen den beiden Dörfern bestehen sehr gute Busverbindungen, so dass man nach Panagía zurückfahren und so die Tour um 2,5 km abkürzen kann.

In Panagía wandert man von der **Platía** mit dem Dorfbrunnen (WP 01) zur Marienkirche hinauf (beschildert). Hinter dem **Restaurant Tris Pigés** (WP 02) biegt man nach links in eine von Laternen gesäumte Straße ein und wandert aufwärts, bis man auf eine andere Straße stößt (WP 03), der man weiter aufwärts bis zu einer **T-Kreuzung** (WP 04) folgt; hier biegt man nach links ab und läuft auf einer möglicherweise bald asphaltierten Piste etwa 800 m halb um Panagía herum, dabei passiert man ein in den Ort abzweigendes Sträßchen (WP 05), bis man eine markante Gabelung vor einem **Kinderspielplatz** am Waldrand erreicht (WP 06). Links geht es nach Panagía hinein, geradeaus auf einem asphaltierten Weg zur Inselrundstraße, rechts auf einem Waldweg nach Potamiá. Letzterem folgt man aufwärts, und schon bald öffnet sich der Blick auf die Bucht von Panagía und Potamiá – bei klarem Wetter kann man auch die Nachbarinsel Samothráki sehen. Wenig später taucht unterhalb des Weges erstmals Potamiá auf, vor dem Wanderer liegt das Ipsárion-Gebirge. An mehreren **Ställen** (WP 07) geht man geradeaus weiter; kurz danach (bzw. nach insgesamt 2,8 km) zweigt man auf eine Erdstraße nach rechts ab (WP 08). Der linke Weg scheint zwar auf Potamiá zuzuführen, endet aber in Wirklichkeit im Nichts.

Unterwegs kommt man immer wieder zu schönen Kapellen

Auf dieser Piste geht es zunächst aufwärts, später dann leicht bergab. Etwa 1,5 km nach der zuletzt genannten Abzweigung kommt man zu einer **Platane,** durch deren gespaltenen Stamm man hindurchkriechen kann (WP 09). Kurz darauf erreicht man eine markante Gabelung (WP 10) mit einer **eingefassten Quelle** gegenüber von Tierställen. Biegen Sie hier nach rechts ab, kaum 500 m weiter halten Sie sich links (WP 11) und gleich danach, wo der Weg zum Ipsárion abzweigt, wieder links. Nach kurzer Zeit passiert man wieder eine Platane. Durch deren Stamm hat man eine Quelle gelegt. Vorbei an Bienenstöcken und Ställen erreicht man nach einem weiteren Kilometer die Dorfstraße von Potamiá gegenüber von dem winzigen **Johanneskapellchen** (WP 12). Rechts kommt man in wenigen Minuten zur Platía, wo man Rast machen oder auch in den Bus zurück nach Panagía einsteigen kann.

Zur Fortsetzung der Tour wandert man von WP 12 auf der Dorfstraße ca. 130 m bis zum **Sacharoplastíon** (WP 13) und zweigt schräg gegenüber in einer Rechtskurve in eine steile Gasse nach links ab, rote Markierungen weisen den Weg. Kurz darauf hält man sich an einer Gabelung (WP 14) links, unmittelbar danach rechts und wandert auf einem schmalen Pfad aus dem Dorf hinaus. Dieser führt durch ein immer offenes

Gatter hindurch (WP 15) und bietet bald einen schönen Blick auf Potamiá und seine Skála. 600 m nachdem man einen Waldweg gekreuzt hat (WP 16), passiert man eine Quelle (WP 17), oberhalb davon steht die unscheinbare **Kapelle des heiligen Nikolaus.** Bleiben Sie stets auf dem Pfad, bis er, vorbei an einer **Viehtränke** (WP 18) und mehreren Ställen, auf die schon vom Hinweg bekannte Piste stößt (WP 19). Nach rechts abzweigend erreichen Sie bald wieder den **Spielplatz** am Ortsrand von Panagía (WP 06). Gehen Sie geradeaus und durch die Gassen wieder zur **Platía** des Dorfes zurück (WP 20 = WP 01).

Chrissí Ammoudiá (Skála Panagías)

Hotel- und Restaurantsiedlung am Strand unterhalb von Panagía. Der Sand ist so fein und hell, dass man nach ihm das Gebiet „Goldener Sand" (Chrissí Ammoudiá) nannte.

Einst kamen die Panagioten auf ihren Eseln oder zu Fuß einen schmalen Pfad zu ihren Feldern und Olivenhainen bzw. zu ihren Booten herab, heute ist von bäuerlicher Idylle nur noch wenig zu sehen. Eine recht steile, kilometerlange Serpentinenstraße, auf der im Sommer reger Verkehr herrscht, verbindet nun das Mutterdorf mit der Strandsiedlung. Der alte Maultierpfad ist weitgehend überwuchert.

Im Gegensatz zum benachbarten Skála Potamiás stehen die Häuser weit verstreut oberhalb der Küste. Obgleich in derselben riesigen Bucht gelegen, geht es hier im Sommer doch noch etwas ruhiger zu. Allerdings entstanden in den letzten Jahren mehrere Neubauten und schon bald wird sich kaum noch eine Grenze zwischen den beiden Skalen ausmachen lassen. Chrissí Ammoudiá hat zwar bisher immer noch die etwas weniger gut ausgebaute Infrastruktur, dafür aber den schöneren **Strand** zu bieten, an dem man aufgrund der Strömungsverhältnisse auch mal in den Wellen springen oder sogar surfen kann. Wer vom Baden und Faulenzen genug hat, der sollte mal zum nordöstlichen Ende der Bucht laufen, wo im **Fischerhafen** die Boote im Wasser dümpeln und sich noch einige ältere Fischerhütten befinden. Besonders interessant ist es dort natürlich, wenn am Morgen der nächtliche Fang ausgeladen wird. Außerdem hat man von hier einen schönen Blick auf den Strand mit dem kleinen Felseninselchen davor und den grünen Bergen im Hintergrund.

Das östlich des Fischerhafens liegende **Kap Kerákia** wird auch Pírgos (= Turm) genannt, stand doch schon im 6. Jh. v. Chr. dort ein Leuchtturm, von dem sogar noch einige Reste zu sehen sind. Zeugnisse unserer Zeit kann man auf einer freien Fläche in der Nähe des Campingplatzes bewundern. Einige größere Marmorskulpturen erinnern an ein Symposium zu Beginn der 90er Jahre des 20. Jh.

Verbindungen/Adressen/Mietfahrzeuge/Einkaufen/Internet

• *Verbindungen/Ausflüge* 7 km sind es hinauf nach *Panagía* bzw. zur Inselrundstraße. Vorsicht: Die Strecke ist mit vielen engen Kurven gespickt und daher nicht ungefährlich. Nach *Liménas* sind es 14 km, nach *Limenária* 55 km. Ein Taxi ruft man unter ✆ 2593061900. Mit Liménas besteht eine Busverbindung. Um andere Orte auf der Insel zu erreichen, muss man in *Panagía* umsteigen.

Eine Ausflugsfahrt von Chrissí Ammoudiá bis nach Alikí mit Stopps an mehreren Buchten zum Baden oder Fischen wurde im Sommer 2007 3-mal wöchentl. von *Zeus Boat Trips* angeboten. Preis inkl. Barbecue 30 €, Kinder zahlen die Hälfte.

Täglich bringt ein Ausflugsboot am Morgen Badegäste von *Liménas* nach *Chrissí*

Ammoudiá und am Nachmittag wieder zurück. Näheres → S. 104.

• *Mietfahrzeuge* **Avis (12)**, der internationale Anbieter hat auch hier eine Filiale. ✆ 2593061022.

Potós Carental (6), ein auf Thássos alteingesessenes Unternehmen mit vernünftigen Angeboten. ✆ 2593061790.

Moto Rent Golden Beach (4), große Auswahl an verschiedenen Bikes, im Angebot sind auch Fahrräder, Quads und Autos. ✆ 2593062305.

• *Einkaufen* Mehrere größere und kleinere **Supermärkte** sind vorhanden, einen guten Eindruck machte z. B. der mit dem Namen Makedonía schräg gegenüber von Avis. **Deutschsprachige Zeitungen** werden am Kiosk beim **Restaurant Vígli (3)** verkauft.

• *Internet* **Lullaby Internet Café (11)**, sehr schön aufgemachtes Lokal, in dem man sich nicht nur am PC, sondern auch zu einem Drink auf der zum Meer gewandten Terrasse trifft.

Übernachten/Essen und Trinken

• *Übernachten* *** **Hotel Emerald (8)**, hoch oben über dem Ortskern, ca. 10 Fußminuten vom Strand entfernt, stehen die zwei Gebäude mit 85 Studios; der Blick auf die Golden-Beach-Bucht ist wundervoll. Wem der Weg zum Meer zu weit ist, planscht stattdessen im hauseigenen Pool. Für eines der unterschiedlich großen Studios mit AC und Balkon (bis zu 4 Betten) bezahlt man je nach Saison 40–75 €, bei längerem Aufenthalt wird gerne Nachlass gewährt. ✆ 2593061979, 📠 2593061886, www.emerald-hotel.com.

*** **Ioánnis Hotel (15)**, etwas erhöht am Hang liegt der große, gut ausgestattete Komplex, in dem sich viele Pauschaltouristen aus verschiedenen Ländern aufhalten. Schöner Pool in einem großen Garten, Kinderspielplatz, Fitnessraum, Restaurant, Bar. Die geschmackvollen DZ mit Bad, AC, Balkon und Kühlschrank sind inkl. Frühstück zum Preis von 60–70 € zu haben, außerdem stehen auch Studios zur Verfügung. Von Mai bis Oktober geöffnet. ✆ 2593061970, 📠 2593061821.

** **Hotel Golden Sand (7)**, empfehlenswertes Haus am Strand, allerdings kann es in der HS durch die Cafetéria im Erdgeschoss auch mal etwas lauter werden. Die Zimmer sind mit 2, 3, 4 oder 5 Betten, AC, Bad, Kühlschrank und Balkon (Blick

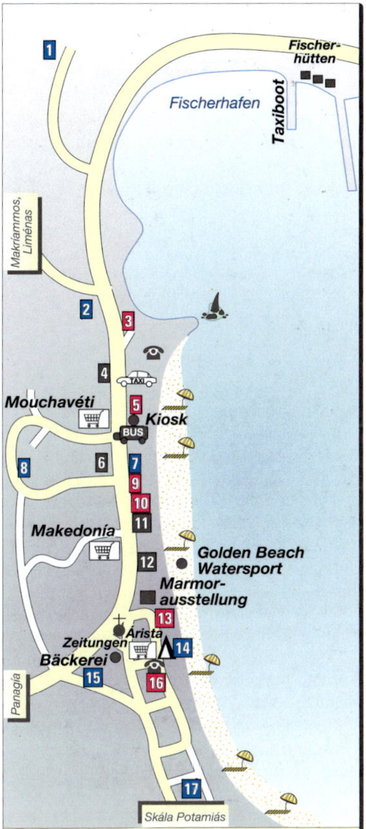

Essen & Trinken
3 Restaurant Vígli
5 Psarotavérna Kóstas
9 Café Pizza Cavo d'Oro
10 Tavérna Akrojáli
13 Tavérna Ta Péfka
16 Restaurant Playa de Oro

Sonstiges
4 Moto Rent Golden Beach
6 Potós Carental
11 Lullaby Internet Café
12 Avis

Übernachten
1 Hotel Blue Bay
2 Apóllon Studios
7 Hotel Golden Sand
8 Hotel Emerald
14 Camping Golden Beach
15 Ioánnis Hotel
17 Villa Romántika

Chrissí Ammoudiá

aufs Meer) ausgestattet und kosten inkl. Frühstück 55–65 €. Viele deutsche Stammgäste buchen gleich fürs nächste Jahr vor. Von Mai bis Anfang Oktober geöffnet. ✆ 2593061771, www.goldensand-hotel.gr.

Blue Bay (1), hoch über dem Fischerhafen, traumhafter Blick über die Bucht bis hinüber zum Ipsárion. Sehr freundliche Atmosphäre, viele Pauschalgäste aus England, aber auch Einzelreisende aus dem deutschsprachigen Raum kommen immer wieder. Frühstück wird im Garten serviert. Die 15 Zwei- und Dreibettzimmer haben alle Bad, AC, Kühlschrank und Balkon mit Blick aufs Meer, zwei Personen bezahlen zwischen 40 und 50 € inkl. Frühstück. Von Mai bis Oktober geöffnet. ✆/℻ 2593061978, www.blue-bay-thassos.gr.

Apóllon Studios (2), die nette María Askolídou vermietet einige Fußminuten vom Strand entfernt zehn einfache Studios, die zwischen Mai und September 45–65 € kosten. Leser haben sich hier schon sehr wohl gefühlt. ✆ 2593062201, www.greekviews.com.

Vílla Romántika (17),die mit allem Schnickschnack eingerichteten geräumigen Wohnungen, die ein älteres Ehepaar vermietet, sind für Familien geeignet. Von allen Räumen schaut man in einen großen Innenhof; zu viert bezahlt man 60–70 €, eine sechsköpfige Familie legt bis zu 90 € auf den Tisch. Ganzjährig geöffnet. ✆ 2593062232, www.greekviews.com.

Camping Golden Beach (14), schön angelegter und gepflegter Platz direkt am Meer, rauschende Pappeln bieten Schatten. Mit Minimarkt und Café ausgestattet. Erwachsene bezahlen in der HS pro Tag etwa 4,50 €, Kinder 2,70 €, fürs Auto zahlt man 2,70 €, für den Wohnwagen 5,30 €, für ein Zelt je nach Größe zwischen 3,80 und 4,70 €. Von Juni bis Oktober geöffnet. ✆ 2593061472, ℻ 2593061473, www.camping-goldenbeach.gr.

• *Essen und Trinken* **Restaurant Vígli (3)**, der Name Wachturm passt tatsächlich, denn von der erhöhten Lage auf dem Felsen hat man einen großen Teil der Küste im Blick. Bei den Einheimischen genießt das von einem englisch-griechischen Ehepaar betriebene Restaurant einen hervorragenden Ruf, und auch uns hat's gut geschmeckt. Am Wochenende bietet die Volkstanzgruppe aus Panagía oft sehenswerte Vorstellungen.

Tavérna Ta Péfka (13), fast an heimische Gefilde erinnert die Atmosphäre unter Bäumen, allerdings ist das glitzernde Meer zum Greifen nahe. Kurzum – ein schöner Platz, an dem man hervorragend essen kann. Die Speisekarte ist so umfangreich, dass die Auswahl schwer fällt. Wir haben uns durch die verschiedenen Vorspeisen gefuttert und können z. B. die Mídia Saganáki in toller Tomatensoße mit Knoblauch empfehlen. Auch wem der Sinn nach nach Pizza und Pasta steht, kommt hier auf seine Kosten.

Psarotavérna Kóstas (5), beliebtes Fischlokal mit einer schönen Terrasse direkt am Strand. Ein Springbrunnen und viele Pflanzen sorgen für Atmosphäre, oft hängen ein paar Fische zum Trocknen an der Leine. Bei unserem Besuch kam das Essen griechisch lauwarm unmittelbar nach der Bestellung auf den Tisch, aber dem Geschmack tat das keinen Abbruch.

Tavérna Akrojáli (10), von Einheimischen sehr gelobt wird die oberhalb vom Strand gelegene Taverne mit traditioneller Küche. Empfehlenswert ist neben Moussaká und Co. aber auch der je nach Marktlage angebotene Fisch, der zu angemessenem Preis mit Beilagen serviert wird. Leser lobten besonders die Kartoffelgerichte.

Café Pizza Cavo d'Oro (9), ein schöner Platz für einen kleinen Snack oder einen Drink. Wer richtig Hunger hat, kann auf die kleine, aber feine Auswahl an Pizza- und Pastagerichten zurückgreifen.

Restaurant Playa de Oro (16), v. a. Gäste vom Campingplatz und der umliegenden Häuser kommen zum Pizza- oder Nudelessen hierher. Neben italienischen Speisen findet man auch griechische Mezédes und Backofengerichte auf der Speisekarte.

▶ **Baden:** Sicherlich ist Chrissí Ammoudiá einer der schönsten Strände der Insel: weiß, feinsandig, relativ breit, allerdings kaum Schatten. Oft gibt es hier auch Wellen, und manchmal reicht der Wind sogar zum Surfen. Mit ganz kleinen Kindern sollte man allerdings etwas vorsichtig sein, da der Boden stellenweise rasch abfällt. In der Nähe der Wassersportstation gibt es eine Süßwasserdusche und ein Volleyballnetz. Liegen und Sonnenschirme werden zu den üblichen Preisen vermietet (außerdem Bananaboat, Wasserski, Ringo, Tretboote, Paddelboote und Surfboards).

Potamiá ist von viel Grün umgeben

Potamiá

Am Fuße des höchsten Inselberges und auch im Sommer inmitten üppig grüner Vegetation gelegen, bieten die mit roten Ziegeln gedeckten Häuser schon von weitem einen wunderschönen Anblick. Und auch die Gassen lohnen einen Bummel. Die meisten Besucher halten jedoch nur kurz, um dem Museum des hier geborenen, international bekannten Bildhauers Vagís einen Besuch abzustatten.

Potamiá bedeutet „Flusslandschaft", und damit ist eines der Hauptmerkmale des Dorfes schon benannt. Neben einem Bach gibt es noch etliche Rinnsale und kleine Bewässerungskanäle – ständig hört man lautes Wasserrauschen, ganz besonders natürlich an der Platía mit ihrem großen Dorfbrunnen. Die umliegenden Wiesen, Olivenhaine und vor allem Wälder sind demzufolge recht feucht – nirgendwo haben wir auf unseren Inselwanderungen so viele Frösche gesehen wie hier.

Die insgesamt etwa 1200 Einwohner beschäftigten sich früher hauptsächlich mit der Land- und Viehwirtschaft. Heute sieht man zwar immer noch liebevoll gepflegte Gemüsegärten und große Olivenhaine bis hinunter an die Küste, doch Haupteinnahmequelle ist jetzt der Tourismus. Denn wer unten in Skála Potamiás einen einigermaßen günstig gelegenen Olivenacker besaß, baute darauf eine Pension, ein Hotel, ein Souvenirgeschäft oder eine Taverne. Erst nach der Saison, wenn fast alle wieder in ihren Häusern „oben im Dorf" leben, ist Potamiá richtig voll. Im Sommer dagegen sieht man in den Gassen meist nur wenige alte Leute.

Für Wanderer und solche, die Ruhe suchen, ist Potamiá als Standquartier vielleicht gerade deshalb zu empfehlen. Die Versorgungsmöglichkeiten sind gut, mit den freundlichen Einwohnern kommt man schnell in Kontakt, der Strand von Skála Potamiás ist mit dem Bus, dem Pkw oder Bike und auch zu Fuß bequem zu erreichen. Zudem ist Potamiá der ideale Ausgangspunkt für Wanderungen.

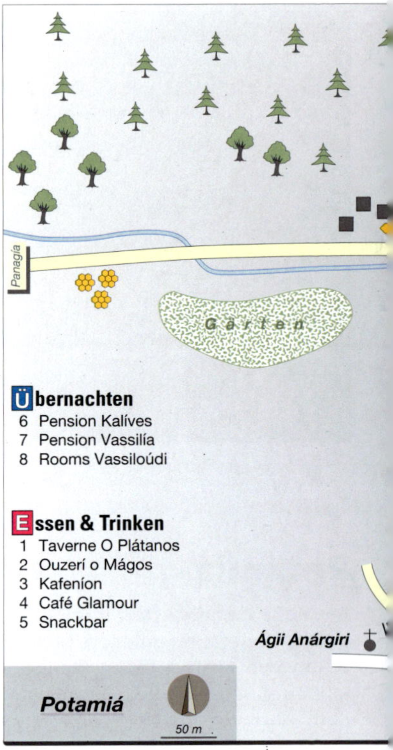

• *Verbindungen* Potamiá liegt etwas oberhalb der großen Inselrundstraße und ist mit dieser durch drei Asphaltstraßen verbunden. Entfernung von *Liménas* 10 km, von *Limenária* 31 km. Der Bus fährt ins Ortszentrum, die Haltestelle befindet sich bei der Taverne O Plátanos.

• *Medizinische Versorgung* Am Di und Do kommt der Arzt aus Panagía jeweils vormittags in die **Gesundheitsstation**, ✆ 2593061203. Dr. Jannópoulos betreibt im Nordteil des Dorfes eine **Zahnarztpraxis**, die von Mo–Fr geöffnet ist; ✆ 2593022592. Eine **Apotheke** findet man in der Nähe der Platía.

• *Einkaufen* Mehrere **Pantopolía** findet man im Zentrum des Dorfes. In ihnen bekommt man alles, was man für den Proviantrucksack braucht, u. a. auch frisches Obst. In den **Bäckereien** kann man neben Brot, Brötchen und Sesamkringeln auch würzige Tirópittes kaufen. Wer Süßes mag, kommt im **Sacharoplastíon** im Nordteil des Dorfes auf seine Kosten. Einen großen, sehr gut sortierten **Supermarkt** findet man an der Durchgangsstraße unterhalb des Ortskerns.

• *Übernachten/Essen und Trinken* Unweit des Dorfes liegen zahlreiche Hotels und Pensionen, die schon zu Skála Potamiás gehören. In Potamiá selbst gibt es nur einfache Übernachtungsmöglichkeiten.

Pension Kalíves (6), am unteren Dorfrand von Potamiá werden in einem Haus mit Garten zehn einfache Zwei- und Dreibettzimmer mit Bad, Balkon, Kühlschrank, Sat-TV und Heizung vermietet. Zwei Personen bezahlen etwa 35–65 €. Ganzjährig geöffnet, der nette Vermieter spricht etwas Deutsch. ✆ 2593061174.

Pension Vassilía (7), Leser lobten die ganz in der Nähe gelegene Pension mit gut ausgestatteten Studios, die zu einem fairen Preis vermietet werden. ✆ 2593061980.

Rooms Vassiloúdi (8), die freundliche Níki Vassiloúdi bietet im Obergeschoss ihres Hauses fünf nette DZ mit Bad und Balkon an, z. T. verfügen sie auch über eine Kochnische (30–40 €). Ganzjährig geöffnet. ✆ 2593061128.

Taverne O Plátanos (1), an der Bushaltestelle. Bei Dimítris und Eléni gibt es vor allem Gegrilltes, aber auch eine große Auswahl an Gemüsen und Salaten. Die Portionen sind wirklich üppig, ein Biftéki z. B. wird rundherum mit den verschiedensten Beilagen dekoriert. Sehr gut auch die große Salatschüssel mit Thunfisch oder die köstlichen Oktopuskefthédes, abends gibt es häufig Kokorétsi. Zu Recht ist Dimítris auf seinen selbst gekelterten Rotwein stolz.

Neben einer **Snackbar (5)** findet man insgesamt noch drei **Kafenía** bzw. **Ouzeríen (2, 3, 4)** zwischen der Platía und der Bushaltestelle, in denen sich nahezu ausschließlich die männliche Bevölkerung des Dorfes blicken lässt.

Sehenswertes

Dass Potamiá einiges zu bieten hat, entgeht den Besuchern, die nur der Beschilderung zum Vagís-Museum folgen und dann weiter zum nächsten Ort eilen. Wer sich aber für einen Spaziergang eine halbe Stunde Zeit nimmt, bekommt darüber hinaus

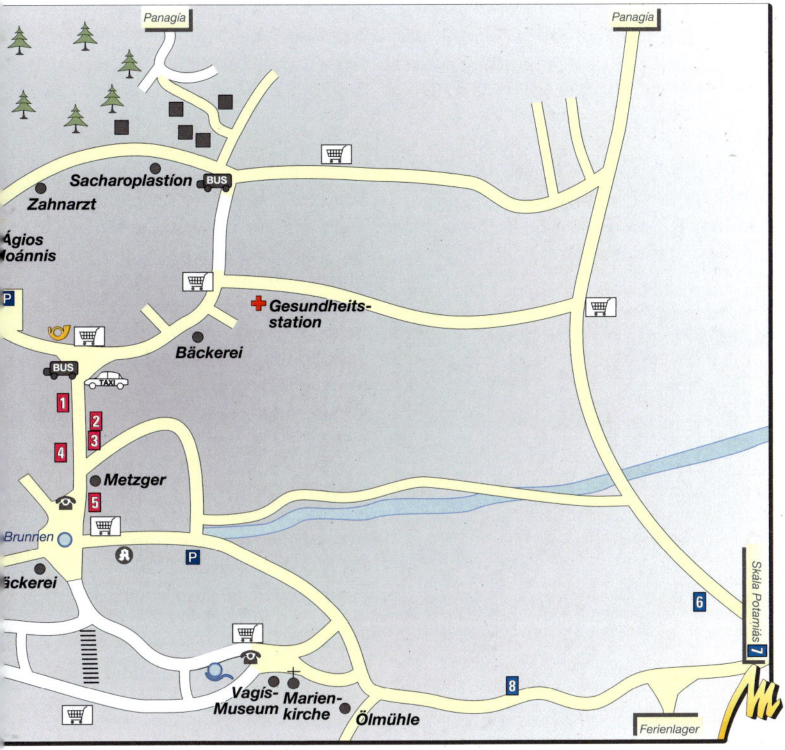

eine pittoreske, von gepflegten Gärten umgebene Kirche sowie hübsche Gassen und ein Ortszentrum mit viel Atmosphäre zu sehen.

An der Taverne O Plátanos folgt man dem Geräusch plätschernden Wassers und erreicht den wenige Meter südlich gelegenen **Dorfbrunnen** auf der Platía, um die herum sich einige Geschäfte des täglichen Bedarfs finden. Dahinter zweigt man nach links in eine schmale gepflasterte Gasse ab, wendet sich an der nächsten Gabelung nach rechts und steigt zu der fotogen vor dem mächtigen Ipsáriongebirge gelegenen **Kirche Ágii Anárgiri** hinauf. Im Innern der den beiden Ärzten und Märtyrern Kosmás und Damianós geweihten älteren der beiden Dorfkirchen gibt es zwar nichts Besonderes zu sehen, aber man hat von hier aus einen wunderschönen Blick auf das Dorf.

Die oberhalb der Kirche in östliche Richtung abwärts verlaufende Straße bringt einen direkt zum **Vagís-Museum.** Schon von weitem fällt die neue Marienkirche (Isódia tis Theotókou) ins Auge. Direkt daneben befindet sich das Museum. Wo heute die Kunstwerke des 1965 verstorbenen Thássos-Amerikaners Polýgnotos Vagís ausgestellt werden, lernten einst die Kinder des Dorfes das Alphabet und das Einmaleins. Wenige Jahre nach dem Tod des Künstlers wurde das Innere der alten, im mazedonischen Stil erbauten Volksschule zu einem ansprechenden, zweigeschossigen Museum umgebaut. Neben den ausdrucksvollen Skulpturen (besonders gut hat uns sein „Der Schmerz“ genanntes Selbstporträt gefallen) werden auch Kohlezeichnungen und einige Gemälde des Künstlers gezeigt. Auffallend dabei sind die stets wiederkehrenden Motive: Frauen im Wasser sowie Pferde.

Öffnungszeiten Täglich (außer Mo) 10–13 und 18–21 Uhr, an Sonn- und Feiertagen nur vormittags. Eintritt 2 €.

Polýgnotos Vagís: Potamiá – New York – Potamiá

Der 1892 in Potamiá geborene Polýgnotos Vagís ist sicher einer der bekanntesten Thassioten des 20. Jh. Seine Werke sind nicht nur im Museum seiner Heimatstadt, sondern u. a. in New York (Metropolitan Museum und Museum of Modern Art), Ohio, Toledo und Tel Aviv zu sehen. Kein Wunder, denn als Sohn eines Holzschnitzers wurde ihm die Kunst gleichsam in die Wiege gelegt. Seine Karriere in Stichworten: Der Vater schickt den 19-jährigen Polýgnotos 1911 nach New York, weil das Leben auf der damals noch von den Türken beherrschten Insel keine Perspektiven bietet. Nach anfänglichen Schwierigkeiten gelingt es ihm, sich 1917 an der Cooper Union einzuschreiben und dort Unterricht in Bildhauerei zu nehmen, doch schon einige Monate später nimmt er als Freiwilliger bei der US-Marine am Ersten Weltkrieg teil. Gleichsam als Belohnung dafür erhält er 1919 die amerikanische Staatsbürgerschaft und studiert nun am Beaux Arts Institute drei Jahre lang Bildhauerei. In den 20er Jahren zeigen sich die ersten Erfolge, er gewinnt verschiedene Preise und wird schließlich zu einem der wichtigsten und oft preisgekrönten Bildhauer Amerikas. Sein Schaffen ist zunächst von antiken Plastiken beeinflusst, später wendet er sich mehr der abstrakten Kunst zu.

Selbstbildnis des Künstlers

Seine Heimatinsel besucht Vagís, der ab 1933 in Long Island lebt, erst 1963 wieder. Für ihn offenbar ein bewegendes Erlebnis, denn ein Jahr später vermacht er einen großen Teil seines Werks dem „Volk“ und der „Regierung Griechenlands“. Gleichzeitig schlägt er vor, die Exponate in einem staatlichen Museum auf Thássos unterzubringen. Am 15. März 1965 stirbt der Künstler in einem New Yorker Krankenhaus, und im August 1981 wird seinem Wunsch gemäß mit finanzieller Unterstützung der Direktion Ausgewanderter Griechen im Athener Außenministerium das Vagís-Museum in Potamiá eröffnet. Dort ist ein beträchtlicher Teil seines Lebenswerkes zu bewundern.

Wanderung 4: Von Potamiá auf den Ipsárion

Aufs Dach der Insel zu wandern (3–4 Stunden, einfache Strecke) gehört zu den anspruchsvollsten Touren, die Thássos zu bieten hat. Insgesamt müssen mehr als 1000 Höhenmeter auf etwa 8 km überwunden werden; das bedeutet einen steilen Anstieg, und auch der Abstieg macht einem ganz schön zu schaffen. Doch trotz all der Mühen und obwohl man den Gipfel seit einigen Jahren auch auf einer schmalen Piste von Mariés aus erreichen kann, lohnt sich die Tour wegen der z. T. grandiosen Landschaft und des tollen Rundblicks über Thássos, den man von oben hat. An klaren Tagen sind auch die Inseln Samothráki und Límnos sowie der Áthos und das ostmakedonische Festland zu sehen. Nehmen Sie genügend Verpflegung und Wasser mit, auch wenn Sie am Anfang der Wanderung eine Quelle passieren werden. Gehen Sie nur an einem klaren Tag, damit Sie auch wirklich die fabelhafte Aussicht genießen können. Wer während der heißen Jahreszeit unterwegs ist, sollte noch vor Sonnenaufgang starten. Der Weg wurde vom Bergsteigerverein durchgängig mit roten Punkten markiert und erfordert gutes Schuhwerk.

In Potamiá lässt man am Dorfplatz das Restaurant O Plátanos linker Hand liegen und wandert die Straße bis zu einer Rechtskurve aufwärts. Rechts liegt die einem Haus ähnliche **Kapelle Ágios Ioánnis,** links strömt aus einer Rinne ständig ein kräftiger Wasserstrahl. Dahinter zweigt ein betoniertes Sträßchen ab, gekennzeichnet durch einen Stein mit der Aufschrift „ΥΨΑΡΙΟ (Ipsárion) 1204 m". Auf diesem wandert man zwischen Gärten, Bienenstöcken und Ställen aufwärts, passiert bald eine Platane, durch deren Stamm man eine Quelle gelegt hat, und ignoriert die nach rechts abzweigende Piste Richtung Panagía. Etwa 750 m nach der Platane macht die Erdpiste eine Biegung nach links, hier müssen Sie sich rechts halten (auf Steinmännchen achten). Nach insgesamt gut 2 km quert man an einer Kreuzung eine weitere Erdpiste und wandert auf der gegenüberliegenden Seite in südwestliche Richtung weiter aufwärts.

500 m später weist die rote Markierung den Wanderer an, rechts vom Hauptweg abzuzweigen, um diesen abzukürzen; bald trifft man jedoch wieder auf ihn und geht rechts weiter. Kurz darauf muss man nach links auf einen schmalen Fußpfad abbiegen (die zuvor begangene Piste führt nämlich auf den zweithöchsten

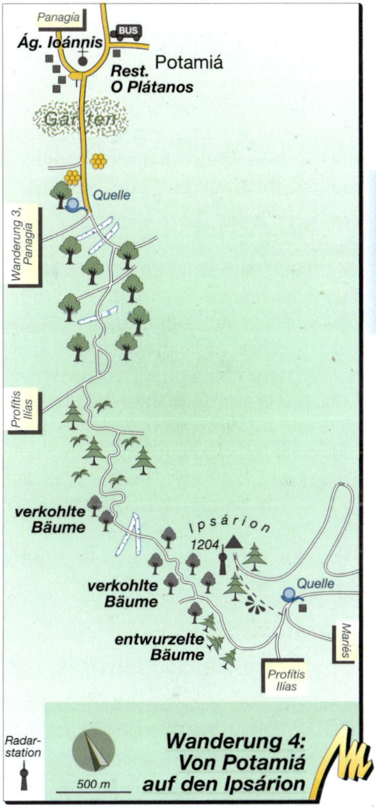

In diese Richtung geht es zum höchsten Gipfel der Insel

Berg der Insel, den Profítis Ilías). Steil windet sich der Pfad nun den Hang hinauf, der Baumbewuchs wird allmählich spärlicher, Farne bestimmen das Bild. Trotz aller Anstrengungen sollte man doch immer wieder mal zurückschauen und den **Blick auf die Küste** genießen.

Nach weiteren 700 m wechselt man nach rechts auf einen anderen Fußpfad und kreuzt nach 1 km ein markantes **ausgetrocknetes Bachbett.** Bald werden wieder einmal Brandspuren sichtbar, zwischen verkohlten Bäumen windet sich der Pfad einen steilen Abhang hinauf. Oben stößt man nach insgesamt ca. 5 km auf einen sehr steinigen Weg, hält sich links und umrundet so eine Bergkuppe. Dahinter wird der Blick auf den Süden der Insel frei, und in der Ferne sind auf einem Felsrücken die Häuser des fast verlassenen **Bergdorfs Kástro** zu sehen.

Man wandert nun über **ein schönes Hochplateau,** dahinter wendet sich der immer breiter werdende Weg nach Südosten. Bald zweigt nach links ein Fußpfad mit der Markierung A 1 ab, der die breite Piste abkürzt und zunächst zu einem Aussichtspunkt führt. Nach etwa 1,5 km stößt man wieder auf die Piste, hält sich links und steigt über einen felsigen Hang zu einem Wäldchen und zum Gerüst der aufgrund von Bürgerprotesten nie in Betrieb genommenen Radarstation hinauf. Wenige Meter oberhalb davon befindet sich der Gipfel, der eigentlich aus zwei Spitzen besteht. Die westliche ist durch einen Betonpfeiler, die östliche durch eine griechische Flagge gekennzeichnet. Genießen Sie die Aussicht ausgiebig, vielleicht tragen Sie sich auch ins Gipfelbuch ein (es befindet sich in einem gelben Kasten), bevor Sie sich wieder auf den Rückweg machen.

Wanderung 5: Von Potamiá zur Gipfelkirche Profítis Ilías (Ái-Liás)

Eine teilweise recht beschwerliche, dreistündige Tour (einfache Strecke ca. 6 km), bei der man bis zur Ilías-Kirche fast ständig steigen muss. Auch ist der leider nicht ganz durchgängig rot markierte Weg (Stand 2007) nicht immer problemlos zu finden. Dafür wandert man durch einen Wald, der zumindest stellenweise an feuchttropische Urwälder erinnert, benutzt z. T. einen uralten Maultierpfad und

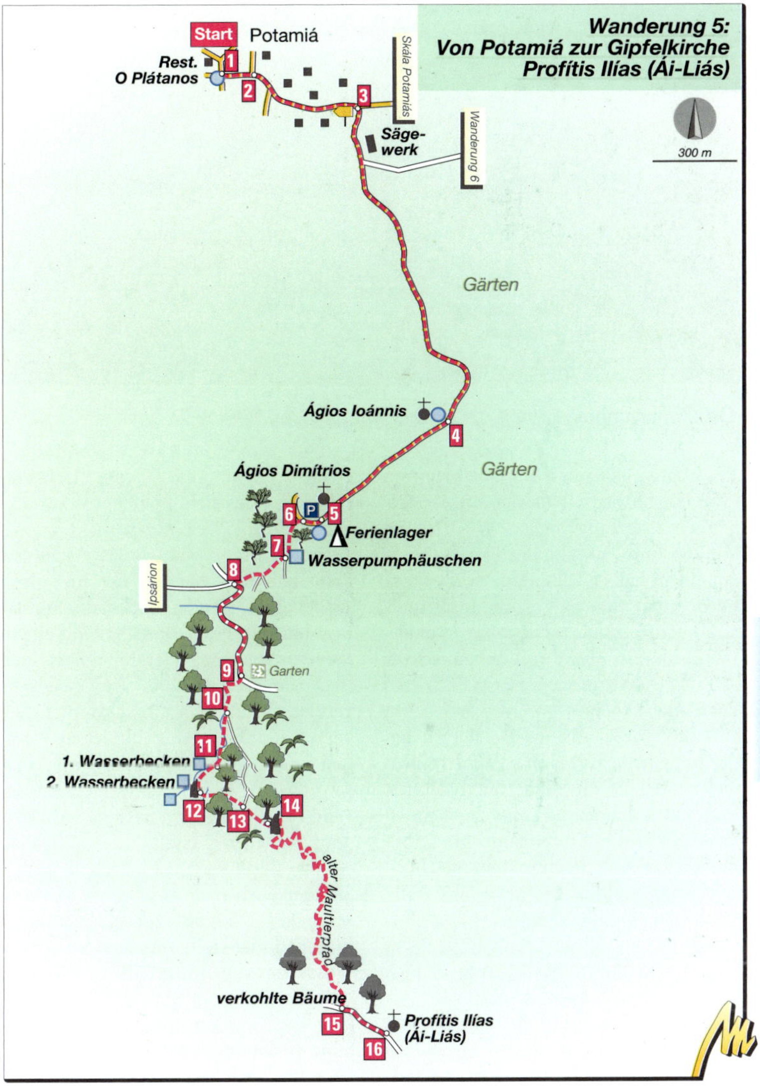

genießt schöne Ausblicke auch auf die Südseite der Insel. Im ersten Teil der Wanderung stößt man auf viele Quellen. Proviant sollten Sie auf jeden Fall mitnehmen, unterwegs gibt es keine Verpflegungsmöglichkeit, und oben an der Kirche kann man schön picknicken. Wer über gute Kondition verfügt und die Tour verlängern möchte, kann von dort bis nach Theológos hinunterlaufen (vgl. Wanderung 9, S. 170 ff; die angegebenen Hinweise müssen nur umgekehrt werden).

Der Panoramablick lohnt die Anstrengungen des Weges

In Potamiá geht man am **Dorfbrunnen** (WP 01) abwärts, hält sich an der folgenden Kreuzung rechts (WP 02) und kommt zum Ausgang des Dorfes. Nach gut einem halben Kilometer zweigt (kurz bevor man auf die große Inselrundstraße trifft) nach rechts eine Asphaltstraße ab. Ein Schild mit der Aufschrift „ΠΡΟΣ ΠΑΙΔΙΚΕΣ ΕΞΟΧΕΣ" (Pros Paidikés Exochés) weist den Weg (WP 03). Vorbei an einer Holzfabrik und der Kapelle Ágios Ioánnis (WP 04) führt das Sträßchen 2 km lang durch Gärten und Olivenhaine, bis man an seinem Ende ein großes **Feriencamp** für Schulkinder erreicht. Rechts steht die hübsche **Kapelle Ágios Dimítrios** (WP 05).

Sie wandern auf einer Piste weiter aufwärts und biegen nach knapp 300 m in einer Rechtskurve nach links bzw. nach oben auf einen Pfad ab (WP 06). Zunächst führt dieser durch einen Olivenhain, dann steil in einen Mischwald hinauf. Kurz hinter einem Wasserpumpenhäuschen hält man sich an einer Gabelung rechts (WP 07). Nach weiteren 200 m stößt man auf eine Piste und einen **Wegweiser** (WP 08). Hier hält man sich links (rechts geht es zum Ipsárion). Bei einigen riesigen Platanen kreuzt ein Bach die Piste, bald darauf erreicht man eine kleine **Lichtung** (WP 09), links sieht man, etwas zurückversetzt vom Weg, einen recht verwilderten Garten. Man verlässt hier die Piste auf dem zweiten der hier nach rechts abzweigenden Fußpfade. Ein darauf hinweisender roter Pfeil auf einem Stein unter einer Platane rechts vom Weg war im Jahr 2007 leider so sehr verblasst, dass man ihn kaum mehr erkennen konnte. Die zahlreichen Platanen und z. T. mannshohen Farne weisen auf den Wasserreichtum dieser Gegend hin. Etwa 150 m nach der Abzweigung sieht man rechts vom Weg eine rot markierte Platane (WP 10). Zweigen Sie hier nach rechts auf einen weiteren schmalen Pfad ab, der entlang einer **Wasserrinne** steil aufwärts zu einem **Wasserbecken** führt (WP 11). Jenseits von diesem steigt man geradeaus entlang der Wasserrinne steil den Berghang zu einem **zweiten Becken** hinauf (WP 12). Dahinter liegen einige markante Felsen, ein Bach quert den Pfad. Folgen Sie diesem weiter aufwärts durch den Wald, der stellenweise an einen tropischen Dschungel erinnert. Immer wieder fallen morsche Baumäste zu Boden, das Wasser rauscht, Farne, wohin man schaut. Knapp 200 m nach dem zweiten Wasserbecken hält man sich an einer Gabelung rechts (WP 13), kurz darauf passiert man **eine riesige Platane,** in deren Stamm man hineinklettern kann. Nun windet sich der Pfad nach links bzw. Südosten und führt den Hang entlang. Ein Stein mit der griechischen Aufschrift „ΚΑΓΚΕΛΙΑ" (Kagkélia, WP 14) weist darauf hin, dass man bald den uralten gepflasterten **Maultierpfad** hoch zur Kirche erreicht hat.

Da der Weg ab dem WP 11 stellenweise so überwuchert ist, dass Sie ihn möglicherweise nicht finden, nennen wir Ihnen folgende Alternative. Gehen Sie am ersten Wasserbecken (WP 11) links. So erreichen Sie bald einen Weg, dem Sie nach rechts folgen. Kurz darauf zweigt man wieder nach rechts auf einen spärlich markierten Pfad ab. Nachdem Sie etwa 20 Minuten einen steilen Hang hinaufgestiegen sind, kommen Sie auch zum WP 14.

Der Maultierpfad windet sich in zahlreichen Serpentinen (die Einheimischen behaupten, es seien 20, zählen Sie doch einmal nach!) den Hang hinauf. Hier bestimmen nicht mehr Bäume und Farne, sondern Felsen die Landschaft. Zwischen den Steinen wuchert aber unermüdlich der Salbei, der im Frühling violette Blütenrispen trägt.

Bald öffnet sich der Blick auf die Bucht von Potamiá, und auch das Ziel, die Kapelle des Propheten Ilías, ist zu erkennen. Leider sind hier oben aber auch immer noch Spuren der Waldbrände zu sehen; einige verkohlte Baumstämme muss man übersteigen, bis man auf eine Piste stößt (WP 15). Folgen sie dieser nach links zu dem kleinen Hochplateau mit der schmucklosen **Ilíaskirche** (WP 16).

Am 20. Juli wird hier übrigens der Namenstag des Propheten mit großem Aufwand gefeiert. Dazu kommen dann vor allem auch die Bewohner von Theológos, schließlich ist es „ihr" Profítis Ilías. Geht man hinter der Kapelle den Weg weiter abwärts, kann man das Dorf in der Ferne schon erkennen.

Skála Potamiás

Einst nur der Hafen des Bergdorfes Potamiá, heute einer der wichtigsten Touristenorte der Insel, dessen Hotels in nahezu jedem Pauschalkatalog angeboten werden. Entsprechend rummelig ist's im Sommer.

Vor allem entlang der schmalen Uferpromenade reihen sich Tavernen, Hotels, Pensionen, Cafés, Autovermietungen und Discos aneinander. Aber auch oberhalb davon, an der Inselrundstraße, findet man zahlreiche touristische Einrichtungen, die von den Einwohnern Potamiás in den letzten Jahren gebaut wurden. Besonders in den Monaten Juli und August drängen sich Pauschal- und Individualtouristen, Griechen und Ausländer die Uferpromenade entlang, die Kinder drehen sich auf dem Karussell an der kleinen Platía am Hafen, während in den Discos heiße Rhythmen gespielt werden. Im Vergleich mit dem benachbarten Chrissí Ammoudiá bietet Skála Potamiás mehr Abwechslung und Leben.

„Zentrum" von Skála Potamiás ist der **Hafen** mit zahlreichen Fischkuttern und Booten – wenn sie abends hinausfahren, leuchtet das Meer von den charakteristischen großen Glaslaternen in einem besonderen Glanz. Am Hafen steht auch das Wahrzeichen der Siedlung, der **Arsanás,** ein mächtiger turmartiger Bau aus Natursteinen. Das Ufergelände gehörte einst einem Áthoskloster. Weiter oben, dort, wo sich heute das Ferienlager für Schulkinder befindet (→ Wanderung 5), soll nach

Aussagen der Einheimischen einst ein Metóchi (→ S. 101) gestanden haben. Ebenso wie auf dem Heiligen Berg bauten die Mönche an der nächsten zugänglichen Ankerstelle ein Boots- und Lagerhaus, Arsanás genannt.

Unscheinbarer, aber dennoch beachtenswert ist die kleine, fast 200 Jahre alte **Nikolauskirche** an der Straße, die von der Inselrundstraße zum Meer hinabführt. Etwas verschandelt wird das tiefer gelegene schiefergedeckte weiße Gebäude durch ein an ihm befestigtes Halteverbotsschild. Wahrscheinlich wurde die Kirche auf den Grundmauern einer frühchristlichen Basilika erbaut, finden sich doch mehrere antike Stücke in der Mauer mit der Eingangstür, z. B. ein marmornes Schlangenrelief, und im Innern eine kannelierte Säule.

Verbindungen/Adressen

• *Verbindungen* Skála Potamiás liegt an der Inselrundstraße. Die Entfernung nach *Liménas* beträgt knapp 14 km, nach *Limenária* sind es 38 km. Die Haltestelle befindet sich an der Zufahrt zum Strand, ein Taxi ruft man unter ✆ 2593061888.

• *Bank* Die Emporikí Trápeza unterhält an der Durchgangsstraße einen Geldautomaten.

Mietfahrzeuge/Einkaufen (→ Karte S. 134/135)

• *Mietfahrzeuge* Die meisten Agenturen findet man nahe der Nikolauskirche bzw. an der Uferstraße, in den letzten Jahren haben sich aber auch einige Vermieter an der parallel dazu verlaufenden Straße niedergelassen. Auch in Skála Potamiás werden viele Sondertarife geboten, insbesondere in der Vor- und Nachsaison. Ein Vergleich lohnt sich also.

Avis (20), bei der renommierten Firma sind Kleinwagen und Jeeps zu haben. ✆ 2593061735.

Hermes (23), ähnliche Angebote wie Avis. ✆ 2593062253.

Potós Carental (18), auch hier bietet die thassitische Agentur ein gutes Angebot an Kleinwagen und Jeeps. ✆ 2593061269.

Smart Rent a Car (24), fast schon oben an der Inselrundstraße, vermietet Bikes, Kleinwagen und Jeeps. ✆ 2593061861.

Sákis Bikes (21), bietet eine besonders große Auswahl an motorisierten Zweirädern und auch Mountainbikes, außerdem sind auch Quads zu haben. ✆/℻ 2593061718.

• *Einkaufen* Zahlreiche gut sortierte **Supermärkte**, der größte befindet sich am nordwestlichen Ortsausgang Richtung Potamiá. Deutschsprachige **Zeitungen** und Zeitschriften werden in zwei Geschäften an der Uferstraße bzw. in der parallel dazu verlaufenden Straße verkauft, Backwaren und Brot gibt es in der **Bäckerei** nahe der Nikolauskirche.

Übernachten (→ Karte S. 134/135)

Riesiges Angebot an Unterkünften. Neben den älteren Häusern an der von Potamiá herabführenden Durchgangsstraße oder unten am Wasser wurden in den letzten Jahren mehrere Anlagen in dem einst nur von Olivenbäumen bestandenen Gebiet dazwischen errichtet.

*** **Hotel Ariádni (11)**, weit nach hinten versetzt, daher sehr ruhige Lage. Mehrere kleine Häuschen mit zwei Räumen im makedonischen Stil mit Bad, Kühlschrank, AC, Telefon und großen Balkonen (teils Meer-, teils Bergblick). Die große, gepflegte Anlage ist auch gut für Familien mit Kindern geeignet. Ein Restaurant und eine Bar sind angeschlossen, in einem Gemeinschaftsraum steht ein Sat-Fernseher. Zwei Personen bezahlen zwischen 50 und 75 € inkl. reichhaltigem Frühstück. Von Mai bis Anfang Oktober geöffnet. ✆ 2593061691, ℻ 2593061679, www.thassos-island.de.

*** **Hotel Natása (6)**, 35 Doppel- bzw. Dreibettzimmer mit Bad, AC, Kühlschrank und Balkon werden oben an der Durchgangsstraße für ca. 55–65 € inkl. Frühstücksbuffet angeboten. Großer Pool, Bar und Restaurant sind vorhanden, Liegewiese mit Olivenbäumen. Von Mai bis Oktober geöffnet. ✆ 2593061364, ℻ 2593062128.

*** **Hotel Achillíon (2)**, neues, großzügig gebautes Haus mit Pool, ruhig inmitten eines

Skála Potamiás – beliebtester Badeort im Nordosten

Olivenhains gelegen, das auch im Katalog deutscher Pauschalveranstalter zu finden ist. Achiléas Lambíris vermietet 32 Zimmer (bis zu 3 Betten) mit Kühlschrank, Bad und Balkon, diejenigen in den oberen Stockwerken sind zusätzlich mit AC ausgestattet. Dafür zahlt man zu zweit 40–60 € inkl. Frühstück, für die im EG 30–40 €. Von Mai bis Anfang Oktober geöffnet. ✆ 2593061842, ✆ 2593062115, www.hotel-achilion.gr.

** **Hotel Korina (10)**, zwischen Strand und Durchgangsstraße liegt die angenehme, ebenfalls bei Pauschalurlaubern sehr beliebte Anlage mit großem Pool, Basketballfeld, Tennis- und kleinem Spielplatz. Die 30 Ein-, Zwei- und Dreibettzimmer sind mit AC, Bad, Sat-TV, Minibar, Safe und Balkon komfortabel ausgestattet. Zu zweit bezahlt man zwischen 65 und 75 €, Frühstück wird mit 7 € pro Person berechnet. Von Mai bis Ende September geöffnet. ✆ 2593061200, ✆ 2593061701, www.hotelkorina.com.

** **Hotel Kamélia (12)**, kleine Anlage direkt am Meer, die über unterschiedlich große Zimmer verfügt. Alle sind mit Kühlschrank, AC, Bad und Balkon (Blick aufs Meer) ausgestattet. Zu zweit bezahlt man inkl. Frühstück 45–65 €. Hübsche Liegewiese mit Bar. Von Mai bis Oktober geöffnet. ✆ 2593061463, ✆ 2593061932, www.hotel-kamelia.gr.

** **Hotel Blue Sea (17)**, fast unmittelbar am Strand. Für eines der 15 Zwei- bis Vierbettzimmer mit Bad, AC, Kühlschrank, Fernseher, Balkon (fast alle haben Blick aufs Meer) zahlt man zwischen 40 und 50 €. Wenn man länger bleibt, gibt's Nachlass. Auf dem Dach sitzt man wunderschön in der mit riesigen Muscheln dekorierten Bar. Dort kann man auch frühstücken. Hinter dem Haus ist ein Garten, in dem die Kinder spielen können. Von Mai bis Oktober geöffnet. ✆ 2593061482.

* **Hotel Mourágio (29)**, oberhalb des Ortszentrums vermietet die nette Eléni Gretsíkou 20 Doppel-, Drei- und Vierbettzimmer mit Bad, Kühlschrank, AC, TV, Telefon, Heizung und großen Balkonen (größtenteils Blick aufs Meer) für 45–70 €. Alle sind sehr geschmackvoll eingerichtet, Frühstück wird gegen Aufpreis serviert. Von Ende April bis Anfang Oktober geöffnet. ✆ 2593062022, ✆ 2593062020, www.mouragio.gr.

Studios Verolíno (3), oben an der Durchgangsstraße vermietet Geórgios Komninós, der 17 Jahre in Berlin verbrachte, 7 Studios mit Bad und Balkon zum Preis von je 30–40 €. Großer Garten mit vielen Blumen und Kirsch-, Feigen- und Pfirsichbäumen. Sie spenden so viel Schatten, meint Geórgios, dass er sich die Klimaanlage sparen könne. Von Mai bis September geöffnet. ✆ 2593061938.

Pension Violéta (4), auch ziemlich weit oben an der Durchgangsstraße. 13 Doppel-, Drei- und Vierbettzimmer mit Bad, Kühlschrank, AC und Balkon, einige mit kleiner Küche, werden zum Preis von 30–50 € angeboten. Vorhanden ist auch ein Apartment. Darin können 4–5 Personen für 55–75 € unterkommen. Da mit riesigem Garten und

einem Spielplatz ausgestattet, ist die Pension auch für Familien gut geeignet. Von Mai bis September geöffnet. ✆ 2593061833.

Pension Koráli (13), direkt neben dem Hotel Blue Sea am Strand. Dímitra, die hervorragend Deutsch spricht, vermietet 6 DZ mit kleiner Küche, AC, Bad und Balkon (Blick aufs Meer) für 25–40 € sowie ein Apartment mit 4 Betten. In dem Gebäude befindet sich auch ein beliebtes Restaurant. Von Ende April bis Anfang Oktober geöffnet. ✆ 2593061484.

Essen und Trinken

Restaurant Kramvoússa (15), fast direkt am Strand sitzt man sehr schön unter einer Markise. Das Lokal gibt sich einen etwas edleren Touch: Zur Begrüßung werden Oúzo und Oliven serviert, anschließend Brot und Butter, manchmal Live-Musik. Große Auswahl, auch an Vorspeisen. Besonders schmackhaft fanden wir das Jouwétsi und den mit viel Knoblauch gewürzten Gartensalat; guter Hauswein. Zum Nachtisch bekamen wir eine leckere Überraschung. Auch Leser waren von dem Gebotenen ganz begeistert.

Restaurant Koráli (14), direkt daneben führt Sákis eines der ältesten Lokale von Skála Potamiás. Sehr gute Küche, zu den leckeren Mezédes wird deftiges Knoblauchbrot serviert. Neben feiner traditioneller Küche können wir auch die Pizzen und die Steakvariationen sehr empfehlen.

Restaurant Captain's (7), hat mittlerweile den Platz gewechselt, ist jedoch nach wie vor eine gute Adresse, wenn man Meeresfrüchte mag.

Tavérna To Stéki (9), „Alles Spezial", so der Wirt über seine beliebte Taverne an der Inselrundstraße. Über Mangel an Kundschaft braucht er sich trotz der recht abgeschiedenen Lage nicht zu beklagen. Recht große Auswahl an typisch griechischen Gerichten.

Táso's Tavérna (27), gleich zwei Jánnis führen zusammen das empfehlenswerte Lokal an der Uferstraße. Neben Fisch gibt es hier auch eine große Auswahl an Vorspeisen und Gerichten aus Kochtopf und Backofen, darunter auch Vegetarisches wie Briam. Nicht nur eine Gaumen-, sondern auch eine Augenfreude war z. B. der mit Tomaten, Zwiebeln und Käse gefüllte Kalamar. So liebevoll dekoriert kommt auf Thássos selten etwas auf den Tisch. Zum Nachtisch erhielten wir eine leckere Überraschung.

Restaurant Magic Coast (5), wunderschön sitzt man direkt am Meer in dem mehr als einen Kilometer nördlich vom Zentrum der Strandsiedlung gelegenen Lokal. Das Kontosoúvli am Spieß hat uns prima geschmeckt, lecker auch der Wein vom Fass.

Café Pizza Pélagos (1), ganz in der Nähe betreibt der nette Laskáris mit seiner Frau ein hübsches Strandlokal, das auch von Lesern sehr empfohlen wurde. Mit einem wunderbaren Blick aufs Meer kann man hier bei einem leckeren Frappé oder auch bei Pizza, Pasta & Co eine Pause machen bzw. den Tag ausklingen lassen. Sehr dezente Musik, die sich wohltuend vom üblichen Einerlei abhebt.

Tavérna Alkióni (8), nettes Lokal mit guter griechischer Küche an der Parallelstraße zur Uferstraße. Oft hängen mehrere Oktapódia an einer Leine zum Trocknen und warten

darauf, gegrillt zu werden. Sehr lecker!

Café Bar Thomai (25), das am Strand gelegene Café ist eine gute Adresse für leckere Eisbecher oder auch für ein frisch gezapftes bayrisches Bier. An heißen Tagen erfrischt am besten zerstoßenes Wassereis.

Sacharoplastíon Pastry Shop (22), schönes Terrassenlokal, in dem Leckermäuler ihre Lust auf Süßes mit Kuchen, Gebäck und Eis stillen können. Wer's lieber pikant mag, kommt bei Tirópitta und Sandwich auf seine Kosten.

Tavérna Ta Platánia, zwischen Skála Potamiás und Kínira liegt das schöne Lokal, das von einer netten Familie aus Potamiá geführt wird. So manch einer kommt wegen des offenen Rotweins immer wieder hierher, aber auch das Essen ist vorzüglich. Probieren Sie mal die Oktopuskefthédes oder die gebratenen Paprika. An Sommerabenden gibt's oft Live-Musik.

Nachtleben

Bar Mandragóras (28), bietet mit Bastsonnenschirmen fast tropisches Ambiente. Auch die Cocktails haben einen exotischen Touch, die Musik ist griechisch und international.

Ya Habibi (26), direkt daneben kann man in einem arabisch dekorierten Café eine Wasserpfeife rauchen und/oder exotische Drinks genießen.

Smile Bar (19), fungiert tagsüber als Strandbar, abends trifft man sich hier auf einen Drink. Fußballfans freuen sich über den Großbildschirm.

Eric's Pool Bar (16), ein Vergnügen der besonderen Art. Besitzer ist nicht Eric, sondern Strátos Papafilípou, der aber Eric Cantona, einem ehemaligen Fußballstar von Manchester United, verteufelt ähnlich sieht. Bis vor ein paar Jahren hatte er von diesem gar nichts gewusst, sich aber immer gewundert, warum besonders britische Touristen ihn in seiner Bar so anstarrten. Nachdem ihm jemand ein Foto Cantonas gezeigt hatte, flog er nach Manchester, wo ein unglaublicher Presserummel begann und der halbe Flughafen ein Autogramm von ihm wollte. Mittlerweile haben etliche Zeitungen und auch das griechische Fernsehen über ihn berichtet. Strátos nannte also seine Bar in „Eric's Bar" um, organisiert mittlerweile Beachfußballspiele und lässt sich gegen Entgelt an einem Abend pro Woche mit Touristen ablichten. Schlangen von v. a. britischen Urlaubern stehen dann geduldig wartend im Garten seiner Bar. Übrigens: Fußball spielte er auch und zwar bei Theagénis Thássos, einem Club in Liménas. Seine Bar, in der man auch Kleinigkeiten zu essen bekommt, ist tagsüber und nachts bis zum frühen Morgen geöffnet.

Arsanás – der Blickfang des Fischerhafens

Baden: Verglichen mit Chrissí Ammoudiá ist der Sandstrand von Skála Potamiás eher enttäuschend. Durch die Hafenmole ist das Meer hier meist völlig ruhig. Da der Strand dazu noch sehr flach abfällt, ist er aber immerhin absolut kindersicher. Auch hier gibt es natürlich Liegen- und Sonnenschirmverleih, ein Volleyballnetz, Umkleidekabinen etc.

Wanderung 6: Von Skála Potamiás nach Potamiá

Diese sehr gemütliche Tour führt Sie zunächst eben, dann sanft ansteigend vom Hafen bzw. vom Strand ins Mutterdorf hinauf, wo es drei Kafenía, eine Snackbar und eine gute Taverne gibt. Besonders im Frühling, wenn die Blumen blühen, bieten die Olivenhaine am Wegesrand ein reizvolles Bild. Für die etwa 4 km lange Tour (einfache Strecke) benötigen Sie etwa eine Stunde.

Vom **Arsanás** (WP 01) am Hafen gehen Sie nach Norden in Richtung Chrissí Ammoudiá. Nach etwa 200 m zweigt man hinter der **alten Mole** bzw. vor dem Hotel Kamélia nach links auf einen Pfad ab (WP 02), quert bald die Asphaltstraße nach Chrissí Ammoudiá und geht nun links vom betonierten Flussbett weiter.

Nach insgesamt 1,1 km erreicht man bei Eric's Pool Bar bzw. an der **Tankstelle** die Durchgangsstraße (WP 03).

Hier geht man nach rechts, um 250 m weiter unmittelbar hinter der **Pension Aréti** (WP 04) links einzubiegen. Vor dem etwas zurückversetzten Hotel **Ariádni** biegt man rechts ab, passiert dieses und hält sich an der nächsten T-Kreuzung links. Auf diesem Weg bleibt man, bis man erneut an eine T-Kreuzung kommt. Hier geht man rechts und an der darauf folgenden T-Kreuzung links. Wenige Meter danach sieht man linker Hand **ein kleines Haus mit großem Garten.** Hier zweigt man rechts ab und passiert wenige Meter später das an der Durchgangsstraße gelegene **Hotel Natása** (WP 05).

Für die zweite Hälfte der Wanderung biegt man hinter dem „Natása" links auf eine Erdstraße ein. Der Weg führt allmählich ansteigend und stets geradeaus etwa 1 km durch Olivenhaine, bis man auf ein asphaltiertes Sträßchen trifft, dem man nach rechts folgt (WP 06). An einem **Sägewerk** mit Schreinerei vorbeigehend, in dem dicke Baumstämme verarbeitet werden, kommt man nach 200 m zur Asphaltstraße (WP 07). Hier zweigt man nach links ab und erreicht auf dieser ständig aufwärtssteigend nach kaum 10 Minuten die **Platía** (WP 08), wo man sich am Dorfbrunnen oder in einem der Lokale erfrischen kann, bevor man z. B. das Vagís-Museum besucht.

Auf Thássos gibt es viele Bienenzüchter

Wenn Sie nicht mehr laufen möchten, können Sie mit dem Bus zurückfahren.

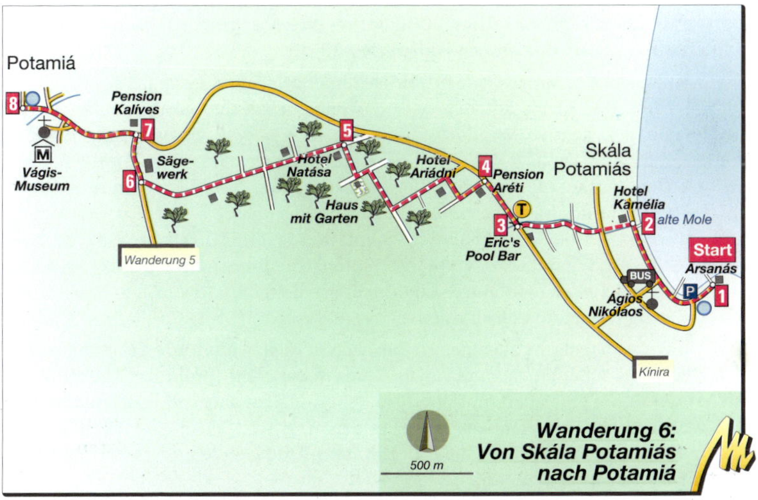

Der Olivenbaum ist im Inselsüden landschaftsprägend

Der Süden

Landschaftlich weniger spektakulär als der Nordosten, flacher und trockener. Dafür reihen sich hier mit die schönsten Inselstrände wie die Perlen einer Kette aneinander. Neben hervorragenden Bademöglichkeiten bietet der Süden ein umfangreiches Sightseeing-Programm: ein antikes Kultheiligtum, frühchristliche Basiliken, alte Dörfer mit inseltypischen Häusern und schönen Kirchen und nicht zuletzt ein interessantes Kloster. Daneben stößt man auf über 2000 Jahre alte Marmorbrüche und Relikte des Erzabbaus aus der ersten Hälfte des 20. Jh.

Die „Metropole" des Südens ist das quirlige **Limenária,** einst Zentrum des Bergbaus auf der Insel. Das Kleinstädtchen oder das nahe gelegene Touristenmekka **Potós** sind genau der richtige Standort für alle diejenigen, die Unterhaltung suchen. Weiter im Inselinnern liegt das unter Denkmalschutz stehende **Theológos,** ein ehemaliges Piratenschutzdorf. Seinen Bewohnern gehört u. a. der gesamte Küstenabschnitt von Kínira bis Pefkári. Ihre dortigen Olivenhaine boten Platz für Hotels und Tavernen, als die Schönheiten der **Sandstrände** Tripití, Pefkári, Psilí Ámmos, Astrís, Alikí und Parádissos vom internationalen Tourismus entdeckt wurden. Doch daneben findet man auch stille Buchten, die man sogar in der Hochsaison mit nur wenigen anderen teilen muss.

Ein Publikumsmagnet ist auch das Halbinselchen **Alikí.** Kultur und Erholung lassen sich hier prima unter einen Hut bringen. Ganz in der Nähe thront das Kloster **Moní Archangélou** wie ein Adlerhorst über der Küste – leider aber oft ziemlich überlaufen. Während fast jeder Thássos-Besucher den Weg nach Theológos findet, entdecken nur wenige das fast verlassene Dorf **Kástro.** Und gerade in dessen Umgebung kann man wunderbar wandern.

Kínira mit Loutrá

Gegenüber dem gleichnamigen Inselchen liegt die ca. 4 km lange Streusiedlung mit guten Bademöglichkeiten.

Nähert man sich Kínira von Norden, also von Skála Potamiás aus, bietet sich einer der schönsten Panoramablicke auf Thássos: eine dicht bewaldete, buchtenreiche Küste, deren Mittelpunkt ein markanter Felssporn bildet, um den sich die Häuser locker gruppieren. Die kleine Vorinsel im glitzernden Meer ist ganz nahe. Südlich des Sporns beginnt nach etwa einem Kilometer Loutrá, das ebenfalls keinen Dorfkern besitzt.

Im Winter leben nur etwa 200 Leute hier, viele Häuser stehen leer. Kínira und Loutrá sind nämlich eigentlich nur Außensiedlungen von Theológos, und die meisten Hauseigner kommen nur während der Saison herunter, um Zimmer an Touristen zu vermieten oder eine Taverne zu betreiben. Dabei war diese Gegend nicht nur seit uralter Zeit besiedelt, sondern hatte einst sogar große Bedeutung für die Insel. Wie schon Herodot berichtet, befanden sich hier wichtige Goldbergwerke. Und tatsächlich fanden 1981 Forscher des Heidelberger Max-Planck-Instituts zwischen Kínira und Potamiá in 340 m Höhe Gänge und Schächte, die bis zu 100 m in die Osthänge des Ipsárion-Gebirges hineinführten. Dank dieser Untersuchungen weiß man heute genau, dass hier zwischen 1000 v. Chr. bis etwa 800 n. Chr. intensiv Gold abgebaut wurde. Im 17. Jh., als Piraten die Küstenbewohner wieder mal besonders stark in Angst und Schrecken versetzten, zogen sich auch die Einwohner von Kínira in die Berge zurück und gründeten Theológos, die Ländereien am Meer gaben sie jedoch nie auf. Zum Glück, denn heute sind die strandnahen Grundstücke viel Geld wert.

Die dicht bewaldete **Insel Kínira** ist unbewohnt, denn es gibt dort kein Süßwasser. Sie befindet sich in Privatbesitz, ist aber frei zugänglich. Bootsfahrten dorthin werden bisher nicht angeboten, wer unbedingt hinüberfahren möchte, muss sich an einen der Fischer wenden.

Die Küste bei Kínira

Antiker Bergbau auf Thássos

In phönizischer, griechischer und frühbyzantinischer Zeit (von 1000 v. Chr. bis 800 n. Chr.) spielte der Bergbau auf der Insel eine bedeutende Rolle und trug viel zu ihrem Reichtum bei. Neben dem berühmten Marmor wurden Blei-, Kupfer- und Eisenerze abgebaut, vor allem aber versuchte man, das reiche Goldvorkommen auszubeuten, das der Insel in der Antike auch den Namen Chrysé, die Goldene, eingetragen hatte. Der Geschichtsschreiber Herodot erzählt, dass er die Goldbergwerke selbst gesehen habe, und er nennt auch genau den Ort: im Nordosten der Insel bei Kínira. Einen ganzen Berg habe man dort durchwühlt. Es gab aber, wie man heute weiß, damals noch sehr viel mehr Bergwerke auf der Insel. Die Lagerstätten waren im Besitz des Staates, der sie für einen bestimmten Zeitraum an private Unternehmer verpachtete.

Die Arbeit in einem Bergwerk war unvorstellbar hart. Deswegen wurden neben Sklaven – darunter wegen der engen Gänge sehr viele Kinder – vor allem Gesetzesbrecher zwangsverpflichtet. Baute man anfangs die Erze noch im Tagebau ab, so ging man bald dazu über, Stollen und Schächte anzulegen. Schutzvorrichtungen gab es so gut wie keine, so dass immer mal wieder ein Stollen einstürzte und die Arbeiter unter dem Gestein begraben wurden. Die Zugangs- und Erkundungsstollen waren so eng, dass man sich kriechend kaum darin fortbewegen konnte. Mit Spitzhämmern, einfachen Hämmern (Schlegeln) und Eisenspitzkeilen wurde das erzhaltige Gestein abgeschlagen. Manchmal löste man es auch mit Feuer, d. h. man erhitzte es und begoss es dann mit kaltem Wasser. Durch den Temperaturgegensatz bekam es Risse und Sprünge und konnte so leichter abgeschlagen werden. Nur selten gab es Frischluftstollen (Wetterstollen), so dass Rauch und Qualm oft nicht abzogen. Wegen der Hitze arbeiteten die Kindersklaven oft nackt bzw. nur mit einer Art Lendenschurz bekleidet. Tönerne Grubenlampen sorgten für Licht. Um diese aufstellen zu können, schlug man Aushöhlungen in die Wände.

Das erzhaltige Gestein wurde in Körben oder auch in Säcken durch die Stollen geschleift und dann mit Hilfe von Leitern zu Tage gefördert. Bis zu 20 Kilo schwer soll ein solcher Korb oder Sack gewesen sein. Dass viele Arbeiter krank wurden und früh starben, ist angesichts der Arbeitsbedingungen kaum verwunderlich, zumal sie sich kaum Pausen gönnen durften, wofür die peitschenschwingenden Aufseher sorgten.

Verbindungen/Adressen/Einkaufen

• *Verbindungen* Kínira, an der Inselrundstraße gelegen, ist 21 km von *Liménas* und 20 km von *Limenária* entfernt. Die Bushaltestelle befindet sich südlich des Felssporns an der Asphaltstraße.

• *Einkaufen* Außer dem **Supermarkt** oberhalb des Felssporns, der Obst, Strandartikel, Getränke und Eis verkauft, gibt es nahe der Bushaltestelle einen **Kiosk**.

Übernachten/Essen und Trinken

• *Übernachten* Zahlreiche Hotels und Pensionen findet man entlang der Asphaltstraße und an den Stichwegen zur Küste bzw. zu den an den Ausläufern des Ipsárion-Gebirges liegenden Olivenhainen. ** **Hotel Sylvia**, im nördlichen Ortsteil an der zum Meer hinabführenden Stichstraße. Mit 32 Zimmern eines der größeren Häuser in Kínira, das auch an Pauschaltouristen vermietet. Die freundlich eingerichteten DZ mit AC, Bad, Kühlschrank und Minibar sowie in der Regel sehr großen Balkonen (teilweise mit Blick aufs Meer) kosten je nach Saison inkl. Frühstück 40–65 €, auf Wunsch ist auch Halbpension möglich. Im Garten gibt es einen Swimmingpool und eine Bar, eine weitere befindet sich im Haus. Von Anfang Mai bis Mitte Oktober geöffnet. ✆ 2593041246, 📠 2593041247.

Pension Fáros, das Haus auf der Felsnase fällt schon von weitem auf. Einen Leuchtturm („Fáros") gibt es zwar nicht, aber vielleicht stand hier einst ja mal einer. Oberhalb der Taverne vermietet María, die sehr gut Deutsch spricht, 6 schöne DZ mit Bad, AC, Kühlschrank und kleinen Balkonen (Blick aufs Meer), inkl. Frühstücksbuffet kosten sie ca. 40–60 €. Von Mai bis Ende September geöffnet. ✆/📠 2593041220.

Studios Agorastós, südlich des Felssporns an der Durchgangsstraße. Familie Dalgianákis arbeitete jahrelang in Deutschland und errichtete nach ihrer Rückkehr vor einigen Jahren die kleine, gemütliche Unterkunft. Vermietet werden 15 geschmackvoll eingerichtete Studios mit Bad, Sat-TV und AC. Von den Balkonen hat man einen atemberaubenden Blick aufs Meer und die Insel Kínira. Inkl. Frühstücksbuffet zahlt man zu zweit 37–45 €; viele Deutsche kommen seit Jahren immer wieder. Von Ostern bis Oktober geöffnet. ✆ 2593041225, ✆/📠 2593041258, www.thassos-island.de.

Haus Sofis, die herzliche Sofía bezeichnet Deutschland als ihre eigentliche Heimat, schließlich sei sie dort aufgewachsen. Dennoch kehrte sie mit Jánnis aus Theológos nach Thássos zurück, und seit fast 20 Jahren führen die beiden mit viel Schwung ihre wunderschön am Hang gelegene Pension. Viele Stammgäste, für die man sogar einen Stammtisch aufgestellt hat. Die hübschen Zimmer mit Balkon (tolle Aussicht!), Bad, Kühlschrank und Heizung sowie die Apartments mit zwei Schlafräumen werden zum Preis von 38–45 € bzw. 60–70 € vermietet. Gegen Aufpreis gibt es ein reichhaltiges Frühstück. Auf Anfrage ganzjährig geöffnet. In der angeschlossenen Pizzeria backt Jánnis leckere Teigfladen, außerdem gibt's gute Pasta – auch Leser rühmten die italienischen Kochkünste der beiden. ✆/📠 2593041260, www.thassos-island.de.

• *Essen und Trinken* **Tavérna o Fáros**, schön auf der Felsnase gelegen. Von der Terrasse mit einem stattlichen Maulbeerbaum hat man einen schönen Blick auf die Vorinsel. Die herzliche María Metaxaniádou arbeitete lange Jahre bei Henkel in Düsseldorf und bekocht nun viele griechische und ausländische Gäste. Stolz ist sie auf ihr eigenes Öl, das sie auch verkauft.

Tavérna Agorastós, schon allein auf der weinbelaubten Terrasse zu sitzen, ist ein Genuss. Nicht nur wegen der traumhaften Aussicht auf die Vorinsel und den Strand, sondern auch wegen der von Künstlern aus Thessaloníki angefertigten, originellen Wandbilder. Hier gibt es eine reichhaltige Auswahl an schmackhaften Gerichten.

Mittagsruhe in der Bucht von Alikí

Baden: Die Strände von Kínira und Loutrá fallen flach ab und sind deshalb für Kinder gut geeignet.

Nördlich des Felssporns mit dem Restaurant Fáros liegt der schmale, durch mehrere Zufahrtswege erschlossene **grobkieselige Kínira Beach.** Hinter der Felsnase zieht sich ein schmaler **Kies-Sand-Strand** nach Süden, die **Paralía Loutroú,** manchmal wird ihr nördlicher Abschnitt auch als Athanásios-Strand bezeichnet. Hier kann man Sonnenliegen und -schirme mieten, einige Restaurants befinden sich in der näheren Umgebung. Man erreicht den Strand über drei Zufahrtswege: gegenüber der Tavérna Agorastós, 150 m hinter den Roúla-Apartments und an den Bungalows Loutroú.

Absolutes Highlight und eines der Postkartenmotive von Thássos ist jedoch der weite, von dichtem Wald eingerahmte **Parádissos Beach,** auch Makríammos genannt, südlich von Loutrá. Feinster Sand und kristallklares Wasser lassen die Herzen aller Badefans höher schlagen. Am südlichen Ende findet man auch **Nacktbader.** Wem im Hochsommer der Trubel zu groß wird, kann sich auf den Felsen im Norden sonnen. Gute touristische Infrastruktur: Vermietung von Sonnenschirmen und -liegen, Volleyballnetze, mehrere kleine Bars, die auch Snacks anbieten. Über zwei gut befahrbare Zufahrtswege (beschildert) kommt man zum Strand, wo es ausreichende Parkmöglichkeiten gibt. Wer länger bleiben möchte, kann in der oberhalb gelegenen gepflegten **Pension Agátha** übernachten (✆ 2593051925).

Alikí

Von der Antike bis heute übte die kleine, fußförmige Halbinsel im Südosten von Thássos eine magische Anziehungskraft aus. Waren es einstmals die wertvollen Marmorvorkommen und heiligen Stätten, so locken heute neben diesen historischen Sehenswürdigkeiten zwei wunderschöne Badebuchten und mehrere Tavernen. Im Sommer ist Alikí rappelvoll.

Vieles gibt es hier zu sehen, so dass man stundenlang auf dem dicht mit Olivenbäumen und Kiefern bewachsenen Sporn herumspazieren kann. Antike Marmorsteinbrüche fast rundherum, Kulthöhlen, Tempelruinen aus ionischer Zeit, römische Gräber, frühchristliche Basiliken und eine kleine Höhlenkirche sind dabei zu entdecken. Und wer sich müde gelaufen hat, der kann sich durch ein Bad im kristallklaren Meer erfrischen – entweder in einer der die Halbinsel gegen das Festland hin begrenzenden sichelförmigen Badebuchten oder in den vom Meerwasser überspülten, wannenartigen Vertiefungen der alten Marmorbrüche.

Alikí war nie ein richtiges Dorf. Die Ländereien gehörten Bewohnern von Theológos, die hier saisonal – während der Olivenernte – in einfachen Behausungen wohnten (mittlerweile dienen diese meist als Tavernen). Glücklicherweise darf auf der Halbinsel heute nicht mehr gebaut werden, der Denkmalschutz hat gerade noch rechtzeitig die Bedeutung und Schönheit des historisch wertvollen Anhängsels der Südküste erkannt. Neue Hotels und Restaurants entstanden deshalb entlang der Asphaltstraße, schließlich will man ein Stückchen vom Tourismuskuchen abhaben.

Verbindungen/Adressen/Einkaufen

- *Verbindungen* Alikí liegt unterhalb der Inselrundstraße. 30 km sind es bis *Liménas*, 25 km bis *Limenária*. Die Bushaltestelle befindet sich oben am Parkplatz.
- *Einkaufen* Im **Minimarkt** nahe beim Parkplatz bekommt man alles, was man für einen Tag am Strand braucht.

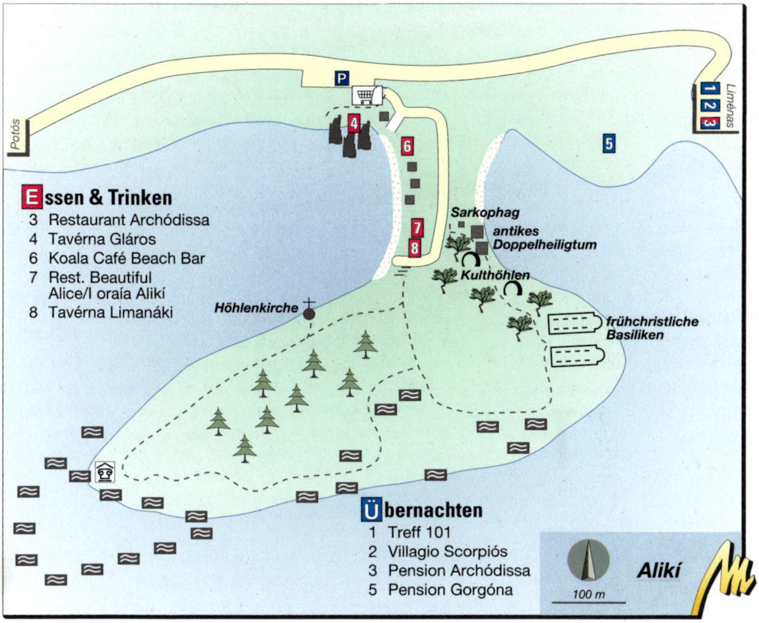

Übernachten/Essen und Trinken

• *Übernachten* **Villagio Scorpiós (2)**, östlich der Halbinsel an der Straße, durch zurückgesetzte Lage dennoch ruhig. 6 einzeln stehende Häuser, 3 davon sind für eine vierköpfige Familie geeignet, die anderen sind mit je 2 Studios ausgestattet. Alle verfügen über Bad, Balkon und Kochnische. Direkt unterhalb der Anlage befindet sich ein kleiner Felsstrand, der über Treppen zu erreichen ist. Bei Familie Vassiloúdis kostet ein Studio 30–45 €, eines der Familienhäuschen je nach Saison zwischen 50 und 70 €, angeschlossen ist eine Taverne. Von Mai bis Oktober geöffnet. ✆/℻ 2593031531.

Pension Gorgóna (5), die nette Paolína vermietet gegenüber vom gleichnamigen Restaurant 12 DZ mit Bad, AC und Balkon, teilweise hat man Blick zum Meer. Zur Verfügung stehen auch eine Gemeinschaftsküche und ein Aufenthaltsraum. Von April bis Oktober zahlt man zwischen 30 und 45 €, Frühstück gegen Aufpreis. ✆ 2593031569.

Treff 101 (1), östlich der Halbinsel liegt die kleine Anlage oberhalb der Asphaltstraße zwischen Olivenbäumen. Bei dem netten Ehepaar Tsilogeórgi, das Deutsch spricht, kann man für 30–40 € eines der 3 gut ausgestatteten Familienapartments mieten (jeweils 2 Zimmer, Kochnische, AC, Bad und 2 Balkone, einer davon mit Blick aufs Meer). Ab und zu kann man der Wirtin Zoí zusehen, wie sie nach traditioneller Art einen Braten im frei stehenden Backofen gart. Von Mai bis Oktober geöffnet. ✆ 2593031529.

Pension Archódissa (3), ebenfalls östlich der Halbinsel oberhalb der Straße gelegen, auch erkennbar an dem über der Fahrbahn baumelnden Tintenfisch. Familie Kúzis hat 16 praktische Zwei-, Drei- und Vierbettzimmer mit Kühlschrank, AC, Bad und Balkon (teilweise Blick aufs Meer) im Angebot. Für 2 Personen kosten sie je nach Saison 35–45 €, Frühstück gegen Aufpreis. Von Mai bis Ende September geöffnet. ✆/℻ 2593031552.

Privatzimmer mit Bad und Gemeinschaftsküche, oben an der Asphaltstraße gelegen, vermittelt die Tavérna Gláros. ✆ 2593031547.

• *Essen und Trinken* **Restaurant Archódissa (3)**, der über der Fahrbahn baumelnde Oktopus macht auf das hoch über der Straße

Der Süden

gelegene Lokal aufmerksam. Mittlerweile hat Sohn Tásos das Ruder übernommen, doch tut das der Qualität keinen Abbruch. Die Mutter führt nach wie vor in der Küche das Regiment, und der Vater hat jetzt endlich genügend Zeit zum Fischen. Probieren Sie hier einmal den Oktopus vom Grill, wir waren von dem saftigen Fleisch ganz begeistert. Außerdem gibt es ein großes Angebot an Vorspeisen und Gerichten aus dem Kochtopf. An kühlen Abenden sitzt man gemütlich um den Kachelofen und lässt sich Tásos' selbst gekelterten, sehr empfehlenswerten Rotwein schmecken.

Tavérna Gláros (4), schönes Terrassenlokal auf einem Felsen mit Blick auf den Sandstrand. Gute griechische Küche.

Beautiful Alice/I oraía Alikí (7), am Sandstrand. Hier schwingt, nein, nicht Alice, sondern Sotiría den Kochlöffel und lockt damit viele Gäste an. Im Angebot besonders viele Fische, vom Oktopus, der dekorativ zum Trocknen an der Leine über der Balkonbrüstung hängt, bis zum Kalamar, vom Gávros für den kleinen Geldbeutel bis zu größeren Fischen fürs gut gefüllte Portemonnaie.

Tavérna Limanáki (8), ebenfalls am Sandstrand (hier wird Deutsch gesprochen). Auf der hübschen Terrasse mit Weinlaub und herunterbaumelnden Kürbissen lässt sich's gut sitzen, zumal Stélios eine große Auswahl an Fischgerichten, Gemüse (z. B. frittierte Paprika und Zucchini) und Salaten zu bieten hat. Nach all den Jahren in der Fremde, erzählte uns Stélios, sei er nun doch froh, wieder auf dem geliebten Thássos zu sein. Besonders glücklich ist er, wenn er die Zeit findet, mit seiner Wárka zum Fischen hinauszufahren.

Koala Café Beach Bar (6), wer nur den kleinen Hunger verspürt, findet hier das Richtige: verschiedene Sandwichs, Toasts, Nudelgerichte, Salat. Die kleine Terrasse mit Korbstühlen unter einer mit Wein belaubten Pergola ist aber auch ein schöner Platz für eine Kaffeepause oder die Happy Hour.

Baden: Die Thassioten nennen Alikí nicht zu Unrecht „die Badewanne der Insel", denn immer mehr Besucher kommen zum Relaxen auf die kleine Halbinsel. Im Sommer kann der Parkplatz die zahlreichen Fahrzeuge oft nicht mehr fassen. Man hat die Wahl zwischen zwei Stränden am Hals des Sporns, wobei vor allem der flach abfallende Sandstrand in der westlichen Bucht beliebt ist. Weniger turbulent geht es am Kieselstrand in der östlichen Bucht zu. Außerdem lässt es sich in den vom Meer überspülten, wannenartigen Vertiefungen an der Spitze der Halbinsel gut baden. Auf sie bezieht sich das geflügelte Wort von der „Badewanne der Insel", denn in diesen Marmorwannen heizt sich das Wasser besonders auf.

Weitere Bademöglichkeiten in der Nähe Alikís: Unmittelbar westlich der Halbinsel liegt die sehr saubere **Kiesbucht Richá**. Noch mehr Ruhe als dort findet man an den 2 km nordöstlich von Alikí gelegenen **Stränden von Ágios Ioánnis**, die nur durch eine Felsnase voneinander getrennt sind. Man kann sie von der Straße aus über eine Sandpiste erreichen, die Abzweigung befindet sich nahe einem Hinweisschild auf die „Ancient Site of Ágios Ioánnis Loukás". Die spärlichen Grundmauerreste der gleichnamigen Basilika sieht man, wenn man dem Weg etwa 400 m weit abwärts folgt, oberhalb des Hauptstrands der Bucht.

Rundgang

Unbedingt empfehlenswert ist der etwa einstündige Rundgang um die kleine Marmorhalbinsel, stößt man doch auf dem teilweise recht dicht mit Kiefern und auch Olivenbäumen bewachsenen **„heiligen Hügel"** beinahe auf Schritt und Tritt auf antike und byzantinische Sehenswürdigkeiten. Im Sommer sollten Sie den Rundgang sehr früh am Morgen oder gegen Abend machen, wenn die Touristenbusse noch nicht da bzw. schon wieder abgefahren sind.

Vom Parkplatz geht man zum „Hals" des Sporns abwärts, biegt aber nicht zur Sandstrandbucht ab, sondern benutzt den gepflasterten Fahrweg, bis man die Rückseite der Taverne **Beautiful Alice/I oraía Alikí** erreicht. Schräg gegenüber betritt man durch einen gemauerten Eingang die archäologische Ausgrabungsstätte. Eintritt frei.

Antikes Doppelheiligtum

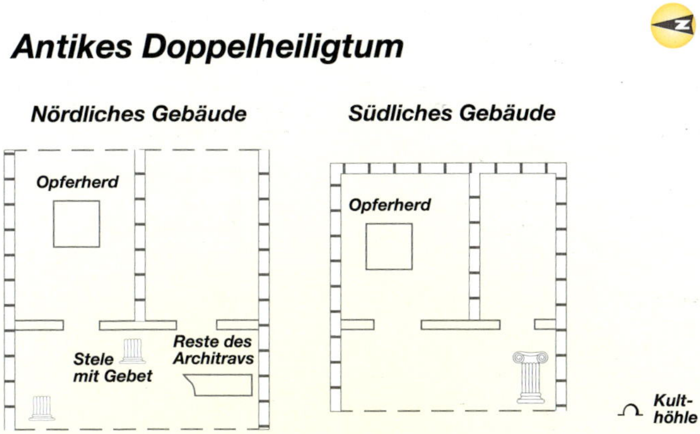

Frühchristliche Basiliken

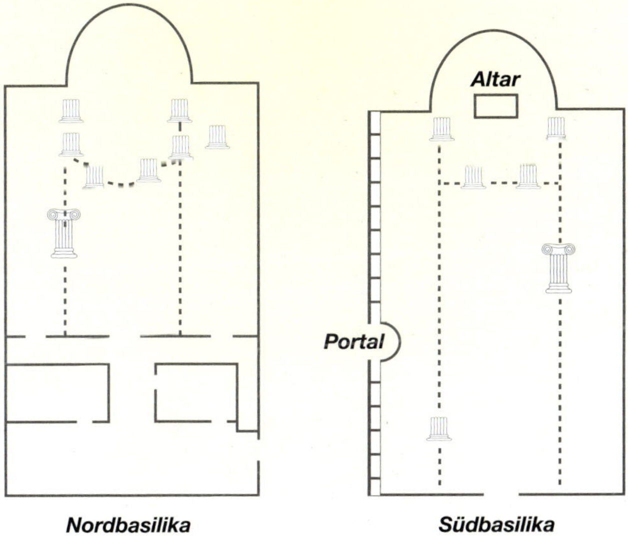

Die frühchristlichen Basiliken hatten schon beachtliche Ausmaße

Nach ca. 50 m kommt man zu einem **Sarkophag aus der Römerzeit,** der durch seine Größe beeindruckt. Der Weg führt weiter zu dem **antiken Doppelheiligtum** aus dem 7. vorchristlichen Jahrhundert, d. h. aus der Zeit, als Thássos von den ionischen Pariern kolonisiert wurde. Zwei nebeneinanderliegende, nahezu quadratische Grundmauern sind zu sehen; außerdem kann man erkennen, dass sich im Westen jeweils eine Säulenvorhalle befand. In der des etwas größeren, nördlichen Heiligtums hat man den unteren Teil einer kanellierten Säule wieder aufgerichtet. Auf dem Boden finden sich hier auch noch Reste des Architravs, des einst von den Säulen getragenen waagerechten Balkens, außerdem eine Stele mit eingeritztem Gebet sowie Platten mit eingemeißelten Namen. Jeweils im linken der beiden eigentlichen Heiligtumsräume erkennt man die Fundamente der Opferherde. Rechts neben der einzigen wieder aufgestellten Vorhallensäule des Südheiligtums fällt eine Aushöhlung in der Felswand auf. Hier befand sich in der Antike eine möglicherweise Apoll geweihte **Kulthöhle.** Eine zweite Kulthöhle findet man, wenn man hinter dem südlichen Heiligtum den gepflasterten Weg aufwärts steigt. Unmittelbar bevor man die Reste der beiden frühchristlichen Basiliken erreicht (sie sind schon zu sehen), geht man einige Meter nach links und kommt zu einer eingezäunten Erdspalte. Wie zahlreiche Funde belegen, wurden darin bis in die Römerzeit kultische Zeremonien abgehalten.

An den Grundmauern der beiden **frühchristlichen Basiliken** aus dem 5. Jh. n. Chr. sowie an den wieder aufgerichteten weißen Marmorsäulen wird deutlich, dass beide dreischiffig waren und die Apsis sowie das Allerheiligste jeweils durch Säulen, zwischen denen sich Reliefplatten befanden, abgetrennt waren. Bei der nördlichen Basilika könnte es sich um ein Baptisterium gehandelt haben (mit Säulenstellung und durchbrochener Marmorbrüstung um das Becken). Es macht Spaß, zwischen den Ruinen herumzustöbern. Ein Ort zum Verweilen, der zudem einen zauberhaften Blick aufs Meer bietet. Rechts sind schon die ersten antiken Marmorsteinbrüche zu sehen.

Ein Gewirr von z. T. nicht immer einfach zu begehenden Pfaden führt Richtung Südwestspitze. Halten Sie sich am besten möglichst nah an der Küste. Die gesamte Küste entlang und auch im Innern der Halbinsel sieht man nun unzählige **antike Marmorsteinbrüche.** Wenn man sich die senkrechten, in der Sonne schimmernden Wände genauer anschaut, erkennt man noch heute Spuren der antiken Werkzeuge. Man ahnt, was für eine Schinderei es damals gewesen sein muss, die großen Blöcke aus dem Fels herauszumeißeln und sie auf die Schiffe zu verladen, die sie dann übers Mittelmeer zu ihren Bestimmungsorten brachten. In der Blütezeit Roms z. B. schätzte man die gute Qualität des blendend weißen Marmors aus Alikí sehr. Erreicht man, mal aufwärts-, mal abwärtsgehend, das Ende der Halbinsel, wird deutlich, wie stark der vom 6. Jh. v. Chr. bis zum Beginn des 7. Jh. n. Chr. andauernde Marmorabbau diese verkleinert hat. Was von weitem wie Felsen im Meer aussieht, sind in Wirklichkeit die Reste früherer Steinbrüche. Die einstige Südwestspitze ist vollständig den Meißeln der Marmorarbeiter zum Opfer gefallen. Bei ruhiger See kann man gut zwischen den aus dem Meer herausragenden Überresten herumschnorcheln, die z. T. flachen Marmorplatten und wannenartigen Vertiefungen sind auch bei Sonnenanbetern sehr beliebt. Diesen Vertiefungen verdankt Alikí – das Wort bedeutet Saline – wohl auch seinen heutigen Namen. Manche werden nur bei Sturm überspült, und wenn die Sonne das Meerwasser hat verdunsten lassen, bleiben Salzkrusten zurück, die die Einheimischen abkratzen und als Speisesalz verwenden.

Marmor besteht im Wesentlichen aus Kalk- bzw. Dolomitspat und ist durch Metamorphose aus sedimentärem Kalkgestein, d. h. aus uralten Meeresablagerungen, entstanden. Reiner Marmor wie der in Alikí ist weiß, enthält er Eisenoxyd, hat er eine rote bis gelbe Farbe, Chloritbestandteile lassen ihn grünlich schimmern, Graphit gibt ihm ein graues bis schwarzes Aussehen.

Die Nordküste entlang wandert man zurück zum Sandstrand. Etwa 100 m vor dem Ziel führen links ein paar Stufen zu einer kleinen **Höhlenkirche** hinab, deren Lage (beinahe senkrecht über der Felsenküste) beeindruckt. Ansonsten hat sie nichts Besonderes zu bieten; über ihr Alter konnten wir leider nichts in Erfahrung bringen.

Zwischen Alikí und Potós

Schöne Badebuchten, die mehr oder weniger touristisch erschlossen sind, sowie ein sehenswertes Kloster sind die Highlights in dieser südlichsten Region der Insel. Übernachtungsmöglichkeiten und Tavernen gibt es an den Stränden oder entlang der Asphaltstraße.

Kékes Beach

Zwischen zwei markanten Felsnasen eingezwängt liegt die kleine steinige Bucht, in der auch in der Hochsaison nicht allzu viel los ist. Ein Platz, der sich besonders zum Schnorcheln eignet.

Der Zugang befindet sich beim Hinweisschild „Skídia Ancient Tower and Farmhouse". Die wenigen Reste dieser alten Gebäude sind eingezäunt und liegen oberhalb der Bucht rechts vom Zufahrtsweg. Die letzten Meter zum Meer muss man dann zu Fuß hinabsteigen.

Ein Teil der alten Steinbrüche ist heute von Wasser überflutet

• *Essen und Trinken/Übernachten* Kurz nach der Zufahrt zum Strand führt eine Piste (beschildert) zu der gemütlichen **Tavérna Skídia** auf einer der Felsnasen. An heißen Sommertagen lässt es sich hier unter würzig duftenden Kiefern gut aushalten. Empfehlenswerte griechische Küche, auch viel Fisch, den der Wirt selbst fängt. Am Strand ist man in drei Minuten; man kann aber auch über Leitern die Felsen zum Wasser hinabklettern. Zum Preis von 38–55 € werden mit Kühlschrank, Bad, AC, Sat-TV und Balkon ausgestattete **Zimmer** (2–3 Personen) vermietet, Frühstück gegen Aufpreis. Von Mai bis Oktober geöffnet. ✆/℻ 2593031528, www.kekesbeach.gr.

Thimoniá

Unterhalb des gleichnamigen Weilers liegt der Thimoniá Beach. Die Häuser der zu Theológos gehörenden Außensiedlung werden hauptsächlich zur Zeit der Olivenernte bewohnt, ständig leben dort oben lediglich zwei Familien. Unten am Sandstrand geht es auch im Sommer noch relativ ruhig zu. Die Bushaltestelle befindet sich an der Asphaltstraße.

• *Übernachten* In einem schönen Garten mit Obstbäumen steht das mehrstöckige Hotel **Thimoniá**. Die angenehmen Studios mit AC, Bad und Balkon kosten 50–65 €, die Apartments (2 Schlafzimmer, Kühlschrank, z. T. auch Kochnische) ca. 60–80 €. Zur Verfügung stehen eine komplett eingerichtete Gemeinschaftsküche und eine kleine Bar. Gegen Aufpreis kann man Frühstück bekommen. Von April bis Oktober geöffnet. ✆ 2593031561, ℻ 2593031562.

Wanderung 7: Von Thimoniá nach Theológos

Über die Berge wandert man etwa 16 km (einfache Strecke) vom zwischen Alikí und Potós gelegenen Strand des Weilers Thimoniá hinauf nach Theológos. Zwar muss man insgesamt einen Anstieg von etwa 400 Höhenmetern bewältigen, doch alles in allem geht es recht gemütlich aufwärts. Unterwegs genießt man schöne Ausblicke auf die Südküste und das Massiv des Tríkorfon und kann außerdem die

Arbeit in einem Marmorsteinbruch beobachten. Nehmen Sie Wasser und Proviant mit, Verpflegungsmöglichkeiten gibt es unterwegs nicht. In Theológos warten aber gute Tavernen auf Sie. Von dort können Sie am Nachmittag mit dem Bus nach Potós, Limenária oder auch nach Alikí zurückfahren. Wer mit dem eigenen Fahrzeug kommt, kann dieses schräg gegenüber dem WP 01 an der Straße auf einem kleinen Platz abstellen.

Der Startpunkt der Wanderung befindet sich in einer Linkskurve der Asphaltstraße (bei dem **Schild „Ancient Tower of Thimoniá"**) etwa 300 m nach dem Thimoniá-Hotel Richtung Potós. Im spitzen Winkel zweigt nach rechts

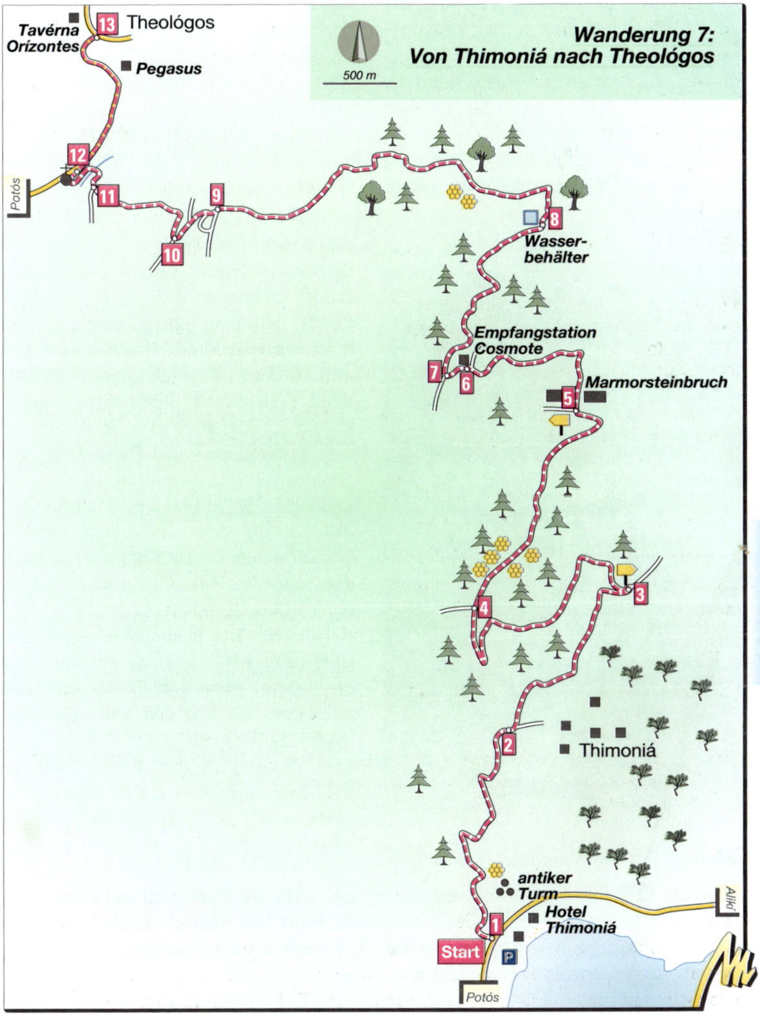

eine Erdpiste ab (WP 01). Diese führt zwischen jungen Kiefern den Hang hinauf. Nach 500 m kann man einen kurzen Abstecher durch einen Olivenhain zu den Resten des antiken Turms von Thimoniá machen. Zurück auf dem Wanderweg passiert man bald einige Bienenstöcke und sieht wenig später den zu Theológos gehörenden **Weiler Thimoniá** rechts liegen, zu dem eine weitere Erdpiste abzweigt (WP 02). Sie aber bleiben auf dem bisher begangenen Weg. Die zahllosen Olivenbäume, die sich fast bis an die Küste hinunter erstrecken, gehören den Bewohnern von Theológos – oben im Dorf gedeiht der Ölbaum nicht, deshalb müssen die tiefer gelegenen Ländereien zum Anbau genutzt werden.

Imker bei der Arbeit

Etwa 1,5 km nach der Abzweigung zu dem Weiler geht man an einer **Gabelung mit hölzernen Wegweisern** (WP 03) links in Richtung Theológos (der rechte Weg würde einen nach Alikí bringen). Man läuft nun in einem jungen Kiefernwald und kommt nach weiteren 2 km erneut zu einer Abzweigung (WP 04), die man jedoch unbeachtet lässt. Bald passiert man bunte Bienenstöcke und erreicht wiederum 2 km weiter erneut eine Gabelung (WP 05). Geradeaus führt die Piste abwärts nach Potós, Sie gehen aber rechts und durchqueren wenige Minuten später einen **Marmorsteinbruch,** wo Sie zuschauen können, wie das begehrte Gestein abgebaut wird.

Nun geht es noch etwa 1,3 km durch **Kiefernwald** aufwärts, dann ist bei der **Empfangsstation der Telefongesellschaft Cosmote** (WP 06) der höchste Punkt der Wanderung erreicht. Der Blick schweift hinüber nach Theológos und zu dem höher gelegenen, weitgehend verlassenen Ort Kástro hinauf. Gehen Sie hier und auch an der 150 m weiter gelegenen Gabelung (WP 07) geradeaus. Nun wandert man abwärts, und bald zeigen einzelne Platanen an, dass es in der Gegend recht viel Wasser geben muss. Knapp 2 km nach der Cosmote-Station passiert man einen **Wasserbehälter** (WP 08), hält sich 3 km danach an einer auffälligen **Gabelung** (WP 09) geradeaus und biegt dann an der übernächsten Abzweigung (WP 10) rechts ab. Die bald folgende Abzweigung (WP 11) lässt man unbeachtet und kommt so, ein Bachbett querend, 350 m weiter bei einem weißen **Minikapellchen** auf die Asphaltstraße (WP 12). Folgen Sie dieser noch ca. 1,3 km nach rechts bis zum Ortsanfang von **Theológos** (WP 13), wo man es sich in einer seiner zahlreichen Tavernen gut gehen lassen kann.

So leer trifft man das Kloster im Sommer kaum an

Kloster Archangélou

Das Erzengelkloster, das meistbesuchte Kloster auf Thássos, liegt festungsartig hoch über einem Steilhang an der Inselrundstraße fast genau in der Mitte zwischen Alikí und Astrís. Seine dicken Mauern wirken wehrhaft und abweisend, im Innern herrscht aber, wenn nicht zu viele Besucher da sind, eine angenehme und freundliche Stimmung. Sehenswert sind der gepflegte Klosterhof und die zahlreichen gut erhaltenen Ikonen in der Kirche. Und geradezu grandios ist der Blick hinüber zum Berg Áthos.

Seitdem in den letzten Jahren zahlreiche orthodoxe Touristen aus Bulgarien, Rumänien, Serbien und auch Russland nach Thássos reisen, erlebt das Kloster einen regelrechten Besucheransturm. Wenn im August dann auch noch Festlandgriechen auf die Insel kommen, ist der Parkplatz mit Bussen, Pkws und Bikes schnell überfüllt, und das eigentlich hübsche und heimelige Kloster verliert dann viel von seiner Atmosphäre. Besuchen Sie es während der Hochsaison also am besten sehr früh am Morgen.

Wie oft in Griechenland ist auch die Gründung dieses Klosters mit einer Legende verbunden. Um das Jahr 1100 lebte der asketische Mönch Loukás in der Gegend des heutigen Dorfes Theológos. Als er sich einmal unten an der Steilküste aufhielt, soll ihm der Erzengel Michael erschienen sein und ihm den Auftrag gegeben haben, hier eine Kirche zu bauen. Gleichzeitig soll er dem Mönch prophezeit haben, dass dieser in drei Jahren sterben werde. Um den staunenden Loukás von der Echtheit seiner Erscheinung zu überzeugen, schlug er mit einem Stock auf den Felsboden, aus dem daraufhin Wasser sprudelte. Genau über dieser Quelle errichtete Loukás eine Kirche und lebte von nun an hier als Einsiedler, bis er genau drei Jahre nach der Erzengelerscheinung starb.

Später erweiterte man die Einsiedelei zu einem Kloster, das dem Áthos-Kloster Philothéou unterstand. Erst in den 60er Jahren des 20. Jh. wurde es verlassen und drohte zu verfallen, bis es 1974 von engagierten Nonnen übernommen wurde und seither – was nicht zuletzt die große Bautätigkeit zeigt – zu neuer Blüte kam. Es untersteht aber immer noch den Mönchen von Philothéou.

Die Quelle des Erzengels sucht man heute vergebens. Sie sei, nachdem sie drei Türken aus Neid wegen der vielen christlichen Pilger zu verschmutzen versucht hätten, sofort versiegt. „Weit entfernt", so eine der Nonnen zu uns, „in einer Höhle", sei sie wieder entsprungen. Wo genau sich diese Höhle befindet, konnte sie uns allerdings nicht sagen. Die drei Türken sollen jedenfalls für ihre Schandtat vom Erzengel Michael mit dem Tod bestraft worden sein.

Rundgang

Betritt man den Gebäudekomplex durch das mächtige, von einem Bild des Erzengels gekrönte Tor, fühlt man sich sofort in eine andere Welt versetzt. Freundlich, fast anheimelnd wirkt die Anlage in der hier doch recht kargen Umgebung. Man durchquert zunächst einen auf zwei Ebenen angelegten, lang gezogenen Vorhof und steigt dann über eine Treppe zum Zentrum des Klosters hinab, einer nach Süden ausgerichteten großen Terrasse, von der aus man einen wunderschönen Blick auf das Meer und den Áthos-Finger hat. Wie uns eine Nonne erzählte, kann man in klaren Nächten die Lichter mehrerer Áthos-Klöster sehen.

Wie der Erzengel Michael eine Reliquie rettete

Nicht nur für Wasser in dieser trockenen Gegend soll der Erzengel Michael gesorgt haben, nach der festen Auffassung der frommen Nonnen ist er auch dafür verantwortlich, dass das Moní Archangélou im Besitz einer wundertätigen Reliquie ist. Das Áthos-Kloster Philothéou hatte einst vom byzantinischen Kaiser Nikiphóros Votaniátes einen Teil eines der Nägel geschenkt bekommen, mit dem Jesus in Golgotha ans Kreuz geschlagen worden war. Als wieder einmal Plünderer auf dem Heiligen Berg ihr Unwesen trieben, habe er diesen Nagelteil, der in Jesus' rechter Hand gesteckt haben soll, auf wunderbare Weise ins Kloster Archangélou in Sicherheit gebracht, wo er bis heute aufbewahrt und von den Einheimischen verehrt wird. Sie finden diese Reliquie rechts vom Eingang zur Kirche. Dort steht ein reich verziertes Pult, in das eine silberne, mit mehreren Steinen besetzte Erzengel-Ikone eingelassen ist. In einem auffälligen Stück Bernstein ist der Nagelteil eingeschweißt.

Die etwa 15 hier lebenden Nonnen haben zahlreiche liebevoll bepflanzte Blumentöpfe auf der großen Terrasse aufgestellt. Im Osten wird diese von einem hübschen **Glockenturm** begrenzt. Er besitzt einen kleinen Vorbau, in dem sich ein Souvenirgeschäft befindet, wo man Devotionalien, aber auch Ansichtskarten und Bücher kaufen kann. In einigen Rundbögen des Glockenturms und am Vorbau hängen Símandra, das sind gerade oder auch geschwungene Signalinstrumente aus Holz und Metall. Diese Klangbretter werden mit einer Art Hammer geschlagen und rufen so die Nonnen in der Nacht aus dem Schlaf zum Kirchgang. Dem Glockenturm gegenüber liegen einige der Zellen mit den charakteristischen schmalen Balkonen hoch über dem Meer.

An der Nordseite der Terrasse steht die kleine schiefergedeckte **Klosterkirche** aus dem Jahre 1834. „Bewacht" wird sie tagsüber von einer Nonne, die – falls der Ansturm nicht allzu groß ist – den Besuchern süße Loukoúmia anbietet, aber auch darauf achtet, dass man angemessen gekleidet ist. Sehr schön ist die reich verzierte, holzgeschnitzte Ikonostase. Die **wundertätige Erzengelikone** (es gibt mehrere) ist die zweite von rechts, leicht erkennbar an den zahlreichen Votivtäfelchen hinter der Glasverkleidung und an den davor angebrachten Schwertern.

Am Dienstag nach Ostern und am 8. November findet im Kloster jeweils ein großes Fest mit Prozession statt, zu dem Pilger aus allen Inseldörfern teilweise zu Fuß hierher kommen. Auch vom nahe gelegenen Festland strömen dann zahlreiche Besucher herbei, um dem Erzengel ihre Reverenz zu erweisen und mit den Nonnen zu feiern. Dann ist das Kloster wirklich proppenvoll.

• *Öffnungszeiten* Sie können das Kloster täglich zwischen 8 und 20 Uhr besichtigen. Frauen müssen einen Rock tragen und bekommen bei entblößten Schultern ein Tuch umgelegt. Männer mit Shorts müssen sich eine lange Hose ausleihen. Kuttenähnliche Gewänder und Hosen liegen am Eingang bereit. Der Eintritt ist frei.

In den nächsten Jahren soll der Bau einer neuen, großen Klosterkirche, die den beiden Erzengeln Michael und Gabriel geweiht wird, abgeschlossen sein. Die von uns genannten Ikonen will man aber in der alten Kirche lassen.

Livádi

Tief eingeschnittene **Bucht** unterhalb des Klosters Moní Archangélou. An dem schönen **Kies-Sand-Strand** kann's im Sommer ziemlich eng werden, zumal er auch bei Wildcampern sehr beliebt ist. Von der Asphaltstraße führt im Scheitelpunkt einer Linkskurve eine Piste zum Strand mit Taverne hinab. Auf halber Strecke passiert man eine private Wohnanlage und stößt dann auf eine Gabelung. Rechts geht's zum Livádi Beach, hält man sich links, kommt man zu der Minikiesbucht Arsanás (auch Mikró Livádi). Von Livádi hat man einen schönen Blick auf das Kloster, aber auch die Nonnen können von ihrer Terrasse aus das Geschehen am Strand beobachten!

Astrís

Das **Kap Salonikós** bildet die Südspitze der Insel Thássos. Nördlich davon liegt der Weiler Astrís, zu dem ein schmaler, asphaltierter Weg von der Inselrundstraße hinaufführt (Schild „Oikimós Astrís"). Auch er wird nur während der Olivenernte im November/Dezember von einigen Familien aus Theológos bewohnt. Tausende von Olivenbäumen prägen hier die Landschaft. Westlich des Kaps Salonikós erstreckt sich die kleine, mit Kieselsteinchen durchsetzte **Sandbucht Astrís,** bunte Fischerboote setzen farbige Akzente. Ein paar kleine Felsen im Meer sorgen für Abwechslung und laden zum Schnorcheln ein. Und obwohl einige Bäume sogar etwas Schatten spenden, ist der Strand längst nicht so voll wie der benachbarte Psilí Ámmos Beach. In der Gegend gibt es außerdem noch viele andere Buchten zu entdecken, wie z. B. den östlich vom Kap gelegenen Kalámi Beach.

• *Übernachten* **Bungalows Sirínes**, ein besonders einsamer und idyllischer Platz. Noch vor dem Strand Astrís zweigt eine beschilderte Piste nach links ab und führt in ca. 800 m zu der kleinen Anlage der Familie Skóndras, die hier Studios und Wohnungen mit Bad, AC, Balkon und Kochnische vermietet (je nach Größe und Saison zwischen 45 und 80 €), im Hauptgebäude steht auch ein Sat-TV-Gerät zur Verfügung. Schöner Blick auf den Kalámi Beach, den man zu Fuß in wenigen Minuten erreichen kann. Marína, die Wirtin, erzählte uns, ohne ihre Ziegen, Hühner und Katzen fiele ihr die Einsamkeit wirklich schwer; mit der Herstellung von Käse und Joghurt sowie der Gartenarbeit vertreibe sie sich die Zeit. Die Familie kann Ihnen auch den Weg zu dem nahe gelegen „Naturschwimmbecken" zeigen. ✆ 2593052800, ✆ 2593058015, www.thassos-island.de.

Studios Astrís, an der Durchgangsstraße neben dem Supermarkt Trófimon gelegen, der den Vermietern der Studios gehört. Familie Vogiatzís bietet Studios mit Bad, AC, und Balkon zum Preis von 35–45 € an, Apartments (4 Personen) kosten ca. 55–70 €. Ganzjährig geöffnet. ✆ 2593052821.

Astrís Beach, direkt am Strand liegt das liebevoll begrünte Haus mit schmiedeeisernen Balkonen. Über der gleichnamigen Taverne werden 25 Zwei- und Dreibettzimmer mit Bad, Kühlschrank, AC, und Balkon (teilweise Blick aufs Meer) zum Preis von 40–45 € angeboten, Frühstück inklusive. Für ein Vierbettapartment bezahlt man 70–80 €. Ganzjährig geöffnet. ✆ 2593052823, ✆/✆ 2593051398, www.thassos-island.de.

• *Essen und Trinken* **Tavérna Astrís Beach**, das beliebteste Restaurant an der Paralía, und auch uns hat es bei Mutter Vogiatzís gut geschmeckt. Die Tagesgerichte werden in einer Glasvitrine ausgestellt, daneben gibt's aber auch Fisch und Gegrilltes. Reichhaltiges Angebot an Gemüse, z. B. scharfe Paprika, frittierte Zucchini oder Gemüsefrikadellen, empfehlenswert außerdem die Oktopuskefthédes.

• *Einkaufen* Oberhalb vom Strand warten gleich zwei **Supermärkte** auf Kauflustige. Besonders gut sortiert ist der Market Trófimon.

Psilí Ámmos

Von Astrís kaum einen Kilometer entfernt und wohl einer der beliebtesten **Strände** der Südküste. Drei kleine Inseln sind vorgelagert. Der Beach ist feinsandig und flach abfallend, und es bläst fast immer ein angenehmer Wind: geradezu ideal fürs Planschen mit den Kleinen, aber auch für Wassersport.

• *Wassersport* **Poseidon Watersports**, vermieten Motorboote, Paddelboote, Surfsegel mit Board und Tretboote. Im Angebot außerdem Ringo, Bananaboat, Wasserski und Gleitschirm. Bei mehrmaliger Serviceleistung pro Woche gibt es interessante Sonderangebote. Am Strand befindet sich ein Volleyballnetz, zudem werden Sonnenschirme und Liegen verliehen.

• *Übernachten* **Emilía's House**, etwas oberhalb der Durchgangsstraße, der Familie gehört auch der kleine Supermarkt. Von Juni bis September stehen zum Preis von 25–45 € 6 Dreibettzimmer mit Bad, AC, Kochnische und Balkon zur Verfügung. ✆ 2593052811.

Psilí Ámmos, direkt am Strand und damit vielleicht die bessere Wahl – es sei denn, man stört sich an der Hardrockmusik, die in der Taverne nebenan häufig gespielt wird. Ein DZ mit Bad, TV, AC und Balkon kostet zwischen 30 und 50 €, für ein drittes Bett zahlt man 10 € zusätzlich, von Mai bis Oktober geöffnet. ✆ 2593052880.

• *Essen und Trinken* **Restaurant Bátis**, gleich zwei Terrassen auf verschiedenen Ebenen bietet der Familienbetrieb an der Durchgangsstraße. Die Auswahl ist nicht gerade umwerfend, aber was es gibt, schmeckt. Lecker fanden wir die Papoutsákia (ein Auberginengericht) und das Biftéki, auf Wunsch wird der Rote-Bete-Salat extra mit Knoblauch gewürzt. Zum Nachtisch gibt's oft Obst gratis.

Restaurant Psilí Ámmos, am Strand, fungiert deshalb auch als Café bzw. Bar. Blickfang ist die mächtige Kiefer, deren Zweige der ganzen Terrasse Schatten spenden. Gutes Essen, empfehlenswert z. B. die Kalamáres und das mit Käse gefüllte Biftéki.

Tipp! Auf dem Weg nach Potós gibt es einige weitere kleinere Sandbuchten, die auch im Hochsommer noch nicht so überlaufen sind.

Potós

Vom einstigen Hafen des Bergdorfes Theológos entwickelte sich Potós während der letzten Jahrzehnte zu einem der beliebtesten Badeorte und zum Touristenzentrum im Süden der Insel. Verantwortlich dafür sind ein langer, schmaler Sandstrand, der mitten im Ort beginnt, sowie eine gute touristische Infrastruktur.

Die Hafenmole erinnert noch an die einstige Funktion von Potós. Der Aufstieg zum Touristenmekka begann, als die Gastarbeiter, die aus Theológos vor allem nach Deutschland abgewandert waren, zurückkehrten und die ehemaligen Olivenäcker in Bauplätze umwandelten. Darauf errichteten sie die Hotels, Tavernen und Souvenirläden, die heute den Kern des „Dorfes" Potós bilden. Und immer mehr gaben in den letzten Jahren ihre Häuser in Theológos auf, um das ganze Jahr über in Potós zu bleiben.

Im Juli und August ist der Ort wirklich voll. Touristen aus den verschiedensten Ländern und sehr viele griechische Urlauber tummeln sich am Strand. Jede Menge touristische Einrichtungen bieten ihre Dienste an. Und an den Abenden sind die Uferpromenade sowie die zahlreichen Tavernen und Cafés überfüllt. In der Vor- und Nachsaison geht es dagegen sehr viel ruhiger zu, und dann gewinnt Potós fast die Idylle eines griechischen Fischerdorfes zurück.

Verbindungen/Reisebüros (→ Karte S. 156/157)

• *Verbindungen* Potós liegt direkt an der Inselrundstraße und ist 48 km von *Liménas* und 7 km von *Limenária* entfernt. Direkt im Ort zweigt die Straße nach *Theológos* (10 km) ab. An dieser Abzweigung befindet sich der Taxistandplatz (✆ 2593051332). Hier halten auch die Busse.

• *Reisebüros* **Hermes (23)**, fungiert gleichzeitig als Autovermieter (s. u.), vermittelt daneben aber auch Studios und Apartments und bietet mehrere Ausflüge an: Boat-Trip ab Limenária (→ S. 179), Greek Night in Theológos etc. ✆/℻ 2593052686, www.thassos.info.

Mýthos Travel (9), die Agentur aus Liménas bietet seit kurzem nun auch in Potós Ausflüge auf der Insel an. ✆ 2593023543.

Adressen/Mietfahrzeuge/Einkaufen (→ Karte S. 156/157)

• *Ärztliche Versorgung* Von Mo–Fr praktiziert in den Vormittags- und Abendstunden der **Allgemeinmediziner** Dr. Aléxandros Tatarídis, ✆ 2593053233 (vgl. Ortsplan). Am Ortseingang Richtung Pefkári befindet sich zudem eine **Gesundheitsstation**. Sie ist allerdings nur unregelmäßig besetzt. In der **Apotheke** bekommt man u. a. auch homöopathische Arzneimittel.

• *Geld* Einen Geldautomaten finden Sie an der zentralen Kreuzung.

• *Internet* Im **Internet Café Potós (20)** kann man im Internet surfen, sich mit Computerspielen die Zeit vertreiben, E-Mails versenden etc.

• *Mietfahrzeuge* Mehrere Agenturen verleihen Kleinwagen, Minibusse und Jeeps. Die Öffnungszeiten sind in der Regel wie folgt: 8–14 und 18–22 Uhr.

Potós Carental (15), in der Parallelstraße zur Uferpromenade, vermietet seit Jahren Fahrzeuge in gutem Zustand. ✆ 2593052410, 📠 2593051703.

Hermes (23), bei dem netten Herrn Pas'chális kann man Kleinwagen und Jeeps zu vernünftigen Preisen mieten. Die Fahrzeuge machten bei der Recherche einen guten Eindruck. ✆/📠 2593052686.

Smart (17), das Angebot reicht vom Kleinwagen über das Cabrio bis zum Jeep; ✆ 2593053102.

Europcar (10), nahe dem Restaurant The Garden. ✆ 2593051724.

Easy Rider's Moto Rent (22), hat sich auf Enduros und Roller spezialisiert. ✆ 2593052016.

Mountain Bike Rental (6), Jánnis Réizis nimmt selbst regelmäßig an Radrennen teil und hat sein Hobby quasi zum Beruf gemacht. Bei ihm kann man gut gewartete Mountainbikes zum Preis von 10–20 € je nach Saison und Modell mieten, außerdem organisiert er in der Nebensaison 1-mal wöchentlich ganztägige Fahrradtouren in das Bergland der Insel zum Preis von 10 € pro Nase. Die Fahrradvermietung ist von März bis November geöffnet; ✆ 2593052459, www.mtb-thassos.com.

• *Sport* **Vassiliádis Diving Club (16)**, die Tauchschule aus Dráma bietet seit kurzem von Mai bis September auch in Potós Tauchgänge (ab ca. 50 €), Kurse für Anfänger und Fortgeschrittene etc. an. War im Jahr 2007 telefonisch nur über Handy erreichbar. ✆ 6944542974. Weitere Infos finden Sie unter www.scuba-vas.gr.

• *Einkaufen* Im **Káwa Potá**, in der „Geschäftsstraße" von Potós gelegen, kann man thassiotisches Öl, Gewürze, Honig etc. kaufen. Ähnliche Angebote haben auch

die Läden **Skóndra** und **Thassíou Gévsi** ganz in der Nähe.

Schöne Gebrauchsgegenstände aus Olivenholz, geschmackvolle T-Shirts, Ikonen und vieles Hübsche mehr finden Sie bei Elke und Jánnis im **Aldebaran**. Für die, die Interesse an Modeschmuck haben, lohnt sich ein Blick ins **Epilóges** in der Hauptstraße.

Außerdem gibt es natürlich mehrere **Supermärkte** und **Bäckereien**. Deutschsprachige **Zeitungen** bekommen Sie in einem Geschäft an der Abzweigung nach Theológos.

Übernachten

**** **Alexándra Beach (28)**, liegt am westlichen Ortsausgang direkt am Strand. Geschmackvolle, große, im Kykladenstil gebaute Anlage, es fehlt einem wirklich an nichts. Zahlreiche Sport- (Fußball, Basketball, Tischtennis, Minigolf, Tennis) sowie Wellnessmöglichkeiten sind vorhanden, und es gibt verschiedene Einrichtungen für Kinder wie Baby-Pool und Spielplatz, sogar beim Animationsprogramm wird an die Kleinen gedacht. Ein DZ mit Bad, AC, Balkon, Kühlschrank kostet inkl. Frühstück zwischen 90 und 175 €, es stehen auch einige Einzelzimmer zur Verfügung. Das Hotel ist im Programm zahlreicher Charterfirmen. Von Mai bis Oktober geöffnet. ✆ 2593058000, 📠 2593051185, www.alexandrabeach.gr.

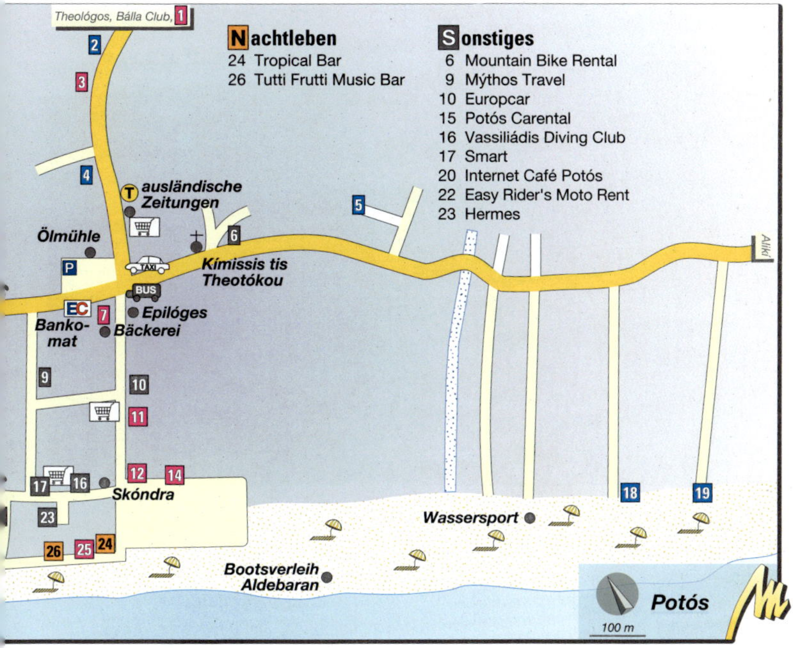

**** **Hotel Atrium (18)**, das ehemalige Coral Beach ist seit 2005 unter neuer Leitung und trägt seitdem auch einen anderen Namen. Im Zuge einer Totalrenovierung wurden die 40 mit AC, Minibar, Sat-TV, Bad und Balkon (teilweise Meerblick) ausgestatteten Zimmer vergrößert und neu möbliert, auch die Bäder hat man modernisiert. Den Gästen stehen nun vielfältige Einrichtungen wie Fitnessraum, Pool mit Kinderschwimmbecken, Sauna, Tischtennisplatte, ein Restaurant sowie eine Bar zur Verfügung. Sehr freundliches Personal, an der Rezeption wird Deutsch gesprochen. Zwei Personen zahlen inkl. Frühstücksbuffet zwischen 83 und 138 €, es gibt aber auch Drei- und Vierbettzimmer. Von Mai bis Oktober geöffnet. ✆ 2593053400, ℡ 2593053404, www.atriumthassos.gr.

*** **Hotel Kamári Beach (19)**, am südöstlichen Ende der Bucht (fast unterhalb der Antoniuskapelle). Hübscher Garten mit Pool über dem Meer. Auch hier wird einiges geboten: Hydromassagebecken, Baby-Pool, Volleyballfeld, direkter Zugang zum Strand, Restaurant und Bar. Ein EZ kostet inkl. Frühstücksbuffet 50–96 €, DZ 75–120 €. Von Mai bis Ende September geöffnet. ✆ 2593051181, ℡ 2593051592, www.hotelkamari.gr.

*** **Hotel Makedonía (5)**, ruhig abseits der Hauptstraße gelegen, insbesondere holländische Charterreisende fühlen sich in dem modernen Bau mit 30 Apartments mit Bad, AC und Balkon wohl, Preis 80–100 €. Aufgrund der Ausstattung mit Pool, Kinderschwimmbecken und Spielplatz auch für Familien gut geeignet. Sehr netter Empfang an der Rezeption, von Mai bis Oktober geöffnet. ✆ 2593052434, ℡ 2593053412, www.makedonia-hotel.gr.

Apartments Christin (21), zentral im Ort und doch ruhig gelegen. Versetzt gebaute Apartments in einem schönen Garten, der an einen kleinen Kiefernhain angrenzt, eine Treppe führt zum Strand. Freundlich eingerichtet, die Zimmer im oberen Stockwerk verfügen über eine Klimaanlage. In jeder der kleinen Wohnungen mit Kochnische (für 4–5 Personen) hängt sogar eine Schutz bietende Ikone. 2 Personen bezahlen für die kleinen Apartments zwischen 40 und 70 €, die größeren kosten 60–90 €. Von Mai bis Oktober geöffnet. Empfehlenswert! ✆ 2593051327, ℡ 25930245645, www.thassos.info/christin.

Blick von der Hafenmole auf den Strand

Pension Aldebaran (13), sehr angenehmes Haus in zentraler und doch ruhiger Lage, auch viele Leser haben sich hier schon sehr wohl gefühlt. Jánnis und seine deutsche Frau Elke vermieten insgesamt 10 helle, freundlich eingerichtete Zwei- und Dreibettzimmer mit Bad, Kühlschrank, Sat-TV, AC und Balkon zum Preis von 23–50 € sowie 2 Vierbett-Studios für 40–60 €. Auf jedem Stockwerk befindet sich eine Gemeinschaftsküche. Von März bis Oktober geöffnet. ✆ 2593052494, ✆ 2593058008, www.gothassos.com.

Pension Ánna (4), eigentlich lebt Ánna Hatzigeorgíou in Toronto, aber spätestens im Juni zieht es sie wieder auf die Heimatinsel zurück. Ein einfaches DZ mit Bad, AC und Balkon kostet zwischen 30 und 50 €, 2 Gemeinschaftsküchen sind vorhanden. Für wenig mehr kann man auch Studios mieten. Von Juni bis Mitte September geöffnet. ✆ 2593051792.

Düsseldorf (2), in der nordrhein-westfälischen Hauptstadt hat Naoúm 20 Jahre lang als Schneider gearbeitet. Neben Apartments mit 2 Schlafräumen (60–70 €) gibt es einfache Zwei- und Dreibettzimmer mit Bad und Balkon, die aber alle einen Kühlschrank haben; den Gästen stehen 2 Gemeinschaftsküchen zur Verfügung. Von Mai bis September geöffnet. 2 Personen bezahlen zwischen 30 und 35 €, für 3 kostet es 5 € mehr. ✆ 2593051755.

Privatzimmer werden z. B. von Familie Markianós über der Pizzeria Irene (s. u.) vermietet. Praktisch eingerichtet, mit umlaufendem Balkon und Bad, teilweise haben sie auch eine Kochnische. Tolle Lage direkt an der Hafenmole. Von April bis Oktober geöffnet. ✆ 2593051427.

Außerdem haben die **Besitzer des Souvenirshops Diamandís** (schräg gegenüber dem Internetcafé) 10 Studios mit Kochnische, Bad und Zugang zu einem Hof zu bieten. Zu zweit bezahlt man 40–60 €. Von Mai bis September geöffnet. ✆ 2593052170.

Weitere Zimmer werden an der Straße nach Theológos angeboten, z. B. in den Pensionen **Stéla** (✆ 2593051043), **Athiná** (✆ 2593052982) und **Laskarína** (✆ 2593052884).

Essen und Trinken/Nachtleben (→ Karte S. 156/157)

Restaurant Laskarína's (12), oberhalb vom Strand. Einer der Marktführer, obwohl man hier nicht besonders schön sitzt. Bietet ein umfangreiches und schmackhaftes Angebot an typisch griechischen Gerichten. Lecker fanden wir Exochikó – Kalbfleisch mit Gemüse, in dünnen Blätterteig eingehüllt, und die gefüllten Zucchini.

Psarotavérna Akrojáli (25), vom Ambiente sicherlich eines der nettesten Lokale von Potós. Alles in Blau und Weiß gehalten, dazu Schiffslampen und anderes Seemannszubehör – da bekommt man sofort Appetit auf Meeresfrüchte, z. B. gegrilltes Krebsfleisch, Muschelreis oder fangfrische Fische. Über 30 Vorspeisen (u. a. verschiedene Kefthédes aus Zucchini oder Kartoffeln, alle hausgemacht) sind im Angebot, aus dem Rahmen fällt die spanische Paella.

Pizza Irene (27), eine hervorragende und abwechslungsreiche Küche bieten der stets gut aufgelegte Pávlos und seine schwedische Frau Irene. Viele verschiedene Pizzen, die Pastagerichte werden in kleinen Tontöpfen und mit üppiger Käsehaube serviert. Daneben stehen viele griechische Gerichte auf der Speisekarte, die allesamt sehr schön angerichtet auf den Tisch kommen.

Restaurant The Garden (11), im Zentrum des Ortes liegt das schöne Gartenlokal mit angenehmer Atmosphäre.

Restaurant Aquarius (7), man sitzt zwar nahe der lauten Kreuzung in der Ortsmitte, doch was Angebot und Qualität der Speisen angeht, unbedingt empfehlenswert. In einer großen Vitrine ist das ausgestellt, was die Küche zu bieten hat, z. B. Lammbraten, gefülltes Gemüse, Gígantes oder auch ausgefallenere Fischgerichte wie gefüllter Kalamar. Lecker fanden wir die Krabben in Soße. Bestellen Sie nicht zu viel, die Portionen sind wirklich üppig.

Tavérna Geórgios (8), an der Durchgangsstraße liegt das gemütliche Lokal etwas versteckt in einem Rosengarten. Familienbetrieb mit ehrlicher griechischer Küche.

Tavérna Ta Klimatariá (1), an der Straße nach Theológos. Hat inzwischen den Namen gewechselt, bietet aber nach wie vor gute griechische Küche, u. a. täglich wechselnde Tagesgerichte. Alles wird frisch zubereitet, und auch der Preis stimmt. Der Wirt berät die Gäste gerne auf Deutsch.

Piátza Michális (14), das große Lokal oberhalb vom Strand bietet ein reichhaltiges Angebot: tolle griechische Kuchen, üppiges Frühstück, Eisbecher, Fasswein, kleine und größere Mahlzeiten. Hier hat schon mancher mehr Zeit verbracht als eigentlich geplant war. Von den gemütlichen Sesseln mit Blick auf das glitzernde Meer steht man halt nicht gerne auf.

Kafeníon Jéfiri (3), das einzige „richtige" Kafeníon in Potós, in dem Touristen nur ganz selten zu sehen sind. Bei Dimítris bekommt man den griechischen Kaffee noch im guten alten Henkeltässchen; unregelmäßig geöffnet.

Tutti Frutti Music Bar (26), bietet sowohl etwas für den Gaumen als auch fürs Ohr: Leckere Säfte und Joghurt mit Früchten sind hier neben den üblichen Drinks im Angebot, dazu hört man aktuelle Hits, aber auch griechische Musik. Bei den Einheimischen sehr beliebt.

Tropical Bar (24), blickt bereits auf eine 20-jährige Tradition als Music-Bar zurück, mittlerweile mit afrikanischem Touch.

Bálla Club, auf dem Weg nach Theológos liegt 2 km außerhalb von Potós die bei Touristen wie Einheimischen beliebte Discothek. Verschiedene Themenabende wie griechische Nacht oder Tequila Party sorgen für Abwechslung. Happy Hour ist von 23.30–1 Uhr.

Baden/Bootsverleih: Direkt unterhalb der Häuser beginnt der ca. 2 km lange Kies-Sand-Strand, der im Hochsommer allerdings oft recht voll ist. Jánnis, Besitzer der Pension Aldebaran, und sein Sohn Markus vermieten hier verschiedene Boote, mit denen man die umliegenden Buchten erkunden kann. Für ein Kanu bezahlt man pro Stunde 8 €, für ein Tretboot 10 €. Die Motorboote werden zum Preis von 50–75 € halb- bzw. ganztägig abgegeben. Die verschiedenen Beach-Bars, die Snacks anbieten, vermieten auch Sonnenschirme und -liegen. Das gilt auch für den weiter im Osten gelegenen San-Antonio-Beach; die gleichnamige Strandbar wurde von mehreren Lesern sehr gelobt.

Spaziergang: Wer das Baden mal unterbrechen möchte, kann einen kurzen Spaziergang zur Antoniuskapelle machen. Sie steht auf den Klippen, die den Strand von Potós im Osten begrenzen. Von dort oben hat man einen schönen Blick auf den Ort und den Beach.

Ausflüge: Käpt'n Geórgios unternimmt mit seinem **Glasbodenboot** regelmäßig ca. 2-stündige Fahrten, bei denen man die Unterwasserwelt ganz bequem durch die Scheibe zu sehen bekommt.

Wanderung 8: Von Potós nach Theológos

Einen deutlichen Kontrast zum quirligen Potós bietet die ca. 9,5 km lange Wanderung durch die einsame Vorgebirgslandschaft hoch nach Theológos (ca. 2,5–3 Std.; einfache Strecke). Zwar geht es stellenweise etwas steil bergauf, doch die Steigungen sind eher mäßig, so dass die Tour auch für diejenigen gut zu bewältigen ist, die ansonsten nicht viel wandern. Im ersten Teil kommen Sie an einer Quelle vorbei, weitere Verpflegungsmöglichkeiten gibt es unterwegs nicht.

Startpunkt in Potós ist der **Taxistand** an der zentralen Kreuzung (WP 01). Von hier aus wandert man die nach Theológos führende Asphaltstraße 500 m weit bergauf, passiert u. a. die Studios Stéla und zweigt kurz darauf hinter zwei nebeneinanderstehenden **Häusern mit weißen Kugellampen** (im Hof des zweiten steht ein Ölbaum) nach links ab (WP 02). Auf einem schmalen Betonweg kommt man bald zu einer T-Kreuzung, an der ein großes blau-weißes Haus mit halbrunden Balkonen in der Mitte auffällt. Hier geht man links und erreicht kurz darauf eine weitere Kreuzung; rechts befindet sich ein umzäunter Garten, davor ein **hölzernes Schild** mit der Aufschrift „Theológos" (WP 03). Sie biegen rechts auf eine Staubstraße ab und gehen die nächste halbe Stunde fast eben weiter. Die Piste führt rechts von einem Bachbett ein Tal entlang, in dem sehr viele Olivenbäume kultiviert werden. Knapp 2 km nach dem hölzernen Schild zweigt links eine Piste zum Müllplatz ab, doch Sie gehen geradeaus weiter (WP 04). Der Bach kreuzt hier zum ersten Mal den Weg und verläuft im folgenden

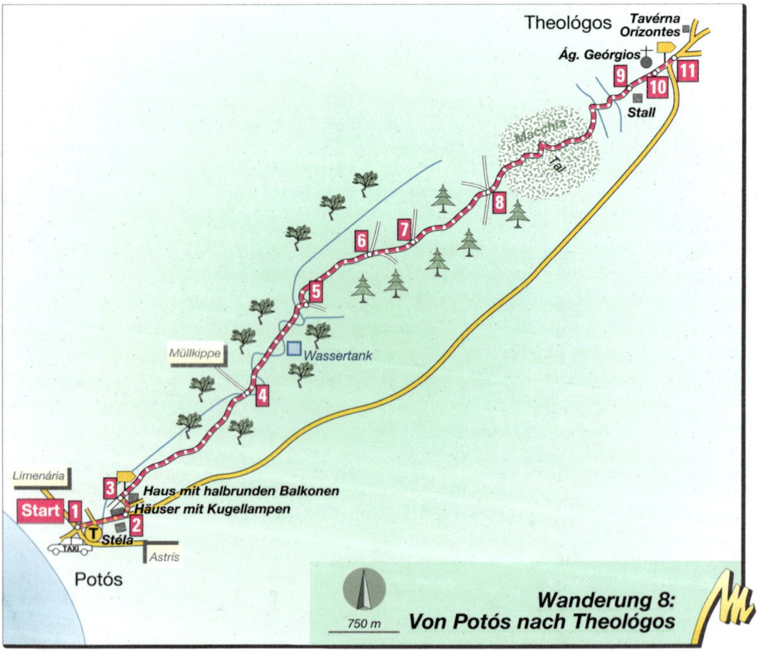

Solche Bilder sieht man auch in Thássos nur noch selten

Abschnitt der Wanderung mal rechts, mal links von ihm. Nachdem man gut einen weiteren Kilometer gewandert ist, trifft man auf eine **T-Kreuzung** (WP 05), an der man den nach links führenden Weg nimmt. Ständig bergauf steigend hält man sich nach knapp 1 km an einer weiteren **Gabelung** (WP 06) ebenso wie an der nächsten **Abzweigung** (WP 07) rechts und wandert bis zum **höchsten Punkt** der Tour, einer freien Fläche mit vereinzelt stehenden, besonders mächtigen Kiefern und einer Kreuzung (WP 08). Der Blick öffnet sich auf ein weites Tal und das Dorf Theológos mit seinen roten und grauen Dächern. Man überquert die Kreuzung und geht geradeaus bzw. in nordöstliche Richtung zuerst abwärts, später noch einmal leicht aufwärts weiter. Bald kreuzt die Piste in einer Rechtskurve **ein kleines Tal** und etwa 1 km weiter kurz hintereinander zwei Bachbetten. Rechter Hand sieht man bald darauf einen **Stall mit Eseln,** die zum Reiterhof Pegasus gehören (WP 09). Ca. 300 m weiter steht links vom Weg die weiße, mit Schieferplatten gedeckte **Ágios-Geórgios-Kapelle** (WP 10). Gehen Sie hier geradeaus weiter bis zur Asphaltstraße, auf die Sie nach links einbiegen. In wenigen Minuten erreichen Sie den **Ortseingang** von Theológos (WP 11). Die rechte Straße führt zum Zentrum, wo zahlreiche Kafenía- und Tavernenwirte nur darauf warten, Ihren Hunger und Durst zu stillen.

Der Süden

Pefkári

Eine besonders schöne, große Sandbucht, die vom Tourismus aber stark in Beschlag genommen wird. Entsprechend viele Hotels und Tavernen haben sich hier angesiedelt.

Ihren Namen hat die sich zwischen Potós und Limenária erstreckende Bucht von einem unmittelbar angrenzenden Kiefernwäldchen. Eingerahmt von Felsen, bietet sie schöne Schnorchelmöglichkeiten, für Abwechslung beim Baden sorgen ein besonders gut ausgerüstetes Wassersportcenter und eine Tauchschule. Während

Im Inselsüden reiht sich eine Badebucht an die andere

Pefkári im Winter völlig verwaist ist, kann es hier im Sommer ganz schön voll werden. Dennoch hat die bewaldete Sandbucht ihren unbestreitbaren Reiz.

• *Verbindungen* Gleich zwei kurze Stichstraßen führen von der Inselrundstraße (dort halten auch die Busse) hinunter an den Strand. Nach *Liménas* sind es 43 km, nach *Limenária* 2 km.

• *Einkaufen* Etwa in der Mitte der Bucht findet man nahe dem Hotel Thássos einen kleinen **Supermarkt** und auch einen **Souvenirshop**.

• *Übernachten* ** **Hotel Thássos**, mit Tennisplatz, Gymnastikraum und schönem Pool das nobelste Hotel in Pefkári. Gepflegte Anlage, die großzügigen Zimmer sind mit Bad, Kühlschrank, Fernseher und AC, z. T. auch mit Kochnische ausgestattet. Ein DZ kostet inkl. Frühstück je nach Saison zwischen 35 und 75 €, für ein kleineres Studio (bis zu 3 Personen) bezahlt man 40–70 €, für ein Apartment bis zu 90 €. Von April bis Ende Oktober geöffnet. ✆ 2593051596, 📠 2593051794, www.hotel-thassos.eu.

** **Hotel Kapáchi**, etwas einfacher. Insgesamt 27 Doppel- und Dreibettzimmer mit Bad, AC, Kühlschrank, Sat-TV und Balkon (teilw. Blick aufs Meer) werden in der Hochsaison zum Preis von 40–60 € angeboten, deutliche Nachlässe in der Nebensaison. Von Anfang Mai bis Oktober geöffnet. ✆/📠 2593051568, www.thassos-island.de.

Camping Pefkári, inzwischen unter neuer Leitung, aber immer noch einer der besten Plätze auf der Insel, der von vielen Stammgästen besucht wird. Wie auch ihre Vorgänger Marlies und Sávas achtet der Besitzer Karkalémi Laskaroúra sehr auf Sauberkeit und die Einhaltung von Ruhe. Zahlreiche Schattenplätze und sehr gepflegte Einrichtungen, seit kurzem gibt es auch einen Laundry-Service. Angeschlossen ist ein gutes Selfservice-Restaurant mit großem Angebot, vom Mezé-Teller bis zu Schweinerippchen. Pro Person knapp 4 €, Kinder 2 €, Zelt zwischen 4 und 5 €, Wohnwagen 5 €, Strom 3 €. Von April bis Mitte Oktober geöffnet. ✆ 2593051595, ✆/📠 2593051190.

• *Essen und Trinken* **Restaurant Kapáchi**, oberhalb des Strands. Wer gerne griechische Hausmannskost wie Moussaká, gefüllte Tomaten und Stifádo mag, ist hier richtig.

Auf Fisch spezialisiert haben sich die beiden Tavernen **Odysséa** und **Aigaío**.

Baden: An dem sandigen, mit feinen Steinchen durchsetzten Strand werden Liegen und Schirme vermietet. Viele ziehen aber die flachen Felsen am Westrand der Bucht als Liegefläche vor. Wer vor und nach dem Baden einen kleinen Spaziergang machen möchte, kann vom westlichen Ortsende Pefkáris auf einem breiten Fußweg in knapp 30 Minuten hinüber zum besonders schönen Metallía-Beach (→ Limenária, S. 185 f) laufen.

• *Wassersport/Tauchen* Überall auf der Insel wirbt das in Pefkári ansässige **Wassersportcenter Álbatros**. Das Angebot kann sich auch wirklich sehen lassen: Bananaboat, Ringo, Wasserski, Gleitschirmschirmfliegen etc. Außerdem werden Tret- und Motorboote verliehen.

Im **Thássos Dive Center** oberhalb des Strands kann man täglich Tauchgänge buchen, die z. T. ganz in der Nähe oder auch bei den Vorinseln stattfinden. Angeboten werden auch spezielle Touren wie Nachttauchen, Drift Diving, Schnorchelausflüge etc. ✆ 2593051286, www.diver-to-diver.com.

Theológos

Fast am Ende eines weiten Tals liegt das lang gezogene Bergdorf Theológos. Mit dem Bummel durch die schönen Dorfgassen, der Besichtigung alter Kirchen und des ausgezeichneten kleinen Museums sowie nicht zuletzt dem Besuch einer der zahlreichen Tavernen kann man gut und gerne einen halben Tag hier oben zubringen. An Sommerabenden ist's mit der Ruhe allerdings vorbei, denn in dem „schönsten Dorf von Thássos" organisieren die Reisebüros der Insel „Griechische Abende", und Busse karren die Touristen von den Badeorten hierher.

Theológos ist nach dem Evangelisten Johannes benannt, der in Griechenland den Beinamen „der Theologe" (Theológos) trägt und einige Zeit in einer Höhle nahe dem heutigen Dorf gelebt haben soll. Dieses entstand jedoch erst viele Jahrhunderte später, um 1750, als sich Küstenbewohner aus Angst vor Piraten hierher zurückzogen. Aus dieser Zeit stammt auch die kleine Marienkirche am südwestlichen Rand des Dorfes, das sich schnell nach Norden ausdehnte und so seine charakteristische lang gestreckte Form erhielt. Immer mehr Kirchen wurden gebaut, und Theológos wurde bald Hauptstadt der Insel, bis es 1840 von Panagía in dieser Funktion abgelöst wurde.

Auch Mohammed Ali (→ „Geschichte", S. 74) spielte für das Geschick des Dorfes eine nicht unbedeutende Rolle. Er hatte hier Ende des 18. Jh. seine Kindheit bei Pflegeeltern verbracht und gewährte später, als er ägyptischer Großwesir geworden war und damit auch das

Hübsche Kirchen und traditionelle Häuser machen den Reiz von Theológos aus

Ägypten zugehörige Thássos beherrschte, dem Dorf fast vollständige Steuerfreiheit. Auch deshalb blühte im 19. Jh. der Wohlstand, einige große Herrenhäuser aus dieser Zeit kann man im nördlichen Teil des Ortes heute noch bewundern. Überhaupt gibt es in Theológos zahlreiche inseltypische Häuser mit Erkern, Holzbalkonen und grauen Schieferdächern. Sie stehen unter Denkmalschutz, ärgerlicherweise wurden dazwischen in jüngerer Zeit mehr und mehr moderne Häuser mit roten Ziegeldächern errichtet.

Von der Abwanderungswelle aus den Bergen nach dem Zweiten Weltkrieg war natürlich auch Theológos betroffen. Aber immerhin steht es, was die Einwohnerzahl angeht, zusammen mit seinen Außensiedlungen noch an dritter Stelle. Flächenmäßig handelt es sich dagegen eindeutig um die größte Gemeinde von Thássos, gehört ihren Bewohnern doch beinahe der gesamte Süden der Insel von Kínira bis Pefkári. In diesen Gebieten weiden auch heute noch die ausgesprochen großen Schaf- und Ziegenherden der Theologiten.

Nicht nur durch die Bewirtschaftung von Hotels und Restaurants an den südlichen Küstenabschnitten, sondern auch im Dorf selbst machen die Bewohner Geschäfte mit den Touristen. Zahlreiche Tavernen haben hier mittlerweile eröffnet, im Sommer drehen sich ganze Ziegen, Lämmer und Spanferkel am Spieß – das böse Wort „Fresstourismus" kommt einem in den Sinn, aber immerhin schmeckt's wirklich gut, und das Fleisch ist keine Tiefkühlware von irgendwoher, sondern kommt aus Theológos. In der Nebensaison ist der Ort wieder ein schönes, ruhiges Bergdorf, das sich gut als Standort für einen Wanderurlaub anbietet. Denn wenn auch hier die Spuren der Waldbrände von 1985 und 1989 noch sichtbar sind, so hat die wilde Landschaft doch ihren Reiz.

Verbindungen/Adressen/Übernachten

• *Verbindungen* Theológos liegt abseits der Inselrundstraße und ist von *Potós* aus auf einer 10 km langen Asphaltstraße bequem zu erreichen. Die am *Thimoniá Beach* beginnende Staubstraße über die Außensiedlung *Thimoniá* ist allenfalls für Fahrzeuge mit Vierradantrieb empfehlenswert. Die Bushaltestelle befindet sich mitten im Dorf.

• *Ärztliche Versorgung* Im Gebäude neben der Post hält der Arzt jeweils Mo und Do zwischen 9 und 13 Uhr Sprechstunden ab. ✆ 2593031211.

• *Einkaufen* Eine gute **Bäckerei** findet man etwa in der Mitte des Ortes, ebenso einige recht ordentlich sortierte **Supermärkte**. Wer Interesse an **Souvenirs** hat, wird vielleicht in den beiden Geschäften mit den thassischen kulinarischen Produkten nahe der Post fündig. Einige Läden verkaufen auch einfache Holzschnitzereien. Und beim **Schuster** kann man sich noch Schuhe nach Maß anfertigen lassen.

Antiquitäten verkauft nicht weit davon entfernt Geórgios Tsirlás: Möbel, Geschirr, Bilder, Lampen etc.

• *Post* Mo–Fr 10–11 Uhr geöffnet.

• *Reiten* Seit einigen Jahren führen Sibylle und Siggi aus Mosbach erfolgreich den **Reiterhof Pegasus** in Theológos, der von mehreren Lesern wärmstens empfohlen wurde. Und auch wir waren bei unseren Besuchen dort sehr beeindruckt. Zu erreichen ist der Hof, indem man noch vor dem Dorf einer beschilderten Abzweigung nach rechts folgt. Sibylle und Siggi halten Pferde und Esel. Angeboten werden Wanderreitausflüge, Pony-Reiten für Kinder sowie Voltigieren und therapeutisches Reiten. Immer größerer Beliebtheit erfreuen sich die von Sibylle und Siggi organisierten Zeltlager für Kinder ganz in der Nähe des Dorfes. Angeschlossen ist auch eine kleine Reitertaverne, in der Getränke und Snacks serviert werden. ✆ 2593031475, www.thassos-island.de.

• *Übernachten* Mittlerweile werden auch in Theológos einfache **Privatzimmer** vermietet. Erkundigen Sie sich im Café Old Museum oder in den Kafenía danach. Auch Sibylle vom Reiterhof kann Ihnen möglicherweise bei der Suche behilflich sein. Schilder mit „Rooms" oder gar Pensionen und Hotels sucht man vergeblich.

Das traditionelle thassitische Haus

In vielen Bergdörfern auf der Insel, besonders aber in Theológos, Panagía und Kazavíti, fallen die schönen alten Häuser ins Auge, die einst nach einem ganz bestimmten Prinzip gebaut wurden. Auffallendstes Merkmal ist das mit Schieferplatten gedeckte Dach. Früher wurde der Schiefer auf der Insel gebrochen, heute kommt er – für die Restaurierungsarbeiten bzw. für die Neubauten im traditionellen Stil – aus einem Steinbruch am Berg Pangéo bei Kavála. Die Hausmauern bestanden aus Bruchsteinen, die zwischen den einzelnen Steinen entstehenden Hohlräume füllte man mit *Kourassani* auf, einer Mischung aus Lehm, Kalk, Wasser und Ziegen- oder Pferdehaaren. Für den charakteristischen Erker wurden auf den verlängerten dicken Bodenbrettern des ersten Stocks die Wände aus leichtem Baumaterial aufgesetzt. Zur Abstützung des Erkers benutzte man gerade oder gebogene Hölzer, *Forussia* genannt, die am unteren Teil des Hauses befestigt waren. Das im Erker liegende Zimmer war das sog. *Sahnissi*.

Das ehemals prächtige Herrenhaus ist heute dem Verfall preisgegeben

Man betrat das Haus durch eine breite, zweiflügelige Tür, die oft durch einen breiten Marmorbogen verziert war. Im Erdgeschoss befanden sich entweder die Ställe und/oder ein Lager für Getränke und Lebensmittel – nie jedoch besaßen diese unteren Räume Fenster, denn sonst hätten die Piraten allzu leicht eindringen können.

Eine hölzerne Innentreppe führte ins Obergeschoss in einen größeren Raum hinauf. Um dieses sog. *Hayati* herum lagen die anderen Zimmer des Hauses, die – wiederum aus Angst vor den Piraten – nur mit kleinen, vergitterten Fenstern versehen waren.

Allzu spät hat man den Wert dieser alten Häuser erkannt. Besonders auf die in Theológos und Panagía hat der Denkmalschutz mittlerweile ein wachsames Auge geworfen. Wer hier baut, muss sein Haus mit Schieferplatten decken und – so wurde uns erzählt – zwei kleine Fenster einbauen. Es sei denn – ein Hintertürchen gibt es ja immer –, man drückt sich durch die Zahlung hoher Geldstrafen davor.

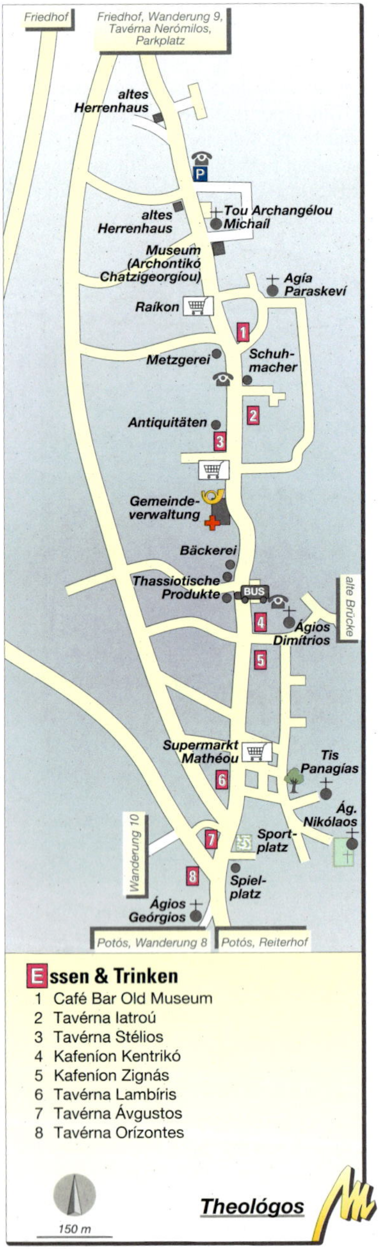

Essen und Trinken/Unterhaltung

Vor allem auf Fleisch spezialisiert sind die zahlreichen Tavernen in Theológos, aber auch Vegetarier kommen auf ihre Kosten. Musik- und Tanzvorführungen werden abends in einigen Lokalen ohne zusätzliche Bezahlung angeboten.

Tavérna Ávgustos (7), direkt am Anfang des Dorfes und sicher auch die Nummer eins, was die Geschäftstüchtigkeit angeht. Schönes großes Terrassenlokal mit einem Ententeich und einer Bühne für Vorführungen. Nett sitzt man auch auf einer kleinen Veranda zur Straße hin. Im Angebot natürlich vor allem Fleisch. Salate und Vorspeisen gibt's vom Buffet. Im Sommer jeden Abend Bouzoúki-Musik live, der Chef des Hauses ist ein geborener Entertainer und animiert seine Gäste hartnäckig zum Tanzen.

Tavérna Orízontes (8), ganz in der Nähe vom Ávgustos. Kleiner und einfacher, aber auch hier gibt's oft Musik- und Tanzvorführungen.

Tavérna Iatroú (2), mitten im Dorf mit attraktiver Aussichtsterrasse. Auch hier isst man Fleisch, z. B. Gourounópoulo (Spanferkel) oder Lamm. Leckere Vorspeisen, zu empfehlen sind die Spanakokefthédes, kleine Frikadellen aus Spinat und Käse; leckerer Hauswein. Zusätzliche Unterhaltung bietet der Papagei Lákis.

Tavérna Lambíris (6), auch bei dem netten Sotíris und seiner Familie hat es uns gut geschmeckt. Besonders lecker seine Spezial-Souvláki, mit Käse und Kräutern gefüllte Spieße, und der Tirosaláta; angemessene Preise. Wenn nicht allzu viel los ist, hat Sotíris auch immer Lust auf ein Schwätzchen und gibt gerne Wandertipps.

Tavérna Stélios (3), der lebenslustige Wirt isst gerne und achtet schon deshalb auf Qualität. Leser lobten die riesigen Portionen und waren vom Zicklein ganz begeistert.

Tavérna Nerómilos, ein besonders schöner Platz außerhalb des Ortes. Der freundliche Vassílis und seine Frau Melína haben hier nach alten Vorbildern eine Wassermühle aufgebaut und dahinter eine gemütliche Taverne errichtet. Hier gibt's statt Drehspießgerichten

Hausmannskost aus dem Backofen, z. B. Kokkinistó oder Hähnchen. Das Gemüse stammt aus dem eigenen Garten und wird überdies biologisch angebaut. Ein gesunder Genuss!

Café Bar Old Museum (1), in einem alten Haus mit Holzdiele, die laut knarrt, wenn man darüberläuft. Im Sommer sitzt man aber schöner auf der luftigen Terrasse unter mächtigen Maulbeerbäumen. Im Angebot Salate, Omeletts, Sandwiches, Crêpes, Milchshakes etc.

Natürlich gibt es in Theológos auch mehrere urige Kafenía. Im **Kentrikó (4)** spielen die Männer leidenschaftlich Távli, politisieren oder schweigen miteinander. Das **Zignás (5)** wurde vor kurzem renoviert und bietet jetzt ein besonders schönes Ambiente. Hier werden auch Snacks und Loukoumádes, süße Honigballen, serviert.

Sehenswertes

Neben den alten Kirchen und einem bemerkenswerten Museum sind es die typischen thassitischen Häuser und einige Herrenhäuser (Archontiká) aus dem 19. Jh., die einen Spaziergang durch Theológos lohnen.

Am Dorfeingang geht man rechts vom Restaurant Ávgustos auf der langen Hauptstraße in den Ort hinein. Schräg gegenüber der Tavérna Lambíris biegt man am Supermarkt Mathéou nach rechts in eine abwärts verlaufende, breite Gasse ein und stößt bald auf eine T-Kreuzung. Hier geht man rechts, kurz darauf bei einer Platane links und kommt so zur ältesten Kirche von Theológos. Die um 1750 erbaute, strahlend weiße und schiefergedeckte **Panagíakapelle** steht auf einer Wiese fast schon außerhalb des Dorfes. Durch eine halbrunde Tür betritt man das einschiffige Innere, das einst vollständig mit Fresken ausgemalt war. Am besten erhalten sind diejenigen in der Apsis. Sie zeigen unter anderem das Jesuskind mit mehreren Erzengeln und Heiligen sowie im Gewölbe die schützende Gottesmutter.

Die Kirche der heiligen Paraskeví

Von der Platane aus geht man zur T-Kreuzung zurück und nun geradeaus weiter bis zur 1803 erbauten **Dimítrioskirche,** die in der Regel verschlossen ist. Den riesigen Schlüssel verwahrt der Pope, dessen Haus sich links neben der Kirche (vom Eingang aus gesehen) befindet. Seine Frau oder er zeigen Ihnen gerne das Gotteshaus. Während der Siesta sollte man sie allerdings nicht stören.

Von dem schönen Kirchhof mit hohen Zypressen betritt man das recht düster wirkende Innere. Beherrscht wird es von einer dunklen **Ikonostase** mit vielen Schnitzereien: Engeln, Tieren, Blumen, Blättern usw. Auch Szenen und Personen aus der Bibel und der Heiligengeschichte kann man erkennen, z. B. Eva, die Adam den Apfel reicht, Mariä Verkündigung oder auch den heiligen Nikolaus. Bemerkenswert

Steinerne Brücke aus alter Zeit

sind auch die elf Tauben ganz oben – Symbole für die Apostel –, die im Schnabel jeweils eine Hängelampe tragen. Die Apostel selbst kann man etwas tiefer in der unteren Ikonenreihe bewundern. 18 Jahre soll der Künstler für die Fertigstellung dieser Ikonostase benötigt haben. Schauen Sie sich auch die wertvolle **Kanzel** und vor allem den **Bischofsthron** genau an.

Links neben dem Eingang steht die von den Einheimischen sehr verehrte **Dimítriosikone.** Rechts befinden sich zwei **Marienikonen.** Die kleinere soll, so sagte uns die Frau des Popen, vom heiligen Lukas aus Mastix und Wachs gearbeitet worden sein. Die andere ist mit Treibsilber überzogen und wird an Mariä Entschlafung (15. August) für neun Tage zu Ehren der Gottesmutter in die alte Panagíakirche gebracht.

Wer Lust hat, macht von der Kirche aus noch einen etwa 300 m langen Abstecher zu einer uralten **steinernen Brücke,** die über den unterhalb des Dorfes verlaufenden Bach führt. Gehen Sie rechts an der Dimítrioskirche vorbei und halten sich an den nächsten Gabelungen zuerst rechts, dann links. Anschließend öffnen Sie ein Gatter und gehen noch einmal rechts und wieder links, bis Sie auf dem steinigen, später gepflasterten Pfad die Brücke erreichen. Zurück an der Dimítrioskirche, ist man in wenigen Schritten auf der zentralen Dorfstraße mit den beiden Kafenía. Zwischen neueren Häusern, Tavernen und Supermärkten sieht man noch zahlreiche **inseltypische Häuser** mit Erkern und Holzveranden. In den Höfen erinnern Brunnen und Backöfen an vergangene Zeiten.

Die zweite Gemeindekirche von Theológos (es gibt auch zwei Popen), **Agía Paraskeví,** liegt wenige Schritte unterhalb des Cafés Old Museum. Mit ihrer schiefergedeckten Kuppel und dem frei stehenden Glockenturm bietet sie ein schönes Fotomotiv. Auch hier bekommt man den Schlüssel wieder im Pfarrhaus hinter der Kirche. Das Innere des dreischiffigen Gotteshauses aus dem Jahre 1830 wirkt schlichter, aber auch weniger düster als das der Dimítrioskirche. Bemerkenswert sind die alten Ikonen in dem hölzernen Témplon und die Fresken von Heiligen an den Wänden, z. B. des heiligen Konstantin mit seiner Gemahlin Helena.

Geht man vom Pfarrhaus aus die Dorfstraße weiter nordwärts, kommt man zu dem jüngst renovierten Haus von Chatzigeorgíou, dem ersten Bürgermeister der Insel Thássos und Anführer der Revolte gegen die sie beherrschenden Türken (1821). Hier ist seit 2003 das sehenswerte **Volkskundemuseum** untergebracht (während der Sommermonate täglich 10–22 Uhr geöffnet, Eintritt 3 €). In insgesamt vier Räumen kann man das Leben der Theologiten vor noch gar nicht allzu langer Zeit nachvollziehen. Neben einem wieder aufgebauten Schlafzimmer mit Kamin und einem Wohnraum mit rundum laufender Sitzbank findet man in zwei Ausstellungsräumen viele Gegenstände des einstigen Alltags: eine Weinpresse, ein Butterfass, eine Wachsmühle, in der Wachs gepresst wurde, bevor man es formte, eine Waschmaschine ohne Strom, Webstühle, alte Bienenkörbe, vorsintflutlich anmutende Sägen etc. Hervorzuheben ist, dass alles in verschiedenen Sprachen – auch auf Deutsch – sehr gut erklärt wird.

Die thassitische Hochzeit

Einmal im Jahr, meist an einem Samstag in der ersten Augusthälfte, führt der Kulturverein von Theológos den Ablauf einer traditionellen thassitischen Hochzeit vor. An alte Bräuche soll erinnert werden, aber natürlich will man damit auch Touristen anlocken, denn schließlich bleiben die meisten anschließend in einer der Tavernen.

Der „Bräutigam" wird von seiner Familie und von Freunden mit Musik zum Haus der „Braut" gebracht, in das das Volkskundemuseum an diesem Abend umfunktioniert wird. Touristen und Einheimische haben sich dort schon versammelt und die traditionelle Begrüßung, Oúzo oder Tsípouro und dazu ein Gebäck aus Honig, Zucker und Mehl, entgegengenommen – so süß wie diese Speise soll das Leben des jungen Paares sein! Nachdem der „Bräutigam" seine Braut mit viel Trara aus dem Haus geholt hat, zieht der Hochzeitszug mitsamt der auf Esel geladenen Aussteuer (Príka) zum Sportplatz. Mehrere Tänze um diese Aussteuer herum folgen. Den Zuschauern wird jeweils erklärt, welche Bedeutung diese haben. Etwa nach einer Stunde ist die fingierte Feier, die früher in Wirklichkeit oft vier bis fünf Tage gedauert hat, vorbei bzw. geht in ein allgemeines Tanzvergnügen über, an dem sich jeder beteiligen kann.

Vom Museum aus die Dorfstraße noch weiter nordwärts gehend, passiert man bald die unscheinbare **Kapelle** des Erzengels Michael, die auf den ersten Blick wie ein gewöhnliches Wohnhaus aussieht. An der verblassten Ikone über dem Gittertor und dem Kreuz an der Tür erkennt man jedoch die religiöse Bedeutung. An großen Feiertagen, z. B. an Ostern und Weihnachten, wird die wichtigste Ikone des Erzengels aus dem Kloster Moní Archangélou für einige Tage hierher gebracht. In der Nähe der Kapelle und weiter Richtung Dorfausgang sieht man mehrstöckige, einst prächtige **Herrenhäuser** aus dem 19. Jh. Schließlich gelangt man zu einem der beiden **Friedhöfe** von Theológos. Dort steht eine dem Namensgeber des Ortes, dem heiligen Johannes o Theológos, zu Ehren erbaute Kirche.

Ein kaum 10-minütiger schöner Spaziergang führt links vom Friedhof entlang einem auch im Sommer wasserführenden Bach mit kleinem Wasserfall bis hin zur **Quelle der heiligen Vassilikí.** Bis 1974 war hier sogar ein See, der jedoch später, als man Wasserleitungen ins Dorf legte, trocken fiel, die alte Zisterne ist noch zu sehen. Vassílis und Melína haben hier eine kleine **Wassermühle** aufgebaut, nach der sie auch ihre gemütliche Taverne unter den Bäumen benannt haben. Ein schöner Platz, um nach dem Rundgang durchs Dorf eine Pause einzulegen. Die beiden haben im Übrigen noch viel vor, u. a. soll auch der einstige See wieder entstehen.

Wanderung 9: Von Theológos zum Kapellchen Agía Kiriakí und zur Gipfelkirche Profítis Ilías (Ái-Liás)

Die 7 bzw. 8 km lange Tour, für die Sie etwa drei Stunden (einfache Strecke) einplanen sollten, lohnt vor allem wegen der schönen Blicke von den Aussichtspunkten Agía Kiriakí und Profítis Ilías. Auf dem Weg dorthin wandern Sie durch ein breites, von zahlreichen Ziegen bevölkertes Tal zuerst allmählich, später recht steil bergan. Wer möchte, geht nur bis zur Kirche der heiligen Kiriakí. Es besteht aber auch die Möglichkeit, von der Profítis-Ilías-Kirche in weiteren drei Stunden nach Potamiá weiterzuwandern (→ Wanderung 5, S. 128 ff; die angegebenen Hinweise müssen nur umgekehrt werden). Unterwegs bestehen keine Verpflegungsmöglichkeiten – unbedingt ausreichend Wasser mitnehmen. Bei der Kirche des Propheten Ilías lässt es sich sehr schön picknicken.

Mächtige Platanen spenden Schatten

In **Theológos** beginnt man die Tour beim Friedhof am östlichen Ortsausgang. Sie folgen hier der Beschilderung zur **Wassermühle** (→ S. 170), wandern also in östliche Richtung am Bach entlang. Nach wenigen Minuten sehen Sie im Bachbett einen kleinen Wasserfall und erreichen kurz darauf die Mühle und die dazugehörige Taverne. Gehen

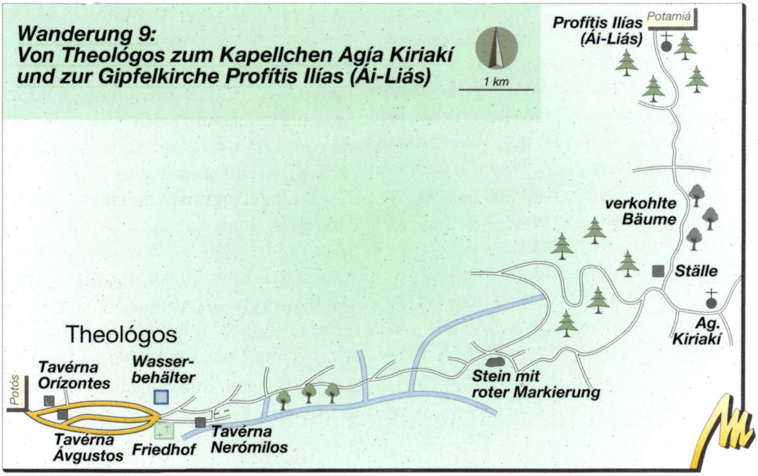

Sie an dieser vorbei und zweigen unmittelbar dahinter an einer Gabelung auf einen steinigen Weg links ab. Steil aufwärtssteigend kommen Sie in kurzer Zeit auf eine breite Piste, der Sie nach rechts folgen. Links vom Weg ist die Landschaft stark verkarstet, auf der rechten Seite, oberhalb des bereits bekannten Bachbetts, hat sich die Natur von den Waldbränden schon gut erholt – sogar Platanen wachsen wieder. Zumindest im Frühjahr kreuzen immer wieder **vom Hang herunterfließende Bäche** den Weg, der konsequent und nur sanft ansteigend in nordöstliche Richtung verläuft.

Wenn man nach insgesamt etwa 3 km ein von links kommendes, etwas breiteres Bachbett überquert hat, kommt man 500 m weiter zu einer **Gabelung**, an der man sich entscheiden muss, ob man den kürzeren oder den etwa 1 km längeren, aber von der Orientierung her etwas einfacheren Weg nehmen möchte. Für die kürzere Variante zweigt man an dieser Gabelung rechts ab, ein rot markierter Stein weist die Richtung. Wenn Sie auf der abzweigenden Piste stehen und nach Südosten blicken, sehen Sie ein **Kiefernwäldchen** auf dem Hang über sich. Schon nach 250 m biegen Sie auf eine andere Erdstraße nach links ab. Etwa 500 m danach halten Sie sich an einer Gabelung wieder links und erreichen in etwa 8 bis 10 Minuten den Hauptweg zur Kapelle. Hier gehen Sie rechts, passieren ein eingezäuntes Gelände mit Ställen und viel Vieh und erreichen 200 m oberhalb davon das **Minikirchlein Agía Kiriakí**, von dem aus man einen wunderschönen Blick nach Kínira und bei klarer Sicht bis nach Samothráki hat.

Alternative: Für den längeren Weg bleibt man an der oben genannten Abzweigung auf der Erdstraße, erreicht etwa 400 m weiter den Talschluss (die Erdstraße macht einen Bogen nach links) und biegt nach einigen weiteren Gehminuten auf eine Piste nach rechts ab. In weiten Serpentinen geht es aufwärts zu einem Kiefernwäldchen. Dahinter liegt das Gebäude mit den Ställen, und nach etwa 1,5 km hat man das Kapellchen Agía Kiriakí erreicht.

Um zur Kirche des Propheten Ilías zu gelangen, geht man die Piste wieder bergab zu dem Gelände mit den Ställen und biegt dort, wo der Zaun beginnt, auf einen schmalen Pfad nach rechts ab. Dieser führt zunächst am Zaun entlang und dann einen Hang hinauf. Auf verkarstetem Gestein wandert man in nördliche Richtung mal auf, mal ab einen Bergrücken entlang. Nach wenigen Gehminuten sieht man rote Markierungspunkte, die unbedingt zu beachten sind, denn nicht immer ist der Maultierpfad zwischen dem grauen Gestein und den verkohlten Baumstämmen gut zu erkennen.

Etwa 1,6 km nach der Kiriakíkapelle kreuzt eine Piste den Pfad. Auf der gegenüberliegenden Seite setzt er sich fort und hält nun auf eine mit Farnen und Kiefern bewachsene Kuppe zu. Nach einem steilen Anstieg (ca. 500 m) stößt der Pfad auf eine weitere Piste. Hier geht man rechts noch einmal 250 m den Berg hinauf und hat endlich die **Ilíaskirche** erreicht, von wo aus man einen schönen Blick auf Potamiá und Umgebung genießen kann.

Wanderung 10: Von Theológos nach Kástro und weiter zum Wasserfall des Lákkos Kastrinón

Knapp zwei Stunden benötigt man für den stellenweise recht steilen Weg von Theológos zu dem im Schutz eines mächtigen Felsens gelegenen, heute weitgehend unbewohnten Bergdorf Kástro (einfache Strecke 4,7 km). Von Mai bis Oktober wird dort ein Kafeníon bewirtschaftet, in dem man neben diversen Getränken auch einfache Mahlzeiten bekommen kann. Wer etwas mehr Ausdauer hat und nicht gerne auf demselben Weg zurückgeht, kann von Kástro aus knapp 4 km zum Wasserfall des Lákkos Kastrinón weiterwandern und von dort gemäß den Angaben von Wanderung 11, die man nur entsprechend umkehren muss, nach Theológos zurückkehren. Eine 15 km lange, empfehlenswerte **Rundtour.**

Startpunkt ist am Ortseingang von **Theológos** (WP 01). Man wandert rechts von der Tavérna Orízontes die obere Asphaltstraße 140 m in nordöstliche Richtung und biegt dann nach links auf eine Staubstraße ab (WP 02). Durch einen lichten Kiefernwald geht es leicht aufwärts, nach ca. 700 m passiert man die Müllkippe des Dorfes (WP 03). Eine Abzweigung (WP 04) ignorierend, kommt man nach insgesamt 2 km auf eine Anhöhe, wo mehrere Wege zusammentreffen. Auf der rechten Seite bietet eine stattliche Kiefer, in deren Schutz ein **kleines weißes Minikapellchen** steht, ein schönes Bild (WP 05). Schaut man nach Nordwesten, sieht man die weißen Häuser von Kástro auf dem 650 m hohen Felsrücken liegen; bei diesigem Licht muss man schon genau hinschauen, um sie von dem grauen Kalkgestein unterscheiden zu können.

Auf der links bergab führenden Piste wandert man in weiten Serpentinen zum Bachbett des Lákkos Kastrinón hinunter. Rosa Zistrosen und riesige Kiefern bestimmen die Landschaft. Ein rot markierter Fußpfad schneidet einige der Serpentinen der Erdstraße ab (WP 06–09) und stößt unten am Bachbett auf eine andere Piste (WP 10). Hier liegt ein **großer, weißer Stein** mit der Aufschrift: „love, Liebe, pigí". Genau gegenüber kennzeichnet ein roter Pfeil die Fortsetzung des Pfades. Mehrere Wanderer haben ihn schon verfehlt. Der Pfad ist aber auch nur sehr schwer zu erkennen. Mehr oder weniger weglos steigt man steil den Hang hinauf. Achten Sie unbedingt auf die roten Markierungen. Nach etwa 150 m hält man auf

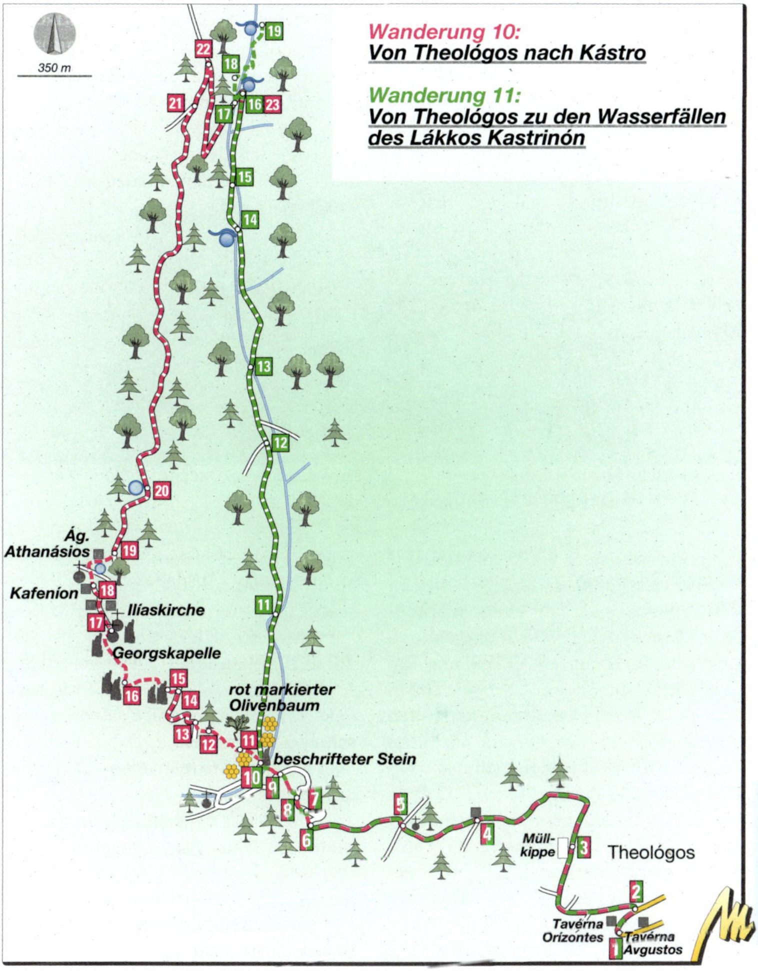

einen **einzeln stehenden Olivenbaum** zu, an dessen Stamm rote Punkte angebracht sind (WP 11). Von diesem Baum aus wandert man immer **in derselben Richtung aufwärts** bzw. auf den Kástro-Felsen zu. Lassen Sie sich nicht durch das Gewirr von Ziegenpfaden verunsichern, gehen Sie langsam, und suchen Sie immer wieder die nächste rote Markierung!

Nachdem man etwa 10 Minuten hinaufgestiegen ist, erreicht man ein Gebiet mit vereinzelt stehenden Olivenbäumen und hält dort auf eine mächtige, **doppelstämmige Kiefer** zu (WP 12). Gehen Sie von dort noch knapp 100 m weiter, bis Sie auf einen breiteren Erdweg stoßen (WP 13). Auf ihm wandert man weiter aufwärts. Rote Markierungen links vom Weg zwischen

Bald wird es geschoren

Kiefern weisen nach 350 m auf die Fortsetzung des Fußpfads hin (WP 14). Er führt zunächst steil auf einige **markante Felsbrocken** zu (WP 15) und dann in westliche Richtung ein Stück um den Kástro-Rücken herum. Knapp 300 m danach biegt er bei weiteren markanten Felsen (WP 16) wieder in nördliche Richtung ab und steigt steil bis zum Ziel an. Bei der **Ilíaskirche** (WP 17) und der darunter liegenden unscheinbaren Georgskapelle betritt man das Dorf. Hier beginnt eine Erdstraße, die in gut 200 m zum **Kafeníon** (WP 18) bzw. zum Ortskern führt.

Leser schrieben uns, dass die Markierung des Weges nach Kástro nach unserem Rechercheaufenthalt im Sommer 2007 erneuert bzw. verbessert worden sei (neue Markierungspunkte, Farbschildchen an Bäumen und zahlreiche Steinmännchen), so dass man ihn leicht finden konnte. Möglicherweise verläuft er jetzt stellenweise ein klein wenig anders als von uns beschrieben und vom GPS-Gerät aufgezeichnet.

Zur Fortsetzung der Tour geht man vom Kafeníon aus rechts an der Kirche vorbei und stößt nach wenigen Metern auf eine Piste. Hier steht eine Platane, durch die man eine Quelle gelegt hat. An der Platane folgen Sie der Piste nach links und biegen wenige Meter später schräg nach rechts ab. Dabei kommen Sie an einem Strommasten vorbei, der mit einem blauen Pfeil markiert ist. Zwischen Häusern wandern Sie wenige Meter bis zu einer weiteren Piste (WP 19). Nach links gehend, verlassen Sie das Dorf und passieren nach knapp 400 m eine **gemauerte Quelle** (WP 20). Durch einen schönen Mischwald wandert man stets abwärts, lässt nach ca. 2 km eine Abzweigung nach links unberücksichtigt (WP 21) und kommt 250 m danach zu einer T-Kreuzung (WP 22). Hier zweigen Sie rechts ab und erreichen 1 km weiter den **ersten Wasserfall** des Lákkos Kastrinón (WP 23). Wie Sie von hier aus zu noch weiteren Kaskaden kommen können, finden Sie im letzten Abschnitt der Beschreibung von Wanderung 11.

Wanderung 11: Von Theológos zu den Wasserfällen des Lákkos Kastrinón

(→ Karte S. 173)

Man glaubt es kaum, dass in der schroffen, verkarsteten Umgebung der Gebirgsdörfer Theológos und Kástro auch eine regelrecht idyllische Flusslandschaft mit reizvollen Wasserfällen eingebettet liegt. Von Theológos aus sind diese Naturschönheiten bequem in ca. 2,5 Std. (einfache Strecke etwa 7 km) zu erreichen, nach den ersten beiden Kilometern wandert man fast nur noch abwärts bzw. eben.

Bis zum WP 10 entspricht die Tour dem ersten Teil von Wanderung 10. Man passiert also das **Minikapellchen unter der riesigen Kiefer** (WP 05) und geht, wenn man die in Wanderung 10 beschriebene Abkürzung nicht nimmt, 1,5 km lang in weiten Serpentinen zum Bachbett des Lákkos Kastrinón hinunter. Dort „bewacht" wieder ein **Minikapellchen** den Weg. Überqueren Sie den Bach, und gehen Sie rechts an ihm entlang. Bald erreichen Sie die Stelle, wo der kaum zu erkennende Pfad links hoch nach Kástro abzweigt (WP 10). Sie aber folgen konsequent dem Bachbett. Platanen, die fast in dem Flüsschen zu stehen scheinen, spenden Schatten, an den Hängen wachsen gewaltige Kiefern. Mehrmals quert der Weg den Bach (WP 11, 13, 14 und 15). Nachdem Sie knapp 3 km an diesem entlanggegangen sind, passieren Sie eine erste kleine Kaskade (WP 14). 700 m danach ist das Ziel, **der größte Wasserfall** des Lákkos Kastrinón, erreicht, ein schöner Platz fürs Picknick oder auch für eine kleine Naturdusche (WP 16).

Wenn Sie nicht allzu müde sind, sollten Sie aber noch oberhalb des Wasserfalls zum nächsten weiterwandern. Klettern Sie dazu links vom herabstürzenden Wasser die Felsen hinauf, oder gehen Sie auf der Piste noch einige Meter bis zur folgenden Kurve. Unmittelbar dahinter zweigt nach rechts ein schmaler Pfad ab (WP 17) und führt Sie bequem oberhalb des Wasserfalls (WP 18). Von hier aus kann man gemütlich am Bach weiter entlanggehen und allerlei Getier beobachten. Frösche springen ins Wasser, im Bach leben Süßwasserkrebse, giftgrüne Smaragdeidechsen huschen ins Gebüsch, prachtvolle Schmetterlinge setzen ebenso wie wilde Veilchen und riesige Glockenblumen farbige Akzente im satten Grün der Farne und Platanen. Dazu riecht es kräftig nach wilder Pfefferminze. Nach ca. 15 Minuten ist der nächste **Wasserfall** (WP 19) erreicht. Wer mag, klettert rechts davon nach oben und erkundet das Tal noch weiter. Es gibt viel zu entdecken.

Kástro

Im Zentrum der Insel liegt in knapp 500 m Höhe auf einem schmalen, steilen Felsrücken das oft gespenstisch still wirkende Kástro. Einst von Küstenbewohnern im Schutz einer genuesischen Burg gegründet, wohnt heute niemand mehr ständig hier. An den alten Häusern nagt der Zahn der Zeit, viele sind verfallen. Doch in jüngster Zeit hat sich ein neuer Trend entwickelt.

Wer die jüngere Geschichte der Insel verstehen möchte, der sollte Kástro unbedingt einen Besuch abstatten. Als die Piraten im späten Mittelalter und in der frühen Neuzeit in der Ägäis wieder verstärkt ihr Unwesen trieben, flüchteten auch die Küstenbewohner von Thássos, die ständig Opfer von Überfällen geworden waren, in die vom Meer nicht einsehbaren Bergregionen und errichteten dort neue Dörfer.

Eines davon war Kástro. Der nach drei Seiten hin steil abfallende Felsgrat – er war schon in früheren Zeiten immer mal wieder besiedelt gewesen – bot sich als Fluchtstätte geradezu an. Zudem hatte der die Insel während des 15. Jh. eine Zeit lang beherrschende Genueser Umberto Grimaldi an diesem strategisch günstigen Platz 1434 eine Burg mit dem Namen „Neocastrum" errichten lassen, in deren Schutz das Dorf Kástro entstand. Unten besaßen die Kastrioten aber noch Felder und Olivenhaine. Dort hielten sie sich sporadisch auf und wohnten dann in sog. Kalívia, kleinen Hütten, worauf heute noch der Name des Weilers Kalívia hinweist.

Wegen der harten Lebensbedingungen in den Bergen setzte zu Beginn des 20. Jh. wie überall in Griechenland eine Art Bergflucht ein, und die Kastrioten wanderten nach und nach zur Küste ab, wo sie die Siedlung Limenária gründeten – der heute zweitgrößte Ort der Insel war also jahrhundertelang nichts weiter als der Hafen von Kástro. Verstärkt wurde die Abwanderungswelle durch den beginnenden Erzabbau um Limenária, der vor allem den jüngeren Kastrioten Arbeitsplätze verschaffte.

Detail einer alten Tür in Kástro

Nachdem das Dorf nach dem Zweiten Weltkrieg nahezu vollständig entvölkert war, entwickelt sich in jüngster Zeit doch wieder Leben. Zwischen den stark verfallenden Ruinen fallen immer mehr Häuser auf, die (leider nicht immer im traditionellen Stil) renoviert bzw. neu gebaut wurden. Vor einigen Jahren hat man Strom hier herauf gelegt, und sogar ein Kartentelefon gibt es. An Wochenenden kommen die Enkel der einst Abgewanderten wieder ins Dorf, weil sie die Stille genießen wollen. Von Mai bis Oktober ist auch das einzige Kafeníon in Betrieb. Dessen Besitzer reist ebenfalls aus Limenária an, um Wanderer und Mietwagenfahrer zu verköstigen. Im Winterhalbjahr wird's wieder ganz still in Kástro, nur am 18. Januar, wenn das Patronatsfest der Kirche gefeiert wird, scheint sich fast die ganze Bevölkerung von Limenária hier oben aufzuhalten.

• *Verbindungen* Sowohl von Limenária als auch von Mariés führen zwei etwa 12 km lange Erdpisten nach Kástro hinauf.

Von **Limenária** fährt man auf der Asphaltstraße nach Kalívia und zweigt am Ende der Siedlung in einer Linkskurve (Schild „Mariés") nach rechts auf eine Erdpiste ab. 100 m weiter folgt man an einer Gabelung dem Wegweiser „Kástro" nach rechts. Auf dieser Piste fährt man nun, alle Abzweigungen ignorierend, stets aufwärts. Nach etwa 7 km hält man sich an einer Gabelung links. Der rechte Weg führt zwar auch nach Kástro, wird jedoch, da er in sehr schlechtem Zustand ist, auch von den Einheimischen kaum benutzt.

In **Mariés** fährt man auf der zunächst asphaltierten Straße unterhalb des Dorfes weiter in nordöstliche Richtung. Nach 3,5 km hält man sich an einer Abzweigung rechts (Schild „Ipsárion"), ca. 1 km weiter folgt man den Hinweisen „Theológos/Limenária" wieder nach rechts und erreicht so bald eine markante Kreuzung. Halb rechts

Kástro: Zwischen den Häuserruinen entstehen Neubauten

(deutliche Beschilderung) geht es über ein interessantes Hochplateau auf einer ziemlich holprigen Piste nach Kástro.

• *Essen und Trinken/Übernachten* **Kafeníon/ Tavérna Jánnis**, nach seinem legendären Schwiegervater, dem ehemaligen Wirt, benannte der junge Kóstas sein uriges kleines Lokal neben der Kirche. Hier serviert er zusammen mit seiner Frau Dímitra von Mai bis Oktober täglich Kaffee und Erfrischungen, aber auch einfache Gerichte. Alles, was auf den Tisch kommt, vom Joghurt bis zum Tsípuro, ist eigenes Erzeugnis, denn Kóstas ist nicht nur Kafezís, sondern auch Hirte, Gärtner, Winzer und anderes mehr. Nebenbei erzählt er seinen Gästen – mit unverkennbarem Bremer Zungenschlag – allerlei Schnurren von der Insel, gibt Wandertipps und Erklärungen zu Geschichte und Brauchtum.

Bei Kósta kann man mittlerweile in einem Haus in Kástro auch zwei Fremdenzimmer mit Bad und Gemeinschaftsküche zum Preis von 10 € pro Person mieten. Weitere Informationen erhalten Sie unter ✆ 2593052906 oder ✆ 6946026045.

Der Süden

Sehenswertes

Im Süden des Ruinendorfes steht auf dem umzäunten Kástro-Vorsprung – von der einstigen Grimaldi-Burg ist nichts mehr erhalten – die **Kirche des Propheten Ilías;** allerdings ist das Gebäude ohne Glockenturm auf den ersten Blick kaum als Kirche zu identifizieren. Der Boden besteht aus Natursteinen, in der einfachen Ikonostase sieht man links die Ikone des Propheten, der eine seiner Visionen hat. Schräg hinter der Kirche befindet sich ein unscheinbarer Tonnengewölbebau, in den man nur mit Vorsicht einen Blick werfen sollte, handelt es sich doch um ein mit Knochen und Totenschädeln gefülltes **Beinhaus.**

Tipp! Falls das Tor zum Hof derIlíaskirche von außen nicht zu öffnen ist, greifen Sie einfach durch das Gitter, um die Klinke von innen zu drücken.

Unterhalb der Ilíaskirche steht am Hang eine kleine, dem heiligen Georg gewidmete **Kapelle.** Bevor man den Kástro-Vorsprung verlässt, sollte man noch den Rundblick auf den Ipsárion (1204 m) im Nordosten und das südöstlich in Richtung Theológos gelegene Tríkorfon-Gebirge (810 m) genießen.

Vom Kástro-Vorsprung aus geht man in nördliche Richtung zu dem Bergrücken mit den Häuserruinen und neuen Wochenendhäusern. Anders als die modernen Häuser heben sich die grauen schiefergedeckten Walmdächer und die Bruchsteinmauern der traditionellen Behausungen kaum von den staubtrockenen Bergen ab. Etwa im Zentrum steht eine Platane, die man sich genauer ansehen sollte, denn in der Mitte ihres Stammes befindet sich ein Wasserhahn: Wenn man ihn öffnet, scheint es so, als spende der Baum das kühle Nass.

Unweit der Platane steht **die älteste und bedeutendste der drei Kirchen** von Kástro. Sie ist dem heiligen Athanásios geweiht und stammt aus derselben Zeit wie die einstige Grimaldi-Burg. Im Gegensatz zu dieser ist die Kirche hervorragend erhalten, was auf verschiedene Renovierungen zurückzuführen ist. Auf eine solche bezieht sich auch die Jahreszahl 1804 neben dem Eingang, es handelt sich dabei nicht um das Gründungsdatum. Auffallend sind der mächtige Glockenturm und das schöne alte Gebälk im Vorhof der Kirche. Hier sieht man auch das dreiteilige **Wappen der Gattelusi,** einer weiteren genuesischen Adelsfamilie, die Thássos für einige Jahre beherrschte. Warum die Inschrift in arabischer Schrift abgefasst ist, konnte uns niemand erklären.

Zwar ist die Kirche ständig verschlossen, doch Kóstas, der Wirt des Kafeníons, schließt sie einem mit einem riesigen Schlüssel gerne auf, so dass man die bunt bemalte, uralte **Holzikonostase,** in die Blättergirlanden, Blumen und kleine Tiere hineingeschnitzt sind, in Ruhe bewundern kann. Links vom Zugang zum Allerheiligsten sieht man eine silberüberzogene Athanásiosikone mit zahlreichen Votivtäfelchen. Eine weitere wertvolle Ikone des Kirchenpatrons steht gegenüber vom Eingang unter einem Baldachin. Ein neueres, erst vor wenigen Jahren geschaffenes Bild des Heiligen hängt an der linken Kirchenwand. Es ist aus klitzekleinen bunten Steinen zusammengesetzt und stammt von einem Thassioten aus Theológos. Achten Sie schließlich auch auf die rundherum mit den zwölf Aposteln bemalte **Kanzel** sowie auf den schweren **Leuchter aus Bergkristall.** Nur einmal im Jahr, am 18. Januar, füllt sich die Kirche bis auf den letzten Platz, denn an diesem Tag feiert man hier den Namenstag des Kirchenpatrons. Unter anderem wird auch seine Ikone „versteigert", d. h. an die Familie mit dem höchsten Gebot – oft sehr viel Geld – symbolisch verliehen, tatsächlich bleibt sie aber in der Kirche. Immerhin gibt die Pfarrgemeinde von Limenária anschließend ein Festessen aus, bei dem auch Fremde herzlich willkommen sind.

Das **Kafeníon,** einst die Schule von Kástro, befindet sich unmittelbar links neben der Kirche. Der Griff seiner Holztür ist mit einem Löwenkopf verziert. Der kleine, mit Bäumen bestandene Platz davor ist für eine Rast besonders gut geeignet.

Limenária

Vor noch gar nicht langer Zeit Bergarbeiterstädtchen, heute „Metropole" des Inselsüdens mit zahlreichen Hotels, Pensionen, Souvenirläden, Tavernen und Cafés sowie allen öffentlichen Einrichtungen des täglichen Lebens. Schöne Sträßchen, der bunte Fischerhafen sowie die lange Uferpromenade setzen hübsche Akzente, und zu den reizvollen Stränden ist es auch nicht weit.

Mit ca. 2600 Einwohnern ist Limenária mittlerweile der zweitgrößte Ort der Insel. Die Bevölkerung verteilt sich auf die Küstensiedlung und den weiter im Hinterland gelegenen Ortsteil Kalívia, wo man in zahlreichen Kafenía und einfachen Tavernen immer noch weitgehend unter Einheimischen sitzt. Die Touristen konzentrieren sich unten am malerischen Fischerhafen bzw. in den Tavernen und Hotels nahe der Uferpromenade, die besonders abends zum Bummeln einlädt. In jüngster Zeit hat man hier einige Marmorskulpturen bzw. -reliefs mit vornehmlich mythologischen Motiven aufgestellt.

Reizvoll steht das Palatáki über dem Hafen von Limenária

Wenn der Tag zur Neige geht, ist auch das Palatáki hoch über dem Hafen ein schöner Platz, um den einzigartigen Sonnenuntergang zu genießen. Dieses „Palästchen" erinnert an noch gar nicht so lange vergangene Zeiten: Einst war Limenária nur der Hafen von Kástro, dem alten Piratenschutzdorf hoch in den Bergen. Nachdem die Piratengefahr vorüber war, siedelten sich gegen Ende des 19. Jh. zahlreiche Kastrioten um diesen Hafen herum an. Als bald darauf bekannt wurde, dass das Gestein der näheren Umgebung eisenerz-, zink- und kupferhaltig war, bemühte sich die Pforzheimer Firma Speidel bei der „Hohen Pforte" in Istanbul – damals war Thássos noch in türkischem Besitz – um eine Abbaukonzession, die sie auch erhielt. 1903 begann man mit den Bergwerksarbeiten und setzte so eine alte Inseltradition fort. Nach dem Zweiten Weltkrieg besaß die Firma Krupp die Abbaukonzession. Das gelbfarbene Palatáki war das palastähnliche Verwaltungsgebäude des Konzerns. Darüber hinaus sind noch weitere Industriedenkmäler aus der Bergwerkszeit Limenárias, die bis 1964 andauerte, zu bewundern.

Einen weiteren Bevölkerungsanstieg erfuhr die Stadt, als sich 1922 nach der vernichtenden Niederlage Griechenlands im Krieg gegen die Türkei zahlreiche Flüchtlinge bzw. Vertriebene aus Kleinasien hier niederließen. Die Stadt blühte weiter auf, und als dann die Bergwerke geschlossen wurden, hatte Limenária das Glück, dass der Tourismus die Insel und die Stadt entdeckte.

Reisebüros/Verbindungen

• *Reisebüros* Bei den **Blue City Tours** kann man Bustouren, auch aufs Festland, und Schiffsausflüge buchen, Autos mieten, Bücher tauschen etc. Außerdem erhält man Hilfe bei der Zimmersuche. ✆ 2593051695, 📠 2593052063.

• *Verbindungen* Limenária liegt an der Inselrundstraße, ca. 42 km von *Liménas* entfernt. Der Taxistandplatz befindet sich am Fischerhafen, die Fahrer sind zu erreichen unter ✆ 2593051378, 2593051244 und 2593051392. Die Busse halten nur oben an der Durchgangsstraße bei der ATE-Bank. Im Fischerhafen liegen außerdem die beiden **Ausflugsboote Ágion Ésti** und **Iónion**, mit denen man Touren zu den umliegenden Strandbuchten unternehmen kann.

Adressen/Mietfahrzeuge/Einkaufen

• *Ärztliche Versorgung* Die Praxis der **Allgemeinmedizinerin** Dr. G. Papadimitríou-Arapáki finden Sie nahe der ATE-Bank. Sie ist Mo–Fr von 8.30–14.30 und von 17.30–21.30 Uhr besetzt. ✆ 2593053333. Ein weiterer **Arzt**, Dr. Maroúllis Piéris, praktiziert in der Nähe der Agentur Speedy. ✆ 2593051600. Die **Zahnärztin** Dr. Christína Andreadáki hat in einer Seitenstraße der Einkaufsgasse ihre Praxis, geöffnet Mo–Fr 9.30–13.30 und 17.30–20.30 Uhr, Mittwochnachmittag geschl. ✆ 2593053380. Darüber hinaus finden Sie in Limenária zwei **Apotheken** (→ Stadtplan).

• *Geld* Die **National Bank** unterhalb des Palatáki verfügt ebenso wie die **ATE-Bank** an der Durchgangsstraße über einen Geldautomaten.

• *Post* Das Postamt liegt etwas versteckt zwischen den Tavernen vor dem Fischerhafen. Öffnungszeiten: Mo–Fr 7.30–14 Uhr.

• *Tanken* Zwei Tankstellen finden Sie an der Straße nach *Kalívia*, eine weitere an der Inselrundstraße Richtung *Mariés*.

• *Mietfahrzeuge* **Potós Carental (4)**, der lokale Anbieter hat auch hier Fuß gefasst, kein Wunder, die Autos machen einen guten Eindruck. ✆ 2593052747.

Speedy (3), ganz in der Nähe. Viele Kleinwagen, ebenfalls empfehlenswert. ✆ 2593053055.

Moto Rent Easy Riders (5), vermietet Bikes in allen Größen. ✆ 2593053338.

• *Einkaufen* Zahlreiche **Supermärkte** findet man überall in der Stadt verteilt. Die beiden zentral gelegenen **Bäckereien** bieten neben frischem Brot auch leckere Kuchen. Die meisten anderen Läden konzentrieren sich in der parallel zur Uferpromenade verlaufenden Einkaufsstraße. In **Sotíris' Workshop** bekommt man eine gute Auswahl an kulinarischen Mitbringseln wie Öl, Honig, Süßigkeiten etc.

Kitsch und Kunst finden Sie in dem herrlich vollgestopften Laden **Egaistíri** im Zentrum. Bei **Molly** hat uns der Schmuck besonders gut gefallen. Eine besonders große Auswahl an Gold- und Silberwaren bietet **Iris Gold** an der Straße nach Tripití. Dort kann man den Juwelieren bei der Herstellung der Schmuckwaren auch mal über die Schulter schauen.

Deutschsprachige Zeitungen werden in einem Geschäft nahe dem ehemaligen Rathaus verkauft.

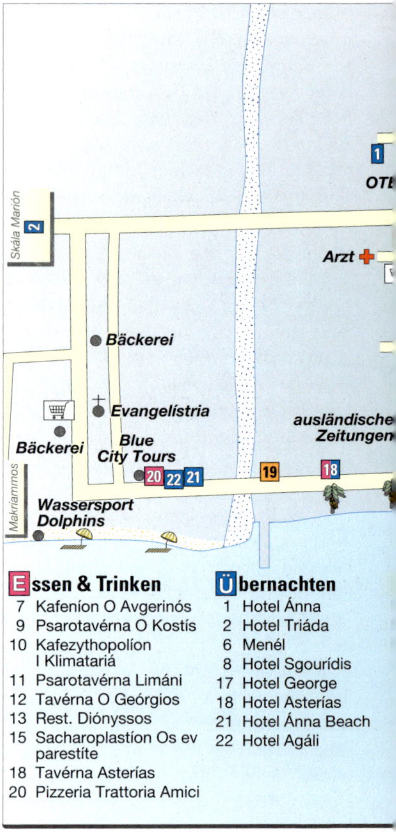

Übernachten

Die neueren Quartiere konzentrieren sich auf den westlichen Strandabschnitt des Ortes. Die Häuser gleichen einander sehr: Unten befindet sich eine Bar oder ein Restaurant, im Obergeschoss und z. T. in einem rückwärtigen Gebäude liegen die Zimmer. Letztere sind von eventuellen Ruhestörungen durch Nachtschwärmer etc. deutlich weniger betroffen. Die Unterkünfte im Zentrum sind dagegen meist älterer Bauart, wurden in den letzten Jahren aber fast durchweg renoviert.

** **Hotel Ánna Beach (21)**, ein geschäftstüchtiges Lehrerehepaar führt das schöne Haus oberhalb des Strandes. Bei der Einrichtung der Studios wurde auf Qualität geachtet: besonders hübsche Bäder, großzügige Balkone, geschmackvolles Mobiliar. Während man im Hauptgebäude den Blick aufs Meer genießt, sind die Zimmer des Hinterhauses auf den Pool ausgerichtet. Zu zweit bezahlt man inkl. Frühstück zwischen 35 und 60 €. Von April bis Oktober geöffnet. ✆ 2593053339, ℻ 2593051187, www.annabeachhotel.gr.

Der Familie gehört auch das ** **Hotel Ánna (1)**, nördlich der Durchgangsstraße. Die 22 Zwei- und Dreibettzimmer haben alle Bad und Balkon (teilweise auch eine Kochnische) und sind zum Preis von 30–50 € zu haben. Im Gemeinschaftsraum mit Sat-TV kann man die Spiele der Bundesliga verfolgen. Ganzjährig geöffnet, die Rezeption ist jedoch nur im Winter und in den Hochsaisonmonaten besetzt, in der restlichen Zeit sollten Sie im Ánna Beach nachfragen. ✆ 2593051395.

** **Hotel Agáli (22)**, mit 14 Zimmern eines der kleineren Häuser, mit Restaurant, Bar mit Sat-TV-Ecke, Pool, Jacuzzi und Fitnessraum jedoch gut ausgestattet. Für ein DZ mit Bad, Balkon, Heizung, AC und Kühlschrank bezahlt man bei der netten María 45–80 € inkl. Frühstück. Ganzjährig geöffnet. ✆ 2593051363, ℻ 2593052070, www.agalihotel.gr.

** **Hotel George (17)**, ganz in der Nähe vom Strand über einer netten Bar, in der man gut frühstücken kann. Die 28 Studios und

Apartments (2–4 Personen) sind mit Bad, AC und Balkon (teilweise Blick aufs Meer) ausgestattet, einige haben auch Kochnische. Je nach Saison und Größe bezahlt man zwischen 40 und 80 €. Ganzjährig geöffnet. ✆/℻ 2593051413, www.thassos-island.de.

**** Hotel Asterías (18)**, kleines Haus an der Uferpromenade über einem empfehlenswerten Restaurant. Die 9 für 2–4 Personen geeigneten Apartments verfügen alle über Bad, AC und Balkon (teilweise Blick aufs Meer) und kosten je nach Größe und Saison zwischen 25 und 70 €, gegen Aufpreis kann man auch Frühstück bekommen. Ab Ostern bis Oktober geöffnet. ✆ 2593052930.

**** Hotel Sgourídis (8)**, zentral, aber durch die zurückversetzte Lage wirklich ruhig liegt das kürzlich renovierte, alteingesessene Hotel. Ein DZ mit AC, Kühlschrank, Bad und Balkon (toller Meerblick) ist für 30–55 € zu haben, es gibt aber auch Einzelzimmer. Besonders schön ist die Aussicht vom Dachgarten. Ganzjährig geöffnet. ✆/℻ 2593051241.

*** Hotel Triáda (2)**, Familie Hatsicharálambou führte jahrelang ein Restaurant in Köln und eröffnete dann das Hotel mit schönem Garten, das erst kürzlich renoviert wurde. Trotz der Lage an der Durchgangsstraße recht ruhig. Für ein EZ mit Bad, AC, Kühlschrank und Balkon bezahlt man inklusive gutem Frühstück bis zu 36 €, ein DZ kostet zwischen 35 und 45 €. Von Juni bis Oktober geöffnet. ✆ 2593051154, ℻ 2593052000.

Menél (6), ein weiteres Haus der älteren Generation, das aber jüngst eine gründliche Renovierung erfuhr und deshalb noch gut in Schuss ist. Über drei Stockwerke verteilt sind 16 Doppel- bzw. Dreibettzimmer mit Kühlschrank, Bad, AC und Balkon (z. T. Blick aufs Meer) zum Preis von 40–55 €, Frühstück kostet extra. Von Juli bis Ende September geöffnet. ✆ 2593051396, www.geocities.com/thassos_menel.

Essen und Trinken/Nachtleben (→ Karte S. 180/181)

Jede Menge nette Restaurants und Cafés reihen sich an der Uferpromenade aneinander, so dass man die Qual der Wahl hat. Doch machen Sie ruhig auch mal einen Abstecher nach Kalívia, dort sind die Tavernen und Kafenía besonders urig. Wer abends ausgehen will, findet einige Bars im Stadtzentrum, die an Sommerabenden gut gefüllt sind. Der „Renner" ist jedoch eine Discothek außerhalb des Ortes.

• *Essen und Trinken* **Psarotavérna Limáni (11)**, auf Fisch spezialisiert hat sich dieses schön am Fischerhafen gelegene Lokal, Erkennungszeichen ist der Oktopus, der an der Leine baumelt. Eine ganze Familie sorgt dafür, dass immer frische, leckere Meeresfrüchte auf den Tisch kommen. Während die Männer im Service und auf dem Boot beschäftigt sind, schwingen die Frauen den Kochlöffel. Aber nicht nur der Fisch ist empfehlenswert, sondern auch das Beiwerk: hausgemachte Dolmádes, handgeschnittene Kartoffeln, leckere Vorspeisen ...

Tavérna Asterías (18), wie in den benachbarten Tavernen auch kann man hier wunderschön direkt am Meer sitzen. Doch nicht nur deshalb ist das Lokal jeden Abend proppenvoll, die Qualität des Essens stimmt eben auch. Große Auswahl an griechischer Küche; neben dem üblichen Angebot gibt es zudem der Jahreszeit angepasste Gerichte wie Krautwickel (Lachanódolmades).

Psarotavérna O Kostís (9), das an der Uferpromenade gelegene Fischlokal ist bei den Einheimischen besonders beliebt. Wie in den benachbarten Tavernen auch wird das Essen über die Straße getragen und auf einer kleinen Terrasse serviert. Große Auswahl an Fisch.

Tavérna O Geórgios (12), etwas zurückgesetzt liegt das alteingesessene Lokal mit schöner Terrasse, eine Akazie spendet Schatten. Gutes Angebot an Fischgerichten, die hier noch bezahlbar sind. Daneben können wir besonders die leckeren Vorspeisen wie Skordaliá, gebratene Zucchini oder Anchovis empfehlen – dazu schmeckt der Wein vom Fass. Auch von Lesern wurde das bei Einheimischen und Touristen gleichermaßen beliebte Lokal sehr gelobt.

Pizzeria Trattoria Amici (20), für Fans der italienischen Küche genau das Richtige. Eine Empfehlung wert sind die Pizzen in zwei verschiedenen Größen, u. a. gibt es auch eine vegetarische Variante.

Restaurant Diónyssos (13), in der „Einkaufsstraße", dennoch wird ein schöner Blick aufs Meer geboten. Sehr große Auswahl an traditioneller griechischer Küche (z. B. Briám und gefüllte Zucchini), im Angebot sind aber auch Fisch und – ganz wie daheim – Kaffee und Kuchen!

Bei so vielen Lokalen fällt die Auswahl schwer

Kafezythopolíon I Klimatariá (10), unterhalb des Palatáki finden Sie dieses freundliche, einfache Lokal, dessen Tische und Stühle auf dem Gehweg aufgestellt sind. Dem Namen nach bekommt man hier Kaffee und Bier, doch wer genau hinschaut, sieht, dass die meisten Gäste sich hier zum Oúzo noch ein paar leckere Kleinigkeiten servieren lassen.

Tavérna Sotíris, einfaches, aber sehr empfehlenswertes Lokal in Kalívia nahe der Kirche. Wir haben hier für wenig Geld einen Oúzo mit reichhaltigem und leckerem Mezé bestellt. Aber natürlich gibt es auch „richtiges" Essen. Abends wird gegrillt.

Sacharoplastíon Os ev parestíte (15), hinter dem schier unaussprechlichen Namen verbirgt sich eine gute Adresse. Besonders die mit Crème gefüllte Bougátsa ist einen Besuch wert, lecker aber auch der Galaktoboúreko, den es allerdings in den heißen Sommermonaten aus Gründen der Haltbarkeit meist nicht gibt.

Kafeníon O Avgerinós (7), nach alter Manier sitzen die Männer hier beim Kaffee, lassen die Perlen des Kombolói durch die Finger gleiten und diskutieren die Ergebnisse des nächtlichen Fangs.

Mehrere schöne *Kafenía* findet man auch in Kalívia nahe der Kirche.

• *Nachtleben* **Cool (19)**, Cocktailbar im „Hotelviertel" oberhalb vom Strand.

Bar Istós (14), unten am Meer. Nette Bar mit originellen Wandbildern und recht großer Getränkeauswahl. Englische und griechische Musik. Beliebt ist außerdem die nahe gelegene **Bar Nile (16)**.

Disco Bolero, zwischen Pefkári und Limenária liegt die bei den Einheimischen besonders beliebte Open-Air-Disco. Man trifft sich erst spät am Abend und tanzt dann bis in den frühen Morgen.

Sehenswertes

Von besonderem Interesse sind natürlich die Industrieruinen aus der Zeit des Bergbaus. Darüber hinaus kann man auch noch ein kleines Museum und eine recht hübsche Kapelle besichtigen.

Vom Fischerhafen führt ein Fußpfad zum **Palatáki** hinauf. Mit seiner exponierten Lage, seiner auffallenden maisgelben Fensterfront und den dekorativen Türmchen

Heute pittoresk – Reste aus der Bergbauzeit

hat das „Palästchen“ wirklich etwas Herrschaftliches an sich. Schaut man hinein, erkennt man noch den Schalter, an dem man sich wahrscheinlich anmelden musste, um zu den Büros vorgelassen zu werden. Leider ist das Gebäude, das 1964 von der Firma Krupp verlassen wurde, ziemlich heruntergekommen. Zwar begann man 1990 mit der Renovierung, doch ist bis heute außer ein paar Arbeiten am Verputz nicht viel geschehen – das Palatáki gehört, wie so manche andere kulturelle Stätte auf Thássos, in die Reihe der „closed buildings“. Dafür genießt man hier oben besonders am Spätnachmittag einen wunderschönen Blick auf die Stadt mit dem Hafen bis zum Kap Kefálas und dem genau gegenüberliegenden Berg Áthos.

Folgt man vom „Palästchen“ der Straße abwärts, erreicht man eine betagte **Eisenbahnbrücke,** über die einst mit erzhaltigem Gestein gefüllte Waggons rollten. Interessanter noch sind die heute fast malerisch wirkenden Überbleibsel einer ehemaligen **Sortieranlage** östlich des Palatáki, die man auf einem Pfad, vorbei an weiteren Fabrikruinen, in ca. 5 Minuten erreicht. Terrassenartig steigen die Gebäude über dem beliebten Metallía Beach – nomen est omen – den Hang hinauf; an der Westseite der Bucht ist auch noch die alte **Schiffsverladestelle** zu sehen. Dahinter reihen sich drei gut erhaltene kreisrunde **Hochöfen** sowie ein viereckiger hintereinander auf. Bis Mitte der 60er Jahre des 20. Jh. schleppten die Bergleute in großen Körben die schwere Last heran und schmolzen in mörderischer Hitze Erze, Kupfer und Zink.

Während die große Metamórphosis-tou-Sotírou-Kirche im Osten der Stadt keine besonderen Sehenswürdigkeiten aufweist, lohnt die **Evangelístriakapelle** im Westen schon eher einen Besuch. In dem kleinen ziegelgedeckten Kirchlein mit niedrigem Glockenturm kann man immerhin eine blaugoldene Ikonostase mit den 12 Aposteln und ein uraltes, stark zerstörtes Bild bewundern, über dessen Bedeutung und Herkunft uns leider niemand Auskunft geben konnte.

Wer etwas mehr Zeit hat, sollte unbedingt auch dem Ortsteil **Kalívia** einen Besuch abstatten. Zum einen kann man in zwei Seitenwänden der dortigen Georgskirche zwei eingemauerte **antike Totenmahlreliefs** anschauen, zum anderen macht es Spaß, in den zahlreichen Kafenía den Männern zuzusehen, wie sie diskutierend, dösend oder miteinander trinkend die Zeit verbringen.

Bergbau im 20. Jahrhundert

Eine deutsche Firma belebte die Tradition des Bergbaus auf der Insel von neuem. Zwischen 1903 und 1914 hatte die Firma Speidel 14 Gruben in Betrieb und förderte z. B. insgesamt 120.000 t Kieselzinkerz mit einem Zinkgehalt von 30 bis 40 %. Mit Ausbruch des Ersten Weltkriegs wurde der Abbau eingestellt, und nachdem Griechenland 1916 an der Seite der Entente in den Krieg eingetreten war, demontierte man die Werksanlagen.

1953 bis 1964 hatte die Krupp KG für einige Gruben die Bergbaukonzession. Neben Kupfer und Zink baute man nun verstärkt Eisenerz ab, z. B. auch in der Grube Mavrólakkos, bis man sie wegen der damals noch katastrophalen Transportsituation aufgab. Seitdem ruht der Bergbau auf Thássos, obwohl wiederholte geologische Analysen ergaben, dass sich eine Rekultivierung durchaus lohnen würde. Man geht von mehreren Millionen Tonnen abbauwürdigen erzhaltigen Gesteinen aus. Einer Wiederaufnahme des Bergbaus scheinen gegenwärtig eine unzureichende Energieversorgung sowie überhöhte Forderungen des griechischen Staates im Wege zu stehen.

Ein ca. 25 km langes Erzband zieht sich vom Kap Salonikós im Süden über die Region nördlich von Limenária, das Ágios-Mántis-Gebirge und das gesamte Westküstengebirge bis zum Kap Pachís im Norden. Es besteht aus Eisen-, Blei- und Zinkerzen, in geringerem Maße kommen auch Silber- und Kupfererze vor. Die Bildung der Erze auf Thássos hat wohl magmatische Ursachen. An tektonischen Schwächezonen bilden sich unter dem Einfluss des bis fast an die Erdoberfläche aufsteigenden Magmas heiße, wässrige erzhaltige Lösungen, die sich nach der Erkaltung verfestigen. Durch chemische Reaktionen, besonders unter Einwirkung von bestimmten Gasen oder Lösungen, kommt es bei diesem Abkühlungsprozess oft noch zu einem Austausch von Gesteinsstoffen: Die verschiedenen Erze entstehen. Oftmals wird durch den Kontakt mit dem Magma auch das anstehende Gestein chemisch-physikalisch umgewandelt (Metamorphose).

Baden

Am westlichen Ortsende von Limenária beginnt der kilometerlange sandige, zum Teil mit feinen Kieseln durchsetzte **Makríammos Beach;** hier gibt es auch eine Wassersportstation. Je weiter man mit seiner Badetasche nach Westen zieht, desto ruhiger wird's. Liegen und Sonnenschirme kann man hier ebenso wie an den beiden feinsandigen **Buchten an der Uferpromenade** mieten.

Unterhalb des Palatáki wird an zwei kleinen Buchten oft textilfrei gebadet. Ein schmaler Pfad führt vom „Palästchen" aus zu ihnen hinab. Noch weiter östlich erstreckt sich der feinkieselige, aber schattenlose **Metallía** Beach, der mit den Hochöfen und Sortieranlagen aus der Zeit des Bergbaus eine ganz ungewöhnliche Kulisse bietet (Sonnenschirmverleih, einfache Snackbar). Man erreicht ihn über einen Zufahrtsweg von der Asphaltstraße oder auf einem Fußweg, der am Palatáki beginnt.

Mavrólakkos – das traurige Ende einer Erzgrube in idyllischer Lage

In den vorherigen Auflagen dieses Reiseführers hatten wir einen Spaziergang zur einstigen Erzgrube Mavrólakkos empfohlen, zwischen Limenária und Kástro gelegen. In dieser „Schwarzgrube“, so die wörtliche Übersetzung, baute die Firma Krupp 1953 bis 1964 Eisenerz ab. Dann wurde sie teilweise von Gebüsch und Bäumen überwuchert. Das Grün der Pflanzen und die rötliche Farbe des Gesteins boten zusammen ein wunderbares Bild. „Für diejenigen, die sich für Mineralogie interessieren oder gar Gesteine sammeln“, so schrieben wir, ist der Besuch der Grube „ein absolutes Muss“. Und weiter: „Es macht großen Spaß herumzuklettern und nach besonderen Steinen zu suchen. Fündig wird jeder.“ Doch als wir im Sommer 2007 den Platz erneut aufsuchten, waren wir entsetzt, traurig und wütend. Mavrólakkos wird inzwischen als Müllkippe genutzt. Es stinkt nicht nur fast unerträglich, der Aufenthalt erscheint uns gesundheitsgefährdend. Es ist nicht zu verstehen, wie leichtfertig man auf Thássos einen solch einmaligen Platz, wo sich Inselgeschichte und Natur verbanden, zerstört.

Tripití

Etwa 2 km westlich von Limenária liegt die wunderschöne, von Felsen eingerahmte, große **Sandbucht.** Je weiter östlich, desto schöner kann man in den Wellen springen und auch relativ ungestört Badefreuden frönen. Am westlichen Teil des Strandes konzentriert sich das touristische Leben mit Übernachtungsmöglichkeiten, einer Taverne und Liegen- bzw. Sonnenschirmverleih.

Ihren Namen (tripó heißt „durchbohren“) verdankt die Bucht dem von der Meeresbrandung geschaffenen Durchbruch durch die Felsen an ihrem westlichen Rand unterhalb des Hotels Ródon, einem sog. Brandungstor. Durch dieses nahezu kreisrunde Loch retteten sich zur Zeit der bulgarischen Besatzung der Insel einige Thassioten vor der Erschießung hinüber zum Berg Áthos. Die Wachposten hatten zwar den großen Strand im Auge, bemerkten jedoch nicht, wie die Flüchtenden durch den seitlichen Durchbruch zu ihrem dahinter versteckten Boot schwammen und dann in der mondlosen Nacht weiterruderten. Heute tummeln sich diesseits des Felslochs Touristen in einem kleinen, ummauerten Becken. Viele schwimmen durch das Tor auch aufs Meer hinaus, keiner – vor allem keine (!) – jedoch bis zum Berg Áthos. Wer in Ruhe relaxen möchte, kann sich auch an die **Ministrände** jenseits des Durchbruchs legen, dort wo einstmals das Fluchtboot versteckt war.

• *Übernachten/Essen und Trinken* **Ródon House**, unten am Strand, sehr ruhig. Das schöne, mehrstöckige Haus bietet einen geschmackvollen, inseltypisch eingerichteten Innenraum, eine Sat-TV-Ecke sowie einen Pool mit Kinderschwimmbecken, eine Bar und einen Spielplatz. Ein Studio mit AC (2–3 Personen) kostet zwischen 50 und 85 €, für die z. T. sehr großzügigen Apartments zahlt man 100–110 €. Angeschlossen ist auch ein gutes Restaurant mit italienischem Touch, in dem Tomás, der Chef, selbst den Kochlöffel schwingt. Von Mai bis Ende September geöffnet. ✆ 2593052238, ✆/℻ 2593052423, www.rodonhouse.gr.

Tavérna Pirofáni, schöner Platz oberhalb des Strandes, viele griechische Familien fühlen sich hier wohl. Bietet neben typisch griechischen Gerichten auch viel frischen Fisch. An Wochenenden manchmal Live-Musik.

Das hübsche Bergdorf Kallirráchi

Der Westen

An der Küstenstraße reiht sich vom Kap Kefálas bis zum Kap Pachís eine Skála an die andere. Von diesen Häfen führen Stichstraßen durch weite, mit Olivenbäumen bestandene Täler in die Berge zu den „Mutterdörfern" hinauf, die fast alle wie Adlerhorste an einem Hang kleben.

Einen Besuch wert sind eigentlich alle Bergdörfer, erlauben sie doch sehr viel Einblick in den griechischen Alltag. Hier erlebt man oft noch Hellas pur, während sich die meisten Skalen in den letzten Jahren zu kleinen Touristenzentren entwickelt haben. Besonders die beiden nördlichsten mit ihren schönen Stränden ziehen sehr viele Besucher an, weiter südlich wird's ruhiger. Doch auch hier verlagert sich, wie überall in der Ägäis, das Leben vom Berg ans Meer. Noch ziehen viele Bewohner, wenn die Saison vorüber ist, wieder ins Dorf hinauf. Doch wie lange noch?

Oberhalb der Mutterdörfer schrauben sich Pisten ins Inselinnere hinauf, wo die Berge beeindruckende Höhen erreichen und einsam das Panteleímonas-Kloster liegt. Für Wanderer eine lohnende Umgebung, auch wenn weite Teile des alten Kiefernwaldes bei den Bränden in den 80er Jahren des 20. Jh. zerstört worden sind. Doch zum Glück erobert sich die Natur ihr Terrain zurück. Auf den einst verbrannten Flächen sprießt der Unterwuchs, wachsen Büsche, Sträucher und auch schon wieder kleine Bäume.

Mariés mit Skála Marión

Klein, aber gemütlich ist das Bergdorf Mariés, von dem aus man schöne Touren und Spaziergänge ins Hinterland machen kann. Und die Skála um den fast kreisrunden Hafen mausert sich mit ihren recht hübschen Stränden mehr und mehr zu einem attraktiven Urlaubsort.

Entlang der Straße nach Mariés stehen besonders alte, knorrige Olivenbäume. Man hat Muße, diese genau zu betrachten, denn die Anfahrt zu dem weit im Inselinnern gelegenen Dorf zieht sich in die Länge. Das war nicht immer so, ursprünglich lag die Siedlung nämlich gegenüber dem Kloster Panagoúda (→ S. 189 f) auf einem Hügel. Piraten sollen diesen Ort zerstört haben, weshalb ein neuer, vom Meer nicht einsehbarer Platz gewählt wurde: in 200 m Höhe auf einem kleinen Plateau über dem Fluss Lákkos Marión. Natürlich haben die Bewohner auch wieder eine Erklärung für den auffälligen Namen des Ortes parat: Schon das ursprüngliche Dorf war so benannt worden, weil in diesem fast alle Frauen María hießen. Nach seiner Zerstörung überlebten angeblich nur zwei Frauen – ihr Name war jeweils María. Folglich wurde auch das neue Dorf Mariés genannt.

Naturdusche gefällig?

In Mariés mit seinen besonders schönen alten Häusern kann man sich wohlfühlen. Geht man die erste Straße, die ins Dorf hineinführt, nach oben, kommt man zur Platía 25. Martíou mit der sehenswerten 200 Jahre alten Gemeindekirche. Der sich mittlerweile im Ruhestand befindliche Pope Christódoros ist so stolz auf das den Erzengeln geweihte Gotteshaus, dass er an dessen Eingang ein deutschsprachiges Hinweisschild aufstellte. Auch der momentan für die Pfarrei zuständige Papás Geórgis aus Kallirächi (er spricht ein wenig Deutsch) oder der Küster Jánnis zeigen Interessierten gerne das mit wunderschönen Fresken ausgeschmückte Innere. Eine Schenkung des Áthosklosters Xiropótamos ist der gewaltige bronzene Kronleuchter, geschmückt mit dem byzantinischen Doppeladler und alten Ikonen. In der etwa 200 Jahre alten Altarwand sieht man Bilder der 12 Apostel und der Propheten, rechts von der Ikonostase das Bildnis des heiligen Johannes von Mariés, eines einheimischen Märtyrers, der wegen seines Glaubens im zarten Alter von 16 Jahren von den türkischen Besatzern der Insel getötet wurde. Die mit Treibsilber überzogene Ikone links vom Eingang zeigt den Kirchenpatron, den Erzengel Michael. Eine genaue Betrachtung verdient auch die blau und golden bemalte Holzdecke.

Biegt man vom Kirchplatz mit einem urigen Kafeníon nach rechts ab, erreicht man nach wenigen Schritten die etwas versteckt liegende Platía Ethnikí Antístasi. Auf dem Weg dorthin kommen Sie an dem schönen, alten **Pantopolíon** des netten Herrn Dimitríou in einem Haus mit blauer Tür (ohne Aufschrift) vorbei. Werfen Sie unbedingt einen Blick hinein. Der Holzboden knarrt fürchterlich, aber er trägt die bis unter die Decke mit Schnürsenkeln, Reis, Salzmandeln und anderen wichtigen Dingen gefüllten Regale – Griechenland wie einst! Auf der Platía sitzt man dann urgemütlich unter mächtigen Akazienbäumen auf den Stühlen der beiden dortigen Kafenía.

• *Verbindungen* Eine 13 km lange, asphaltierte Stichstraße zweigt oberhalb von Skála Marión von der Inselrundstraße zum Mutterdorf ab. Nach *Liménas* sind es 43 km, nach *Limenária* 12 km. Der Bus hält unmittelbar unterhalb des Dorfes.

• *Essen und Trinken* **Tavérna Bethel**, an der Straße, die in nordöstlicher Richtung aus dem Dorf hinausführt. Die meisten Touristen essen hier, handelt es sich doch um das einzige „richtige" Restaurant des Dorfes. Typisch griechische Küche.

Paradossiakó Kafenío Alexándra, an der Platía Ethnikí Antístasi. Einen Besuch bei Alexándra sollten Sie nicht versäumen, bringen Sie aber etwas Zeit mit. Hier gibt's ein hervorragendes Mezé zum Oúzo oder Tsípouro und für Hungrige auch einfache Gerichte. Wir waren von Alexándras Souvlákia, auf einem großen Tablett mit Oreganosalz, Senf und Zwiebeln appetitlich angerichtet, schlichtweg begeistert. Auf ihre Patátes ist die Wirtin zu Recht besonders stolz.

Spaziergang zu den Wasserfällen von Mariés: Ein etwa 3 km langer, schöner Spaziergang führt parallel zum Fluss Lákkos Marión zu den kleinen Wasserfällen, die dieser oberhalb eines Stausees bildet.

Am Ortseingang hält man sich rechts und läuft oberhalb des Flusstals am östlichen Rand von Mariés entlang; dabei passiert man auch die Taverne Bethel. In den hier gelegenen gepflegten Gemüsegärtchen wächst so allerlei, angeblich gedeihen aber die Bohnen in Mariés besonders gut. Jenseits des Flussbetts fallen dicht mit Kiefern bewachsene Hänge steil ab. Allmählich verengt sich die Schlucht. Nachdem man 3 km auf dieser Piste gegangen ist, kommt man zu einem kleinen **Stausee.** Biegen Sie hier nach rechts auf einen breiten Weg ab, der Sie weiter am See entlang bis zu dessen Ende bringt, wo Sie einen Wall aus großen aufgeschichteten Steinen überklettern müssen. In der wasserreichen Jahreszeit sieht man bereits rechts hinter dem Steinwall einen kleinen Wasserfall. Um zu den eigentlichen „Kataráktes von Mariés" zu kommen, geht man jedoch ca. 200 m weit im hier oft trockenen Flussbett des Lákkos Marión aufwärts und erreicht dann den ersten **Wasserfall.** Zu den weiteren, etwas oberhalb liegenden Wasserfällen müssen Sie etwas klettern, wobei Vorsicht geboten ist.

Das Marienkloster Panagoúda

Etwa auf halbem Weg zwischen der Skála und dem Mutterdorf Mariés liegt ca. 1 km nördlich der Stichstraße inmitten ausgedehnter Olivenhaine das von den Einheimischen *Panagoúda* genannte Maria-Himmelfahrts-Kloster. Durch das mit

Prachtvoll ist das Innere der Klosterkirche

einem Marienbild gekrönte Eingangsportal betritt man den über drei Ebenen angelegten, mit bunten Blumenbeeten und -kübeln geschmückten Innenhof.

Einst ein Nonnenkloster, wird es heute von nur einem einzigen Mönch bewohnt. Auch Griechenlands Klöster leiden unter personellen Schwierigkeiten, nichtsdestotrotz wird seit einigen Jahren an der Erweiterung der Anlage gearbeitet, und der Klosterbruder Epiphánios glaubt daran, dass eines Tages hier wieder Leben herrschen wird. Auf einer Art Veranda empfängt er die Gäste freundlich mit Loukoúmi und Wasser.

Nur noch selten läuten die Glocken

Einen bleibenden Eindruck hinterlässt die **Klosterkirche,** ein weißer Walmdachbau. Vor dem Eingang hängen dekorativ ein Símandron und zwei Glocken. Das Innere ist vollständig mit wunderschönen Fresken ausgemalt, die v. a. Szenen aus dem Leben Mariens darstellen. In einer Nische an der linken Seitenwand sprudelt „heiliges Wasser" in ein Becken. Dieses Agíasma soll einst eine gelähmte Türkin geheilt haben. Ihr Mann brachte sie in die Kirche und besprengte sie mit dem Quellwasser, nicht ohne vorher vor der in der Mitte der Ikonostase eingelassenen Marienikone niedergekniet zu sein. Als die Frau dann tatsächlich geheilt wurde, ließen sich die beiden christlich taufen und veranlassten die Ausschmückung der Kirche mit den Fresken.

Gegründet wurde das Kloster zu Beginn des 19. Jh., nachdem einem Hirten ein seltsames Licht erschienen war. Als er näher kam, erkannte er die Gottesmutter, die ihn anwies, ihr zu Ehren eine Kirche zu bauen. Nachdem sich dieser Vorgang mehrmals wiederholte, kam man der Aufforderung nach. Doch damit der Wunder nicht genug – beim Bau der Kirche entsprang die heilige Quelle, durch die später die Türkin geheilt wurde.

Oberhalb des Klosters bzw. nordwestlich davon steht das verfallene **Metóchi** des Áthosklosters Stavronikíta (→ S. 101). Auf einem Pfad gelangen Sie in wenigen Minuten vorbei an einem Aussichtspunkt und an einer neuen Kapelle hinauf.

Öffnungszeiten des Marienklosters Täglich 6.30–13 Uhr und 17–20 Uhr, Eintritt frei. Beim Besuch müssen Frauen mit knielangen Röcken und Männer mit langen Hosen bekleidet sein, entsprechende Kleidungsstücke liegen bereit.

Skála Marión

Um eine ovale Bucht angeordnet, steigen die Häuser den Hang hinauf und vermitteln das Ambiente eines Fischerorts. Am Abend, wenn die Lichter sich im Wasser spiegeln, kommt eine fast romantische Stimmung auf. Dazu passen auch die schönen Sonnenuntergänge in Skála Marión, die man beim Spaziergang auf einem schmalen Weg vom südlichen Ende der Hafenbucht (achten Sie auf die kleine Madonnenfigur, die dort zum Schutz der Fischer errichtet wurde!) bis zum Strand Ammoudiá genießen kann.

Mit den Flaggen am Hafen gibt sich Skála Marión international, doch der Eindruck täuscht. Bisher ist der Ort im Sommer fast durchweg in griechischer Hand, nur ein paar Insider haben die Qualitäten dieser Skála mit ihren drei kleinen Sandstränden entdeckt.

Verbindungen/Ausflüge/Einkaufen

• *Verbindungen* Skála Marión liegt direkt unterhalb der Inselrundstraße, die Entfernung nach *Liménas* beträgt 30 km, die nach *Limenária* 14 km. Der Taxistand befindet sich am Hafen. ✆ 2593042279 und 2593052375. Wer mit dem Bus unterwegs ist, kann oben an der Durchgangsstraße oder unten im Ort nahe der Kirche aus- und einsteigen.

• *Einkaufen* Einen **Supermarkt** und eine **Bäckerei** gibt es in der Nähe des Hafens.

Übernachten/Essen und Trinken

• *Übernachten* Fast an jedem zweiten Haus hängt ein Schild mit der Aufschrift „Rooms for rent". Hotels und Pensionen gibt es dagegen nicht viele.

Pension Élena, südlich des Hafens direkt an der Küste. Gepflegtes Haus, in dem 8 Zwei- und Dreibettzimmer mit Bad, Balkon (teilweise Blick aufs Meer), AC und Kühlschrank von Mai bis September vermietet werden. Ein DZ kostet je nach Saison zwischen 30 und 55 €, gegen Aufpreis kann man auch Frühstück bzw. Halbpension bekommen. ✆/℻ 2593052542.

Pension Voúla, direkt daneben. Hier werden ähnlich ausgestattete Zimmer zu vergleichbaren Preisen angeboten. ✆ 2593052733.

Pension Evangelía (bzw. **Lía**), die Besitzer der Tavérna Bárba Ángelos am Hafen vermieten etwas weiter oben im Ort von Mai bis Oktober schöne Studios für 3–4 Personen. Zu zweit bezahlt man je nach Saison 30–40 €. ✆ 2593051386.

• *Essen und Trinken* **Tavérna Bárba Ángelos**, direkt am Anleger, auf Fisch

Um eine Bucht herum erstrecken sich die Häuser von Skála Marión

spezialisiert. Der Bruder des Wirtes ist Fischer und liefert täglich frischeste Ware. Empfehlenswert auch die Mídia Saganáki (Muscheln in Soße). Wer Meeresgetier nicht mag, kann sich ja eines der griechischen Standardgerichte auswählen. In jedem Fall schmeckt dazu der Retsína vom Fass.

Cava d'oro, ebenfalls am Hafen und am Abend sicherlich einer der stimmungsvollsten Plätze. Dann werden in die Tamariske nämlich alte Fischerpetroleumlampen gehängt, die Stühle stecken im Sand ...

Restaurant Élena, südlich der Hafenbucht. Schöne, liebevoll begrünte Terrasse auf mehreren Ebenen. Sehr gute griechische Küche, auch Fisch ist hier immer frisch zu haben. Oder probieren Sie doch einmal Patsás, eine eigenwillige Suppe, zumeist mit Innereien gekocht. Der Wirt lebte 12 Jahre in Essen und empfiehlt Ihnen gerne auf Deutsch ein aktuelles Tagesgericht.

Baden: Zählt man den Sandbeach in der Mitte der Hafenbucht mit, verfügt Skála Marión über drei allerdings recht bescheidene Strände. Südlich des Ortes liegt die kleine **Kies-Sand-Bucht Fári,** an der nachts ein kleiner Leuchtturm blinkt. Auf der anderen Seite des Hafens kann man am sandigen **Strand Ammoúda** relaxen. Hochgezogene bunte Fischerboote, von einer Mole geschützt, sorgen für optischen Reiz. Abends sieht man hier auch stets einige Angler.

Kalliráchi mit Skála Kalliráchis

Zusammen mit seiner Skála gehört das unterhalb eines charakteristischen Zipfelmützenbergs liegende Kalliráchi zu den größten Gemeinden der Insel. Weniger der Hafenort mit nur mäßig attraktivem Strand als vielmehr das rege Bergdorf mit seinen winkeligen Gassen, in denen man sich fast verirren kann, ist einen Besuch wert.

Der auffallende Berg mit seiner seltsamen konischen Form blickt auf eine interessante Siedlungsgeschichte zurück. Bis zu Beginn des 18. Jh. lebten die Bewohner nämlich direkt unterhalb des Gipfels, auf dem heute noch die **Metamórphosiskapelle** steht. Von den alten Häusern ist allerdings so gut wie gar nichts mehr zu sehen. Damals nannte man den Berg und das Dorf noch Kakiráchi – „schlechter Rücken". Dann wurde die Siedlung an die heutige Stelle nach unten verlegt und später mitsamt dem Berg in Kalliráchi, „guter Rücken", umbenannt, und zwar wahrscheinlich deshalb, weil man in diesem Erz und Blei entdeckte. Die Thassioten erzählen aber auch andere Varianten: Einst hätten hier Seuchen gewütet, woran der „schlechte Rücken" schuld gewesen sein sollte. Also habe man ihn mit einem guten Namen besänftigt – und siehe da: Vorbei war die Plage. Nach einer weiteren Schnurre hätten die gefürchteten Piraten den Berg nie erklimmen können und ihn deshalb als „Kakiráchi" beschimpft, die unversehrt gebliebenen Bewohner lobten ihn aus demselben Grund.

Mittlerweile findet eine erneute Abwanderung statt, nämlich zur Skála an die Küste hinunter. Noch befinden sich die wichtigsten Einrichtungen „oben", doch die Alten im Dorf jammern schon, dass die Jungen lieber „unten" wohnen wollten. Die alten Häuser mit den schmiedeeisernen Balkonen erscheinen den Besuchern pittoresk, für die Einheimischen stellen sie nur den Verfall dar. Dennoch wirkt das Dorf sehr lebendig. Etliche **kleine Läden** und **Werkstätten,** vom Schuster bis zum Schreiner, findet man in den holprigen Gassen, am Brunnen an der großen Platía bespritzen sich die Kinder mit Wasser, und die **Dimítrios-Kirche** wurde erst vor kurzem wieder renoviert. Schade nur, dass sie meist verschlossen ist, denn sie beherbergt schöne alte Heiligenikonen, die aus dem ehemaligen Gipfeldorf heruntergebracht worden sind.

• *Verbindungen* Eine knapp 2 km lange Stichstraße führt von der Inselrundstraße hoch ins Dorf, das von *Liménas* 26 km, von *Limenária* 19 km entfernt ist. Den Taxifahrer von Kallirāchi können Sie unter ✆ 2593091460 erreichen. Der Bus hält an der Platía.

• *Ärztliche Versorgung* Nur unregelmäßig hält sich in der **Gesundheitsstation** an der Platía ein Arzt aus Prínos auf, ✆ 2593091211.

• *Einkaufen* In den **Pantopolía** bekommt man alles, von Aspirin bis Zucker. Eine **Bäckerei** finden Sie in der Gasse, die links vom Dorfbrunnen hinter der Platía bergauf verläuft.

• *Essen und Trinken* **Psarotavérna Astrachán**, gegenüber dem Kafeníon Níkos führt vom Dorfplatz aus eine beschilderte Piste zu dem auf der ganzen Insel bekannten Fischlokal. Riesige Platten mit Fischen aller Art bestellen sich die Einheimischen zu Oúzo oder Retsína. Nur im Sommer und nur abends geöffnet. Tipp: Kommen Sie noch vor Einbruch der Dunkelheit, der Sonnenuntergang lässt sich auf der Weinlaubterrasse besonders gut beobachten.

• *Wandertipp* Ab der Platía führt der ausgeschilderte „Pfad der Poesie" in ca. einer Stunde zur Metamórphosis-Kapelle hinauf.

Enge Dorfgasse in Kallirāchi

Skála Kallirāchis

Im Vergleich zu den meisten anderen Skalen der Westküste ist die von Kallirāchi besonders dicht bebaut. Wo früher nur einige Fischerhütten und Bootshäuser standen, hat sich rund um die große Nikolauskirche fast schon ein richtiges Dorf entwickelt. Dass die Bewohner ihr Gotteshaus ausgerechnet dem Schutzpatron der Fischer geweiht haben, kommt nicht von ungefähr. Die großen Kutter am Hafen sprechen für sich, und nirgendwo auf der Insel haben wir die Männer so häufig übers Fischen diskutieren hören wie hier. Daneben haben sie aber noch eine weitere Leidenschaft, die Taubenzucht, wie die **Taubenhäuschen** auf der Mole beweisen. In Skála Kallirāchis herrscht vor allem griechischer Tourismus vor, die Strände würden auch keine größeren Urlaubermassen verkraften.

• *Verbindungen* Skála Kallirāchis liegt an der Inselrundstraße; nach *Liménas* sind es 25 km, nach *Limenária* 16 km. Die Taxifahrerin des Ortes erreichen Sie unter ✆ 2593091460. Der Bus hält an der Platía oberhalb des Hafens.

• *Ärztliche Versorgung* Dienstags und donnerstags hält sich ein **Arzt** im Iatrío im oberen Ortsteil nahe den Studios Anny auf. ✆ 2593091211. Eine **Apotheke** befindet sich in einer Seitenstraße, die von der Durchgangsstraße abzweigt.

• *Tanken* Große Tankstelle mitten im Ort.

• *Einkaufen* Jede Menge **Supermärkte** entlang der Durchgangsstraße und Richtung Kallirāchi.

• *Übernachten* **Studios Anny**, vom Hafen folgt man der Beschilderung zu einem rosa und weiß getünchten Gebäude (ohne Aufschrift) im südöstlichen Teil des Ortes. Gepflegte Anlage mit Pool und Poolbar. Vermietet werden Studios mit AC und großen

Balkonen, von denen man einen tollen Blick aufs Meer hat, zum Preis von 30–60 €; von April bis Oktober geöffnet. ✆ 2593091649.

Studios Vogiatzís, direkt daneben bekommt man ebenfalls in einem Haus ohne Aufschrift bei dem netten Herrn Vogiatzís, der im Übrigen gut Deutsch spricht, 9 ansprechend eingerichtete Zwei- oder Dreibettzimmer mit AC (25–35 €). Die Balkone sind entweder zum Hinterland oder Richtung Meer gerichtet. Von Mai bis Oktober geöffnet. ✆/℻ 2593091125.

In mehreren Häusern links von der Kirche werden einfache **Privatzimmer** vermietet.

• *Essen und Trinken* **Café Pizza Kallliráchi**, an der Durchgangsstraße mit Blick auf den Hafen. Einfaches Lokal, neben Pizza gibt es eine kleine Auswahl an Fleisch- und Fischgerichten. Gut fanden wir Galéos mit Skordaliá, dazu passt ein Bauernsalat. Und wie wär's zum Nachtisch mit einem Eisbecher oder einer Portion Joghurt mit Honig?

Psarotavérna To Klísma Andréas, an das südliche Ortsende von Skála Kallirâchi schließt sich fast nahtlos die Fischersiedlung Klísma mit auf Meeresfrüchte spezialisierten Tavernen an. Bei Andréas findet man eine tolle Auswahl von Koutsoumóura bis zu Schwertfischfilet und sitzt zudem wunderschön direkt oberhalb vom Strand.

Baden: Direkt neben dem Hafen kann man an einem kleinen Sandstrand seine Badematte ausrollen. Weiter nördlich und südlich findet man schmale Kiesstrände, die allerdings oft durch angeschwemmtes Seegras verschmutzt sind. Dafür ist man hier oft allein.

Sotíras mit Skála Sotíra

Dorf und Skála sind auch im Sommer beide fast idyllisch und ruhig. Nur Insider verirren sich an den Ministrand der Skála oder an die schöne Platía in einem der kleinsten Dörfer auf Thássos.

Durch ein weites, mit Olivenbäumen bestandenes Tal kommt man von der Küste zu dem 300 m hoch gelegenen Hangdorf Sotíras, dessen Häuser sich förmlich am Berg festzukrallen scheinen. Steile Gassen, für Autos viel zu schmal, führen an alten und neuen Behausungen vorbei und enden immer wieder an kleinen Plätzen, alle übrigens sehr ordentlich mit Namensschild versehen. Die eine oder andere vorwitzige Ziege streift auf der Suche nach frischem Grün umher. Die Tavernenwirtin am Platana Square, dem Hauptplatz, hat es vielleicht deshalb inzwischen aufgegeben, ihr Lokal mit Blumenkästen zu schmücken, wurden doch die Pflanzen immer wieder ratzekahl abgefressen.

Zu Beginn des 20. Jh. war in dem Örtchen weitaus mehr los als heute. Krupp/Speidel förderte nämlich auch hier Eisenerz. Außerhalb von Sotíras kann man sich ehemalige Stollen anschauen, und mitten im Dorf steht die Ruine des einstigen Verwaltungsgebäudes. Doch selbstverständlich gehen die Wurzeln des Dorfes noch weiter zurück, bis in die Antike sogar, als die Siedlung noch Pólisma hieß und einen dem Halbgott Herakles geweihten Altar beherbergte. Ausgrabungsarbeiten brachten Gräber aus dieser Zeit und darin enthaltene Totengeschenke zu Tage.

• *Verbindungen* Von der Inselrundstraße führt in Skála Sotíra eine asphaltierte Stichstraße hoch ins Dorf. Nach *Liménas* sind es 25, nach *Limenária* 20 km. Es bestehen keine Busverbindungen. Wer nicht motorisiert ist, fährt von Skála Sotíra mit dem Taxi oder läuft die ca. 3 km den Berg hinauf.

• *Einkaufen* In Sotíras gibt es keine Versorgungsmöglichkeiten bis auf den **Bäcker**, der täglich ins Dorf heraufkommt und bestelltes Brot abliefert.

• *Essen und Trinken* **Café Pizza Apólafsi**, einfache Dorftaverne unter riesigen Bäumen direkt an der Platía. Bei Geórgios bekommt man v. a. Gegrilltes wie z. B. leckere Souvlákia, aber auch einige Vorspeisen. Das zum Essen servierte Wasser holt Geórgios' Frau frisch aus dem Dorfbrunnen.

Die große Dorfkirche von Sotíras

Sehenswertes

Von der **Platanenplatía** mit dem ständig sprudelnden Dorfbrunnen geht man über Treppenstufen abwärts zur großen **Kirche,** nach der das Dorf benannt ist: **Metamórphosis tou Sotíra** (Verklärung des Heilands). Der mächtige ziegelgedeckte Bau aus dem Jahre 1890 ist leider meist geschlossen, so dass wir sein altes Holzschnitztémplon aus dem 17. Jh. noch nie zu Gesicht bekommen haben. Dieses stammt ursprünglich aus Albanien und soll einst vom Áthoskloster Ágios Pávlos der Gemeinde geschenkt worden sein; die eingelassenen Ikonen wurden von Áthos-Mönchen gemalt. Das neben der Kirche stehende, ziemlich verfallene Gebäude ist ein **Metóchi** des oben erwähnten Klosters (→ S. 101). Unterhalb davon fällt ein weiteres klerikales Gebäude auf. Es handelt sich dabei um ein episodisch bewohntes Metóchi eines Klosters des Episkopats von Dráma; junge Mönche werden zu Schulungen immer wieder mal hierher geschickt.

Zurück auf der Platía, kann man entweder im Zickzack über die Hauptdorfgasse oder auf einem steilen Pfad direkt zu den **Ruinen des Verwaltungsgebäudes** von Krupp/Speidel hinaufsteigen. Zu den **ehemaligen Stollen** geht man auf der rechts davon verlaufenden Piste, vorbei am Hotel Smarágdi, aus dem Dorf hinaus. Nach etwa 500 Metern hält man sich an einer Abzweigung rechts, an der nächsten geradeaus, unmittelbar danach links und wandert dann auf ein paar hohe Kiefern zu. Wenige Meter davor kann man rechts vom Weg in eine alte Grube, heute von einem Feigenbaum fast zugewachsen, hinunterblicken. Geht man noch weiter, passiert man eine Müllhalde, hält sich an einer Gabelung links und kommt so auf einem schmaler werdenden Weg zu einem ehemaligen Einstiegsschacht, der senkrecht in die Tiefe führt. Passen Sie auf, dass Sie nicht hinabstürzen! Der Abhang links vom Weg wurde übrigens als Rampe für den Abtransport der Erze benutzt. Von hier führte eine Art Seilbahn hinunter zum Hafen, z. T. sind noch alte Eisenstäbe sichtbar.

Wandertipp: Wenn Sie von der Platanenplatía 150 m auf der Asphaltstraße abwärts gehen und dann nach rechts auf eine Piste abbiegen, kommen Sie nach etwa 3,5 km zum hoch über dem Dorf gelegenen **Himmelfahrtskirchlein**, von wo aus Sie in weiteren 5 km das **Kloster Ágios Panteleímonas** (→ S. 204 ff) erreichen können.

Skála Sotíra

Ein winziger Sandstrand direkt am Hafen mit bunten Fischerbooten und Tavernen fast am Wasser – das macht den Reiz von Skála Sotíra aus. Dennoch baden hier meist nur Einheimische, man bleibt unter sich. Für die bronzezeitlichen Ruinen (2500–1800 v. Chr.) unter der modernen Ilíaskirche interessiert sich kaum jemand, die Hafenanlagen aus der Zeit des Bergbaus geraten zunehmend in Vergessenheit. Aufgegeben wurde auch die alte Olivenkernpressanlage am südlichen Ortsrand.

• *Verbindungen* Skála Sotíra liegt an der Inselrundstraße, 23 km sind es nach *Liménas*, 18 km nach *Limenária*. Die Bushaltestelle befindet sich oberhalb des Hafens.

• *Fahrradvermietung* Auf dem Campingplatz Dédalos werden zum Preis von 3 €/Tag Fahrräder vermietet.

• *Tanken* Vor dem Ort Richtung *Liménas* befindet sich eine Tankstelle.

• *Einkaufen* Mehrere gut sortierte **Supermärkte** und auch eine Bäckerei finden Sie an der Hauptstraße.

• *Übernachten* **Hotel Polizótou**, an der zentralen Platía vermietet Familie Polizótou, die lange in Deutschland lebte, einfache, aber praktische Zimmer mit Bad, AC, TV, kleiner Kochnische und bescheidenem Balkon. In der Hochsaison etwa 50 € inkl. Frühstück, gegen Aufpreis ist auch Halbpension möglich. Von Mai bis Oktober geöffnet. ✆ 2593071345, ✆ 2593058269.

Hier kommen die Eier noch von glücklichen Hühnern

Vraná's Studios, am nördlichen Ortsausgang gelegen, sicherlich die komfortabelste Anlage. In kleinen, doppelstöckigen Häusern, um einen kleinen Pool mit Jacuzzi gruppiert, kann man Studios mit großem Balkon, AC und Bad mieten (bis zu 4 Personen). Zu zweit zahlt man zwischen 40 und 60 €. Von Mai bis Oktober geöffnet. ✆ 2593071994.

In dem weiß getünchten Haus daneben werden **Privatzimmer** vermietet.

Camping Dédalos, zwischen Skála Sotíra und Prínos gelegen. Gut ausgestatteter Platz mit direktem Zugang zum Meer. Zur Anlage gehören ein kleines Restaurant, ein Minimarket und ein einfacher Kinderspielplatz. Die Plätze (Preis 5 €) sind abgeteilt und verfügen alle über Stromanschluss. Berechnet werden außerdem pro Person 5 €, Kind 2,50 €. Von Juni bis Ende September geöffnet. ✆ 2593058252, ✆ 2593071162.

• *Essen und Trinken* **Restaurant Polizótou**, Margerítis und Dímitra führen das empfehlenswerte Lokal, in dem man hausgemachte Köstlichkeiten wie bei Muttern bekommt. Lecker auch der eigene Wein, weiß und rot, oder auch der Tsípouro. Vielleicht führt der Wirt Sie ja mal in seinen Weinkeller!

Tavérna Napoléon, oberhalb des kleinen Sandstrands wird auf einer Terrasse griechische Hausmannskost serviert. Das Lokal wurde uns von in Sotíras lebenden Deutschen wärmstens empfohlen.

Vraná's Pizzeria, sehr beliebte Adresse für die italienischen Teigfladen. Auch mittags geöffnet.

Rebel's Club, der Treff der Jugendlichen am Hafen. Auf Barhockern sitzend trinkt man kühles Bier und hört fetzige Musik.

Baden: Am schönsten ist natürlich der kleine Sandstrand neben dem Hafenbecken. Sonnenschirme und Liegen gibt's zum üblichen Preis, es werden auch einige wenige Surfbretter und Tretboote vermietet. Noch ruhiger geht's am weiter nördlich gelegenen Kiesel-Sand-Strand zu, der sogar mit einer Süßwasserdusche ausgestattet ist.

Prínos mit Skála Prínou

Durch seinen Hafen und den schönen, langen Sandstrand hat Skála Prínou für Touristen weitaus mehr Bedeutung als das geschäftige Mutterdorf Prínos, das als Versorgungsstation im Westen und nicht zuletzt auch mit seinem Krankenhaus für die Inselbewohner von großer Wichtigkeit ist.

Auch Prínos zählt zu den jungen Orten auf Thássos. Wo sich heute in den Sommermonaten die Autos hupend durch die schmale Hauptstraße quälen, gab es einst nur die Olivenhaine der beiden Bergdörfer Megálo und Mikró Kazavíti, auch Megálos und Mikrós Prínos genannt. Nur im Winter wurden hier unten einige Häuser bewohnt, während der Sommermonate war das viel zu gefährlich. In den Sümpfen der Küstenebene grassierte wie in vielen Gebieten Südosteuropas bis nach dem Zweiten Weltkrieg die Malaria. Erst durch eine massive Bekämpfung mit dem Pflanzenschutzmittel DDT wurde man der Seuche Herr. Und damit änderte sich auch die Bevölkerungsverteilung, die Menschen wanderten aus den zwei Kazavítidörfern nach und nach ab, die neue Siedlung Prínos wurde immer größer.

Im Ort selbst ist nur der fast orientalisch anmutende Wochenmarkt wirklich sehenswert, zudem lohnt die an der Straße nach Rachóni gelegene **biologische Ölmühle** mit angeschlossenem **Museum** und Shop einen Stopp. Neben den modernen Produktionsanlagen können alte Maschinen (u. a. eine tausendjährige Olivenpresse) besichtigt werden. Auf Schautafeln werden verschiedene Themen rund um den Olivenbaum erläutert: seine Geschichte, landwirtschaftliche Aspekte wie Anbau, Bewässerung, Düngung und Krankheiten, Olivenernte und -verarbeitung früher und heute, die Olive in der Kunst etc. Auch eine Wildolive, die Mutterpflanze der heute kultivierten Olivenbäume und -sträucher, wurde für die Besucher angepflanzt. Wer mag, wird von Tina, einer forschen Griechin, in perfektem Deutsch durch die Ausstellung geführt und kann überdies noch ein kurzes Video über den Olivenanbau sehen. Nicht zuletzt besteht natürlich auch die Möglichkeit, Öl und Seifen zu erstehen.

Öffnungszeiten Mo–Sa 8.30–14.30 Uhr, Eintritt frei. ✆/℻ 2593071950, www.vieltha.com.

- *Verbindungen* Die Inselrundstraße führt mitten durch Prínos. *Liménas* und *Limenária* sind mit 20 bzw. 21 km etwa gleich weit entfernt. Der Standplatz der Taxis befindet sich an der Platía bzw. an der Abzweigung nach Kazavíti, ✆ 2593071850. Dort ist auch die Bushaltestelle.
- *Medizinische Versorgung* Im **Krankenhaus** südöstlich des Dorfes findet man die gängigen Fachärzte, ✆ 2593071100. Eine **Apotheke** gibt es an der Durchgangsstraße gegenüber der Zufahrt zum Krankenhaus.
- *Post* An der Straße nach Kazavíti. Mo–Fr 7.30–14 Uhr geöffnet.
- *Reinigung* Nahe der Abzweigung nach Kazavíti.
- *Einkaufen* Sehr gute Versorgungsmöglichkeiten dank zahlreicher gut sortierter **Supermärkte**. Eine **Bäckerei** befindet sich an der Straße nach Kazavíti schon fast am Ortsausgang, eine weitere an der Ausfallstraße nach Limenária. Auf dem Platz südlich des Ortszentrums findet jeden **Montagmorgen ein sehr interessanter Markt** statt.
- *Übernachten* Die beiden kleinen Hotels sind ganzjährig geöffnet und während der Wintermonate meist recht voll, da sie dann

als einzige Durchgangsreisende vom Hafen Skála Prínou aufnehmen.

* **Hotel Litó**, an der Straße nach Kazavíti. Einfache, preiswerte Unterkunft. Einzelzimmer gibt es ganzjährig zum Preis von 14–17 €, DZ 20–25 €, Dreibettzimmer kosten bis zu 32 €, alle Räume sind mit Ventilator ausgestattet. ✆ 2593071229.

* **Hotel Vógdanos**, direkt neben dem Litó. Bei der netten Vásso bekommt man einfache Zimmer mit Bad, AC und Balkon. 2 Personen bezahlen je nach Saison 25–30 €. ✆ 2593071223.

• *Essen und Trinken* Zahlreiche **Kafenía** sind über den ganzen Ort verteilt. Am besten gefallen hat es uns in dem von Vásso im Parterre des Hotels Vógdanos. Einfach und schmucklos eingerichtet, doch die Mezédes, die sie den Männern zum Oúzo servierte, sahen toll aus. Im Winter kann man bei Vásso auch essen.

Skála Prínou

Fast ebenso wichtig wie Liménas ist die Skála von Prínos, bestehen doch nur von hier Fährverbindungen mit dem Festlandhafen Kavála. Während der Wintermonate ist der Ort nur Durchgangsstation, im Sommer dagegen zieht v. a. der schmale, feine **Sandstrand** rund um den kleinen Kiefernwald Dassílio Individual- und Pauschaltouristen aus verschiedenen europäischen Ländern an. In diesem Gebiet, vom Hafen knapp 1 km entfernt, entstanden in den letzten Jahren immer mehr Hotels der verschiedensten Kategorien, Tavernen, Wassersporteinrichtungen etc.

Auf dem Weg vom Hafen nach Dassílio kommt man an einer recht großen **Bootswerft** vorbei, in der Kaíkia und Jachten gebaut und überholt werden. Den Arbeitern zuzuschauen ist wirklich interessant. Neben der Werft steht eine kleine Kapelle, die sinnigerweise dem hl. Nikolaus, dem Schutzheiligen der Fischer, geweiht ist.

Verbindungen/Adressen/Mietfahrzeuge/Einkaufen (→ Karte S. 200)

• *Verbindungen* Während der Sommermonate verbindet die **Fähre** 12-mal täglich Skála Prínou mit *Kavála*. Die Überfahrt dauert ca. 1,5 Std., pro Person ca. 4 €, ein Pkw kostet 17,50–21 €. Auch im Winter bestehen regelmäßige Verbindungen. ✆ 2593071390 (Hafenamt). Tickets gibt es in dem kleinen weißen Kiosk am Hafen.

Eine asphaltierte Stichstraße führt ca. 3 km vor Prínos (von Liménas kommend) von der Inselrundstraße in den Hafenort. Nach *Liménas* sind es 17, nach *Limenária* 24 km. Der Taxistandplatz befindet sich gegenüber dem Fähranleger. ✆ 2593071850. Dort halten auch die Busse.

• *Geld* Gegenüber dem Fähranleger befindet sich ein Bankautomat.

• *Post* Das nächste Postamt finden Sie in Prínos.

• *Mietfahrzeuge* Einige Agenturen aus Liménas, Limenária bzw. Potós unterhalten in der Nähe des Hafens Zweigstellen. Es gelten die üblichen Preise.

Hermes (5), bietet motorisierte Zweiräder und Fahrräder, ✆ 2593071358.

Mike's Bikes (13), vermietet ebenfalls motorisierte Zweiräder und Fahrräder, freundliche, deutschsprachige Beratung, ✆ 2593071820.

Potós Carental (6), im Angebot sind Zweiräder mit und ohne Motor sowie Autos, ✆ 2593071180.

• *Einkaufen* Gut sortierte **Supermärkte** entlang der Hafenpromenade, der größte unter ihnen bietet auch ein umfangreiches Sortiment an deutschsprachigen Zeitungen und Zeitschriften.

Übernachten/Essen und Trinken (→ Karte S. 200)

• *Übernachten* Um den Hafen herum bzw. am südöstlich davon gelegenen Sandstrand findet man Hotels und Pensionen verschiedener Kategorien, aber auch zahlreiche preiswerte Privatzimmer. Mindestens genauso viele Übernachtungsmöglichkeiten gibt's auf der mit einem Pinienwald bewachsenen Landzunge Dassílio.

***** **Hotel Ílio Mare (19)**, am Strand von Dassílio. Moderne und sehr geschmackvolle Anlage mit allem Komfort. Bäder, Treppen, Säulen und anderes mehr aus verschiedenfarbigem Marmor, die Zimmer sind mit handgearbeiteten inseltypischen Möbeln

Die Bootswerft in Skála Prínou

eingerichtet. Außerdem: Pool mit kleiner Insel, Jacuzzi, Hydromassage, Fitnessraum, Tennisplatz, Tischtennisplatten, Wellnessangebote, Restaurants, Bars etc. Mit Lift und Rampen für Rollstühle auch behindertengerecht ausgestattet. Trotz der Größe herrscht hier eine sehr nette und fast familiäre Atmosphäre. Alle Zimmer sind mit AC, Minibar, Sat-TV und Föhn zusätzlich zu der sonst üblichen Einrichtung ausgestattet. Für ein DZ zahlt man ca. 118–170 € inkl. Frühstücksbuffet, für eine Suite 135–490 €. Von April bis Oktober geöffnet. ✆ 2593072083-4, 📠 2593072085, www.iliomare.gr.

** **Hotel Sokrates (10)**, aus 2 Häusern bestehende, gepflegte Anlage mit Pool, Tennisplatz und Fußballfeld östlich vom Hafen. Die großzügigen Einzel-, Zwei-, Drei- oder Vierbettzimmer haben AC, TV, Bad, Balkon (teilweise Blick aufs Meer) und Kochnische. Zwei Personen bezahlen ca. 50–70 € (ohne Frühstück). Von Mai bis Oktober geöffnet. ✆ 2593071770, 📠 2593072015, ghandrinos@yahoo.com.

** **Villa Anáis (3)**, architektonisch auffälliges, kürzlich renoviertes Hotel, in dem man sich wohlfühlen kann. Eines der 8 hellen, freundlichen DZ mit AC, Kühlschrank, Kaffeemaschine, Bad und Balkon kostet 35–70 €, das Frühstück wird mit 6 € pro Person berechnet. Für Familien geeignet sind die Vierbettzimmer bzw. die riesige Suite mit 2 Schlafzimmern, einem Wohnraum und 2 Bädern. Sehr freundlicher Empfang, auch auf Deutsch. Im Garten wird für die Gäste ab und zu ein Barbecueabend angeboten. Von Anfang April bis Ende Oktober geöffnet. ✆ 2593058264, www.villa-anais.com.

** **Hotel Eléktra (4)**, nahe beim Hafen, aber dennoch ruhig. Familie Bakális freut sich, wenn sie bei deutschsprachigen Gästen ihre Sprachkenntnisse unter Beweis stellen kann. 32 schöne Zwei- bis Vierbettzimmer werden hier vermietet. Vor dem Gebäude Garten mit Pool und Beachbar; gemütlich sitzt man an der Bar mit Kamin. Zwei Personen bezahlen zwischen 32 und 48 €, Frühstück gegen Aufpreis (5 €). Von Anfang April bis Mitte Oktober geöffnet. ✆ 2593071374, 📠 2593071674, www.hotel-elektra-thassos.gr.

** **Hotel Vlachojánnis (8)**, mitten im Pinienwald von Dassílio steht das etwas biedere, aber angenehme Hotel von Familie „Bauernhans" (Vlachojánnis). Große Zwei- und Dreibettzimmer mit Bad, Balkon, Kühlschrank, AC (40–50 €), auf Wunsch gibt's auch Frühstück (6,50 € pro Person). Von Mai bis Oktober geöffnet. ✆ 2593071283, 📠 2593071458.

** **Hotel Kavála (18)**, kinderfreundliches Haus mit einem kleinen Garten in Dassílio. Ein voll ausgestattetes Familienapartment mit AC (bis zu 5 Betten) kostet 70–80 €, für ein DZ mit Bad, kleinem Balkon, Kühlschrank und AC zahlt man inkl. Frühstück zwischen 48 und 65 €. Auch hier wird Deutsch gesprochen. Von Mai bis Ende September geöffnet. ✆ 2593071429, 📠 2593071978, www.hotelkavala.gr.

** **Hotel Filoxenía (17)**, ruhige Lage, da vom Hafen etwas zurückversetzt, und doch mitten im Zentrum. Bei der netten María, die

auch etwas Deutsch spricht, kann man unter 12 Zwei- oder Dreibettzimmern (40–50 €) mit Bad, AC, Kühlschrank und Balkon wählen. Geöffnet von Juni bis September. ✆ 2593071710, 📠 2593071795.

* **Hotel Prínos (15)**, zwischen Hafen und Strand liegt das einfache, kleine Hotel mit umlaufendem Balkon. Die kürzlich renovierten Zwei- bis Vierbettzimmer haben Bad, AC, Kühlschrank und Balkon (z. T. Blick aufs Meer) und kosten ca. 30–45 € (Nachlass bei längerem Aufenthalt). Von Mai bis Oktober geöffnet. ✆ 2593071620.

Camping Prínos (1), sehr gepflegte Anlage an der Spitze von Dassílio und direkt am Strand. Durch Hecken abgeteilte Plätze, viel Schatten, saubere Sanitäranlagen, Spielplatz, Minimarket. Pro Person ca. 4,30 €, Kind 2,60 €, Zelt je nach Größe 3–3,50 €, Campingbus 4,50 €, Auto 2,60 €. Wer möchte, kann zum Preis von 6 €/Tag auch Zelte mieten. Von Juni bis Ende September geöffnet. ✆ 2593071171.

• *Essen und Trinken* **Restaurant Papágelos (2)**, schräg gegenüber vom Campingplatz. Schöne Weinlaubterrasse mit Nixenspringbrunnen in der Mitte. Die Speisekarte mit Fotos vermittelt eine Vorstellung von dem, was der Koch zubereitet. Auch ausgefallenere Gerichte wie Tourloú (Gemüseeintopf) oder Tintenfisch in Weinsoße. Salatfans kommen am vielfältigen Salatbuffet auf ihre Kosten.

Tavérna Fáros (7), auch in Dassílio. Vom Strand über die Straße – und schon sitzt man auf der Terrasse unterm Bambusdach. Bebilderte reichhaltige Speisekarte. Gute Mezédesplatten zu Weiß- oder Rotwein, Oúzo oder Tsípouro. Die Lachanodolmádes werden hier mit Tomatensoße serviert.

Tavérna Bátis (16), großes Gartenlokal in der Nähe vom Campingplatz, in dem wir vorzügliche Melanoúria gegessen haben. Wer zur entsprechenden Zeit kommt, kann von hier aus einen wunderbaren Sonnenuntergang genießen.

Inomezedopolíon Tou Manolá I Tavérna (12), auf einer schattigen Terrasse kann man die Zeit vergessen oder sich durch das riesige Angebot an Vorspeisen futtern.

Ouzerí To Delfíni (14), in Hafennähe. Neben dem üblichen Angebot gibt es hier viel Fisch und einige Vorspeisen. Außerdem kann man gut frühstücken.

Snackbar O Nótis (11), im Winter das einzige geöffnete Lokal. Dann trinken die Fischer hier ihren ersten Kaffee am Tag oder lassen sich zum Oúzo einen Teil ihres nächtlichen Fangs braten. Im Sommer gibt es hier gutes Gýros.

Café Elysée (9), schönes Café am Hafen. Im Angebot u. a. Toast, Pizza, Milchshakes. Gut hat uns der Frappé mit Eis geschmeckt.

Baden: Der endlos lange Sandstrand rund um Dassílio macht den Reiz von Skála Prínou aus. Mit Strandbars, Liegen- und Sonnenschirmverleih, Volleyballnetzen und Duschen ist er auch gut ausgestattet.

Auch am kleinen Sandstrand östlich vom Hafen werden Liegen vermietet. Er ist aber längst nicht so attraktiv wie der Dassílio Beach.

Kazavíti

Eingebettet in Kiefern, Kermeseichen, Platanen und Walnussbäumen kleben die Häuser von Megálo (Groß-) und Mikró (Klein-) Kazavíti am Hang. Ein Besuch der schönen Platía von Megálo Kazavíti – noch besser ein gemütliches Essen in einer der urigen Tavernen – ist ein unbedingtes Muss für Thássos-Besucher.

Auch die beiden Kazavíti (auch Mikrós und Megálos Prínos genannt) entstanden zur Zeit der Seeräuberei. Erst nach 1945 verließen die Bewohner allmählich ihre schönen Steinhäuser mit den so charakteristischen Erkern und den abgestützten Holzbalkonen und gründeten Prínos. Die architektonischen Schmuckstücke drohten zu verfallen, bis Mitteleuropäer, v. a. Deutsche, die Idylle entdeckten und einige der Häuser den Prinoten abkauften, sie stilgerecht wieder herrichteten und meist als Sommersitz nutzten. „Wenn Kazavíti einen Bürgermeister wählen würde“, meinte Geórgios aus Prínos lachend zu uns, „müsste es ein Deutscher werden, denn die stellen da oben zumindest im Sommer die Mehrheit.“ Inzwischen ziehen aber auch einige Einheimische während der heißen Jahreszeit hinauf nach Kazavíti und renovieren die Häuser ihrer Vorfahren. Ganzjährig bewohnt werden die beiden Dörfer allerdings nur von wenigen Familien, in Mikró Kazavíti sollen es bis zu zehn, in Megálo Kazavíti sechs sein – insofern sind die Ortsbezeichnungen „Klein“ und „Groß“ eher irreführend, zumindest wenn man sie auf die Einwohnerzahl bezieht. Eine rege Bautätigkeit in beiden Ortsteilen lässt jedoch darauf schließen, dass in den nächsten Jahren noch einige Veränderungen zu erwarten sind.

Mittelpunkt des schönen Dorfplatzes: die ausgehöhlte Platane

Kazavíti ist heute vor allem ein Ausflugsziel. In den letzten zehn Tagen des Juli kommen besonders viele Leute, denn dann finden die sog. „Kazavitianá“ (Musik-, Tanz- und Theatervorstellungen) auf einer eigens dafür errichteten Bühne statt.

• *Verbindungen* Eine asphaltierte Stichstraße führt von Prínos aus zu den beiden Dörfern. Nach *Liménas* fährt man 24 km, ebenso weit ist es nach *Limenária*. Es bestehen keine Busverbindungen. Wer kein eigenes Fahrzeug besitzt, muss ab Prínos laufen oder ein Taxi nehmen.

Mikró Kazavíti: Auf der Straße von Prínos erreicht man zunächst das kleinere der beiden Dörfchen. Noch vor den paar Häusern liegt die Platía mit der fast 200 Jahre alten schiefergedeckten Ágios-Geórgios-Kirche, die leider meistens verschlossen ist (den Schlüssel hat der Pope in Prínos). Von hier aus empfiehlt es sich, einen kleinen Spaziergang zwischen den Häusern und Ställen zu machen und die besondere Atmosphäre zu genießen.

• *Übernachten/Essen* **Villa Kazavíti**, wohl eine der romantischsten Übernachtungsmöglichkeiten auf Thássos. Am Ende des Dorfes, etwas versteckt (biegen Sie vor der Kirche nach rechts ab, und folgen Sie der Straße bis zu einem Parkplatz, ein Namensschild fehlt dem Gebäude leider noch). Bei der netten Kalliópi kann man in einem traditionellen Steinhaus 8 geschmackvoll eingerichtete DZ bzw. Apartments (bis zu 6 Personen) mieten. Von den Balkonen hat man einen wunderbaren Blick bis hinunter zum Meer. Den Gästen steht eine riesige terrassierte Liegewiese mit Obstbäumen zur Verfügung. Zu zweit bezahlt man 40–50 €. Von Mai bis Oktober geöffnet. ✆/℻ 2593071769.

Tavérna Sirópoulos, etwa 1 km vor Mikró Kazavíti gelegen, ein hölzerner Vogel über dem Eingang dient als Erkennungszeichen. Über dem Restaurant werden schöne Zimmer mit großem Balkon, Bad und Kühlschrank zum Preis von 20–35 € vermietet. Ganzjährig geöffnet. ✆ 2593072009.

Tavérna Jánnis, das direkt an der Kirche gelegene Hotel mit schöner Terrasse wurde im Januar 2007 neu eröffnet und bietet einen wunderbaren Blick bis hinunter zur Küste. Die nette Wirtin Stamatía hat lange in Zürich gelebt und schwärmt nicht nur für Schweizer Schokolade, sondern kocht auch ein gutes Tourloú und andere deftige Hausmannskost.

Megálo Kazavíti

Wer in der Vorsaison die etwa 500 m von Klein- nach Groß-Kazavíti mit dem Auto zurückgelegt hat, kann sein Fahrzeug in der Regel noch problemlos auf dem Parkplatz unterhalb der Platía abstellen. Im Hochsommer ist das schon schwieriger. Dann wird der Ansturm größer, so dass die Parkmöglichkeiten fast schon erbittert umkämpft sind. Die Platía ist im Übrigen ein territorialpolitisches Kuriosum, denn aus irgendwelchen Gründen sind die paar Quadratmeter im Besitz Ägyptens geblieben, das einst im Namen des osmanischen Sultans die Insel beherrschte. Angeblich soll sogar ab und zu ein ägyptischer Staatsbeamter zur Inspektion vorbeikommen, so zumindest Andréas, einer der Tavernenbesitzer.

Sehenswertes

Großer Anziehungspunkt ist die riesige **Platía,** in deren Mitte mehrere uralte Platanen den Gästen der Tavernen Schatten spenden. Die Stämme von zwei Bäumen sind schon so weit ausgehöhlt, dass man hindurchkriechen bzw. sich darin verstecken kann – ein Heidenspaß für die Kleinen.

Ein ganz besonderes Kleinod ist die leider sehr häufig verschlossene **Apostelkirche** – der Pope kommt aus Prínos nur noch ganz selten herauf. Doch allein die reich verzierte Vorhalle mit schönen Fresken von Petrus und Paulus über dem Eingangsportal sowie dem Pantokrator ist sehenswert. Durch die halbblinden Scheiben kann man erkennen, dass das Innere mit steinernen Pfeilern und einer schönen Ikonostase viel zu bieten hat. Hinter der Kirche befindet sich das **Beinhaus.** Die Kisten, die die sterblichen Überreste enthalten, sind mit Namen und Fotos der Toten versehen. Bei einem Spaziergang durchs Dorf sollten Sie schließlich noch auf die alten, z. T. renovierten **Häuser im inseltypischen Stil** achten.

Am Vormittag des 29. August wird jedes Jahr oberhalb des Ortes in der hübsch gelegenen Johannes-Kapelle der Namenstag des heiligen Ioánnis mit einer Messe gefeiert. Anschließend gibt die Pfarrgemeinde eine deftige Bohnensuppe aus; auch Fremde sind herzlich eingeladen.

• *Übernachten* **Privatzimmer** vermittelt Andréas Karajánnis von der Tavérna Andréas (siehe unten).

Unter der Leitung von Dr. Thomas Schultze-Westrum werden zur Zeit einige der traditionellen Steinhäuser mit dem Ziel liebevoll restauriert, sie als Ferienunterkünfte zu vermieten. Zwei Häuser sind beziehbar. Detaillierte Informationen erhalten Sie unter www.kazaviti-thassos.net.

• *Essen und Trinken* **Tavérna O Andréas**, an der Platía. Der Wirt ist stolz auf seinen recht herben Rotwein und erzählt gerne von alten Inselzeiten. Seine Frau, die nette Lítsa, kocht besonders leckere Gemüsegerichte, z. B. Zucchini mit Avgolémono oder Bohnensuppe, auch der Tsatsíki ist zu empfehlen. Auf Bestellung kann man hier auch gefüllte Ziege bekommen.

Tavérna Vassíli, besonders schönes Fachwerkhaus mit eingelassenen Tellern, noch vor dem eigentlichen Dorfkern gelegen. Die Familie hat sich mit der Restaurierung viel Mühe gegeben. Schauen Sie sich mal den im Winter benutzten Gastraum mit dem wunderschönen Holzgebälk an! Von der Terrasse hoch über dem rauschenden Bach kann man bis zum Festland hinüberschauen. Da schmeckt das gegrillte Fleisch doppelt so gut. Probieren Sie unbedingt den Gígantessalat.

Das Dorf liegt sehr idyllisch

Wanderung 12: Von Mikró Kazavíti zum Ágios-Panteleímonas-Kloster

Etwa 1,5 Std. dauert die ca. 5,5 km lange Wanderung (einfache Strecke), bei der man ungefähr 500 Höhenmeter überwinden muss. Wegen der zahlreichen Wegweiser ist die Orientierung problemlos. Zwar führt die Tour durch ein Gebiet, das vom Waldbrand Ende der 80er Jahre des vergangenen Jahrhunderts besonders betroffen war, doch die Natur erholt sich glücklicherweise zusehends. Zudem machen die schönen Blicke auf die Küste und die Kazavíti-Dörfer sowie natürlich der abschließende Besuch des Klosters die Wanderung zu einem besonderen Erlebnis. Unterwegs und am Ende trifft man zwar auf Quellen, nehmen Sie aber dennoch genügend Wasser und Verpflegung mit, und denken Sie auch an Sonnenschutz!

Von der von Prínos heraufführenden Asphaltstraße biegt man hinter der **Kirche Ágios Geórgios** nach rechts ab (WP 01). Ein erstes Hinweisschild zum Kloster weist unmittelbar danach nach links. Vorbei an der **Tavérna Pláka** wandert man auf einem Betonsträßchen aufwärts, bis es sich nach 250 m gabelt (WP 02).

Hier hält man sich links und geht nun auf einem guten Erdweg stetig bergauf.

Nach insgesamt 900 m kreuzt ein Bach die Piste. Kurz darauf sieht man unten die rot gedeckten Häuser der beiden Kazavíti-Dörfer inmitten von Kastanien, Platanen und anderen Bäumen – für Fotographen ein wahrer Leckerbissen. Bald wendet sich der Weg nach Süden, und man blickt auf Skála Prínou mit Dassílio. Draußen im Meer ist einer der Ölbohrtürme zu sehen. Nun geht es, immer bergan, in östlicher Richtung weiter. Nachdem man insgesamt 3,3 km zurückgelegt hat, erreicht man bei einer kleinen **Radarstation** (WP 03) eine markante Kreuzung, an der man geradeaus weitergeht. 600 m danach hält man sich dann links (WP 04). Noch etwa gut 20 Minuten (ca. 1 km), dann kann man das oberhalb des Weges gelegene Kloster zum ersten Mal sehen. Linker Hand befindet sich neben den Resten eines dem Waldbrand zum Opfer gefallenen Gebäudes eine **Quelle unter schönen Platanen.** Kurz darauf orientiert man sich an der nächsten Gabelung (WP 05) links und wandert weiter aufwärts, bis das Kloster (WP 06) schließlich erreicht ist.

Kloster Ágios Panteleímonas

Fast genau im Schnittpunkt von Kazavíti, Sotíras, Kallirách i und Mariés thront das ehemalige Nonnenkloster hoch über der Westküste. Von all diesen Dörfern führen Schotterpisten hinauf, denn der heilige Panteleímonas, ein Arzt, dem wundersame Heilungen nachgesagt werden, wird heute noch häufig um Hilfe angefleht. Richtig voll wird's am 27. Juli, wenn das Panigýri des Heiligen gefeiert wird.

Seitdem der Bischof von Kavála dafür gesorgt hat, dass ständig jemand das mittlerweile unbewohnte Kloster „bewacht" – mal ein Mönch, mal eine Nonne oder auch, wie bei unserem letzten Besuch, eine ältere Dame aus Prínos –, kann die Anlage während der Sommermonate wieder besichtigt werden. Durch ein eisernes Tor betritt man den lang gestreckten Klosterhof mit kleinem Gemüse- und Blumengarten. Begrenzt wird er links durch ein großes Wohngebäude mit heute leer stehenden Zellen, in dem auch eine von außen nicht erkennbare kleine Panagíakapelle untergebracht ist. Rechts stehen das Empfangsgebäude, dahinter die seit Jahren unvollendete Profítis-Ilías-Kapelle sowie ein kleineres Wohnhaus, das eigens für Besuche des Bischofs vorgesehen ist. Im Norden befindet sich die schiefergedeckte, einschiffige **Panteleímonaskirche,** die neben einer reich verzierten Ikonostase zwei hochverehrte Ikonen des Heiligen enthält. Die an ihnen hängenden Votivtäfelchen zeigen, worum die Gläubigen bitten: endlich ein Kind, ein krankes Auge soll genesen, ein kaputtes Bein wieder funktionieren ...

Rechts neben der Kirche führen ein paar Stufen zu einer feuchten, dunklen **Tropfsteinhöhle** hinab. Darin soll einem Hirten einst der heilige Panteleímonas erschienen sein, und kurz darauf fand man hier eine Ikone des Heiligen sowie eine Quelle. Daher baute man in die Grotte eine Weihwasserkapelle, in der diese Ikone sowie noch weitere des Heiligen aufbewahrt werden. Die Einheimischen trinken das „Wunder wirkende Wasser" aus der sich ganz am Ende der Höhle befindenden Quelle und umkreisen tief gebeugt eine markante Tropfsteinsäule grundsätzlich dreimal, denn das bringe Glück, so behaupten sie. Ein Kloster entstand an diesem Ort erst später, nämlich Mitte des 19. Jh., als eine Frau, deren Sohn im Streit getötet worden war, sich hier niederließ. Sie sei die erste Nonne gewesen, erzählte uns vor ein paar Jahren eine ihrer Nachfolgerinnen, die im Jahre 2002, wie ihre letzten Mitschwestern auch, aus Altersgründen den abgelegenen Ort verlassen hat.

Vor noch gar nicht langer Zeit war das Gebiet um das Kloster dicht bewaldet. Die nette alte Nonne Evthemiá breitete die Arme aus und zeigte uns: „So dick waren die Stämme der Kiefern." Schreckliche Angst hätten sie gehabt, berichtete sie, bis

Die Höhle des heiligen Panteleímonas

bei dem Brand im August 1989 endlich ein Auto gekommen sei, um sie abzuholen. Nach drei Tagen „Asyl" in Limenária kehrten sie in das „vom heiligen Panteleímonas" geschützte – die Wasserflugzeuge haben wohl kräftig mitgeholfen – Kloster zurück, um das herum eine Einöde entstanden war. Alles, selbst das Trinkwasser, sei tagelang schwarz gewesen, und im darauffolgenden Winter habe sich sogar der Schnee dunkel verfärbt, so Evthemiá – dann brach sie ab und wollte nicht mehr über die Katastrophe sprechen. Heute sprießt das Grün zum Glück wieder um das Kloster, auch kleine Bäume zeigen sich schon wieder, aber die Zeichen der Verwüstung sind immer noch zu sehen.

Öffnungszeiten Bei unserem letzten Besuch war das Kloster von Juni bis September täglich von Sonnenauf- bis -untergang geöffnet; Eintritt frei. Jeden Samstagmorgen hält der Pope aus Prínos um 7 Uhr eine Messe in der Klosterkapelle ab.

Wanderung 13: Von Mikró Kazavíti nach Sotíras

Gemütliche, aussichtsreiche Wanderung am Hang entlang, bei der man keine allzu großen Steigungen überwinden muss. Für die einfache Strecke (knapp 6 km) sollte man knapp zwei Stunden einplanen, Sonnenschutz ist unbedingt notwendig. In Sotíras kann man seinen Durst am Dorfbrunnen stillen, im Sommer ist auch eine einfache Grilltaverne geöffnet.

Biegen Sie von der von Prínos heraufführenden Asphaltstraße vor der **Kirche Ágios Geórgios** nach rechts ab (WP 01). Vorbei an der **Tavérna Jánnis** wandert man zunächst auf einem Betonweg, der bald darauf ungeteert weiter verläuft, in östliche Richtung. Nach 250 m hat man in einer Linkskurve den – unbezeichneten – Parkplatz der **Villa Kazavíti** (WP 02) erreicht. Gehen Sie links vom Parkplatz auf einem anfangs etwas zugewucherten Pfad abwärts weiter. Er quert ein ausgetrocknetes Bachbett und bringt Sie dann zu der weithin sichtbaren **Kapelle Agía Marína** (WP 03). Noch vor dem Gebäude trifft man auf eine Staubstraße, auf der man nach links weiterwandert. Vorbei an einem Stall (gegenüber führt eine Piste zur Straße nach Prínos hinunter) geht man zunächst abwärts, passiert gut 1 km danach eine **Abzweigung** (WP 04) und nach weiteren knapp 500 m ein **eingezäuntes Feld** (WP 05). Der Weg steigt allmählich an, und bald darauf genießt man einen schönen Ausblick bis hinüber zum Festland nach Kavála. Ein Bachbett querend und eine weitere **Abzweigung** (WP 06) sowie eine **Viehalm** (WP 07) passierend, wandert man gut 2,5 km weiter aufwärts, bis man bei WP 08 auf einer **Anhöhe** zum ersten Mal das Dorf Sotíras vor sich liegen sieht. An einer markanten Gabelung hat man die Wahl links oder geradeaus zum Dorf hinabzusteigen, beide Wege sind etwa gleich lang und treffen auf die von Skála Sotíra heraufführende **Asphaltstraße** (WP 09). Ca. 150 m weiter steht man auf der **Platía** (WP 10) des Dorfes, wo man seinen Hunger stillen und den Durst löschen kann.

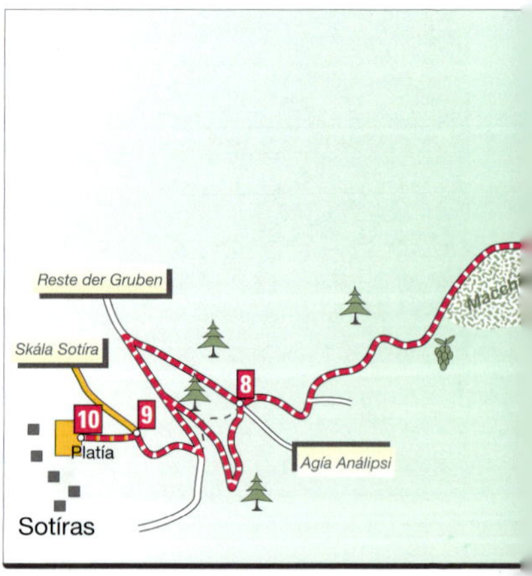

Rachóni mit Skála Rachoníou

Die ziegelgedeckten Häuser Rachónis scheinen den steilen Hang des Berges Túmba hinaufzuklettern. Touristen verirren sich selten hierher – griechisches Leben in Reinkultur also. Unten in Skála Rachoníou findet man dagegen fast nur Hotels, Pensionen und Tavernen. Nicht mal an der riesigen Hafenmole konnte sich ein dörfliches Leben entwickeln.

Vier Kilometer landeinwärts liegt das gemütliche Bergdorf, am unteren Hang begrenzt durch eine große Platía mit riesigen Platanen, einer schönen Taverne und der **Panagíakirche** (Feiertag: 15. August). Aus der Kirche strömt an der linken Seite in Erdbodenniveau Wasser, das in Kanälen eingefasst über den Platz fließt und dann nach unten in Richtung Skála geleitet wird. Als wir erstaunt nachfragten, woher das Wasser komme, erfuhren wir, dass sich die Quelle mitten im Allerheiligsten der Kirche befindet – nur der Pfarrer bekommt sie also zu sehen. Im Winter, wenn die Quelle noch mehr Wasser spendet, reichen die Abflussrohre manchmal nicht aus, der Fußboden der Kirche wird überflutet, und das Wasser strömt auch unter der Tür hindurch ins Freie.

Um die Quelle rankt sich wieder einmal eine Legende, durch die auch die Gründung des Ortes erklärt wird: Einst hatte man eine blinde Bulgarin, die auf der Insel lebte, zu dieser Quelle geschickt und aufgefordert, zur Panagía zu beten. Sie benetzte ihre Augen mit dem Quellwasser und konnte unmittelbar danach wieder sehen. Daraufhin siedelte sie sich in der Nähe der Quelle an – die erste Einwohnerin Rachónis. Über die Quelle baute man die Panagíakirche. Diese besteht aus einem hellblau gestrichenen, einschiffigen Raum mit einer schönen dreiteiligen Ikonostase, auf der linken Seite befindet sich die Panagíaikone.

Von der Kirche steigt man über eine steile Gasse zum eigentlichen **Dorfplatz** hinauf (oder man nimmt die Asphaltstraße, die zunächst einen weiten Bogen um das Dorf schlägt und dann hineinführt). Dort trinken die Männer wie jeher in den Kafenía ihren Mokka und lassen gelangweilt die Perlen des Kombolói durch die Finger gleiten. Eine Frau gießt Blumen in vor ihrem Haus aufgereihten Blechkanistern, aus

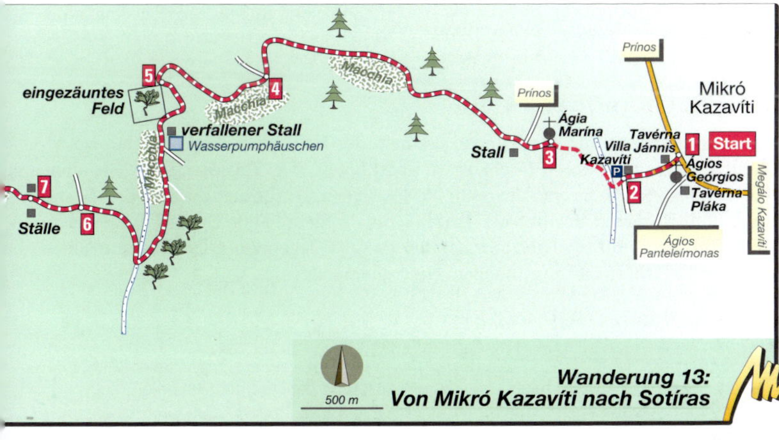

Wanderung 13: Von Mikró Kazavíti nach Sotíras

Ausklang!

einem Küchenfenster dringt der Geruch von gebratenen Paprikaschoten und Auberginen. Kein Wunder, dass sich auch hier schon einige Ausländer niedergelassen haben, um dem hektischen Leben Mitteleuropas zu entfliehen – ausgerechnet in einem Ort, der stolz darauf ist, eine Partnergemeinde in Deutschland zu haben (Bönningstedt in Schleswig-Holstein).

• *Verbindungen* Eine 4 km lange, asphaltierte Stichstraße zweigt von der Inselrundstraße in Skála Rachoníou hoch ins Dorf ab. 16 km lang ist die Strecke nach *Liménas*, die Entfernung nach *Limenária* beträgt etwa 30 km. Der nur einmal täglich von Skála Prínou herauffahrende Bus hält im Dorf an der oberen Platía.

• *Einkaufen* In der Nähe der oberen Dorfplatía kann man in drei kleinen Läden das Nötigste bekommen.

• *Essen* **Tavérna I Drossiá**, großes Terrassenlokal am unteren Dorfplatz, Platanen spenden Schatten. An Sommerwochenenden finden hier Live-Musik-Abende mit Tanz statt, dann drehen sich Ziegen, Spanferkel sowie Kokorétsi am Spieß. Ansonsten gibt es gute griechische Hausmannskost.

To Stéki tis Katerínas, hier gibt es gute Souvlákia und sehr leckere Kleinigkeiten zum Oúzo. Leser waren von der Qualität des Gebotenen ganz begeistert.

In den beiden **Kafenía** am Platz kostet der Kaffee noch die Hälfte von dem, was die Hafencafés von Liménas verlangen.

Skála Rachoníou

Fast unmittelbar an der Inselrundstraße liegt der Hafen von Rachóni: eine viel zu gewaltige Mole mit bunten Fischkuttern und Booten, zwei Tavernen und Pensionen, eine halb fertige Kirche und die mehr als spärlichen Reste eines antiken Bads – das war's. Südlich davon beginnt der lange, schmale **Kiesel-Sand-Strand,** wegen dem die Touristen kommen. Hier bzw. in den dahinterliegenden Olivenhainen reihen sich auch die Übernachtungsmöglichkeiten aneinander.

Verbindungen/Adressen/Einkaufen

• *Verbindungen* Nur 12 km ist Skála Rachoníou von *Liménas* entfernt, nach *Limenária* sind es 29 km. Oberhalb des Hafens sowie an der Abzweigung nach Rachóni befindet sich jeweils eine Bushaltestelle.

• *Einkaufen* Entlang der Durchgangsstraße

finden Sie recht gut sortierte Supermärkte, derjenige im südlichen Ortsteil erinnert mit seinen Ausmaßen fast schon an deutsche Vorstadteinkaufscenter.

Übernachten/Essen und Trinken

• *Übernachten* *** **Hotel Golden Sunset (7)**, hübsches kleines Hotel am Strand. Im Sommer sitzt man abends sehr schön auf der Terrasse mit Pool und Bar, während der kühleren Jahreszeit wird im kleinen Salon der Kamin angefeuert. Die 12 sehr gut ausgestatteten Zimmer mit AC, Minibar, Bad und Balkon (teilweise Blick aufs Meer) werden zum Preis von 55–85 € bzw. 95 € (drei Betten) vermietet, das Frühstücksbuffet kostet 5 € pro Person extra. Für ein Studio (4 Betten) bezahlt man bis zu 115 €. Von Mai bis Anfang Oktober geöffnet. ✆ 2593058322, ℻ 2593058323, www.golden-sunset-thassos.gr.

*** **Hotel Coral (9)**, schöne Anlage mit inseltypischen Holzbalkonen in einem riesigen Olivenhain, wenige Fußminuten vom Beach entfernt. Pool mit Bar, an der man gleichzeitig eine kalte Limonade trinken und die Füße im Wasser abkühlen kann, außerdem Volleyballfeld und Spielplatz. Eines der 38 Zwei- und Dreibettzimmer mit Bad, Kühlschrank und kleinem Balkon kostet inkl. Frühstücksbuffet zwischen 60 und 70 €, gegen Aufpreis AC. Außerdem kann man hier auch kleine Wohnungen für bis zu 5 Personen mieten. Geöffnet von Mai bis Oktober. ✆ 2593081247, ℻ 2593081190, www.hotel-coral.gr.

*** **Hotel Rachóni Bay (5)**, direkt am Strand, mit Pool, Bar, Restaurant. Einfach ausgestattete Zwei- und Dreibettzimmer mit AC, Balkon (teilweise Blick aufs Meer). Ein DZ kostet inkl. Frühstücksbuffet zwischen 50 und 70 €. Von Mai bis Oktober geöffnet. ✆ 2593081150, ℻ 2593081050.

** **Hotel Rachóni Beach (6)**, direkt gegenüber vom Rachóni Bay. In kleinen Doppelhäuschen mit roten Ziegeldächern und in einem mehrstöckigen Gebäude werden Zwei- und Dreibettzimmer zum Preis von 40–50 € (inkl. Frühstück) und Studios (40–55 €) vermietet. Da der Besitzer des Rachóni Beach mit dem des Rachóni Bay identisch ist, gelten die oben genannten Telefon- und Fax-Nummern.

** **Hotel Filippos (13)**, mitten im Grünen bzw. in einem wunderschönen Olivenhain betreibt ein freundliches älteres Ehepaar

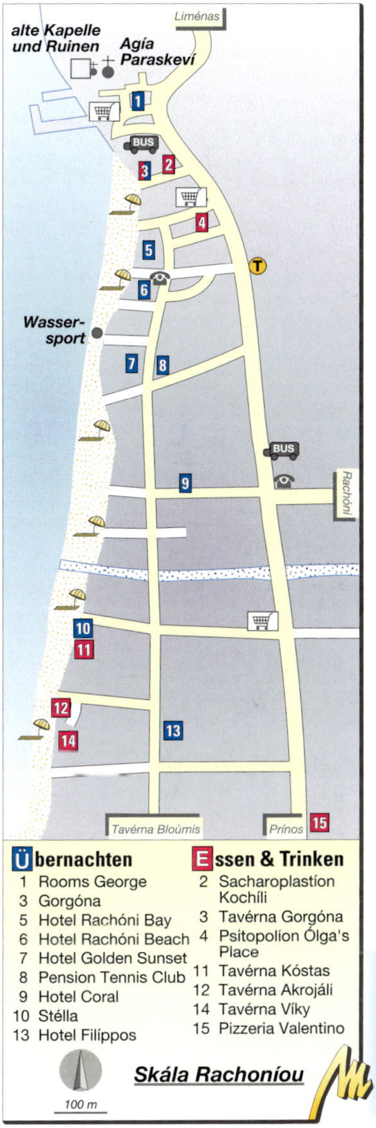

das angenehme Hotel mit insgesamt 24 geräumigen DZ, die mit Kühlschrank, AC, Bad und Balkon ausgestattet sind; Preis je nach Saison 45–55 €. Das Frühstück (Aufpreis) wird auf der Veranda serviert.

Von Mai bis Oktober geöffnet. ✆ 2593081229, ✆ 2593081055.

Pension Tennis Club (8), wer vor dem Frühstück eine Runde Tennis spielen möchte, sollte sich hier einquartieren. Dimítris Karagoústis vermietet von Mai bis Ende September 12 Apartments, in denen bis zu 4 Personen unterkommen können (mit Bad, Kühlschrank, AC, Balkon). Schönes Gelände mit uralten Olivenbäumen. Pro Person bezahlt man inkl. Frühstück ca. 25 €, in der NS gibt's Nachlass. ✆/✆ 2593081140.

Gorgóna (3), über der gleichnamigen Taverne am Strand vermietet der nette Kóstas Sikoúdis, der in Deutschland aufgewachsen ist, 5 Zwei- und Dreibettzimmer mit Bad, AC, Kühlschrank und Balkon (teilweise Blick aufs Meer) zum Preis von 30–40 €; direkter Zugang zum Meer. ✆ 2593081069.

Rooms George (1), ein freundliches älteres Ehepaar führt das nicht mehr ganz taufrische Haus oberhalb der Hafenmole, das von hohen, Schatten spendenden Kiefern umgeben ist. Die einfachen DZ haben Bad, Kühlschrank, AC und Balkon (z. T. toller Blick auf den Hafen). Man bezahlt zwischen 30 und 40 €. Von Ende April bis Oktober geöffnet. ✆/✆ 2593081394.

Stélla (10), Leser lobten das nette, besonders ruhig gelegene Haus direkt am Strand mit angeschlossener Taverne. Die deutschsprachige Familie Skarvatsópoulos bietet 14 angenehme DZ mit AC, Bad und Balkon, viele Stammgäste kommen immer wieder. ✆ 2593081187, www.hotel-stella-thassos.gr.

• *Essen und Trinken* **Tavérna Gorgóna (3)**, schönes, überdachtes Lokal oberhalb vom Strand, in dem gute Gerichte zu angemessenen Preisen serviert werden. Wer gerne Knoblauch isst, sollte die Sardellen mit Knofel oder die rote Bete mit Skordaliá probieren. Gut fanden wir auch die Oktopuskefthédes. Oder wie wär's mit einem Milchshake am Nachmittag?

Psitopolíon Ólga's Place (4), einfaches Grilllokal ganz in der Nähe.

Pizzeria Valentino (15), hübsches Haus an der Straße, am südlichen „Ortsende" von Skála Rachoníou. Kugellampen erleuchten den Garten mit Olivenbäumen, in denen ausrangierte Schiffslaternen baumeln. Die Pizzen waren wirklich gut. Auf einem kleinen Spielplatz können die Kinder sich die Wartezeit vertreiben. Erst abends geöffnet.

Tavérna Kóstas (11), beliebtes Strandlokal, bei dem man auch Wasserski ausleihen kann (siehe unten).

Tavérna Víky (14), schönes Plätzchen direkt am Meer, und auch die Küche ist sehr ansprechend. Probieren Sie doch einmal den gefüllten Kalamar oder den deftigen Lammbraten.

Tavérna Akrojáli (12), mit erhöhter Terrasse unter einem großen Baum. Jeden Samstagabend wird hinter dem Lokal im Sand eine ganze Ziege vergraben, ein Feuer darüber entzündet und das Fleisch langsam auf diese Weise gegart, bis es sich vom Knochen löst.

Tavérna Bloúmis, weitere idyllisch gelegene Strandtaverne am Rande eines Kiefernhains. Bloúmis, ein Inseloriginal, ist Thássoskennern vielleicht noch als Betreiber des ehemaligen Camping Perseus bekannt. In seiner Taverne gibt's jeweils ein Tagesgericht aus dem Ofen oder Kochtopf, außerdem einfache Grill- bzw. Fischgerichte. Am besten zu erreichen ist das Lokal, wenn man am südlichen Ortsrand der Beschilderung folgt.

Sacharoplastíon Kochíli (2), bietet neben wunderbaren Kuchen auch Eis. Wer's herzhaft mag, bestellt Pizza.

Baden: Ein schmaler, langer, flach abfallender Sand-Kies-Strand zieht sich von der Hafenmole nach Süden, durch kleinere Felsvorsprünge immer wieder unterbrochen. Zwar gibt es einige Algen, doch abgesehen davon badet man in sauberem Wasser. Bäume spenden an vielen Stellen Schatten.

• *Sport* Die beste touristische Infrastruktur findet man nahe dem Rachóni Beach Hotel: Mehrere Süßwasserduschen, die dort gelegene **Strandbar** vermietet Liegestühle sowie Sonnenschirme und bietet die üblichen **Wassersport-Vergnügen** an: Surfbretter, Bananaboat, Ringo, Wasserski etc. Weiter südlich, nahe der **Taverne Kóstas (11)**, gibt es zudem Tretboote, Kanus etc. Tennisfans können stundenweise einen der vier Plätze im **Tennis-Club (8)** mieten (✆ 2593081329).

Weitere Strände bei Rachóni: Hat man (von Liménas kommend) das Kap Pachís umrundet, sieht man im Meer vor einer Bucht Plattformen, an denen Netze für den Fischfang befestigt sind. Regelmäßig fahren die Fischer hinaus, um sie zu leeren.

Diese Bucht trägt wie auch der folgende Küstenabschnitt den Namen des Kaps und gehört zur Gemeinde Rachóni. Mehrere Strände findet man hier, der belebteste liegt unterhalb des Pachís Beach Hotels. Hier hat sich ein regelrechtes kleines Ferienzentrum entwickelt. Am wunderschönen, lang gestreckten Hauptstrand spenden einige Bäume Schatten, außerdem kann man Schirme und Liegen mieten. Je weiter man sich vom Hauptstrand entfernt, desto ruhiger wird's.

• *Übernachten* *** **Villa Natássa**, hoch oben auf einem Hügel fällt das rot gedeckte Gebäude schon von weitem auf. Mit Pool, Restaurant und Bar gut ausgerüstet, auch die Zimmer machten einen angenehmen Eindruck. Ein DZ mit Bad, Kühlschrank, AC, Sat-TV und Balkon (Blick aufs Meer) kostet inkl. Frühstück zwischen 60 und 80 €, es gibt aber auch für Familien geeignete Studios, die zu demselben Preis, allerdings ohne Frühstück, vermietet werden. Von Mai bis Ende Oktober geöffnet. ✆ 2593081346, ✆ 2593081002, www.gerakoudis-hotels.gr.

Pachís Beach, am Hauptstrand liegen mehrere kleinere Häuser in einem Garten. Margerítis Babatzikós vermietet insgesamt 30 Zwei-, Drei- und Vierbettzimmer mit Bad, Balkon (größtenteils Blick aufs Meer) und Kühlschrank. Zu zweit bezahlt man zwischen 45 und 50 €. Von Mai bis Mitte Oktober geöffnet. ✆ 2593081260, www.hotel-pachisbeach.gr.

Studios Katerína, Apóstolos und Katerína arbeiten beide im Archäologischen Museum von Liménas und vermieten außerdem in Pachís ruhige Studios mit AC und Ventilator. Für Familien mit kleinen Kindern ist das mit Spielplatz und Tischtennisplatte ausgestattete Gelände besonders gut geeignet, die Strandliegen sind kostenlos. Von Mai bis Oktober geöffnet. Zu zweit bezahlt man zwischen 38 und 78 €. ✆ 2593081045.

• *Essen und Trinken* **Pachís Beach Restaurant**, an Sonntagen ist hier kaum ein Platz zu ergattern, dann erinnert das Lokal wirklich an eine Abfütterungsanstalt. Geschmeckt hat es uns aber dennoch gut. Probieren Sie einmal Plakí, im Ofen mit Lorbeer, Zitronenscheiben und Zwiebeln geschmortes Fischfilet. Margerítis verkauft übrigens auch einen sehr guten Rotwein, den er aus seinen eigenen und den ganz kleinen Trauben der Reben seines Großvaters, die früher überall auf der Insel kultiviert wurden, herstellt.

Tavérna Pefkospiliá, am westlichen Ende der Bucht. Hier sitzt man wirklich unvergleichlich. Ein Teil der einfachen Holztische und -stühle steht im Sand direkt am Wasser, über dem Festland geht die Sonne unter, ein Fischkutter tuckert vorbei. Gutes Essen, wenn auch keine allzu große Auswahl. Lassen Sie sich zum Oúzo einen von María gegrillten Oktopus servieren.

Tavérna Glifonéri, oberhalb einer kleinen, schattigen Sandbucht am nördlichen Ende des langen Pachís Beach (versteckt hinter einer Felsnase). Schöne Terrasse, die mit einigen alten Fischreusen dekoriert ist. Preiswert, angenehme Atmosphäre.

Ágios Geórgios

Rachóni in Kleinformat – am gegenüberliegenden Hang gelegen, allerdings fehlt hier eine Platía, und auch in der einzigen, nur im Sommer bewirtschafteten Taverne ist nicht viel los. Ágios Geórgios erlebt das Schicksal vieler griechischer Bergdörfer, immer mehr ziehen fort. Keine 100 Bewohner hat der Ort mehr. Viel zu groß ist die an romanische Kirchen Südfrankreichs erinnernde Nikolauskirche, ein mächtiger Bruchsteinbau. Wären da nicht einige Ausländer, die hier ein Haus erworben haben, erlitte der Ort wahrscheinlich bald das Schicksal seines Mutterdorfes. Denn jahrhundertelang lag Ágios Geórgios ca. 4 km weiter oben in den Bergen, gut geschützt vor Piratenüberfällen. Diese Siedlung wurde jedoch vor ca. 50 Jahren endgültig aufgegeben, seine Bewohner zogen ins heutige Ágios Geórgios bzw. nach Rachóni, denn dadurch waren sie näher bei ihren Feldern.

• *Wandertipp* Auf einer Piste kommt man in etwa 4 km zur Kirche des verlassenen Dorfes Ágios Geórgios, von dem ansonsten kaum etwas übriggeblieben ist. An der Asphaltstraße, die von Rachóni hinüber in das heutige Ágios Geórgios führt, biegt man in der Senke vor dem Ort auf die Piste nach rechts ab.

Ausflüge aufs Festland

Da Thássos so nahe am Festland liegt, ist es nicht schwierig, dorthin Ausflüge zu machen. Und Ostmakedonien und Westthrakien haben auch sehr lohnenswerte Ziele zu bieten.

Wer sich für Geschichte interessiert, sollte sich die Ruinen von **Philíppi** und die Stadt **Kavála** anschauen. Letztere bietet auch gute Shopping-Möglichkeiten sowie das Flair einer typisch griechischen Provinzstadt. Für Natur- und Tierliebhaber sind die **Alistráti-Höhle** und/oder die **Angítis-Höhle** sowie **Néstos-Schlucht** und das **Néstos-Delta** ein Muss. Und in **Xánthi** fühlt man sich schon fast wie in der Türkei. Alle diese Ausflüge bieten die Reisebüros in Thássos an. Man kann die meisten aber auch auf eigene Faust machen, und zwar von Liménas und Skála Prínou aus.

Kavála: Ein riesiges Aquädukt sowie die schöne, von einem byzantinischen Kástro überragte Altstadt aus osmanischer Zeit sind die Hauptanziehungspunkte Kaválas. Lohenswert sind zudem die geschäftigen Straßen rund um den Eleftheríasplatz, der malerische Hafen und das im Jahr 2004 zu einem exklusiven Lokal umgebaute Geburtshaus Mohammed Alis, des einstigen türkischen Statthalters von Ägypten, der in dieser Position viel für seine Heimatinsel Thássos und die Stadt Kavála getan hat.

- *Verbindungen* Das ganze Jahr über verkehren zwischen Kávala und *Skála Prínou* mehrere **Autofähren** und **Flying Dolphins**. Letztere werden von Skala Prínou aus aber nur im Sommer eingesetzt. Auch von *Liménas* aus kann man Kavála mit dem Flying Dolphin erreichen.
- *Öffnungszeiten* **Kástro** täglich von 8–16 Uhr, im Sommer bis 21 Uhr, Eintritt 1,50 €. Das **Mohammed-Ali-Haus** dient seit einiger Zeit nicht mehr als Museum, sondern kann nur noch abends im Rahmen eines Café- bzw. Restaurantbesuchs besichtigt werden.

Philippi

Philippi: Von der antiken Stadt, die nach ihrer Eroberung durch Philipp II. in Philippi umbenannt wurde und später als erste christliche Gemeinde in Europa große Bedeutung hatte, sind viele Einrichtungen des öffentlichen Lebens noch recht gut erhalten: Forum (Achten Sie auf Eingravierungen für Gesellschafts- und Geschicklichkeitsspiele auf dem Boden!), Reste der alten Handelsstraße Via Egnatia, Basiliken, Latrinen, Tempel, Paulusgefängnis und Theater.

- *Verbindungen* Vom Busbahnhof in Kavála starten täglich alle 30 Min. **Busse** nach Dráma. Diese passieren auch die archäologische Stätte von Philíppi und halten bei Bedarf an. Die Fahrtzeit beträgt ca. 30 Min., der Preis ca. 1,60 €.

• *Öffnungszeiten* Täglich 8–19 Uhr, Eintritt ca. 3 €. Seit einigen Jahren sind wieder umfangreiche archäologische Arbeiten in Gang, v. a. im Bereich der Gebäude hinter dem Oktagon und an der Akrópolis.

Tropfsteinhöhlen bei Alistráti bzw. bei Angítis: In der Nähe des Dorfes Alistráti (ca. 20 km von Dráma) wurde 1998 eine der ältesten und größten Tropfsteinhöhlen Europas der Öffentlichkeit zugänglich gemacht. Unweit davon kann auch die vielleicht noch beeindruckendere Höhle an der Quelle des Angítis-Flusses besucht werden. Die Besichtigung einer der Höhlen bzw. beider ist aufgrund derer enormer Größe und ihrer Schönheit ein einmaliges Erlebnis, es empfiehlt sich aber, den Besuch über ein Reisebüro auf Thássos zu buchen, da immer nur einer begrenzten Anzahl von Besuchern Eintritt gewährt wird und Reisegruppen Vorrang vor Einzelreisenden haben.

Öffnungszeiten Alistráti: Im Sommer täglich 9–19 Uhr, im Winter nur bis 17 Uhr; Eintritt ca. 7 €. Weitere Informationen finden Sie unter www.alsistraticave.gr.
Angítis: Täglich 10–19 Uhr, Eintritt ca. 6 €. Weitere Informationen finden Sie unter www.spilaioaggiti.gr.

Ausführliche Beschreibungen der Ausflüge

Aus Platzgründen war es uns leider nicht möglich, genauere Beschreibungen der Ausflugsziele auf dem Festland in diesen Reiseführer aufzunehmen. Sie finden die entsprechenden Texte jedoch unter www.michael-mueller-verlag.de/xtras/pdf/thassos_samothraki_zusatzkapitel_1.pdf.

Xánthi: Auf Zack ist das thrakische Universitätsstädtchen am Kósinthos. Die z. T. sorgfältig restaurierte Altstadt mit ihren schönen alten Herrenhäusern ist auch deshalb einen Besuch wert, weil hier eine starke türkische Minderheit architektonische und kulturelle Akzente gesetzt hat und setzt.

Fahren Sie an einem Samstag (ziemlich früh) nach Xánthi: Vormittags findet dort nämlich ein sehenswerter Bazar – einer der größten in Griechenland – unterhalb der Altstadt statt. Von Hühnern über Obst, von Gewürzen bis zu Spielzeug, Schmuck und Textilien ist alles zu haben.

• *Verbindungen* Mehrmals täglich gibt es eine **Busverbindung** von Kavála nach Xánthi und zurück, Preis ca. 5 €. Alternative: Fahren Sie mit der **Fähre** von Liménas nach Keramotí, von dort mit dem Bus nach Chrissoúpolis (stündlich), wo man meist rasch Anschluss nach Xánthi hat. In Xánthi geht man am Busbahnhof links ins Stadtzentrum hinein.

Néstos-Schlucht und -Delta: Relativ nahe beieinander liegen die beiden einzigartigen Naturlandschaften, die der Néstos-Fluss geschaffen hat: eine eindrucksvolle, steile Schlucht (Touren hierher bucht man am besten in einem der zahlreichen Reisebüros auf Thássos) und eines der bedeutendsten Feuchtgebiete Europas, das Néstos-Delta. In diesem Gebiet kann man auf eigene Faust schöne Touren unternehmen, wenn man motorisiert ist bzw. über ein Fahrrad verfügt. Im Folgenden finden Sie einige Vorschläge:

• *Verbindungen* Mehrmals täglich pendeln die **Fähren** zwischen Keramotí und Liménas.

• *Néstos-Schlucht* Autofahrt von Toxótes zum Aussichtspunkt bei Ímera; Wanderung von Toxótes durch die Néstos-Schlucht; Kayaktour durch die Néstos-Schlucht.

• *Néstos-Delta* Die Lagunen von Keramotí und Agíasma; der Néstos bei Chrissoúpolis (Café Néstos); Besucherzentrum bei Néa Karyá (ab Keramotí ausgeschildert), die gewaltigen Schilder versprechen allerdings mehr als sie halten, zudem ist das Zentrum nur unregelmäßig geöffnet.

Anreise zur „Insel des Mondes"

Samothráki – die Insel

Weitab im Nordosten der Ägäis liegt die kleine malerische Insel mit einer für mitteleuropäische Hellas-Vorstellungen zumindest auf der Nordseite geradezu ungriechischen Landschaft: dichte Wälder, sprudelnde Bäche und Wasserfälle, unter denen man hervorragend baden kann. Kein klassisches Ferienziel, denn es mangelt an Sandstränden. Doch unter der vergleichsweise kleinen Schar Touristen gibt es eine Menge „Wiederholungstäter". Wer einmal da war, kommt immer wieder.

Bereits von der Fähre aus bietet sich dem Besucher ein eindrucksvolles Bild. Vom Meeresspiegel bis auf 1624 m steigt das **Sáos-Gebirge** steil an. Diesem Gebirge und dem Dichter Homer verdankt die Insel ihren Namen. Letzterer nannte sie nämlich „Sámos Thrakiens", wobei das Wort *Sámos* etymologisch auf das phönizische *sama* (= hoch) zurückgeht. Und auf Sámos und Samothráki ragen auch die höchsten Gipfel der Ägäis empor, wobei der **Fengári,** der Mondberg, seinen Konkurrenten auf Sámos noch um etwa 200 m übertrifft. Nach ihm bezeichnet man Samothráki auch gerne als **„Insel des Mondes".**

Von dem schroffen bogenförmigen Sáos-Gebirgszug, in dem zahlreiche Quellen entspringen, führen grüne Täler und Schluchten steil zum Meer hinab. In den meisten fließen Bäche, die sich v. a. im Norden und Osten über Gefällstufen abwärtsstürzen und dann am Fuß dieser Kaskaden kleine Seen mit klarem, sauberem Wasser bilden. Beeindruckend ist die Pflanzenvielfalt, und sicherlich einmalig in Griechenland sind die ausgedehnten Platanenwälder. Naturschönheit in Hülle und Fülle also – ein Paradies für Wanderer und Spaziergänger.

Mit gutem Recht könnte man Samothráki aber auch **„Insel der Schafe und Ziegen"** nennen. Auf Schritt und Tritt begegnet man einem gehörnten Kopf, und im trockeneren Inselsüden tragen die Tiere zusammen mit den z. T. uralten, knorrigen Olivenbäumen zum Eindruck einer bukolischen Landschaft bei. Die meisten Dörfer sind demzufolge noch sehr traditionell. Auch **„Insel der Kirchen"** wäre eine passende Charakterisierung, soll es doch immerhin fast 1000 Gotteshäuser geben.

In der Antike war Samothráki eine **heilige Insel** und wurde in einem Atemzug mit Delphi, Delos und dem attischen Eleusis genannt. Im berühmten „Heiligtum der Großen Götter" feierten die Priester geheimnisvolle Zeremonien, und da die Archäologen durchaus Imposantes zu Tage förderten, lohnt unbedingt ein Besuch. Nach dem berühmtesten Fund, einer Statue der griechischen Siegesgöttin, ist Samothráki auch als die **„Insel der Nike"** weltbekannt. Das heutige Wahrzeichen Samothrákis ist auf der Insel allerdings nur in Kopie vorhanden; das Original steht im Pariser Louvre.

Mit Ausnahme der völlig unzugänglichen südöstlichen Steilküste zieht sich ein schmales Geröllband rund um die Insel. Hier kann man nahezu überall ins Meer, doch ausgesprochene Badestrände hat Samothráki nur zwei zu bieten, die aber beide durchaus ansprechend sind.

Wer Rummel sucht, sollte sich nach einem anderen Urlaubsziel umsehen. Am meisten ist diesbezüglich im Hafenort Kamariótissa los, aber allzu viel sollte man nicht erwarten. Doch Samothráki ist sowieso eine Insel, die diejenigen anzieht, die Natur, Kultur, Ruhe und ursprüngliches Griechenland suchen – ein absoluter Geheimtipp ist sie allerdings nicht mehr.

Samothráki auf einen Blick

Geographische Lage: 40°30′ nördliche Breite und 25°30′ östliche Länge, d. h. Lage in den sommertrockenen Subtropen und etwa 38 km südlich der thrakischen sowie 36 km von der türkischen Küste entfernt.

Größe: Mit 178 qkm um mehr als die Hälfte kleiner als das Nachbareiland Thássos. Die Küstenlänge der ovalen Insel beträgt knapp 60 km.

Oberfläche: Ein mächtiger, schroffer Gebirgszug durchzieht die Insel, die nur im Westen flach ist. Der höchste Gipfel ist mit 1624 m der Fengári.

Bevölkerung: Derzeit leben etwa 2700 Menschen auf Samothráki.

Wichtige Orte: Das meiste Leben auf der ansonsten ruhigen Insel spielt sich im Hafen Kamariótissa, in Chóra und während der Saison außerdem in Loutrá (Thérma) ab.

Straßen: Die wichtigsten Straßen sind alle asphaltiert.

Entfernungen: Kamariótissa – Chóra 7 km, Kamariótissa – Paläópolis 6 km, Kamariótissa – Loutrá 14 km, Kamariótissa – Profítis Ilías 12 km.

Tanken: Die einzige Zapfstelle befindet sich außerhalb von Kamariótissa an der Straße nach Chóra.

Mietfahrzeuge: nur in Kamariótissa. Dort gibt es mehrere Agenturen.

Karten: Die derzeit beste Inselkarte ist die des Verlags *Road Editions*. Sie ist aktuell und enthält viele Details. Road Editions, Nr. 215, Samothraki, ISBN 960-8189-64-0, Maßstab 1:30.000, 7,50 €, auf der Insel wird die Karte preiswerter verkauft.

Telefonvorwahl: ✆ 25510. Sie muss grundsätzlich immer mitgewählt werden, gleichgültig ob bei Orts- oder Ferngesprächen. Näheres → S. 64.

Postleitzahl: 68002.

Geschichte

Von der Frühgeschichte bis zur Hochblüte der Insel

Ausgrabungen belegen, dass Samothráki schon im Neolithikum (Jungsteinzeit) besiedelt war. In der darauf folgenden Bronze- und dann in der Eisenzeit lebten, wie überall im südöstlichen Balkan, auch hier thrakische Stämme, die vom Festland herübergekommen waren. Herodot überliefert für einen von ihnen den Namen Saíi, der einen mythologischen Ursprung hat.

Aus der Mythologie

Nach der Mythologie war der erste Bewohner von Samothráki, nach dem dann die Insel Saíi benannt wurde, der Halbgott Sáon. Entweder ist er ein Sohn des Zeus aus einer seiner unzähligen Liebschaften oder des verschmitzten Götterboten Hermes – dann wäre Zeus sein Großvater. Jedenfalls erinnert heute noch der Name des die Insel durchziehenden Sáos-Gebirges an diesen „Stammvater". Und vom mehr als 1600 m hohen Gipfel dieses mächtigen Massivs, so erzählt Homer in der „Ilias", habe Poseidon die erbitterten Kämpfe um Troja verfolgt, das nach einer weiteren Überlieferung von Samothráki aus gegründet worden sein soll.

Festzustehen scheint, dass die Thraker das später so berühmte Kabiren-Mysterienheiligtum vor dem Erscheinen der ersten Hellenen zumindest teilweise schon errichtet hatten, denn die „Großen Götter" trugen vorgriechische Namen, die von den im 8. und 7. Jh. v. Chr. von der Insel Lésbos oder von Kleinasien einwandernden Griechen übernommen wurden. Die Kolonisten gründeten ihre Pólis, die Inselhauptstadt, an der Stelle des heutigen Paläópolis und vermischten sich im Laufe der Zeit mit den Einheimischen. So ist es nicht verwunderlich, dass es auch zu einer Verschmelzung ihrer beiden Religionen kam. Aufgrund ähnlicher Eigenschaften setzten die Griechen beispielsweise die im Kabirenheiligtum verehrten Götter mit eigenen Gottheiten wie Demeter, Hermes, den Dioskuren Kastor und Pollux und anderen Olympiern gleich. Deren prägriechische Namen blieben aber ebenso wie die thrakische Sprache bei den sich immer weiter entwickelnden geheimnisvollen Riten noch jahrhundertelang im Gebrauch.

Das Mysterienheiligtum war es auch, das der Insel bald einen weit über Griechenland hinausreichenden Ruf eintrug und sie zu einem religiösen Zentrum, vergleichbar mit Eleusis oder Delos, machte. So stellten selbst die ägyptischen Könige Samothráki unter ihren besonderen Schutz, und scharenweise strömten die Besucher aus der damals bekannten Welt zum jährlich im Sommer stattfindenden Fest der „Großen Götter" herbei oder ließen sich – was jederzeit möglich war – in die Mysterien einweihen. Zu Letzteren gehörten u. a. auch der berühmte Geschichtsschreiber Herodot und der spartanische Feldherr Lysander.

Im 6. und am Anfang des 5. Jh. v. Chr. stand die Insel in voller Blüte. Sie besaß eine mächtige Kriegsflotte, prägte eigene Münzen mit dem Bild ihrer Schutzgöttin Athena, und die Hauptstadt erreichte damals ihre größte Ausdehnung. Dieser Wohlstand ist einerseits auf die religiöse Bedeutung zurückzuführen, denn die Pilger brachten sehr viele Weihegeschenke mit, andererseits auf die Gründung von

Festlandskolonien, u. a. Dris, das heutige Alexandroúpolis. Dadurch kontrollierte Samothráki den Seeweg durch die Dardanellen, die wichtige Verbindung zwischen dem Mittelmeer und dem Schwarzen Meer, was wiederum viele Händler und Reisende veranlasste, auf der Insel Station zu machen.

Verschiedene Herren über die Insel – die Bedeutung des Heiligtums bleibt

Um 490 v. Chr. wurde die Insel von den Persern unterworfen, samothrakische Kriegsschiffe mussten sogar bei der Schlacht von Sálamis mit diesen gegen die Athener kämpfen. Nach der Niederlage und dem Rückzug der Perser aus Griechenland wurde Samothráki Mitglied im Ersten Attischen Seebund, wodurch es seine einstige Selbständigkeit weitgehend einbüßte und der Vormacht Athen Tribut zahlen musste. Ab 404 v. Chr., dem Ende des Peloponnesischen Kriegs, waren dann die Spartaner die Herren über die Insel, bis sie im Jahre 340 v. Chr. von Philipp II. ins Makedonische Reich eingegliedert wurde.

In all diesen wechselvollen Zeiten blieb das Kabirenheiligtum das, was es war, ja es scheint sogar noch an Bedeutung gewonnen zu haben. Philipp II. soll dort, als er sich in die Mysterien einweihen ließ, seine spätere Frau Olympía, die Prinzessin von Epirus kennen und lieben gelernt haben, und die Samothrakier schwören heute noch Stein und Bein darauf, dass deren Sohn Alexander der Große auf der Insel gezeugt worden sei. Jedenfalls sorgte die makedonische Königsfamilie dafür, dass im Heiligtum weitere prachtvolle Gebäude entstanden. Dessen Areal soll damals 20 ha groß und von einer fast 2,5 km langen Mauer umgeben gewesen sein. Während der Diadochenkämpfe um die Nachfolge Alexanders des Großen fiel Samothráki zeitweilig an die Ptolomäer und damit an das Königreich Ägypten, dann wieder an die Makedonier. Deren letzter König, Perseus, wurde 168 v. Chr. von den Römern im Heiligtum der Großen Götter, wohin er sich nach der Niederlage seines Heeres geflüchtet hatte, gefangen genommen.

Besonders beeindruckend: das Hierón

Mit dieser Tat missachteten die Römer zwar den sakrosankten Status des Heiligtums, aber auch sie verehrten die Stätte sehr. Denn nach der Überlieferung soll Dárdanos, der mythische Stammvater Trojas, hier eine Weile gelebt haben. Und da Änäas, der ebenso mythische Begründer Roms, sein Nachkomme war, hielten auch die Römer die Stätte für heilig. Viele Pilger aus Rom, u. a. auch Cäsars Schwiegervater Piso und 123 n. Chr. Kaiser Hadrian, opferten den Göttern und ließen sich in die Mysterien einweihen.

Kein Wunder, dass bei einer derartigen großen Bedeutung des Heiligtums der Apostel Paulus, der auf Samothráki 49/50 n. Chr. Station machte und hier erstmals europäischen Boden betrat, der Insel bald wieder den Rücken kehrte.

Vom Mittelalter bis in die Neuzeit

Weitaus weniger spektakulär verlief die Geschichte Samothrákis im Mittelalter. Im 2. Jh. n. Chr. wurden Teile des Kabirenheiligtums durch ein schweres Erdbeben zerstört, es wurde aber wohl wieder restauriert, denn man huldigte den Großen Göttern weiter bis ins 4. Jh. Endgültig Schluss war dann wahrscheinlich erst 435, als der byzantinische Kaiser Theodosius II. alle heidnischen Kulthandlungen verbot. Samothráki, nun christlich, war Teil des Byzantinischen Reiches, geriet mehr und mehr in Vergessenheit und hatte bald sehr unter Piratenüberfällen zu leiden. Viele Bewohner verließen die Insel, diejenigen, die blieben, zogen sich in die Berge zurück und gründeten die heutige Hauptstadt Chóra, die alte Pólis verödete.

Gattelusi-Turm

Im 14. Jh. schenkte der Kaiser die Insel den Gattelusis. Diese genuesische Adelsfamilie besaß u. a. auch Thássos und Lésbos, und wie dort sorgte sie auch auf Samothráki für einen kurzen Aufschwung. Unter ihrer Regierungszeit entstanden die Wehranlagen, deren z. T. gut erhaltenen Reste man heute in Paläópolis, Chóra und am Foniá-Bach bewundern kann.

1479 geriet die Insel unter türkische Herrschaft und fiel in einen jahrhundertelangen Dämmerschlaf, aus dem sie 1821, dem Jahr des griechischen Befreiungskampfes, gewaltsam geweckt wurde, denn am 1. September dieses Jahres plünderten und zerstörten türkische Truppen das Eiland. Von den rund 4000 Einwohnern sollen nur 33 Familien übrig geblieben sein, alle anderen wurden getötet oder in die Sklaverei verschleppt. Samothráki blieb im Osmanischen Reich und wurde erst 1912 wie Thássos von der griechischen Kriegsflotte befreit und zwei Jahre später mit dem Mutterland vereint.

Hatten sich zuvor schon einige Bewohner der Nachbarinseln Thássos, Lésbos, Límnos und Ímros (Gökceada) hier niedergelassen, so kamen 1922 noch Flüchtlinge aus Kleinasien dazu, so dass die Bevölkerungszahl wieder anstieg. Im Zweiten Weltkrieg geriet Samothráki in die Hände der Bulgaren, und schon bald nach dem griechischen Bürgerkrieg 1945–1949, der hier kaum Auswirkungen hatte, begann die große Auswanderungswelle aufs Festland und v. a. nach Westdeutschland, wo alleine im Raum Stuttgart fast mehr Samothrakier lebten als auf der Heimatinsel. Samothráki schien überhaupt keine Zukunft mehr zu haben und wurde während der griechischen Militärdiktatur 1967–1974 zum Verbannungsort für politisch Andersdenkende. Die Abwanderung hält bis heute an, auch wenn der Tourismus inzwischen neue Perspektiven eröffnet und einige wieder auf die Insel zurückgekehrt sind, wo sie mit ihrem gesparten Geld viel zur Strukturveränderung auf Samothráki beitragen.

Unterwegs auf Samothráki

Auch auf dem kleinen, vergleichsweise untouristischen Samothráki stehen einem alle Möglichkeiten der Erkundung offen: Die entscheidenden Straßen sind asphaltiert, so dass man die wichtigsten Orte mit dem gemieteten oder eigenen Fahrzeug bequem erreichen kann. Auch das Bussystem ist nicht schlecht ausgebaut, daneben bieten drei Taxifahrer ihre Dienste an. Wer sich viel Zeit nimmt, kann auf idyllischen Waldpfaden und ruhigen Pisten die Insel erwandern. Die wilde Südostküste lernt man nur bei einer Tour mit dem Ausflugsboot kennen.

Mit Auto oder Zweirad: Vom Hafen Kamariótissa führt eine recht gut ausgebaute Asphaltstraße entlang der Nordküste bis zum Kap Kípos, eine weitere nach Süden bis Pachiá Ámmos. Und auch die im Inselinnern liegenden Dörfer sind auf asphaltierten Straßen gut erreichbar.

• *Mietfahrzeuge* Nur in Kamariótissa kann man sich einen fahrbaren Untersatz ausleihen, dafür reicht die Angebotspalette aber auch vom Fahrrad bis zum Jeep. Eine Agentur ist ganzjährig geöffnet. Für alle Anbieter gilt, dass man in der Nebensaison deutliche Preisnachlässe aushandeln kann. Im Juli/August sollten Sie etwa mit folgenden Preisen rechnen: Fahrrad 5 €/Tag, Scooter 15 €, Motorrad je nach Größe bis zu 30 €, Opel Corsa 50–65 €, Jeep Samurai 65–80 €. In der Nebensaison liegen die Preise etwa 30 % darunter. Fragen Sie auch nach Nachlässen bei längerer Leihdauer. Informationen zu den rechtlichen Bedingungen → S. 76 ff.

Mit dem Bus: Die Busse der Gemeinde Samothráki fahren von Kamariótissa in die Dörfer und wieder zurück. Abfahrtsstelle ist immer die Busstation am Hafen, Tickets löst man beim Fahrer. Der aktuelle Fahrplan hängt außer an der Busstation in Kamariótissa auch in dem nahe gelegenen Reisebüro Sáos-Travel aus. Achtung: Dieser ändert sich mehrmals während der Saison, schauen Sie also genau auf das Datum bzw. den Geltungszeitraum. Die unten genannten Angaben gelten für den Zeitraum von Anfang Juni bis Ende September (Stand 2007). Die unterschiedlichen Frequenzen beziehen sich dabei auf die Neben- und Hauptsaison, noch geringer sind sie im Winter. Samstags und sonntags verkehren die Busse nur im Juli/August. Die Fahrzeuge drehen an den Zielorten, so dass man ebenso häufig hin- wie zurückfahren kann.

Linie	Frequenz	Preise (einfach)
Kamariótissa - Chóra	6-bis 10-mal	ca. 1 €
Kamariótissa - Paläópolis - Káto Kariótes - Loutrá - Campingplätze, z. T. weiter bis nach Foniá	4- bis 8-mal	ca. 1–2,50 €
Kamariótissa - Alónia - Lákoma - Profítis Ilías	4- bis 5-mal	ca. 1–2 €

Möglicherweise wird in den nächsten Jahren auch **Pachiá Ámmos** angefahren.

Agía Paraskeví in Áno Meriá

Mit dem Taxi: Der Standplatz der Wagen befindet sich in Kamariótissa nahe beim Leuchtturm. Wenn Sie von einem anderen Ort aus mit dem Taxi fahren wollen, müssen Sie eines der Fahrzeuge telefonisch bestellen (✆ 6976991270, 6976991271, 6972883501, 6972381762). Da das Taxameter in der Regel nicht eingeschaltet wird, erkundigen Sie sich vor Antritt der Fahrt sicherheitshalber nach dem Preis. Für Fahrten von Kamariótissa zahlt man nach Chóra, Paläópolis und Alónia ca. 4,50 €, nach Kariótes, Lákoma und Xiropótamos 6,50 €, nach Profítis Ilías 7,50 €, nach Loutrá 8,50 €, zu den Campingplätzen 8,50–9,50 €, nach Foniá 10,50 €, zu den Stränden Pachiá Ámmos und Kap Kípos 16 bzw. 17 €.

Mit dem Ausflugsboot: Seit vielen Jahren bietet Panagiótis Tsípos mit seinem Boot „Samothráki" ab Loutrá Touren entlang der unzugänglichen Südostküste bis Pachiá Ámmos und zurück an. In der Regel hält Panagiótis auch zum Baden an einsamen Buchten. Wie oft die Tour gemacht wird, hängt von der Nachfrage und vom Wetter ab, am besten erkundigen Sie sich unter ✆ 2551041672 oder ✆ 2551041272 bzw. ✆ 6945542279 (Handy) danach. Der Preis betrug im Sommer 2007 ca. 18 €, es besteht darüber hinaus die Möglichkeit, gegen Aufpreis an einem Barbecue teilzunehmen. Zu etwa demselben Preis wird die Strecke im Juli und August von einem zweiten Boot, der „Theodóra", gefahren. Der Bootsführer legt dabei eine etwa zweistündige Pause in der Vátos-Bucht ein, so dass man den gleichnamigen Bachlauf ein Stück erwandern kann (✆ 6974062054, 6945392089). Bei ruhiger See wird manchmal auch eine Inselumrundung angeboten.

Wandern: Es fehlt nicht an reizvollen Möglichkeiten, wandernd die Insel zu erkunden. Auf schönen, kaum befahrenen Pisten kann man ungestört laufen und dabei manche hübsche Kapelle oder einfach nur schöne Flecken abseits der Durchgangsstraße entdecken. Ein Highlight ist sicherlich die Besteigung des Fengári, aber die Tour stellt höchste Ansprüche und ist nur für sehr Sportliche und Schwindelfreie empfehlenswert. Meiden Sie auf alle Fälle den Südosten der Insel! Er ist weitgehend unzugänglich, es gibt keine eindeutigen Wege, und die Gefahr abzustürzen oder sich zu verirren ist groß. Ansonsten gilt auch auf Samothráki: Beachten Sie die von uns genannten Vorsichtsmaßnahmen auf S. 81 f.

Der Norden

Ein einzigartiges Stück Griechenland: Dichte Wälder überziehen die Berghänge, kristallklare Bäche stürzen sich mal Richtung Meer hinab, mal scheinen sie zu verweilen und bilden kleine Seen. Auch die Alten schätzten schon diese zweifellos attraktivere Seite der Insel, errichteten sie doch hier das mysteriöse Kabirenheiligtum und ihre Hauptstadt.

Die **Wälder** in Samothrákis Norden können nicht genug gepriesen werden. Dickstämmige Platanen, deren Laub sich bereits im Spätsommer verfärbt, prägen die Landschaft. Doch daneben wachsen auch noch zahlreiche andere Laubbäume wie Feldahorn, Kastanien, Erlen und insbesondere Eichen. Und in den Eichenwäldern bei Áno Meriá lassen die Einheimischen ihre Schweine nach Trüffeln suchen, so wie das auch im italienischen Umbrien üblich ist. Viele Baumstämme sind efeuumschlungen, dazwischen wachsen immer wieder hohe Farne, an manchen Stellen fühlt man sich tatsächlich in einen feuchttropischen Urwald versetzt. Und wie dort gibt es auch im Norden von Samothráki Wasser im Überfluss. Zahlreich sind die **Bäche,** an einigen, wie dem Foniá, kann man zumindest teilweise entlangwandern – ein Vergnügen der besonderen Art, zumal man sich mit einem auch im Hochsommer kühlen Bad erfrischen kann. An Gesteinsstufen und Steilhängen bilden sich nämlich **Wasserfälle,** unter denen dann **natürliche Becken** *(Váthres)* entstehen. Diese sind oft so tief, dass man darin hervorragend schwimmen kann. Da lässt es sich ohne Weiteres verschmerzen, dass die dunklen und schmalen Strände im Norden zum Baden nur bedingt geeignet sind (abgesehen vom wirklich schönen Strand am Kap Kípos).

Der Norden der Insel ist sehr grün

Geprägt wird der Inselnorden auch durch die hohen Gipfel des **Sáos-Gebirges.** Die Ruinen des Mysterienheiligtums werden überragt vom 1455 m hohen **Ágios Geórgios.** Bis auf beachtliche 1624 m erhebt sich der **Fengári.** Mondberg wird er genannt und je nachdem, wie der Mond gerade steht, sieht es in der Tat manchmal so aus, als ruhe er sich bei seiner 27-tägigen Erdumrundung auf der Spitze des Fengári ein wenig aus – das wäre zumindest eine Erklärung für den eigenartigen Namen.

Kultureller Anziehungspunkt ist das **Kabirenheiligtum.** In der Antike strömten die Pilger hierher und ließen sich in die Mysterien einweihen, heute kommen die Tou-

Kamariótissa: munterer Hafenort

risten und lassen sich von der hier herrschenden Stimmung bezaubern. Sehenswert ist auch **Chóra** mit seinen ziegelgedeckten Häusern und engen Gassen, einerseits Hauptort, andererseits noch ursprüngliches Griechenland. Eine ganz andere Atmosphäre herrscht in dem Kurort **Loutrá,** wo schwefelhaltige Quellen der Erde entspringen. Und schließlich gehört auch der quirlige Inselhafen **Kamariótissa** noch zum Norden – einerseits gleichsam das Eingangstor nach Samothráki, andererseits der Ort mit dem höchsten Touristenaufkommen.

Kamariótissa

Munterer Fährhafen mit der besten touristischen Infrastruktur der Insel und netter Atmosphäre. Für diejenigen, die Abwechslung suchen oder Samothráki mit öffentlichen Verkehrsmitteln erkunden möchten, der ideale Standort. Und an der langen Uferpromenade kann man abends schön spazieren gehen und einen fantastischen Sonnenuntergang genießen.

Wo vor 40 Jahren nur einige Fischerhäuser und Bootsschuppen standen, hat sich heute das touristische Zentrum Samothrákis entwickelt. Nur Kamariótissa eignete sich seit jeher als Anlegeplatz für Fähren auf der fast buchtenlosen Insel. In den 70er Jahren des vergangenen Jahrhunderts gründeten einige Samothrakier – die meisten hatten das Geld dazu zuvor in Deutschland verdient – eine eigene Schifffahrtsgesellschaft und kauften einer dänischen Reederei eine ausgediente Fähre ab, die „Sáos". Allzu unregelmäßig war Kamariótissa zuvor von Alexandroúpolis aus mit kleinen, bei hoher See völlig untauglichen Schiffen angelaufen worden. Das änderte sich nun. Mittlerweile gehören die Hauptanteile allerdings einem Athener Reeder, der unter dem Namen „Sáos-Ferries" etliche Fährschiffe überall in der Ägäis fahren lässt. Mit der Entwicklung des Hafens blühte auch der Ort auf, in dem man heute die meisten Übernachtungsmöglichkeiten und Tavernen der Insel findet, sogar etwas Nachtleben gibt es hier.

Als Wahrzeichen dieses jungen Ortes mit seinen Flachdachhäusern bietet sich der hübsche, kleine **Leuchtturm** am Hafen an, in dessen Nähe man im Jahre 2007 eine überlebensgroße Nike-Interpretation aus Metall aufgestellt hat. Es könnte aber auch die große Kirche **Panagía Kamariótissa** sein, denn immerhin wurde die Stadt nach ihr benannt. Das heutige moderne Gotteshaus wurde zwar erst 1985 erbaut, aber es steht an der Stelle einer älteren, sehr viel kleineren Panagía-Kirche, mit der eine Legende verbunden ist: Vor etwa 100 Jahren fanden Fischer in einem Holzkistchen am Strand eine mit Silber und Gold überzogene Marienikone, der zu Ehren sie die Kirche errichteten. Auch heute verehrt man die Panagía noch sehr, und ihr Namenstag (am Donnerstag nach Ostern) wird mit großem Pomp gefeiert.

Wahrzeichen könnte aber auch der kleine **Windpark** außerhalb des Ortes sein. Er besteht aus vier Windmühlen mit Rotoren, die man vom Hafen ständig im Blick hat. Die häufigen und starken Winde werden genutzt, um immerhin ca. 200 kw Strom zu erzeugen, ansonsten erfolgt die Stromversorgung der Insel per Seekabel von Alexandroúpolis aus. Die Windmühlen sind also sinnvoll, und außerdem bieten sie, vor allem im Abendlicht, ein schönes Bild.

Information/Reisebüro/Verbindungen

• *Touristeninformation* **Infokiosk**, in einem kleinen Holzgebäude am Hafen unterhält die Gemeinde Samothráki einen „Touristikó Períptero", in dem man Hilfe bei der Zimmersuche sowie Prospektmaterial über die Insel erhält und Karten bzw. Bücher erstehen kann. Geöffnet ist er von Juni bis Mitte September tägl. von 9–13 bzw. 10–14 und von 16–18 bzw. 17–19 Uhr je nach der Ankunftszeit der Schiffe. ✆ 2551089272.

• *Reisebüro* **Sáos Travel (15)**, Vasílios Skaviriás verkauft Tickets der griechischen Airlines und für die Fähren. Außerdem vermittelt er Zimmer. ✆ 2551041411, ℻ 2551041505.

Níki Tours (14), bietet denselben Service. ✆ 2551041465, ℻ 2551041304.

• *Verbindungen* Alle **Schiffsverbindungen** von und nach Kamariótissa finden Sie unter der Überschrift „Anreise nach Samothráki" auf S. 38 ff. Bushaltestelle und Taxistandplatz sind unten am Hafen. Genaueres → S. 220 f.

Adressen/Mietfahrzeuge/Einkaufen

• *Geld* An der Uferstraße bieten zwei Banken ihre Dienste an, die *Bank of Greece* und die *ATE-Bank*. Beide verfügen über einen Geldautomaten, der der ATE-Bank steht allerdings ca. 200 m von der Bank entfernt gegenüber vom Fähranleger.

• *Post* Im Gebäude der Tavérna Limanáki ist auch das Postamt untergebracht. Öffnungszeiten: Mo–Fr 7.30–14 Uhr.

• *Polizei* Das Dienstgebäude befindet sich 1 km außerhalb des Ortes an der Kreuzung der Straßen nach Chóra und nach Pachiá Ámmos. ✆ 2551041303.

• *Medizinische Versorgung* Die **Gesundheitsstation** liegt im Süden der Stadt. Sie ist von Mo–Fr vormittags besetzt, ✆ 2551041376. Im Südosten des Ortes hat der deutschsprachige **Zahnarzt** Dr. Theódoros Remboutziás seine Praxis, Sprechstunde nach Vereinbarung. ✆ 2551041520. Zwei **Apotheken** befinden sich in der Nähe des Hafens.

• *Tanken* Die einzige Tankstelle der Insel liegt außerhalb von Kamariótissa an der Straße nach Chóra. Tägl. von 7–21 Uhr geöffnet.

• *Mietfahrzeuge* Ein paar Agenturen konkurrieren miteinander, insbesondere in der Nebensaison kann man deutliche Preisnachlässe aushandeln. Zu den Preisen → S. 76 ff.

Rent a Car Kírkos (17), nahe der Anlegestelle unterhalten Margarítis Kírkos und sein Sohn Dimítris über einem Café ihr Büro. Sie vermieten hauptsächlich Kleinwagen, aber auch einige Jeeps zu fairen Preisen. Außerdem gehören 25 Motorbikes und Scooter zu ihrem Fuhrpark. Ganzjährig geöffnet. ✆ 2551041464, 2251041620.

Rent a Motor Bike Pávlos (9), der Laden von Pávlos Prítsos an der Straße nach Chóra ist nicht zu verfehlen, denn der Hof steht voller Fahrräder und Bikes in verschie-

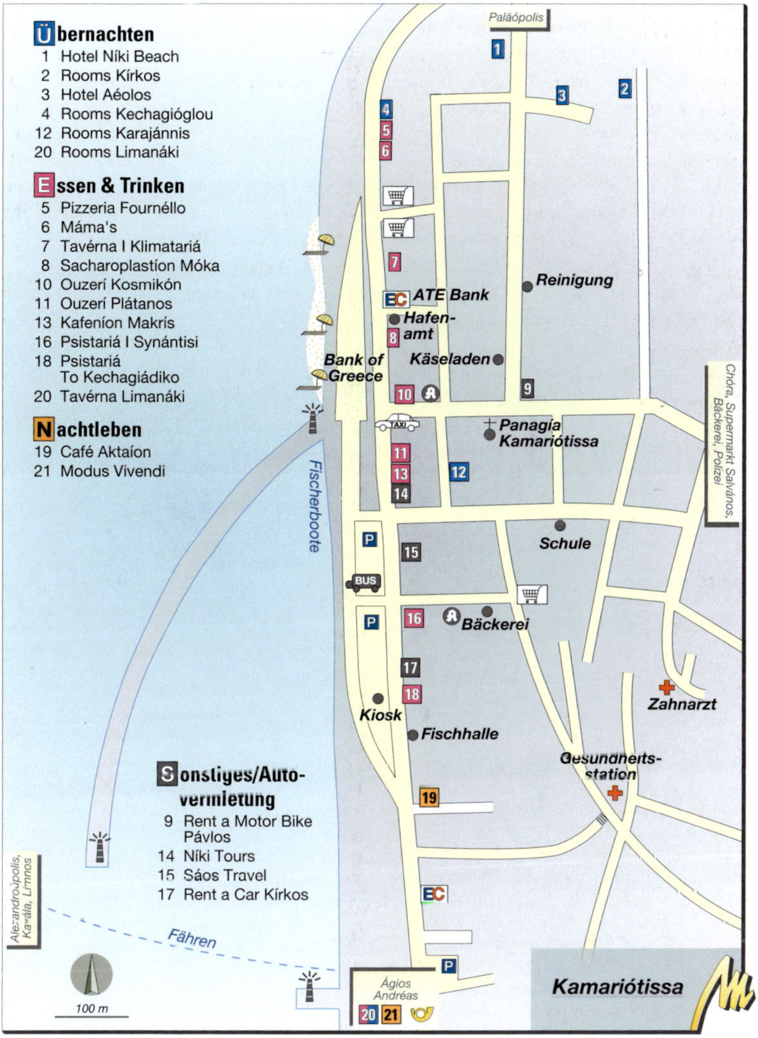

denen Größen, die man von Juni bis Mitte September zu fairen Preisen mieten kann. Außerdem hat Pávlos auch 10 Autos in verschiedenen Größen im Angebot. ✆ 2551041035.

• *Internet* **Café Aktaíon (19)**, großes Café gegenüber dem Schiffsanleger, hier können diejenigen hingehen, die im Internet surfen oder E-Mails versenden wollen.

• *Einkaufen* Einige gut sortierte **Supermärkte** sind in der Stadt verteilt, frisches Brot bekommt man z. B. in der zentral gelegenen **Bäckerei**. Einen weiteren Bäcker sowie den modernen **Supermarkt Salvános** finden Sie ca. 1 km außerhalb des Ortes an der Kreuzung nach Chóra und nach Pachiá Ámmos. **Käse** von der Insel bekommt man in einem Laden nahe der Kirche. Hier

An der Westküste genießt man herrliche Sonnenuntergänge

werden die Produkte der Käserei in Makriliés verkauft (→ S. 253).

Auch **Souvenirs** werden in mehreren Geschäften in dieser Straße angeboten. Allzu viel sollten Sie allerdings nicht erwarten.

• *Baden* Nicht besonders attraktiv ist der steinige Ortsstrand von Kamariótissa, an dem während der Sommermonate 2 Beachbars Schirme und Liegen vermieten. Außerdem stehen 2 Umkleidekabinen, eine Dusche und ein Volleyballnetz zur Verfügung.

Übernachten (→ Karte S. 225)

*** **Hotel Aéolos (3)**, hoch über dem Ort liegt der lang gestreckte, zweistöckige Bau, in dem 56 Zwei-, Drei- und Vierbettzimmer vermietet werden. Der Pool war bei unserem letzten Check nicht in Betrieb, was sich aber ändern soll. Ein DZ mit Bad, Balkon, Kühlschrank, TV und AC kostet je nach Saison zwischen 60 und 80 € inkl. reichhaltigem Frühstück. Von Ende April bis Anfang Oktober geöffnet. ✆ 2551041795, ℻ 2551041810, www.hotelaeolos.gr.

*** **Hotel Níki Beach (1)**, der kürzliche Besitzerwechsel hat dem zuvor etwas unscheinbaren Haus gut getan. Élena, die schwungvolle neue Inhaberin, hat viel Mühe in die Renovierung gesteckt – nur die Wände sind stehengeblieben. Schöner Pool mit Blick aufs Meer, große Halle mit Frühstücks- und Fernsehraum, Bar. Darüber werden 34 z. T. behindertengerechte, im Inselstil eingerichtete Zwei- und Dreibettzimmer mit Bad, Kühlschrank, AC, TV und Balkon angeboten. Von den Balkonen über dem hübschen Garten bzw. Richtung Meer genießt man einen wunderschönen Sonnenuntergang über Thássos. Zwei Personen bezahlen je nach Saison zwischen 62 und 68 €. Ganzjährig geöffnet. ✆ 2551041545, ℻ 2551041461, www.samothraki.com.

Rooms Kírkos (2), ruhige Lage im Grünen oberhalb des Ortes. Die Besitzerfamilie unterhält am Hafen eine Autovermietung, am besten fragt man dort nach, ob noch ein Zimmer in der Pension frei ist. Angeboten werden 15 einfache Zwei-, Drei- und Vierbettzimmer mit Bad, AC, Kühlschrank, Balkon und einer Gemeinschaftsküche sowie 10 Apartments mit eigener Küche, Heizung, Bad, Balkon, AC und TV. Ein DZ kostet zwischen 30 und 45 €, zwei Personen zahlen für ein Apartment 35–60 €. Ganzjährig geöffnet. ✆ 2551041464, www.samothraki.com.

Rooms Limanáki (20), über dem gleichnamigen Fischrestaurant bietet Familie Charanás 12 großzügige, hübsch eingerichtete Zimmer mit Balkon, Bad, Heizung, AC,

Kochnische und TV an. Die DZ (30–40 €) sind nach hinten gerichtet, von den Dreibettzimmern (45–55 €) hat man einen tollen Blick über den Hafen; ganzjährig geöffnet. ✆ 2551041987.

Rooms Kechagióglou (4), direkt am Meer vermietet die sehr freundliche Familie 6 z. T. recht geräumige Zimmer mit Bad, Kochnische und einer kleinen meerzugewandten Terrasse für 2–4 Personen. Zu zweit bezahlt man 35–50 €. Ganzjährig geöffnet, auch eine Heizung ist vorhanden. ✆ 2551041357, www.samothraki.com.

Rooms Karajánnis (12), bei der resoluten Ólga Karajánni kann man über ihrer eigenen Wohnung in vier praktischen DZ mit Bad und Kühlschrank (teilw. mit Balkon) zum Preis von 30–40 € unterkommen. Von Mai bis Oktober geöffnet. ✆ 2551041165.

Essen und Trinken/Nachtleben (→ Karte S. 225)

Nahezu alle Tavernen findet man an der Uferstraße. Das Angebot ist breit gefächert: vom gegrillten Fleisch über Fisch und Pizza bis hin zur Hausmannskost.

• *Essen und Trinken* **Tavérna I Klimatariá (7)**, gut etabliertes, bei griechischen wie ausländischen Gästen sehr beliebtes Lokal mit einer großen Auswahl an den unterschiedlichsten Gerichten. Sehr gut fanden wir die Tiganitá, gebratene Schweinefleischstückchen (mit Zitrone gewürzt), Ziegenkoteletts, gegarte Paprika und die dicken Bohnen. Die Einheimischen bestellen hier auch oft Fisch. Lassen Sie sich von dem netten Wirt Antónis beraten, er spricht hervorragend Deutsch.

Máma's (6), hier ist man auf Fleisch spezialisiert und serviert vorzügliche Grillgerichte. Jeden Tag wird der große Drehspieß anders bestückt, z. B. mit Kokorétsi, Ziege oder Hähnchen. Letzteres kann man als Portion oder als Hälfte bekommen. Wer Gegrilltes nicht so mag, bestellt z. B. eines der leckeren Fleischgerichte in Soße – fast wie daheim bei Mama!

Taverna Limanáki (20), ansprechendes Lokal mit großer Terrasse direkt am Fähranleger. Auf den Tisch kommen v. a. Fische und Meeresfrüchte, die die Besitzer selbst gefangen haben. Wir waren mit dem, was man uns servierte, sehr zufrieden.

Psistariá I Synántisi (16), einfaches, aber empfehlenswertes Lokal an der Hafenfront, in dem mittags wie abends gleichermaßen viel los ist. Zahlreiche Einheimische treffen sich hier auf einen Oúzo oder Retsína. Dazu serviert der Wirt Michális Fisch aus der Pfanne und Fleisch vom Grill sowie Salate.

Ouzerí Plátanos (11), winziges Lokal an der Uferstraße, bei den Einheimischen sehr beliebt, deshalb sind die wenigen Tische schnell besetzt. Zum Tsípouro, Oúzo oder einem Glas Rotwein wird ein üppiges Mezé, bestehend aus Bratwurst, Käse, gegrilltem Gemüse oder was der Wirt sonst so hat, serviert.

Psistariá To Kechagiádiko (18), fast genau gegenüber der Anlegestelle liegt dieses Lokal, in dem uns die gegrillte Ziege und das Kontosoúvli besonders gut geschmeckt haben; recht gute Auswahl an leckeren Salaten.

Pizzeria Fournéllo (5), Freunde der italienischen Küche kommen hier bei üppigen Nudelgerichten, Salaten und vielen verschiedenen Pizzen auf ihre Kosten. Die werden hier in zwei Größen serviert, von der Maxivariante kann ein Paar locker satt werden. Probieren Sie mal die Choriátikipizza mit Bauernwurst und Schafskäse!

Ouzerí Kosmikón (10), eine weitere der zahlreichen empfehlenswerten Ouzerien in Kamariótissa. Auch hier bekommt man zum griechischen Nationalgetränk ein reichhaltiges Mezé, mal bestehend aus Käse- und Tomatenstückchen, mal aus gebratenen Fischchen.

Sacharoplastíon Móka (8), im Sommer 2004 gab der nette Vassílis sein altes Café auf und eröffnete zusammen mit seiner Frau, einer Lehrerin aus Thássos, die modernste und größte Konditorei der Insel. Hier bekommt man leckere Bougátsa, feinstes griechisches Gebäck, aber auch gutes Eis und etliche Kaffeevarianten.

Kafeníon Makrís (13), winziges, altes Kaffeehaus ohne Schnickschnack. Hier trifft sich v. a. die einheimische Männerwelt.

• *Nachtleben* Wenn man Kamariótissa mit den Touristenzentren auf Thássos vergleicht, ist natürlich, was das Nachtleben angeht, nicht allzu viel los. Aber in der Hochsaison öffnet immerhin eine Discothek.

Café Aktaíon (19), an der Anlegestelle, beim jüngeren Publikum sehr beliebt. Viele Spielautomaten, dazu dröhnt fetzige Musik aus den Lautsprechern. Vom Eisbecher bis zum harten Drink ist alles im Angebot.

Café Modus Vivendi (21), schöner Platz direkt am Wasser. Zu griechischer Technomusik werden Drinks aller Art serviert.

Club Arsinóio, in dem unscheinbaren Gebäude mit Wellblechdach an der Straße nach Pachiá Ámmos geht während der Sommermonate ab ca. 23 Uhr bei griechischer und internationaler Musik die Post ab.

Spaziergang zur Andréaskapelle und den Windmühlen: Besonders lohnend am Spätnachmittag. Nur 1,5 km entfernt ist das Westkap, wo sich die Rotoren der Windmühlen drehen. Davor befindet sich ein Feuchtgebiet, das nach der dortigen Kapelle „Andréaslagune“ genannt wird. Hier machen sehr viele seltene Vögel auf ihrem Flug in ihr Sommer- bzw. Winterquartier Station, z. B. Grau- und Purpurreiher, Flamingos, Störche, Braune Sichler und andere. Mit Sicherheit treffen Sie aber auf Möwen, und wahrscheinlich sehen Sie Fliegende Fische.

Man geht vom Leuchtturm aus die Uferstraße in südliche Richtung, passiert die Tavérna Limanáki und hält sich an der folgenden Gabelung geradeaus. Nach insgesamt knapp 900 m wird die Straße zur Piste. 200 m weiter biegt man, kurz bevor man die höher gelegene Kreuzkuppelkirche Ágios Nikólaos erreicht (rechts vom Weg sieht man als Viehtränken genutzte Betonbecken), links ab und geht nun aufwärts zwischen Weizenfeldern bis zu einer Gabelung, wo die Lagerhalle des Supermarktes Salvános steht. Halten Sie sich hier geradeaus und gehen nun abwärts Richtung Meer. 350 m nach dem Lager zweigt man nach rechts auf einen anderen Weg ab. Bald sieht man auf der rechten Seite die unscheinbare, weiß gekalkte Andréaskapelle mit ihrem roten Ziegeldach. Auffallend ist die ungewöhnliche asymmetrische Form, die wahrscheinlich von einem später hinzugefügten Anbau herrührt. Unterhalb der Kapelle liegt die große Lagune, jenseits davon sieht man die in den Himmel ragenden Windmühlen. Beim Zurückgehen hat man einen schönen Blick auf Kamariótissa. Wenn Sie den Spaziergang noch verlängern möchten, biegen Sie auf dem Rückweg an der Nikolauskirche nach links ein und folgen der Staubpiste weiter. Bald erreichen Sie so die nördliche Seite der Lagune und die Windmühlen.

Chóra

Amphitheatrisch angeordnete, ziegelgedeckte Häuser staffeln sich fast halsbrecherisch über- und hintereinander, gekrönt von den Resten eines mittelalterlichen Kástros. Besonders im Morgenlicht ist Samothrákis Hauptort eine Augenweide.

Chóra ist gut versteckt, erst ganz kurz, bevor man den Ort wirklich erreicht hat, wird er sichtbar. Wieder ein Piratenschutzdorf also, erbaut im 9. Jh. von Küstenbewohnern in einer vom Meer her nicht einsehbaren Mulde, zusätzlich geschützt noch durch steile Felsen. Besonders markant ist der im Nordosten unterhalb des Dorfes – beim Anblick dieser hoch aufragenden Felsnadel fühlt man sich fast nach Metéora versetzt.

Zuerst wurde der östliche Hang besiedelt, darüber errichtete man eine Festung, die die Gattelusi im 14. Jh. während ihrer Herrschaft über die Insel burgartig ausbauten, was diesem Ortsviertel heute noch seinen mittelalterlichen Charakter gibt. Durch die steilen, engen Gassen kommt man wie eh und je nur zu Fuß oder mit dem Esel, die weißen, z. T. mit Weinreben bewachsenen Häuser strahlen den Charme vergangener Tage aus. Rote Ziegeldächer tragen sie allerdings erst seit einem halben Jahrhundert, zuvor deckte man sie mit Bruchsteinen, die zum Schutz

Vom Hauptort zum „Traditional Village"

vor den starken Winterstürmen mit einer Lehmschicht überzogen wurden. Aber auch die modernen Ziegel scheinen diesen gefürchteten Winden nicht standzuhalten, müssen sie doch mit dicken Steinbrocken beschwert werden.

Im östlichen Bereich des Städtchens spielt sich der größte Teil des öffentlichen Lebens ab, im kleineren und moderneren Westviertel finden sich fast ausschließlich Wohnhäuser. Schon lange ist Chóra nicht mehr die bevölkerungsstärkste Gemeinde der Insel, aber offiziell immer noch ihr Hauptort. Wie lange das noch so bleiben wird, ist allerdings fraglich. Denn seit ein paar Jahren durchlebt Chóra die allmähliche Wandlung vom „Nabel der Insel" zum „Traditional Village". Von den wichtigen Infrastruktureinrichtungen sind nur noch die Inselverwaltung, die Feuerwehr, die OTE und das größere Gesundheitszentrum hier oben geblieben. Polizei, Post und Banken sind schon in den attraktiveren Standort Kamariótissa umgezogen, und auch das Gymnasium wird im Jahre 2008 folgen. Schade, denn in die einst lebhafte Hauptgasse ist zumindest außerhalb der Tourismussaison eine fast gespenstisch anmutende Ruhe eingezogen, dann ist selbst in den früher immer gut besuchten Kafenía kaum etwas los. Nur im Sommer, wenn Heimkehrer sowie griechische und ausländische Touristen die Gassen füllen, erwacht Chóra für ein paar Monate wieder zum Leben.

Verbindungen/Adressen/Einkaufen

- *Verbindungen* Auf einer gut ausgebauten Asphaltstraße sind es von *Kamariótissa* nur 5 km. Auch zur Süd- und Nordküste, nach *Paläópolis* und *Alónia*, gibt es Asphaltstraßen. Die Bushaltestelle befindet sich am Platz vor dem Ortseingang Richtung Kamariótissa.
- *Parken* Sein Fahrzeug kann man ebenfalls an diesem Platz abstellen.

• *Medizinische Versorgung* Auch das **Gesundheitszentrum** liegt an diesem Platz. Hier praktizierten 2007 drei jeweils für ein Jahr nach Samothráki abgestellte Landärzte sowie mehrere Fachärzte; täglich durchgehend besetzt. ✆ 2551041217, ✆ 2551041211.

• *Einkaufen* In den **Pantopolía** an der Hauptgasse kann man sich mit Grundnahrungsmitteln eindecken. Etwa in der Mitte dieser Gasse verkauft ein Bäcker Brot und Süßes. Während der Sommermonate bekommt man zudem täglich leckeres, im traditionellen Holzofen gebackenes Brot sowie Olivenbrötchen, Tirópittes etc. in einer kleinen **Bäckerei** unweit vom Kástro.

In den letzten Jahren hat die Anzahl der Souvenirshops stark zugenommen. Das Angebot ist breit gefächert: T-Shirts, Ikonen, Schmuck, Nike-Nachbildungen usw. Gut gefallen haben uns die bemalten Teller und Kacheln aus dem gemeindeeigenen Lädchen **Déas Eomméch** nahe dem Volkskundemuseum. Eine recht große Auswahl an griechischen Dekoartikeln bietet ein kleines Geschäft mit dem Namen **Saokín** am Ortseingang Richtung Kamariótissa.

Essen und Trinken

Kafé Ouzerí 1900, schräg gegenüber vom Museum. Schönes Lokal auf einem terrassenartigen Platz, von dem man bis zum Meer hinunterschauen kann. Empfehlenswert ist v. a. die mit Reis und Innereien gefüllte Ziege, aber darüber hinaus werden viele andere interessante Speisen angeboten. Probieren Sie mal die mit Meeresfrüchten gefüllten Weinblätter oder Artischocken in Zitronensoße.

To Kástro tou Bernárdo, in dem an derselben Platía gelegenen winzigen Lokal kocht Bernardo aus Italien v. a. Gerichte aus seiner Heimat. So geschl.

Exochikó Kéntro Sotíros, außerhalb von Chóra (am Rande des Ortsteils Sotíros) liegt die Taverne, die unserer Meinung nach zu den besten auf Samothráki gehört. Nehmen Sie die Straße nach Alónia, und biegen Sie am Ortsausgang am Fußballplatz nach links (beschildert) ab, ca. 20 Fußminuten. Hier bereitet man ein traditionelles Bauernessen zu, Ziegenfleisch in Pergamentpapier gewickelt, im Holzofen gegart und toll gewürzt. Zu zweit bestellt man ca. 750 g. Wer das nicht mag, findet aber noch andere Gerichte auf der Speisekarte, außerdem gibt es jede Menge Salate. Wunderschöne Terrasse mit großem Walnussbaum und vielen Blumen. Nur im Juli/August geöffnet.

Café To Stenáki, in dem kleinen Lokal an der Hauptgasse ist man vor allem auf den kleinen Hunger und auf Frühstück eingestellt. Der Wirt zaubert in seiner Küche verschiedene leckere Omeletts, Toasts, Salate etc. Gut ist auch der Joghurt mit Honig und Nüssen, dazu wird der griechische Kaffee stilecht im traditionellen kupfernen Bríki serviert.

Café Bar Meltémi, von der großen Terrasse bzw. dem schönen Dachgarten genießt man bei Cappuccino oder anderen Kaffeespezialitäten einen tollen Blick übers Dorf.

O Pírgos, ganz oben am Kástro sitzt man in diesem hübschen Café mit Blick auf die Küste besonders luftig. Süßschnäbel sollten mal Mithízra mit Honig probieren, zum Oúzo wird ein gutes Mezé serviert.

Sehenswertes

Keine anstrengende Besichtigung, sondern eher ein angenehmer Bummel ist der etwa eineinhalbstündige Rundgang durch Chóra, bei dem man sich zwischendurch ein Päuschen in einem der Cafés gönnen und das Treiben in den Gassen beobachten sollte. Startpunkt ist der Parkplatz am Ortseingang. Vor dem Gesundheitszentrum steht ein modernes **Bronzestandbild** einer geflügelten Nike über dem Relief einer um ihren getöteten Ehemann trauernden Frau mit Kind. Damit soll an das von türkischen Truppen im Jahre 1821 angerichtete Massaker auf Samothráki (→ S. 219) erinnert werden. In Richtung Dorfzentrum gehend (die rechte der beiden gepflasterten Gassen), passiert man unmittelbar danach ein lang gestrecktes Bruchsteingebäude. Es beherbergt das **Pnevmatikó Kéntro** (Kulturzentrum), in dem u. a. wechselnde Ausstellungen zeitgenössischer Künstler zu bewundern sind.

Im oberen Geschoss finden Sie zudem den Nachdruck eines bekannten Gemäldes von Jean-Baptiste Vinchon, das ebenfalls das Massaker von 1821 zeigt. Das Original hängt im Louvre in Paris.

Vorbei an mehreren Kaffeehäusern, Pantopolía und Souvenirshops kommt man zu einer kleinen namenlosen **Platía,** von der aus sich ein herrlicher Blick auf das Dorf und hinunter zur Küste bietet. Auf der Hauptgasse Richtung Kástro bleibend, passiert man zunächst das Rathaus und dann eine **traditionelle Bäckerei.** Nur noch im Sommer backt man hier täglich wie in alter Zeit die großen runden Brotlaibe. Am frühen Morgen und manchmal auch abends zwischen 18 und 19 Uhr wird das Feuer geschürt, und bald schon verbreitet sich ein verlockender Duft in der Umgebung.

María Vervéri-Krause pendelt zwischen Samothráki und Deutschland hin und her

Weiter aufwärtssteigend, erreicht man nach wenigen Minuten die Plattform, auf der das **Kástro** errichtet wurde. Etwas unterhalb davon befindet sich neben einem mittelalterlichen Wachturm ein kleines Gebäude, in dem in osmanischer Zeit das **Gericht** untergebracht war (dann bis zum Jahr 2005 Sitz der Inselpolizei). In der Südwand des Wachturms bzw. an dem Treppenaufgang, der zum alten Gericht hinaufführt, ist eine zwei Meter lange Marmorplatte mit dem Wappen der Gattelusi, die die Festung im 14. Jh. ausgebaut haben, eingelassen. Genuesische Elemente vereinigen sich darin mit byzantinischen, z. B. dem charakteristischen Doppeladler, und zeigen so das Verwandtschaftsverhältnis der beiden Herrscherhäuser.

Etwas oberhalb vom Wachturm kommt man durch einen **alten Torbogen** zum eigentlichen Burgfelsen. Links neben diesem Eingang steht ein verfallener, aus Kalk- und Ziegelsteinen gebauter Turm, der wiederum ein blendend weißes marmornes Gattelusi-Wappen aufweist. Dieses ist dreiteilig und nicht ganz so schön wie das am alten Gerichtsgebäude. Von der Felsplattform genießt man **einen grandiosen Rundblick** über Chóra und bis hinunter zur Küste. 2007 konnte man den Burgfelsen allerdings aus Sicherheitsgründen nicht betreten.

Um den Rundgang fortzusetzen, gehen Sie vom Kástro aus in die gegenüberliegende Gasse, die Sie vorbei am Café O Pírgos in südliche Richtung zum **Geburtshaus von María Vervéri-Krause** bringt. Das Gebäude steht auf der linken Seite der Gasse, ein gegenüber angebrachtes Schild weist darauf hin. María wurde in

Chóra geboren, schrieb bereits im Alter von 13 Jahren Gedichte über Samothráki und begann später auch zu zeichnen und zu malen. Kürzlich hat sie zudem eine CD mit traditionellen samothrakischen Liedern aufgenommen. Obgleich sie mittlerweile in Deutschland verheiratet ist, bleibt die Insel hauptsächliches Thema ihres Schaffens, das in mehreren Ausstellungen und Konzerten in Griechenland und Deutschland große Resonanz fand. Im Haus zeigt sie Ihnen gerne alte Möbel, Kleider, Fotografien und vieles mehr.

Öffnungszeiten Juli/August (wenn María auf der Insel ist) täglich 11–14 und 19–22 Uhr; Eintritt frei.

Von Marías Haus kommen Sie bald zu einem eingefassten **Brunnen.** Unter mächtigen Platanen ergießt sich aus zwei Röhren ein kräftiger Wasserstrahl, darüber ist ein schönes Relief eingraviert: zwei miteinander verschlungene Schlangen und der byzantinische Doppeladler. Vom Brunnen aus geht man abwärts und zweigt nach links auf einen „Panoramaweg" ab, von dem aus man schöne Blicke über das Dorf und zum Kástro hat.

Vorbei am ehemaligen Gymnasium erreicht man die große **Gemeindekirche Mariä Himmelfahrt** (falls sie verschlossen ist, fragen Sie im benachbarten Museum nach dem Schlüssel). Betritt man die dreischiffige Kirche durch den Eingang mit marmornem Relief, kommt man durch einen angebauten Querbau ins Mittelschiff. Darüber wölbt sich eine einfache Holzdecke mit dem Fresko des Pantokrators. Beachtenswert sind die links vom Eingang stehende, als wundertätig geltende Marienikone sowie eine alte Nektáriosikone unmittelbar daneben. An der rechten Kirchenwand hängt eine Ikone, die die Grablegung Christi zeigt. Wie uns der in Stuttgart geborene Pfarrer Mathéos erzählte, wurde sie Ende des 19. Jh. im Kloster Íwiron auf dem Berg Áthos angefertigt. Auffällig ist zudem die vergoldete Nachbildung einer Kirche mit fünf Kuppeln am Eingang zum Mittelschiff. Darin befinden sich die Schädel und Gebeine von fünf Märtyrern, rechts daneben sind sie auf zwei Ikonen dargestellt.

Die Märtyrer aus Samothráki

Vier junge Männer aus Samothráki und ein Zypriote – Emmanuíl, Geórgios, Michaíl, Theódoros und noch ein Geórgios – wurden 1821 im griechischen Befreiungskampf gegen die Osmanen gefangen genommen und in die Türkei verschleppt. Dort wollte man sie zwingen, zum Islam überzutreten. Als selbst die grausamsten Folterungen nichts nutzten, drohte man ihnen mit dem Tod. Doch die fünf überzeugten Christen blieben standhaft und wurden am 6. April 1835 gehängt. Zu ihrem Gedenken wird alljährlich am Sonntag nach Ostern in Chóra ein großes Fest gefeiert. In der Kirche zeigt eine Ikone die fünf Männer, die für die Samothrakier Helden sind.

Unmittelbar hinter der Kirche befindet sich das sehenswerte **Volkskundemuseum.** Im Erdgeschoss werden viele Alltagsgegenstände bäuerlicher Kultur aus verschiedener Zeit sowie Werkzeuge und Kleidungsstücke der Hirten auf Samothráki gezeigt. Das obere Stockwerk hat man wie eine traditionelle „gute Stube" in einem Mittelschicht-Haus eingerichtet: Blickfang ist der mächtige Schrank, daneben steht vor dem Kamin ein niedriger Esstisch, umgeben von Hockern und Kissen.

Öffnungszeiten Juni bis September tägl. 9–13 Uhr und 18–22 Uhr; Eintritt 1 €.

Paläópolis

Alte Stadt – wo in der Antike unterhalb eines bewaldeten Berges das Leben pulsierte und die Pilger flanierten, findet sich heute eine nur im Sommer bewohnte Streusiedlung. Fast jeder Samothrákibesucher kommt jedoch wegen der Reste des Kabirenheiligtums und vielleicht auch wegen der gut erhaltenen mittelalterlichen Gattelusitürme hierher.

Oberhalb eines schmalen, dunklen Kiesstrands stehen am Schnittpunkt der Küstenstraße und der Straße nach Chóra eine Hand voll Privathäuser sowie einige Hotels und Tavernen – weitere touristische Infrastruktur sollte man nicht erwarten. Etwas weiter östlich erreicht man die Ausgrabungen des berühmten „Heiligtums der Großen Götter" und der antiken Stadt, die aus Angst vor Piratenüberfällen in byzantinischer Zeit aufgegeben wurde. Die Bewohner zogen nach Chóra hinauf, an der Küste betrieb man lediglich noch etwas Landwirtschaft. Kurzfristig belebten die Gattelusis den Ort wieder ein wenig, als sie hier einige mächtige Festungsbauten errichteten. Ab dem 15. Jh. verödete er jedoch erneut.

• *Verbindungen* Paläópolis, direkt an der nördlichen Küstenstraße gelegen, ist von *Kamariótissa* 6 km entfernt. Die Bushaltestelle befindet sich vor dem Eingang zum Kabirenheiligtum.

• *Übernachten* *** **Samothráki Village Hotel**, das genau zwischen Kamariótissa und Paläópolis gelegene neue Hotel ist mit Sauna, Pool (auch für Kinder), Restaurant, 24-Stdn.-Room-Service ausgesprochen komfortabel – ab 2008 sollen auch ein Hydromassagebecken und ein Hamam zur Verfügung stehen. Ein DZ mit AC, Bad, Minibar und Balkon (Meerblick) kostet je nach Saison 45–90 € inkl. Frühstücksbuffet, außerdem gibt es 2 kleine Suiten. Ganzjährig geöffnet; ✆ 2551042300, ℻ 2551042318, www.samothrakivillage.gr.

*** **Hotel Kástro**, eine der größten Anlagen auf der Insel. 50 großzügige Einzel-, Doppel-, Drei- und Vierbettzimmer sind in sechs Gästehäusern untergebracht, alle bieten einen umwerfenden Blick aufs Meer, Bad, Balkon, AC und Minibar. Schöner Pool mit Bar, außerdem Billard. Je nach Saison bezahlt man für ein DZ inkl. Frühstücksbuffet zwischen 60 und 89 €. Von Mai bis September geöffnet. ✆ 2551089400, ℻ 2551041000, www.kastrohotel.gr.

Ta Delfínia, an der Straße vermietet Familie Glínias 6 einfache DZ mit Bad, AC, Kühlschrank und Gemeinschaftsbalkon zum Preis von etwa 30–45 €. Von Juli bis September geöffnet. ✆ 2551041142.

Studios Paläópolis, direkt daneben hat der Sohn der Wirtin 4 schöne, helle Studios mit jeweils einem Doppel- und einem Einzelbett, AC, Bad und Balkon errichtet, Preis: 30–60 €. Wer möchte, kann im Hotel Samothráki Village gegen Aufpreis Frühstück bekommen, da den Besitzern der Studios auch dieses Hotel gehört; weitere Angaben siehe dort.

Ganz in der Nähe liegen auch die **Athiná Apartments** mit ähnlicher Ausstattung und vergleichbarem Preis; ✆/℻ 2551042071, www.athinaapartments.gr.

• *Essen und Trinken* **Kafé Psistariá Vassilikós**, ca. 2 km östlich vom Kabirenheiligtum (direkt an der Straße). Lieblingsplatz der meisten Besucher ist der Tisch unter der großen Platane direkt am Meer. Wer ein bisschen länger bleiben möchte, mietet sich eines der Fremdenzimmer. ✆ 2551042178.

Sehenswertes

Das Heiligtum der Großen Götter

(→ Karte S. 235)

Einige hundert Meter hinter der Abzweigung nach Chóra befindet sich rechts von der Straße der Eingang zum **Kabirenheiligtum** mit großem Parkplatz. Vorbei an der Kapelle Agía Paraskeví geht man auf einem gepflasterten Weg aufwärts, passiert das Museum und kommt zum Kassenhäuschen. Planen Sie für den Rundgang inklusive Museumsbesuch etwa drei Stunden ein, und vergessen Sie nicht, genügend Wasser mitzunehmen.

Öffnungszeiten Von Juli bis September täglich 8–19.30 Uhr, in den übrigen Monaten nur bis 15 Uhr. Das Ticket (3 €) gilt sowohl für das Heiligtum als auch für das Museum. Dieses ist ganzjährig nur bis 15 Uhr geöffnet und Mo geschlossen.

Nicht alle Geheimnisse des Kabirenheiligtums sind gelüftet

Das ehemalige Kabirenheiligtum lässt sich sicherlich mit einem heutigen Wallfahrtsort wie z. B. Lourdes vergleichen. Von überall her kamen die Pilger, einzeln oder in Gruppen. Es genoss eine rechtliche Sonderstellung und war unabhängig von der nahe gelegenen Inselhauptstadt. Spätestens ab dem 3. Jh. v. Chr. nahmen an den großen sommerlichen Feierlichkeiten regelmäßig Vertreter der wichtigsten Städte Griechenlands und Kleinasiens teil. Diese *Hieropií* liefen bei der von Altar zu Altar ziehenden Prozession mit, opferten den Göttern und beteten für das Wohl ihrer Heimat. Bei den Weihehandlungen wurde u. a. auch die Entführung der Persephone in die Unterwelt durch Hades dramatisch dargestellt. Anders als im attischen Eleusis konnte man das Heiligtum besuchen, ohne sich in die Mysterien einweihen zu lassen.

Grundsätzlich war die Teilnahme an den Mysterien das ganze Jahr über möglich, und zwar für Männer und Frauen, Arme und Reiche, Freie und Sklaven gleich welcher Nationalität. Voraussetzung war nur ein Schwur, über die Vorgänge Stillschweigen zu bewahren. Und daran scheinen sich auch viele gehalten zu haben, denn bis heute ist nur wenig Genaues über die Mysterien bekannt. Dionysische und orphische Gedanken scheinen eine wesentliche Rolle gespielt zu haben. Es gab zwei Grade der Weihung: die *mýesis* (Einweihung) und die *epopteía* (Wahrnehmung), die man unmittelbar aufeinanderfolgend erreichen konnte. Die Zeremonien fanden nur nachts bei Fackellicht statt. Die Gläubigen hatten brennende Öllämpchen und einen Weinkrug in der Hand, waren in weiße Gewänder gekleidet und trugen einen Olivenkranz auf dem Kopf. Vom Priester bekamen sie purpurfarbene heilige Binden, die man später zum Schutz vor einem Schiffsunglück immer bei sich trug. Man opferte, enthüllte magische Symbole, betete, legte Gelübde ab, und wahrscheinlich – das war einmalig in Griechenland – musste man zur Erlangung des zweiten Grades auch beichten. Ziel war die Kontaktaufnahme mit den Göttern und den Toten der Unterwelt. Von all dem versprachen sich die Eingeweihten (Mysten) Glück im Leben und ein besseres Los im Jenseits.

Einige Meter nach dem Kassenhäuschen kommt man zu einem Bachbett. Überquert man dieses auf einer hölzernen Brücke, steht man vor den Ruinen eines großen, rechteckigen Gebäudes. Dabei handelt es sich um das sog. **Anáktoron (23),** das Haus der Götter, welches im 1. Jh. n. Chr. auf den Grundmauern eines Vorgängerbaus errichtet wurde und für die Einweihungsriten ersten Grades *(mýisis)* diente. Einst hatte es im Westen drei Eingänge, und im Norden war das Allerheiligste abgetrennt, zu dem nur die Teilnehmer an den Mysterien Zugang hatten. Davor standen bronzene Statuen der beiden Kabiren (s. u.). Die Mysterienkandidaten reinigten sich zunächst an einem Brunnen, opferten den Göttern und schauten dann

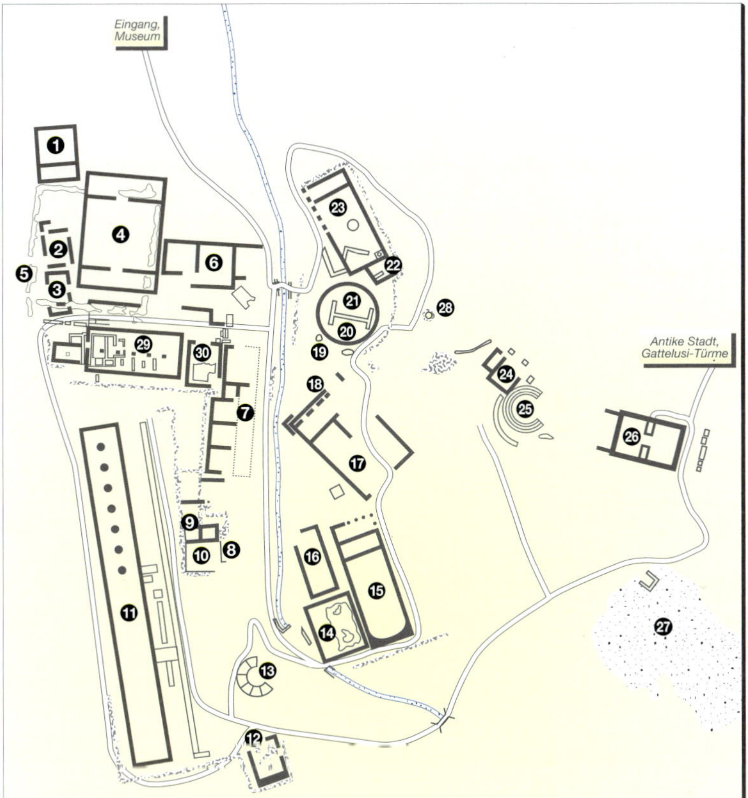

- 1 2 3 nicht bestimmte späthellenistische Bauten
- 4 unvollendeter frühhellenistischer Bau
- 5 byzantinische Befestigungsanlage
- 6 nicht bestimmte Gebäude (3. Jh. v. Chr.)
- 7 Räume für Symposien
- 8 9 10 nicht bestimmte Gebäude
- 11 Stoá
- 12 Nike-Brunnen
- 13 Theater
- 14 Altarhof
- 15 Hierón (Allerheiligstes)
- 16 Halle der Weihgeschenke
- 17 Témenos (hl. Bezirk)
- 18 Hekate-Altar
- 19 Heiliger Fels
- 20 Arsinóeion
- 21 archaischer Doppelhof
- 22 Sakristei
- 23 Anáktoron
- 24 Stiftung der Diadochen
- 25 Orchéstra
- 26 Ptolemaíon
- 27 südliche Nekropole
- 28 dorische Rotonda
- 29 Neórion
- 30 Speisesäle

25 m

Kabirenheiligtum

Kulttänzen zu. Anschließend gingen sie ins Allerheiligste, wo ihnen heilige bzw. mystische Symbole gezeigt wurden. Nach dem Ende der Riten bekamen die neu Eingeweihten in der **Sakristei (22)** eine Bescheinigung über ihre Teilnahme an den Mysterien. In diesem kleinen Vorbau waren sie vor dem Beginn der Riten schon eingekleidet worden und hatten ein Trinkgefäß sowie ein Öllämpchen erhalten.

Gehen Sie auf einem Pfad nach links und am Zaun entlang um das Anáktoron herum, bis Sie oberhalb der Ruinen eines einst mehr als 12 m hohen **Rundbaus (20)** stehen. Er wurde während der Diadochenzeit nach dem Tod Alexanders des Großen von der Königin Arsinói II., der Frau des Thraker-Königs Lysímachos, zwischen 289 und 281 v. Chr. gestiftet und war mit mehr als 20 m Durchmesser der größte überdachte Rundbau der Antike, bis man in Rom das Pantheon baute, dem er wohl als Vorbild diente. In diesem nach seiner Stifterin **Arsinóeion** genannten Gebäude wurden Versammlungen abgehalten, außerdem diente es wohl auch für Opferzeremonien, darauf weisen zumindest Altarreste hin. Schauen Sie sich die Marmorblöcke und Säulenstümpfe genau an, man kann wunderschöne Reliefs, z. B. das eines Stiers, entdecken (die Säulen standen hoch oben auf der Mauer, direkt unter dem mit Tonziegeln gedeckten Dach). Die Archäologen gehen davon aus, dass das Arsinóeion dort gebaut wurde, wo sich das vorgriechische Heiligtum befand, auf dem ältesten Kultplatz der Großen Götter. Im Innern des Arsinóeion hat man die Fundamente eines zweigeteilten **archaischen Doppelhofes (21)** freigelegt, und südwestlich hinter dem Rundbau sieht man einen grünblauen Porphyrblock, der seit dem 6. Jh. v. Chr. als **Heiliger Fels (19)** fungierte. Auf dem dahinter liegenden kleineren und flacheren Stein stand wahrscheinlich der Priester und opferte den Göttern.

Die Großen Götter von Samothráki

Die wichtigste Gottheit war **Axíeros.** Von den später auf die Insel kommenden Griechen wurde sie mit Demeter, ihrer Göttin des Erdsegens und der Fruchtbarkeit, gleichgesetzt, die ja auch in den berühmten Eleusinischen Mysterien nahe bei Athen im Mittelpunkt stand. In die Axíeros-Verehrung flossen uralte religiöse Vorstellungen ein, u. a. der kleinasiatische Kybele-Kult, so dass man die Göttin z. B. als die Herrin der Berge und Wälder ansah, deren Kraft sich besonders in Gesteinen und Erzen verkörperte. Damit etwas von ihrer Kraft in sie überströmen konnte, trugen die Pilger Ringe aus Eisen. Gewöhnlich wurde die Göttin zwischen zwei Löwen sitzend dargestellt.

Ihr Partner war **Kadmílos,** in dem die Griechen den Natur- und Hirtengott und späteren Götterboten Hermes sahen. Jung, kräftig und mit aufgerichtetem Penis symbolisierte er die Fruchtbarkeit. Außerdem trug er einen Stab mit zwei Schlangen und hielt oft den Kopf eines Widders in der Hand.

Die beiden **Kabiren,** nach denen das Heiligtum benannt ist, waren Dämonen und wiesen Ähnlichkeiten mit den Dioskuren Kastor und Pollux auf. Meist nackt und mit erhobenen Händen dargestellt, galten sie als die Beschützer der Fischer und Seeleute. Ihre Symbole waren Schlangen und Sterne.

Von Bedeutung waren auch noch **Axiókerses** und **Axiókersa** (Hades, der Gott der Unterwelt, und seine Frau Persephone, die Tochter des Zeus und der Demeter). Daneben wurden weitere Gottheiten verehrt, und zwar ebenfalls unter ihren vorgriechischen Namen.

Vom weiter südlich gelegenen Heiligen Bezirk, dem **Témenos (17),** einem rechteckigen, ummauerten Hof für Kulttänze und heilige Dramen, ist heute nicht mehr viel zu sehen. Außerordentlich beeindruckend sind dagegen die fünf aufgerichteten Säulen des **Hierón, des alten Mysterienheiligtums der Großen Götter (15),** die teilweise auch noch ein Fries tragen. Sie sind *das* Fotomotiv von Samothráki, entweder mit Blick aufs Meer oder mit dem gewaltigen Massiv des Mondgebirges im Hintergrund. Erbaut wurde der Tempel, in dem die Kandidaten den zweiten Grad der Einweihung, die *epopteía,* erlangten, in den Jahren von 325 bis 150 v. Chr. Wer eingeweiht werden wollte, musste beichten, rituelle Reinigungen hinter sich bringen und Tiere opfern. Dann zelebrierten die Priester eine Liturgie und zeigten den Kandidaten heilige Symbole. Für Nichteingeweihte war der Zutritt strengstens verboten. An der Ostseite des Gebäudes sieht man unter Glas eine Fackelbasis zwischen zwei Stufen aus dem 4. Jh. v. Chr. Westlich der Grundmauern liegen zahlreiche Marmorblöcke, in denen teilweise sehr schöne Reliefs mit Ranken zu sehen sind. Nicht besonders spektakulär sind der **Altarhof (14)** und die davor liegende **Halle der Weihgeschenke (16);** allerdings kann man hier auf dem Boden verstreut viele Porphyrsteine mit schönen Färbungen finden.

Die Nike von Samothráki

Überqueren Sie beim Altarhof auf einer weiteren Holzbrücke den Fluss und gehen dann nach rechts Richtung Eingang. Linker Hand liegen die Ruinen der **Räume für Symposien (7).** Es handelte sich dabei um Restaurants und Räumlichkeiten für geselliges Beisammensein. Kurz vor der bereits bekannten Holzbrücke folgen Sie einem Pfeil aufwärts zur nördlichen Terrasse des Westhügels und passieren dabei die Ruinen weiterer **Speiseräume (30)** und des sog. **Neórions (29),** über dessen Bedeutung man wenig weiß. Oben stößt man auf die Grundmauern der sich in Nord-Süd-Richtung erstreckenden **Stoá (11),** ein Bau aus dem 3. Jh. v. Chr., der als Pilgerherberge diente.

Von der Südseite der Stóa aus erreicht man unmittelbar danach den einst aus zwei Bassins bestehenden **Nike-Brunnen (12).** Im oberen stand die Statue der Siegesgöttin auf dem Bug eines Schiffes, das untere stellte einen Hafen dar. Unterhalb davon sind vom um 200 v. Chr. errichteten **Theater (13)** nur noch zwei Sitze zu sehen.

Vom Nike-Standplatz geht man in östliche Richtung abwärts bis zu einer Gabelung, an der man sich rechts hält. Nach wenigen Metern kommt man so zu den spärlichen Resten der **südlichen Nekropole (27).** Einige Deckel von Sarkophagen sind zu sehen, man sollte jedoch den Blick auch nach Südosten schweifen lassen, wo ein beachtlicher Teil der antiken Stadtmauer zu erkennen ist, die sich den Hang hinunterzieht.

Wer möchte, geht nach rechts weiter zu den Ruinen des **Ptolemaíons (26),** einst eine Stiftung von König Ptolemäus II. (285–246 n. Chr.). Ein schöner, etwa 10-minütiger und gut ausgeschilderter Fußpfad führt von dort durch die alte Stadtmauer und dann, zwischen Ölbäumen und Kermeseichen, hinüber zu den **Gattelusi-Türmen.** Alternativ dazu kann man auch von der südlichen Nekropole in nördliche Richtung zur **Orchéstra (25)** und der benachbarten **Stiftung der Diadochen (24)** laufen. Auf den nunmehr schon bekannten Wegen kehrt man zum Eingang bzw. zum Museum zurück.

Museum: Den Besuch des kleinen Museums sollten Sie auf keinen Fall versäumen, denn in den vier Räumen bekommt man allerhand zu sehen, u. a. eine Nachbildung der Nike. Vor dem Eingang befindet sich eine Erinnerungstafel für Karl Lehmann, den jahrelangen Leiter der Amerikanischen Schule für klassische Studien, die nach den Franzosen und Österreichern im Kabirenheiligtum arbeitete und auch heute noch zusammen mit dem Griechischen Amt für Archäologie weitere Ausgrabungen und Restaurierungen durchführt.

Öffnungszeiten Tägl. (außer Mo) 8.30–15 Uhr. Der Besuch des Museums ist im Ticket für das Heiligtum (3 €) enthalten.

In der Eingangshalle (Raum A) sind größere Gebäudeteile, z. B. aus der Halle der Weihgeschenke, dem Altarhof, dem Arsinóeion und dem Hierón ausgestellt. Der links daran anschließende Raum B enthält neben Votivtafeln an der rechten Wand Teile eines wunderschönen Reliefs aus dem Témenos. Eine lange Reihe tanzender Mädchen, begleitet von einer Flötenspielerin und einer Trommelschlägerin, ist gut erkennbar. Dahinter, im Raum C, sind in den Vitrinen winzige Väschen aus buntem Glas, aus Knochen und Glas gefertigte Haarnadeln, Keramik etc. zu bewundern; Blickfang ist jedoch eine kopflose marmorne Nike aus dem Hierón. Die Nachbildung der berühmten Nike von Samothráki steht jedoch im Raum D, rechts von der Eingangshalle.

Nike von Samothráki

Die weltberühmte Statue der geflügelten Siegesgöttin Nike wurde als Weihgeschenk von dankbaren Bewohnern der Insel Rhódos um 190 v. Chr. anlässlich eines Seesieges ins „Heiligtum der Großen Götter" gebracht. Die aus parischem Marmor geschaffene, 2,75 m hohe Figur stand oberhalb des Theaters und schmückte einen Brunnen. 1863 fand der Franzose Champoiseau die völlig zerstörte Statue. Sie wurde wieder instand gesetzt – nur den Kopf fand man nicht – und kann heute in der Antikensammlung des Pariser Louvre bewundert werden. Die französische Regierung schenkte der Insel dafür eine Gipskopie, die im Raum D des Archäologischen Museums steht.

Antike Stadt: Östlich des Kabirenheiligtums dehnte sich, umgeben von einer mächtigen Stadtmauer, die antike Stadt aus, überragt von einer Akrópolis. Nur wenig ist davon noch erhalten. Unterhalb der Gattelusi-Türme ist seit einigen Jahren ein Archäologenteam der Universität Komotiní dabei, Fundamente von Häusern, wahrscheinlich auch von Lagerräumen und Läden, freizulegen. Hier befand sich der Hafen der antiken Stadt, wo die vielen Pilger ankamen und der Apostel Paulus erstmals europäischen Boden betrat. Ihm zu Gedenken errichtete man nach der

Christianisierung der Insel eine dreischiffige Kirche, deren extrem spärliche Reste inzwischen freiliegen. Vom Wärterhäuschen am Eingang führt ein schmaler Pfad nach links dorthin.

Auf der anderen Straßenseite ragt auch heute eine Mole (die antike ist teils zerstört, teils vom Meer überspült) ins Meer hinaus.

Gattelusi-Türme: Im 14. Jh. erbauten die damaligen Herrscher der Insel, Vertreter der Gattelusi-Dynastie, mehrere Befestigungsanlagen. Zu den bedeutendsten gehörten die drei Wachtürme bei Paláópolis, von denen aus man bis hinüber zur thrakischen Küste blicken kann.

Achten Sie beim Rundgang auch auf die Details!

Ein schmaler gepflasterter Weg schlängelt sich vom Wärterhäuschen einen kleinen Bach entlang den Hang hinauf und wendet sich dann nach links zu den drei Türmen. Einer von ihnen, ca. 20 m hoch, ist fast vollständig erhalten. An ihm kann man wunderbar erkennen, wie man damals baute. Zwischen den Kalkbruchsteinen findet sich immer wieder antikes Material: Marmorne Reliefs, Inschriftensteine, Teile kannelierter Säulen und anderes mehr lassen sich bei genauem Hinschauen entdecken.

• *Öffnungszeiten* Das Gelände um die Ruinen der frühchristlichen Kirche und um die Gattelusi-Türme ist zu denselben Zeiten wie das Kabirenheiligtum geöffnet (→ S. 234). Bei unserem letzten Besuch im Sommer 2007 wurde noch kein Eintritt verlangt, aber das kann sich bald ändern. Von den Gattelusi-Türmen führt ein Pfad hinüber zum Kabirenheiligtum.

Tipp! Einen besonders schönen Anblick bieten die angestrahlten Türme am Abend. Fotoapparat und Stativ nicht vergessen!

Kariótes

Zwei kleine Streusiedlungen tragen diesen Namen. Die Häuser von Káto Kariótes stehen nahe am Meer, während das höher gelegene Áno Kariótes von der Küstenstraße aus schon fast übersehen wird.

Wie alle Nordküstenorte war auch Kariótes früher nur eine Außensiedlung einiger Bewohner von Chóra. Man hatte hier seine Felder und blieb ab und zu, z. B. während der Erntezeit, für ein paar Tage, weil der Weg in die Hauptstadt zu Fuß oder mit dem Esel zu weit bzw. zu beschwerlich war, um ihn am Morgen und gleich wieder am Abend erneut zurückzulegen. Mit den steigenden Touristenzahlen entstanden nun aber in **Káto Kariótes** auf den Grundstücken am Meer ein paar Hotels, etliche Privatzimmer und Tavernen – den Vorvätern sei Dank.

Eine andere Entwicklung nahm das von Wald umgebene **Áno Kariótes,** in dem die Zeit stehen geblieben zu sein scheint. Etwa zehn Häuser liegen verstreut am Hang zwischen Obstbäumen, in deren Schatten sich um die Mittagszeit Hühner und Hunde drängen. Ein paar Schäfer und Bauern leben hier, und zwar so wenige, dass es sich nicht einmal lohnt, für sie ein Kafeníon einzurichten – und auch Fremde kommen so gut wie nie herauf.

• *Verbindungen* Káto Kariótes liegt an der Nordküstenstraße 10 km von *Kamariótissa* entfernt. Nach Áno Kariótes zweigt knapp 2 km hinter Káto Kariótes eine etwa 1 km lange Asphaltstraße ab. Nur Káto Kariótes kann man mit dem Bus erreichen. Er hält an der Durchgangsstraße.

• *Übernachten/Essen und Trinken* ** **Hotel Eléktra**, an der Durchgangsstraße bzw. vor der Abzweigung nach Áno Kariótes, vom Strand ca. 5 Fußminuten entfernt. Hübsches Haus in einem kleinen Garten, auch die 11 Zwei- und Vierbettzimmer mit AC, Bad, Kühlschrank und Balkon (Meer- oder Bergblick) machten einen guten Eindruck. Zwei Personen zahlen zwischen 45 und 65 €, gegen Aufpreis gibt es auch Frühstück. Die netten Wirtsleute sprechen Deutsch. Ganzjährig geöffnet. ✆/℻ 2551098243, www.samothraki.com.

Pension Meraklís, eine nette Familie (auch hier wird ordentlich geschwäbelt) vermietet über ihrer Taverne und im Haus nebenan einfache DZ mit Bad, Kühlschrank, Ventilator und Balkon (z. T. Blick aufs Meer). Zwei Personen bezahlen zwischen 25 und 35 €. Ganzjährig geöffnet. ✆/℻ 2551098200, www.meraklis.gr.

Tavérna Asproválta, ein verblasstes Schild „Zimmer frei" erinnert an heimatliche Gefilde, doch die Besitzer sprechen ausnahmsweise nicht Schwäbisch, sondern Englisch. Auf der Terrasse des zwischen Straße und Meer gelegenen Lokals kann man gemütlich auf blauen Kaffeehausstühlen den Tag vertrödeln und/oder leckeren Fisch essen. Darüber liegen die 10 einfachen Dreibettstudios mit Bad und umlaufendem Balkon. Je nach Größe und Saison 25–40 €. Von Ostern bis Oktober geöffnet. ✆ 2551098250.

Loutrá (Thérma)

In dem kleinen, kuriosen Kurort, wegen seiner heißen Schwefelquellen häufig auch Thérma genannt, treffen die unterschiedlichsten Besucher aufeinander: von den verschiedensten Leiden Heilung suchende ältere Menschen, junge griechische Freaks, meist mit Schlafsack und Zelt bewaffnet und auf der Suche nach dem einfachen bzw. freien Leben, sowie viele deutschsprachige Urlauber, die die Naturschönheiten der Umgebung genießen wollen.

Loutrá liegt knapp einen Kilometer landeinwärts am Fuße des Fengári. Seine Häuser scheinen sich fast zwischen Platanen, Kastanien und Obstbäumen zu verstecken, überall rauschen Bäche. Wer sich hier eine Unterkunft sucht, hat die einzigartige Natur von Samothrákis Norden und damit die lohnenden Touren zu kleinen **Wasserfällen** mit ihren *Váthres,* den **natürlichen Becken,** oder auch hoch auf den **Fengári** direkt vor der Haustür.

Besucher aus Mitteleuropa, aber auch junge Griechen lockt diese einzigartige Natur. Steigt man in der Hochsaison am Platz vor dem kleinen Ort aus, schallt einem aus dem dort gelegenen Kafeníon Bob-Marley-Musik entgegen, zusammengerollte Schlafsäcke liegen neben Travellerrucksäcken an der Treppe. Die Bachufer und Wälder in der Umgebung von Loutrá werden wie sonst kaum auf einer anderen griechischen Insel von Wildcampern genutzt, sehr zum Leidwesen der Einheimischen, die zu Recht auf die damit verbundenen Probleme, nämlich mangelnde Hygiene, Verschmutzung der Natur und Waldbrandgefahr hinweisen. Seit Jahren schon versucht die Inselverwaltung, die Wildzelter aus den Wäldern zu locken, indem sie einen zweiten Campingplatz in einem naturbelassenen Küstenstreifen einrichtete – doch bisher ohne Erfolg.

Treffpunkt für Jung und Alt

Bei einem Tässchen griechischem Kaffee im Kafeníon kann man dann eine weitere Besuchergruppe beobachten. Bekleidet mit bunten Jogginganzügen, oft auch nur mit Bademänteln, den nassen Kopf mit Frotteehandtüchern verhüllt, kehren am Morgen und am Abend ältere Frauen und Männer, meist Griechen vom Festland, vom gegenüberliegenden schmucklosen Kurhaus nach einem Schwefelbad in ihr Hotel zurück bzw. brechen von dort auf. Seit Anfang der 30er Jahre werden die beiden warmen **Schwefelquellen** für Trink- und Badekuren im Kampf gegen alle möglichen Malaisen genutzt. Wer gesund ist, so behaupten die Einheimischen steif und fest, dürfe aber auf keinen Fall das Kurhaus betreten, sonst werde er krank.

Rechts neben dem Kurhaus führt eine Piste zu einem Fußbecken auf einen Hang hinauf. Beim Näherkommen steigt einem beißender Schwefelgeruch in die Nase. Und dann bekommt man ein lustiges Bild zu sehen. Unter einem Schutzdach sitzen bis zu 20 Kurgäste wie die Hühner auf der Leiter nebeneinander, um die Füße in dem heißen radon- und schwefelhaltigen Wasser zu baden.

Verbindungen/Ausflüge/Adressen/Einkaufen

- *Verbindungen* 14 km fährt man auf der Asphaltstraße von *Kamariótissa* nach Loutrá. Die Busse halten am Platz vor dem Dorf (beim Kurhaus).
- *Ausflüge* Unterhalb des Ortes wurde vor Jahren ein Hafen für die Fischerboote gebaut. Eigentlich sollte er auch einmal als Anlegestelle für Fähren dienen, doch irgendwie ist er dafür zu klein geraten. Hier starten die Ausflugsboote „Samothráki" und „Theodóra" zu ihren Touren nach *Pachiá Ámmos*. Empfehlenswert, weil man so die ansonsten unzugängliche Südostküste der Insel zu sehen bekommt. Genauere Informationen finden Sie auf S. 221.
- *Kuren* Für ein Bad in einem der Gemeinschaftsbecken (Frauen und Männer getrennt) zahlt man 3,50 €, in der Einzelbadewanne kostet's 5 €. Die beiden Trinkquellen hinter dem alten Badehäuschen, das heute als Heilwasserspeicher genutzt wird, darf man unentgeltlich benutzen. Von Mai bis Mitte Oktober tägl. 7–10.45 und 16–20.45 Uhr geöffnet.

• *Einkaufen* Gute Versorgungsmöglichkeiten, auch eine **Bäckerei** gibt es. Die wichtigsten Grundnahrungsmittel bekommt man im **Supermarkt**, und Souvenirs können Sie z. B. in dem großen **Kiosk** am Ortseingang erstehen.

Übernachten/Essen und Trinken/Nachtleben

• *Hotels/Privatzimmer* Neben einigen kleinen Hotels und Pensionen hat Loutrá jede Menge Privatzimmer zu bieten. Diejenigen im Ortszentrum sind meist recht einfach und werden vor allem von Kurgästen bevorzugt, am Ortsrand sind die Räumlichkeiten etwas komfortabler, dafür ist die Auswahl aber geringer. 2 bzw. 4 km entfernt von Loutrá liegen zwei Campingplätze.

*** **Hotel Káviros (6)**, im Ortszentrum, doch durch seine zurückversetzte Lage sehr ruhig. Großzügige, mit Hortensien überwucherte Eingangshalle. Die 28 DZ haben Bad, Kühlschrank, AC und Balkon und kosten von Mai bis Oktober zwischen 50 und 60 € inkl. Frühstück. Bar und Restaurant im Haus. ✆ 2551098277, ℻ 2551098278, www.samothraki.com.

*** **Hotel Archóntissa**, neue Anlage im Kykladenstil, ca. 4 km östlich vom Ortszentrum entfernt oberhalb der Küste. Die im inseltypischen Stil eingerichteten Zimmer mit AC und Kochnische tragen verschiedene Namen und verfügen fast alle über schöne, zum Meer gerichtete Terrassen. Zu zweit bezahlt man 40–70 €, zu dritt bis zu 85 €, eine Suite (5 Pers.) kostet maximal 105 €, wer mag, bekommt gegen Aufpreis Frühstück. Von Ostern bis Oktober geöffnet. ✆ 2551098098, www.samothraki.com.

*** **Hotel Maríva (12)**, östlich vom Zentrum, mitten im Grünen. In mehreren kleinen Häusern, die von Kletterpflanzen überwuchert werden, liegen die schönen, hellen Zimmer mit Kühlschrank, geschmackvollem Bad, AC und Balkon (z. T. großartiger Blick bis zum Meer hinunter. In der Rezeption gibt es einen Fernseher mit Satellitenempfang. Für ein DZ zahlt man je nach Saison zwischen 40 und 70 €. Von April bis Oktober geöffnet. ✆ 2551098230, ℻ 2551098374, www.mariva.gr.

** **Hotel Orphéus (13)**, schon fast am Ende des Dorfes steht das kleine Hotel der Familie Voudoúris mit 20 hellen Zwei- und Dreibettzimmern. Chrístos spricht fließend Deutsch. Für ein Zimmer mit AC, Kühlschrank, Bad und Balkon (Bergblick!) zahlt man je nach Größe und Saison 30–60 € inkl. Frühstück. Von April bis Oktober geöffnet. ✆ 2551098233, ✆/℻ 2551042213, christos1900@yahoo.com.

Rooms Kastaniá (9), auch hier wird Deutsch gesprochen. Bei Familie Láftzis kommt man in einem lang gestreckten Gebäude in hübsch eingerichteten Doppel- bzw. Dreibettzimmern mit Kühlschrank, z. T. AC und Balkon zum Preis von 25–50 € unter, auf jedem Stockwerk gibt es eine Gemeinschaftsküche. ✆ 2551098224, www.samothraki.com.

Rooms Fengári (8), ganz in der Nähe, bietet DZ mit Kochnische und AC zum Preis von 25–40 €. ✆ 2551098321.

Rooms Arávias (4), bei Eléni und Michális wohnt man in einem von hohen Bäumen umgebenen Haus idyllisch und ruhig und doch in der Nähe des Ortszentrums. Die 6 Zimmer mit 2 oder 3 Betten sind praktisch eingerichtet und verfügen über Bad, Balkon, AC, Kühlschrank und Gemeinschaftsküche. Zwischen Mai und Oktober bezahlt man hier zwischen 25 und 40 €. ✆ 2551098241.

Rooms Akamátis (3), ganz in der Nähe steht das hübsche Haus von Geórgios Akamátis, umgeben von einem großen Garten. Die 8 angenehmen Zimmer sind mit 2, 3 oder 4 Betten, Bad, Balkon, AC und Kühlschrank ausgestattet und auch für Familien gut geeignet; eine Gemeinschaftsküche ist vorhanden. Ganzjährig geöffnet, zu zweit bezahlt man 25–40 €. ✆ 2551098317.

• *Camping* Nahe beieinander liegen die zwei Campingplätze östlich von Loutrá am Strand. Beide sind im Besitz der Gemeinde. Der ältere von beiden, **Camping Dimotikó Varádes**, befindet sich weiter im Osten und bietet nur recht spärlichen Schatten durch Bambusdächer und kleine Bäume, dafür aber mehr Komfort: Bar, Restaurant, Minimarkt, kleiner Spielplatz.

Den zweiten Platz, **Camping Dimotikó Platiá** (auch Freecamping genannt), richtete man ein, um die Wildcamper zum Verlassen der Wälder zu bewegen. Auf dem 20.000 qkm großen naturbelassenen Gelände mit dichtem Baumbewuchs gibt es an Infrastruktureinrichtungen neben Toiletten einen Minimarkt und eine Cafeteria. Beide Plätze haben Zugang zum Meer, die Preise sind gleich: pro Person ca. 3,50 €, Kind 2,50 €, Zelt 2,50–4 €, Auto 3 €, Minibus 5 €,

Strom 3 €. Von Juni bis Ende August geöffnet. ✆ 2551098244.

• *Essen und Trinken* **Tavérna Parádissos (11)**, mit der unbestritten schönsten Terrasse im Ort, die von einer riesigen Platane – geschätzter Umfang 10 m – dominiert wird. Gutes Angebot an gegrilltem Fleisch oder Fisch, aber es gibt auch einige vegetarische Gerichte wie Gígantes, gefülltes Gemüse etc.

Psistariá Stoá (10), bei dem gemütlichen Ángelos, der lange Jahre in Stuttgart lebte, schmeckt vor allem gegrilltes Fleisch. Ab und zu dreht sich bei ihm eine ganze Ziege am Spieß.

Tavérna I Paralía (2), unten am Hafen von Loutrá sollte man vor allem Fisch essen, der ist hier nämlich gut und recht preiswert. Oder machen Sie es wie die Fischer, die sich nach ihrer schweren Arbeit hier einen Oúzo mit Mezé gönnen.

Tavérna I Xénia (14), die letzte Rastmöglichkeit vor den Wasserfällen. Unter Nussbäumen finden sich schöne schattige Plätze, da schmeckt der üppige griechische Salat besonders gut. Im Angebot auch leckere Vorspeisen wie Auberginen- und Käsesalat.

Sacharoplastíon Falékas (7), mitten im Ort, eine gute Adresse für alle Kuchen- und Süßigkeitenfans. Probieren Sie einmal die Loukoumádes oder den Reispudding *(Rizógalo)*.

Kafeníon Ta Thérma (5), *der* Treffpunkt in Loutrá, vor allem jüngere Gäste fühlen sich hier oft so wohl, dass sie erst am frühen Morgen zum Schlafen kommen.

• *Nachtleben* **After Club (1)**, sogar etwas Nachtleben hat Loutrá zu bieten. Fr, Sa und So öffnet der Club, in dem man sein Bier bei griechischer oder englischer Musik genießen kann.

Spaziergänge/Wanderungen

Kurze Touren führen zu den natürlichen Becken der Bäche Platiá und Tsumár. Allerdings empfiehlt es sich dennoch, feste Schuhe zu tragen, da man zwischen den einzelnen Wasserfällen, unter denen die Becken sich gebildet haben, oft über Felsen weiterklettern muss. Seien Sie vorsichtig, oberhalb von Griá Váthra verunglückte 1997 ein junger Grieche tödlich.

Griá Váthra: Das lohnendste Ziel in der näheren Umgebung von Loutrá, vom Ortszentrum ca. 2 km entfernt. In den kleinen Becken des Baches Platiá kann man sich erfrischen, zum Schwimmen sind sie jedoch nicht groß und tief genug.

Vom Kafeníon **Ta Thérma** (**5,** Karte S. 243) geht man auf der Asphaltstraße Richtung Meer und biegt nach etwa 400 m rechts ab. Knapp 10 Minuten später passiert man einige Häuser mit Privatzimmern, später eine kleine Kirche mit Friedhof. Kurz danach führt eine Straße nach rechts wieder ins Dorf hinein, Sie gehen jedoch geradeaus weiter und überqueren nach ca. 100 m den Bach Tsumár auf einer kleinen Brücke. Dann halten Sie sich links und wandern leicht aufwärts an einigen Tavernen vorbei, bis Sie zu einem großen Parkplatz neben dem Restaurant **I Xénia** (**14,** Karte S. 243) kommen. Von hier führt ein Fußpfad nach rechts bzw. nach Süden in einen Platanenwald hinein. Ein Schild weist darauf hin, dass das Wandern entlang der Becken nicht ungefährlich ist. An einem Pumphäuschen vorbei geht es am Bach Platiá entlang. Rechts von diesem verläuft ein Kanal, auf dessen Randsteinen es sich relativ bequem gehen lässt. Nach ca. 5 Minuten kommt man zu einem Wasserfall und mehreren Becken. Im Frühsommer kann man hier oft das schnarrende Gequake brauner Wasserfrösche hören – manchmal so laut, dass es den Wasserfall übertönt. Weiter aufwärtssteigen sollte man nicht, es ist zu gefährlich.

Mikrés Váthres: Fast genauso schön wie Griá Váthra, jedoch weniger besucht sind die sog. „kleinen Becken“. Folgen Sie der Beschilderung nach Griá Váthra, und biegen Sie nach der Brücke über den Tsumár nach rechts ab. 20 m vor dem **Hotel Marívа** (**12,** Karte S. 243) führt wiederum nach rechts ein schmaler Pfad parallel zum Bach in den Wald, welcher hier Dschungelcharakter hat – Lianen hängen von den Bäumen, deren Stämme von Schmarotzern überwuchert sind. Wenn Sie links davon über die großen Felsen weiter aufwärtsklettern, sehen Sie unter sich kleine Wasserfälle und weitere natürliche Becken. In wenigen Minuten hat man das größte und schönste erreicht.

Wanderung 14: Auf den Fengári

Wunderbare Ausblicke genießt man von der Gipfelregion des mächtigen Sáosgebirges. Doch diese Tour stellt höchste Ansprüche an den Wanderer. Wegen der starken Steigungen sind gute Kondition, im Gipfelbereich außerdem Schwindelfreiheit, Trittsicherheit und Kletterfähigkeit gefragt. Planen Sie für den knapp 7 km langen Aufstieg ca. fünf Stunden ein, für den Abstieg noch einmal vier. Gehen Sie nur an einem klaren Tag, für Kinder ist die Tour absolut ungeeignet. Gute Wanderschuhe, ein Wanderstock, Sonnenschutz, ausreichend Wasser und Verpflegung sind absolut notwendig. Unterwegs passieren Sie eine Quelle, die aber nicht einfach zu entdecken ist. Der Pfad trägt die Markierung eines internationalen Fernwanderwegs.

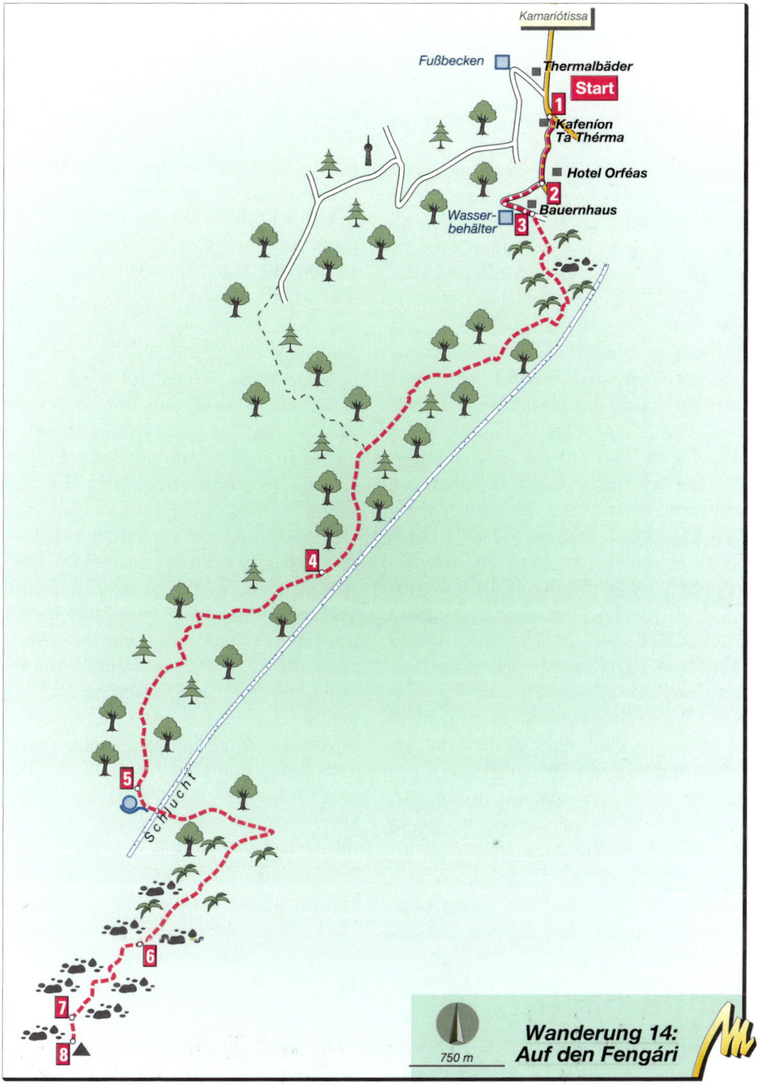

Startpunkt der Tour ist das **Kafenion Ta Thérma** (WP 01) in Loutrá. Wir sind von dort aus über die Hauptgasse aufwärtsgelaufen, ein **alternativer Einstieg** führt zuerst einige Meter abwärts auf der Asphaltstraße Richtung Küste und dann hinter den Thermalbädern nach links. Auf einer Staubstraße wandern Sie, vorbei an einem Fußbecken und zwei Funktürmen, ca. 1,8 km den Berg hinauf. An ihrem Ende weist ein roter Pfeil auf einem Stein nach rechts auf den ab jetzt sehr deutlich mit dem E6-Schild gekennzeichneten Fußpfad hin.

Die kürzere und sozusagen „klassische" Variante (sie stellt aber am Anfang höhere Ansprüche, was die Orientierung betrifft) führt vom WP 01 die Hauptgasse steil aufwärts. Oberhalb vom **Hotel Orféas** biegt man an einer **Gabelung** nach rechts auf eine Piste ab (WP 02), achten Sie auf einen rot markierten Stein. Wenige Meter weiter hält man sich an einer weiteren Gabelung links, ein roter Pfeil zeigt die Richtung an. Bald passieren Sie ein **Bauernhaus** und zweigen 30 m danach auf einen anfangs kaum zu erkennenden Pfad nach rechts ab (WP 03). Leider ist auf den ersten Metern von der einstigen Markierung nichts mehr zu sehen, im weiteren Verlauf ist der von Farnen bzw. Macchia gesäumte Pfad jedoch spärlich mit roten Punkten gekennzeichnet. Nach insgesamt 1,1 km trifft man auf die E6-Markierung an einem Baum, der Sie durch den **immer dichteren Eichenwald** steil bergan folgen. Nach fast 3 km tritt der Pfad aus dem Wald heraus, und man genießt einen tollen Blick über das Massiv des Fengárigipfels (WP 04).

Weiter zwischen Bäumen aufwärtssteigend, hält der Pfad auf eine **Schlucht** zu, die man nach weiteren 1,6 km erreicht (WP 05). Der Weg wendet sich nach Südwesten, passiert eine **Quelle** und quert einen Steilhang mit viel Geröll. Passen Sie gut auf, der Pfad ist hier sehr schmal, und man gerät leicht ins Rutschen. Auf der anderen Seite der Schlucht wandert man wieder zwischen Eichen am Hang entlang bis zu einer Art Picknickplatz. Hier biegt der Pfad scharf nach rechts und führt jenseits der Baumgrenze zwischen Farnen und Macchia nach Südwesten weiter.

Bald ist der Anfang eines riesigen **Geröllfelds** erreicht (WP 06), durch das man nahezu weglos aufsteigen muss. Ein schwieriger Wegabschnitt, auch wenn rote Punkte genau den Weg weisen. Nach 500 m, auf denen aber mehr als 200 Höhenmeter überwunden werden müssen, kommt man zu einem **Grat** und kann auf die tief unter einem liegende Südküste blicken (WP 07). Halsbrecherisch hangelt man sich nach links auf senkrecht abfallenden Felsen weiter bis zur ersten Gipfelsäule des Fengárimassivs in knapp 1600 m Höhe (WP 08). Um seinen höchsten Gipfel (1624 m) zu erreichen, muss man eine weitere Kuppe überwinden – uns erschien das zu gefährlich und in Anbetracht des sehr anstrengenden Rückwegs auch zu zeitaufwendig, zumal sich schon von diesem Vorgipfel eine wunderbare Aussicht auf Samothráki, die Küsten des nordgriechischen und des türkischen Festlands sowie auf die Nachbarinseln Gökceada und Límnos bot.

Foniá-Bach

Von allen Bächen in Samothrákis Norden ist der Foniá sicherlich der beeindruckendste. Hohe Wasserfälle stürzen in von ihnen einst geschaffene große Becken – ein Naturspektakel und Badevergnügen der besonderen Art.

Eine Wanderung am Foniá entlang gehört also quasi zum Pflichtprogramm eines Samothrákibesuchs, zumal man den ersten Wasserfall zumindest im Sommer ohne große Mühe erreichen kann. Höher sollte man nur dann klettern, wenn man wirklich schwindelfrei und mit gutem Schuhwerk ausgestattet ist. Lassen Sie sich nicht von den zahlreichen Griechen irritieren, die am Parkplatz in Badeschlappen starten – so kommt man höchstens bis zum ersten Wasserfall. Für die, die mehr sehen wollen, gilt in jedem Fall: Seien Sie vorsichtig! Immer wieder verunglücken hier auch gut trainierte Wanderer, selbst Rettungsmannschaften sind bei Bergungsversuchen schon in bedrohliche Situationen gekommen.

Seinen Namen, „Mörder“ (griech. *Foniá*), hat der Bach aber aus einem anderen Grund: Eine Ziege soll einst einen der Wasserfälle hinabgestürzt und erst an seiner Mündung „freigegeben“ worden sein – tot natürlich. An dieser Mündung kann man vor oder nach der Tour noch die **Ruinen eines Gattelusi-Turms** bewundern. Im Gegensatz zu denen in Paläópolis war der Foniá-Turm nicht Teil einer Festung, sondern stand hier allein. Einst 12 m hoch, erstreckte er sich über 4 Stockwerke, an der dem Meer zugewandten Seite befand sich der Eingang. In seiner Nähe trifft man heute im Sommer auf viele Wildcamper.

- *Verbindungen* Der Parkplatz an der Nordküstenstraße ist von *Kamariótissa* 18 km entfernt, hier halten auch die Busse.
- *Eintritt* Während der Sommermonate (Juni bis September) wird eine Gebühr von 1 € erhoben.
- *Wegbeschreibung* Bis zum ersten Becken bzw. Wasserfall sind es ab dem Parkplatz ca. 2 km bzw. 40 Minuten Gehzeit. Vom Parkplatz aus folgt man dem schmalen Fußpfad, der links vom Bach durch einen lichten Platanenwald in südliche Richtung verläuft. Zunächst ist das Bett des Foniá noch recht breit, doch dann verengt sich das Tal, beeindruckend sind die mit Schmarotzern bewachsenen Platanen und die großen Farne. Nach ca. 650 m entfernt sich der Pfad für ein kurzes Stück vom Foniá, rote Markierungen erleichtern die Orientierung. Bald hat man das erste Becken erreicht, das so tief ist, dass man nicht auf den Grund schauen kann, obgleich das Wasser kristallklar ist. Um den **Wasserfall** sehen zu können, muss man unterhalb des Beckens den Bach überqueren und auf der gegenüberliegenden Seite einen steilen Pfad ca. 10 m aufwärtsklettern. Will man hoch zum zweiten Becken und Wasserfall, folgt man diesem Pfad weiter, der sich, immer schmaler werdend, bald nach links bzw. nach Osten wendet. An einer Gabelung geht man links abwärts und erreicht kurz darauf den **zweiten See mit Wasserfall**.

Ein erfrischendes Erlebnis

Áno Meriá

Ganz im Nordosten liegen inmitten eines Garten Eden mehrere winzige Streusiedlungen, die unter dem Sammelnamen Áno Meriá zusammengefasst werden.

Fast unaussprechlich sind die Namen der Weiler, in denen jeweils 10 bis 50 Menschen leben: Mnimória, Reboutsádika, Isómata, Kantarátika – Ágios Geórgios wurde vor einigen Jahrzehnten verlassen. Wandert oder fährt man durch diese Gegend, wird ohnehin nicht ersichtlich, wann die eine Siedlung aufhört und die andere

Dichter Wald bei Áno Meriá

beginnt, so weit verstreut stehen die Häuser der hier ansässigen Bauern, Schaf- und Ziegenhirten. Überall rauscht das Wasser, und in den Gärten wachsen pralle Tomaten und riesengroße Zwiebeln. Die Menschen leben hier nahezu autark.

Selbst wenn man die Mühe scheut, zu den höher gelegenen Häusern zu laufen oder zu fahren, sollte man doch wenigstens einen Kilometer die von der Ostküste abzweigende Piste nach Reboutsádika hineinfahren; denn hier liegen wunderschöne **Platanenwälder,** weiter südlich findet man **Eichenwälder,** in denen sogar Trüffeln wachsen.

- *Verbindungen* Áno Meriá liegt abseits der Nordküstenstraße, von der mehrere schlechte Pisten hinaufführen. Entfernung nach *Kamariótissa* ca. 24 km. Es besteht **keine Busverbindung**. Die unbeschilderte Piste zum Weiler **Reboutsádika** zweigt ca. 6 km nach Foniá bei einem L-förmigen, alleinstehenden Haus nach rechts ab.
- *Essen und Trinken* Die **Ouzerí Tavérna Karidiés** ist die einzige Verpflegungsmöglichkeit, seine genaue Lage entnehmen Sie bitte der nachfolgenden Wanderungsbeschreibung. Mittlerweile werden der alte Geórgios und seine stets zu einem Scherz aufgelegte Frau María von Sohn und Schwiegertochter unterstützt, so dass es ab Mittag fast immer etwas Leckeres zu essen gibt.

Wanderung 15: Von der Kapelle Agía Paraskeví über Áno Meriá zum Kap Kípos

Bei der fast 10 km langen Tour (einfache Strecke ca. 3,5 Std.) wandern Sie mal auf, mal ab durch dichte Wälder und kleine Streusiedlungen. Unterwegs kommen Sie an einer einfachen, aber gemütlichen Taverne vorbei.

2 km nach Foniá steht links der Straße einsam an einer weiten Kiesbucht die rot gedeckte **Kapelle Agía Paraskeví** (WP 01). Oberhalb davon kann man an der Straße an einer Viehtränke (WP 02) noch einmal seine Wasservorräte auffüllen. Auf dieser Straße wandert man ca. 600 m Richtung Kap Kípos und zweigt dann auf eine andere, ansteigende Asphaltstraße nach Áno Meriá ab (beschildert; WP 03). Nach ca. 1,2 km geht man an einer Abzweigung (WP 04) geradeaus und biegt kurz darauf

an einer T-Kreuzung (WP 05) wieder auf eine Asphaltstraße nach rechts ab, die bald darauf in eine Piste übergeht (WP 06). 200 m später steht links vom Weg eine mit Schmarotzerpflanzen bewachsene Platane (WP 07), halten Sie sich hier geradeaus und bleiben Sie konsequent auf dem Staubweg. 500 m nach der Platane kommen Sie zu einer weiteren T-Kreuzung (WP 08), an der Sie sich links halten und schon 120 m weiter liegt, wiederum an einer T-Kreuzung (WP 09), rechts vom Weg die **Ouzerí Tavérna Karidiés,** äußerlich als solche aber kaum erkennbar. Unter zwei großen Walnussbäumen stehen im eingezäunten Hof mehrere Tische mit bunten Plastiktischdecken, dahinter liegen die Ställe und der weite Gemüsegarten – Marías „Supermarkt", wie die Besitzerin ihn nennt, denn von dort holt sie alles, was sie und ihre Schwiegertochter Tina den Gästen vorsetzen: Eier, Gurken, Tomaten usw.

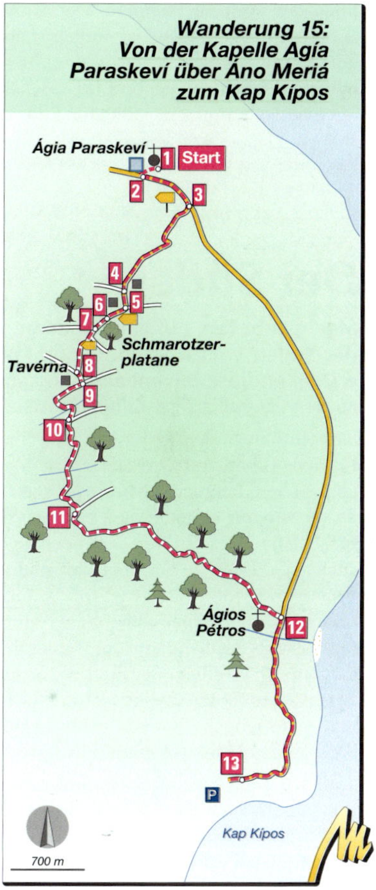

Wer zum **Kap Kípos** weitergehen möchte, biegt am WP 09 rechts ab und wandert auf einer am Hang entlangführenden Piste in südliche Richtung weiter. Nach 300 m quert diese einen auch im Sommer wasserführenden Bach, dann mehrere Bachbetten. Man lässt alle Abzweigungen (WP 10 und 11) unbeachtet und steigt auf dem Staubweg immer höher in Wälder mit stattlichen Kastanienbäumen und Eichen. Etwa 2,2 km nach der Taverne genießt man zum ersten Mal einen schönen Blick auf die türkische **Insel Gökceada,** danach windet sich die Piste 3 km lang abwärts bis zur Asphaltstraße (WP 12). Dieser folgt man nach rechts. Nach wenigen Minuten erreicht man einen ausgetrockneten Fluss, der an einer Kiesbucht ins Meer mündet. Am Hang oben liegt zwischen Bäumen gut versteckt auf einer Anhöhe die kleine, weiße **Kapelle Ágios Pétros,** die ein eindrucksvolles Holzgebälk aufzuweisen hat. Von dem Kirchlein aus geht man noch ca. 2 km weiter auf der Asphaltstraße bis zum Kap Kípos (WP 13).

Kap Kípos

Durch eine Einöde führt hinter dem **Strand Ágios Pétros** die Asphaltstraße zum Kap Kípos, einer weiten, windigen Kiesbucht am südöstlichen Zipfel von Samothráki. Läge nicht die türkische **Insel Gökceada** ganz nah, glaubte man wirklich, ans

Ende der Welt zu kommen. Der Strand selbst besteht aus dunklen Kieseln. Für Schatten muss man selbst sorgen – aber Vorsicht: Hier treibt Aéolos, der Windgott, gerne seine Spielchen, und schon so mancher Sonnenschirm hat ein unfreiwilliges Bad im Meer genommen. Vielleicht begnügt man sich an windigen Tagen doch besser damit, am südlichen Ende der Bucht bunte Porphyrsteine zu sammeln.

- *Verbindungen* Mit knapp 29 km ist Kap Kípos der von *Kamariótissa* am weitesten entfernte Ort auf der Insel.
- *Essen und Trinken* Eine einfache **Strandtaverne** versorgt die Badegäste in der Hochsaison mit kalten Getränken und Snacks. Trinkwasser und auch eine Süßwasserdusche gibt es direkt am Parkplatz.

Der Süden

Man glaubt fast, auf einer anderen Insel zu sein, so sehr unterscheidet sich der Süden vom Norden Samothrákis. Statt dichter Eichen- und Platanenwälder endlose Olivenhaine, und am Abend werden die großen Viehherden zu den überall aufgestellten Tränken geführt.

Samothrákis Süden ist Bauernland. Vor allem die weite Ebene im Südwesten wird für den Anbau von Getreide, etwas Mais und natürlich Oliven genutzt. Die silbrig glänzenden, knorrigen Bäume prägen die küstennahen Gebiete bis Pachiá Ámmos. So verwundert es nicht, dass man hier noch intakte **Bauerndörfer** findet. Die meisten Urlauber statten nur dem hoch gelegenen „Ziegendorf" Profítis Ilías einen Besuch ab, wo sich im Sommer Dutzende Zicklein am Spieß drehen. Viel ruhiger und uriger sind jedoch Lákoma und Alónia. Hier geht das Leben trotz Asphaltstraße und Traktoren seinen alten Gang: Morgens steht man früh auf, versorgt die Tiere und bestellt das Land, um spätestens gegen elf Uhr in einem der gemütlichen Dorfkafenía einzutreffen oder mit der Nachbarin ein Schwätzchen zu halten. In der goldenen Abendsonne werden dann oft hoch zu Ross die Schaf- und Ziegenherden zu den meterlangen Tränken geführt. Höhepunkt des Arbeitslebens ist die Olivenernte in den Wintermonaten.

Touristische Attraktion des Südens ist **Pachiá Ámmos,** der Vorzeigestrand der Insel, an dem auch die Asphaltstraße endet. Nicht nur, weil man hier wirklich schön baden kann, sondern auch wegen seiner malerischen Lage unterhalb der Kapelle Kremniótissa und gegenüber der türkischen Insel Gökceada ist er einen Besuch wert. Den angrenzenden **unzugänglichen Südosten** kann man nur per Boot erkunden, zu steil und schroff sind die Felsmassen in diesem Inselteil, der jedoch besondere Attraktionen aufweist, z. B. einen ins Meer stürzenden Wasserfall. Zudem nisten hier die verschiedensten Vogelarten, und in vom Meer in die Steilfelsen gefressenen Höhlen sollen noch einige wenige Exemplare der mediterranen Mönchsrobben leben.

Alónia

Inmitten eines Tals unterhalb von Chóra stehen die Häuser des lang gezogenen Straßendorfs und scheinen zur Küste hinabzublicken.

„Früher waren wir noch mit den Ochsen auf den Feldern, das war schwerste Arbeit", erzählt einer der Tavernenwirte aus Kamariótissa. Er stammt wie viele andere Bewohner des Hafenortes aus Alónia und bewirtschaftet heute neben seiner gut gehenden Psistariá immer noch seine Äcker und Gärten im Heimatdorf, allerdings

Der Süden ist Bauernland

nicht mehr mit Hilfe von Ochsen. Auch er wanderte in den 60er Jahren in den Raum Stuttgart aus und trug dazu bei, dass die harte D-Mark den Alltag auf Samothráki veränderte. Während die einen nach der Rückkehr aus Deutschland ihren Wohnsitz nach Kamariótissa verlegten und dort jetzt mit dem Tourismus Geld machen, investierten die anderen ins Heimatdorf, bauten eine große Kirche und schafften Traktoren und andere moderne Geräte an.

Dennoch, allzu viel hat sich nicht geändert, die kleinen Bauernhäuser liegen nach wie vor inmitten von Obstgärten, wo saftige Birnen und knackige Äpfel an den Bäumen hängen, im September liegen auf den flachen Dächern die Feigen in runden Backblechen zum Trocknen aus, goldene Weizenfelder rahmen das Dorf ein. Am Tourismus scheint der fünftgrößte Ort der Insel nicht interessiert zu sein. Bis auf das nahe gelegene **Kloster Ágios Athanásios** gibt es kaum etwas, was einen längeren Stopp lohnen würde, und so bleiben die Einheimischen und Soldaten der ein riesiges Areal im Westen von Alónia einnehmenden Kaserne in den Kafenía meistens unter sich.

• *Verbindungen* Sowohl von *Chóra* (1 km) als auch von *Kamariótissa* (4,5 km) führt eine asphaltierte Straße nach Alónia. Die Bushaltestelle befindet sich am südlichen Ende des Dorfes bei der Nektárioskapelle.

• *Übernachten* Ihr wunderschönes Haus, ein altes Bauernhaus mit großem Garten am Ortsrand von Alónia, vermieten Ralf und Uta Scheel in den Monaten, wenn sie selbst nicht auf Samothráki weilen. Weitere Informationen unter www.samothraki.com.

• *Einkaufen* Ein einfaches **Pantopolíon** befindet sich in der Dorfmitte.

• *Essen und Trinken* Ebenfalls im Zentrum gibt es zwei urige alte **Kafenía**, die einander fast gegenüberliegen. Ein moderneres findet man am südlichen Ende des Dorfes gegenüber der Nektárioskapelle. Dort bekommt man im Sommer tagsüber auch manchmal eine Kleinigkeit zu essen, abends wird oft gegrillt.

Die Morgenländische Platane

Wie auch auf Thássos trägt in Samothráki nahezu jede fünfte Taverne ihren Namen, mal im Singular, mal im Plural oder in der Verkleinerungsform: O Plátanos, Ta Platánia, Ta Platanákia. Aus dem Landschaftsbild der beiden Inseln ist die Morgenländische Platane auch wirklich nicht wegzudenken – überall dort, wo es Wasser gibt, erhebt sie sich in den Himmel. Bis zu 30 m hoch kann der im westasiatischen Raum beheimatete Baum werden. Seine ahornähnlichen Blätter sind handförmig gelappt mit einem breiten Mittelabschnitt und buchtig gezähntem Rand. In der Jugend sind sie fein behaart, später verkahlen sie. Die eingeschlechtlichen Blüten sitzen in kugeligen Köpfchen, die Früchte sind borstenumstandene Nüsschen.

Ihr botanischer Name, Platanus orientalis, stammt vom griechischen *platís* (breit) ab, denn wenn die Platane ein Alter von 100 Jahren erreicht hat, höhlt sich der Stamm aus (manchmal kann man sogar hindurchkriechen), die Krone dagegen verbreitert sich zu der charakteristischen breitschirmigen Form. In der Antike galt die Platane deshalb auch stets als Baum großer Gottheiten wie Zeus, Apoll, Demeter und Ártemis.

Kloster Ágios Athanásios

Ein schöner, gemütlich zu gehender Weg führt vom oberen Ortsende Alónias zwischen Obstbäumen in ca. 30 Minuten zum westlich des Dorfes gelegenen Athanásioskloster, einem ehemaligen Metóchi (→ S. 101) des Áthosklosters Íwiron, das im Jahre 2007 von nur noch einem Mönch bewohnt wurde. Der freundliche Amfilóchios freut sich immer über Gäste, die auch bei den regelmäßig hier stattfindenden Gottesdiensten willkommen sind.

Man betritt die Klosteranlage durch ein großes schmiedeeisernes Tor mit zwei byzantinischen Doppeladlern. In dem gepflegten, blumengeschmückten Innenhof laden Bänke zum Ausruhen ein. Die ziegelgedeckte Kirche enthält eine alte **hölzerne Altarwand** mit beachtenswerten Ikonen. Eine z. B. zeigt den Erlöser, eine andere Maria mit dem Jesuskind. Vor der **Athanásios-Ikone** hängen einige persönliche Schmuckstücke – Geschenke von Gläubigen an den Heiligen als Dank für seine Hilfe. Bei unserem letzten Besuch wurde das Kircheninnere von Grund auf restauriert.

Hinter dem Wohngebäude des Klosters kann man noch Reste eines alten Dreschplatzes sehen. Einst gab es sie in großer Zahl, wovon auch der Name des Dorfes Alónia (=Dreschplätze) zeugt.

• *Anfahrt/Spaziergang* Von **Chóra** kommend, biegt man direkt hinter dem Ortsschild auf eine Betonstraße nach rechts ein. Nach ca. 300 m öffnet sich der Blick aufs Meer, einige vereinzelte Häuser stehen rechts und links des Weges, dem man, alle Abzweigungen ignorierend, konsequent folgt, bis er nach ca. 800 m auf die zum Hubschrauberlandeplatz führende Straße trifft, auf die man nach rechts abbiegt. 250 m weiter zweigt man links ab (Schild) und steht vor dem Tor der Klosteranlage.

Wer von **Kamariótissa** mit dem Fahrzeug anreist, benutzt die Straße nach Pachiá Ámmos, biegt von dieser nach ca. 2,5 km nach links ab und erreicht bald darauf eine Kaserne. Man fährt an dieser vorbei und zweigt 600 m danach nach links zum Kloster ab.

Xiropótamos und Makriliés

Fast verlassen sind mittlerweile diese beiden winzigen Weiler. Xiropótamos verdankt seinen Namen dem gleichnamigen Bach, der das Tal schuf, in dem die Häuser stehen. „Trockener Fluss“ heißt er, in Wahrheit könnte er jedoch zumindest im Winter reichlich Wasser führen. Es wird ihm aber für die Viehtränken und zur Bewässerung abgezapft, so dass es in den Gärten üppig grünt und blüht. Außerdem wachsen hier jede Menge Olivenbäume. Nicht von ungefähr nannte man den unteren Weiler Makriliés – „ausgedehnter Olivenhain“.

In **Makriliés** wohnen heute ständig nur noch zwei bis drei Familien, das Kafeníon wird nur noch unregelmäßig bewirtschaftet. Wehmütig erzählt die alte Wirtin Sotiría von der Zeit, als hier noch etwa 30 Leute lebten und sie immer reichlich Kundschaft hatte. Wenn sie dann allerdings weiter berichtet, wie ihre Kinder zu Fuß über die Berge nach Chóra zur Schule gehen mussten, wird verständlich, warum hier kaum noch einer bleiben möchte. Umso mehr freut sich die Alte, dass ihr Sohn im Jahre 2001 neben dem Kafeníon eine moderne Käserei eingerichtet hat, in der Besucher gerne willkommen sind (von März bis September geöffnet).

Wenn man weiter das Flusstal hinauffährt, kommt man nach **Xiropótamos,** das ebenfalls fast ausgestorben wirkt. „Zentrum“ ist der Platz vor der Kirche Agía Fotiní mit Briefkasten und Telefon, vor ein paar Jahren hat das Kafeníon gegenüber für immer geschlossen.

Samothráki im Frühling

Wandertipp: Auch in der Nähe des Dorfes Xiropótamos gibt es natürliche Váthres – nicht ganz so spektakulär wie die des Foniá-Baches (→ S. 246 f), dafür ist man hier ungestört. Gehen Sie im Dorf auf einem schmalen Betonweg ca. 1 km weit in nördliche Richtung, bis Sie zu einem auffälligen Wohnhaus mit der Nr. 84 kommen. Gegenüber beginnt ein schmaler Fußpfad, der steil aufwärts in den Wald hineinführt (Vorsicht, auf dem stark bröckeligen Untergrund gerät man leicht ins Rutschen). Nach wenigen Metern stößt man auf einen Kanal, an dem man sich nun etwa einen Kilometer lang bis zu den natürlichen Becken und einigen **Miniwasserfällen des Xiropótamos** „entlanghangelt" – gutes Schuhwerk und Trittfestigkeit sind unbedingt erforderlich!

• *Verbindungen* Von *Kamariótissa* ist Makriliés 7 km, Xiropótamos 8 km entfernt. **Keine Busverbindung**!

• *Trinken/Übernachten* **Kafeníon I Dési**, in Makriliés. Das direkt an der Straße gelegene Kaffeehaus erinnert in seiner Ausstattung noch an vergangene Zeiten. Viel mehr als einen Kaffee dürfen Sie hier nicht erwarten. Nur noch sehr unregelmäßig geöffnet.

Apartments Ilyéssa, schöne Anlage in einem weitläufigen Olivenhain nahe der Küste, zudem kann man sich im Pool erfrischen. Den Kleinen steht ein Spielplatz zur Verfügung. Die modern eingerichteten Apartments sind mit 2–4 Betten, Ventilator, Bad und Balkon (Blick auf Berge oder Meer) ausgestattet und kosten je nach Saison und Anzahl der Personen 30–60 €. ✆ 2551095111, www.samothraki.com.

Olivenernte und Olivenöl

Die im Oktober beginnende Ernte ist arbeitsintensiv. Einerseits muss dabei sorgfältig vorgegangen werden, um die zarte Haut der Früchte nicht zu verletzen, was die Qualität des Öls drastisch sinken ließe, andererseits muss es auch schnell gehen. Zwischen Ernte und Pressung bzw. Extrahierung dürfen höchstens drei Tage liegen. Mit Rechen und Stöcken werden die reifen Oliven vom Baum gestreift bzw. geschlagen. Um die abfallenden Früchte zu sammeln, breitet man engmaschige Netze, Tücher oder Plastikplanen auf dem Boden aus. In der Olivenpressanlage werden dann die Früchte mehrmals gepresst bzw. wird das Öl extrahiert. Die erste, manchmal auch zweite mechanische Kaltpressung oder Kaltextraktion (bei höchstens 27 °C) ergibt das hochwertige Speiseöl, das sogenannte „virgin oil", die folgende hydraulische Pressung bzw. Extraktion bei höheren Temperaturen minderwertiges Öl, das z. B. zur Seifenherstellung verwendet wird. Die übrig gebliebenen festen Bestandteile dienen als Heizmaterial oder als Viehfutter.

In Griechenland wird nahezu jede Speise mit einem ordentlichen Schuss Olivenöl verfeinert, und der Verzicht darauf während der Karwoche bedeutet wirklich eine Entbehrung. Manch einer hält Olivenöl sogar für eine Medizin und empfiehlt, jeden Morgen ein Mokkatässchen davon zu trinken, wenn man ein hohes Alter erreichen will. Wem dies zu radikal ist, der sollte es aber auf jeden Fall in der Küche verwenden. Schließlich belegen Statistiken, dass in den Mittelmeerländern die Zahl der Herzerkrankungen deutlich geringer ist als dort, wo man vor allem tierische Fette gebraucht.

Lákoma mit Akrojáli

In dem ausgesprochen hübschen, lebendigen Bauerndorf kann man sich wohlfühlen. Das unterhalb davon am Meer gelegene Akrojáli bietet zwar nur einen schmalen, dunklen Kiesstrand, dafür aber viel Ruhe.

Am Fuß des Profítis-Ilías-Berges stehen die Häuser des viertgrößten Inseldorfes, das von der modernen Marienkirche (Feiertag: 8. September) überragt wird. Bunte Gärten mit Obstbäumen und viel Blumenschmuck in den Gassen setzen hübsche Akzente. Lila Malven, rote Geranien und rosa-orangefarbene Wandelröschen quellen aus zu Blumentöpfen umfunktionierten Olivenölkanistern. Die Hühner rennen hier noch respektlos über die Hauptstraße und haben wahrscheinlich ihre Freude daran, dass der meiste Verkehr mittlerweile unten am Strand vorbeigeleitet wird, in den Gärten blöken Schafe und meckern Ziegen. Neben einigen Häusern bzw. in deren Innenhöfen stehen oft noch die alten, halbrunden, weiß gekalkten **Backöfen,** in denen einige Frauen tatsächlich noch ihr Brot backen. In Lákoma lebt schließlich der letzte Backofenbauer von Samothráki.

Ein Päuschen in Ehren ...

In der Dorfmitte trifft man sich in den Kafenía, von denen es immerhin vier gibt. Hier kann man noch die urgriechische Männerwelt erleben. Geht man von der Ouzerí Mávros in südöstliche Richtung zur Umgehungsstraße hinunter, stößt man am Bach auf eine alte **Mühle.** Ein Schild über dem Eingang nennt den Namen des einstigen Besitzers: Geórgios M. Chanoú. Im mittleren Raum presste man vor einigen Jahrzehnten noch die Oliven. Links davon befand sich im Erdgeschoss eine Getreidemühle, darüber lagen die Schlafräume der Arbeiter. Rechts von der großen Olivenölpressanlage lagerte man auf zwei Ebenen die zu verarbeitenden Früchte. Folgt man der Umgehungsstraße abwärts, trifft man nach wenigen Metern rechter Hand auf eine weitere ehemalige Ölmühle, in deren verfallenen Räumen ebenfalls noch alte Arbeitsgeräte herumstehen.

• *Verbindungen* Von *Kamariótissa* ist Lákoma etwa 10 km entfernt. Man kann das Dorf auf zwei asphaltierten Straßen erreichen: Entweder man bleibt auf der alten, sehr steilen und schmalen Straße oder man biegt an einer Abzweigung auf eine breite, neu asphaltierte nach *Akrojáli* ab und fährt über den kleinen Hafen ins Dorf hinauf. Der Bus hält an der zentralen Kreuzung in der Ortsmitte.

• *Einkaufen* In mehreren winzigen **Pantopolía** nahe der Kafenía kann man sich mit dem Nötigsten versorgen. Einmal am Tag kommt der **Bäcker** mit einer Ladung Brot von Kamariótissa herauf und verkauft seine Waren vom Auto aus.

• *Übernachten* **Pension Filoxenía**, am östlichen Ortsrand an der Straße nach Pachiá Ámmos führt Familie Tiganoúrgias die nette kleine Pension. Schöne Gemälde an der Gartenmauer machen darauf aufmerksam. Zwei- und Dreibettzimmer mit recht kleinen Bädern, AC, Kühlschrank und umlaufendem Balkon (schöner Blick aufs Dorf) werden hier ganzjährig zum Preis von 25–40 € vermietet, auch eine Gemeinschaftsküche ist vorhanden. ✆ 2551095313, www.samothraki.com.

• *Essen und Trinken* Mehrere schöne **Kafenía** im Ortszentrum. Besonders gut hat uns ein namenloses mit originellen Wandbildern gefallen.

Ouzerí Mávros, ebenfalls im Ortszentrum. Auf einer kleinen Terrasse wird zum Oúzo gutes Mezé serviert.

Akrojáli: Unterhalb von Lákoma liegt 10 Gehminuten entfernt der schmale, dunkle Kiesstrand – mit den hochgezogenen bunten Booten der Fischer ein reizvolles Bild. Seit einigen Jahren kann man hier auch übernachten, dennoch bleiben die wenigen Badegäste auch im August noch unter sich.

• *Übernachten/Essen und Trinken* **Psarotavérna Akrojáli**, Pelargía und Geórgios betreiben die idyllisch gelegene Fischtaverne, in der man gut und relativ preiswert Fisch, aber auch Fleischgerichte aus der Pfanne essen kann. In jedem Fall sollten Sie dazu den vorzüglichen Kartoffelsalat probieren. Über der Taverne vermieten die beiden 5 angenehme DZ mit AC, Bad, Balkon (Blick aufs Meer), Kühlschrank und TV zum Preis von 25–40 €. Ganzjährig geöffnet. ✆/℻ 2551095123, www.samothraki.com.

Profítis Ilías

Eines der beliebtesten Ausflugsziele auf Samothráki ist Profítis Ilías, kann man in dem Bergdorf doch hervorragend gegrilltes Ziegenfleisch essen und dabei einen wunderschönen Blick auf die Südküste, manchmal sogar bis hinüber zur Nachbarinsel Límnos, genießen. In den unterhalb gelegenen Weiler Kastéli verläuft sich dagegen kaum jemand.

Am Hang des gleichnamigen kegelförmigen Berges kleben zwischen Nussbäumen, Platanen und Eichen die Häuser des Ilías-Dorfes. Zwar bestimmen auch hier wieder Oliven das Landschaftsbild, doch bald merkt man, dass man in einem „Ziegendorf" angekommen ist. Ständig hört man das Geläut der Halsglöckchen, und der Duft des gebratenen Fleisches lockt Besucher in die Tavernen. Bis zu 18 ganze Tiere drehen sich in jedem der fünf bis sechs Restaurants während der Hochsaison täglich am Spieß.

Am Ortseingang steht die moderne **Kirche des Propheten Ilías,** dessen Namenstag im Dorf am 20. Juli groß gefeiert wird. Ebenso wie das alte Gotteshaus wurden auch viele Häuser erneuert, schließlich ist in dem von winterlichen Nordstürmen arg geplagten Dorf eine solide Bauweise bitter nötig. Durch die alten Bruchsteinhäuser pfiff der Wind, die Nordwände waren fensterlos, die Dächer mussten durch massive Steine beschwert werden. Und trotz aller Vorsichtsmaßnahmen, so erzählen die Alten, überstand früher kaum eines der Häuser den Winter ohne Schaden.

• *Verbindungen* Die 12 km lange Fahrt von *Kamariótissa*, zunächst auf der Küstenstraße, ab *Lákoma* auf kurviger Bergstraße, ist gut zu bewältigen. Der Bus hält am Ortseingang, fährt bis nach *Kastéli* und wendet dort.

• *Übernachten* In einem mehrstöckigen Haus über dem Dorf vermietet die freundliche, deutschsprachige Familie Kordoniás 6 **Privatzimmer** mit Bad, Balkon und Kühlschrank, auch eine Gemeinschaftsküche steht den Gästen zur Verfügung. Zu zweit bezahlt man 20–30 €, für eine dritte Person kann ein Extrabett aufgestellt werden. Gehen Sie von der Hauptstraße (Richtung Kastéli) hinter der Taverne Parádissos nach links eine sehr steile Betonstraße hinauf. Von Mai bis Oktober geöffnet. In der

Nebensaison kann man den Schlüssel bei den oberhalb wohnenden Nachbarn bekommen. ✆ 2551095038 und 2551031174.

• *Essen und Trinken* Während der Hochsaison wird in allen Tavernen dasselbe angeboten: gegrilltes Ziegenfleisch, Salate, Vorspeisen. Die Portion Ziege bestellt man nach Gewicht, pro Person rechnet man etwa mit 300 g.

Tavérna O Wráchos, alteingesessenes Lokal an der Dorfgasse nahe der Kirche. Man sitzt gemütlich unter Platanen, besonders schön abends im Schein der altmodischen Lampen.

Tavérna Parádissos, in der Mitte des Dorfes. Von der Terrasse hat man einen tollen Blick über die Südküste.

Wanderung 16: Von Profítis Ilías zur Kapelle Panagía Kremniótissa und weiter nach Pachiá Ámmos

Für die ca. 8 km lange Tour zur Gipfelkirche (einfache Strecke) sollten Sie etwa zwei bis drei Stunden einplanen, da man einige Steigungen überwinden muss. Den größten Teil des Wegs wandert man auf einer breiten Piste, fast 2 km auf der hier aber nur wenig befahrenen Asphaltstraße. Wer will, kann von der Kapelle weiter nach Pachiá Ámmos laufen (ca. 4 km) und sich dort bei einem Sprung ins Meer erfrischen. Erst am Strand gibt es eine Verpflegungsmöglichkeit. Nehmen Sie genügend Wasser mit!

In Profítis Ilías startet man an der **Dorfkirche** (WP 01), läuft auf der Dorfstraße Richtung Kastéli, biegt kurz hinter der Taverne Parádissos auf ein sehr steiles Betonsträßchen nach links ab (WP 02) und wandert an der Schule und an

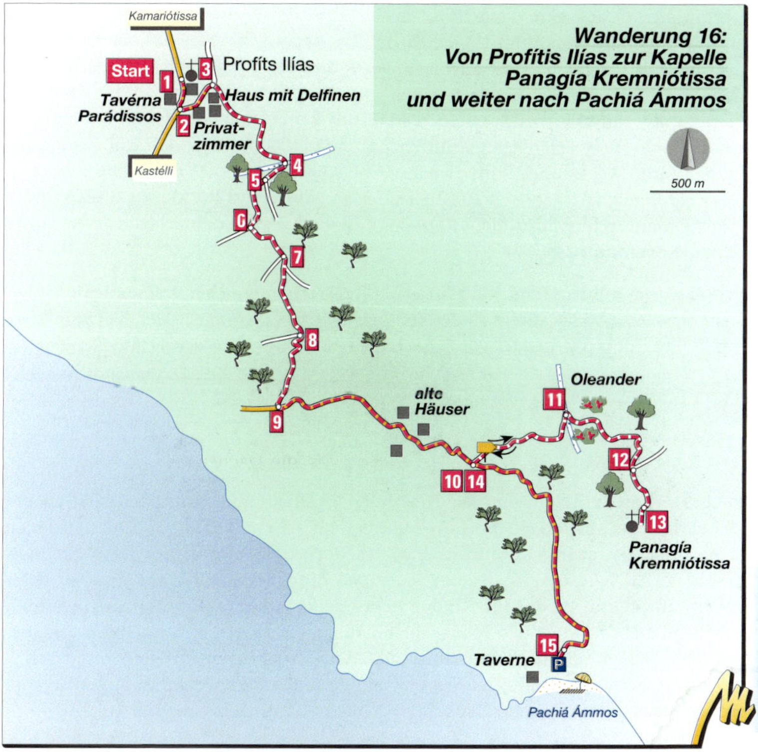

einem Haus mit Privatzimmern vorbei. 300 m oberhalb von diesem endet der Betonbelag, kurz darauf gabelt sich der Weg (WP 03). Sich rechts haltend, passiert man bald ein Haus, dessen Namensschild mit zwei Delfinen geschmückt ist, dann geht es zwischen Olivenbäumen leicht abwärts.

Nach insgesamt 1,5 km quert ein meist auch im Sommer wasserführendes Bächlein die Piste (WP 04), weshalb an dieser Stelle viele Platanen wachsen. Alle Abzweigungen (WP 05–08) ignorierend, geht man auf der Piste weiter in südliche Richtung und passiert bald ein Gebiet mit zahlreichen eingezäunten Viehweiden. Nach insgesamt 3,8 km erreicht man die Asphaltstraße (WP 09), der man nach links folgt.

Fast 2 km weiter weist links der Straße ein Schild mit der Aufschrift „Panagía Kremniótissa" auf eine Piste hin, die zum Wanderziel hinaufführt (WP 10). Diesem z. T. ziemlich steil ansteigenden Weg folgt man nun durch einen Eichenwald aufwärts und quert bald einen Bach (WP 11), Oleanderbüsche blühen am Wegesrand. Eine weitere Abzweigung ignorierend (WP 12), erreicht man schließlich die **Kapelle Panagía Kremniótissa** (WP 13).

Der Name dieser Kapelle – „die über dem Abgrund Schwebende" – kommt nicht von ungefähr. Stufen führen zu dem unscheinbaren weißen Ziegeldachkirchlein hinauf, in einem Baum hängt die Glocke, die zu den **beliebtesten Fotomotiven** der Insel gehört. Hinter der Kapelle stürzen die Felsen nahezu senkrecht hinab, unten liegt, eingerahmt von weiten Olivenhainen, der Strand Pachiá Ámmos. Mit etwas Glück sieht man von hier oben auch die Insel Límnos, das türkische Eiland Gökceada scheint dagegen fast immer zum Greifen nah.

Im Innern ist die etwa hundertjährige Kapelle über und über mit Ikonen behängt, eine außergewöhnlich wertvolle konnten wir jedoch nicht entdecken. Besonders großen Stellenwert hat das Kirchlein bei den Fischern, deren Schutzpatronin die Panagía ist.

Entweder geht man von der Kapelle auf demselben Weg nach Profítis Ilías zurück oder wendet sich an der Kreuzung mit der Asphaltstraße (WP 10 bzw. 14) nach links und wandert gut 2 km nach Pachiá Ámmos (WP 15), wo man sich bei einem **Bad im Meer** abkühlen oder in der Taverne dem Magen etwas Gutes tun kann.

Dáfni: Nur aus einer Hand voll Häusern mit Gärten und vielen Walnussbäumen besteht der kleine Weiler direkt an der Straße nach Pachiá Ámmos. Auch hier kann man im Sommer übernachten, es gibt jedoch keine weiteren Versorgungsmöglichkeiten.

• *Verbindungen* Die Entfernung nach *Kamariótissa* beträgt ca. 12 km. Der Bus fährt nur bis Lákoma, die 2 km lange Strecke von dort bis nach Dáfni muss man also zu Fuß zurücklegen.

• *Übernachten* Familie **Parsélias** vermietet etwas abseits der Straße in der Hochsaison 7 einfache Zwei- und Dreibettzimmer mit Bad, AC, Balkon oder Hof für ca. 25–40 €. ✆ 2551095079.

Pachiá Ámmos: Weit öffnet sich das mit Olivenbäumen bestandene Tal zu der sichelförmigen, hellen Bucht. Eingerahmt wird sie von steilen Felsen, auf denen sich meist ein paar Möwen dekorativ niederlassen. Gegenüber liegt die Insel Gökceada. „Dicker" bzw. „Breiter Sand", so die Übersetzung aus dem Griechischen, und damit ist der für Kinder sicher geeignetste Inselstrand auch treffend beschrieben. Und auch das Schnorcheln entlang der Felsen ist lohnenswert. Inzwischen betreiben die Tavernenbesitzer auch eine Strandbar, vermieten Sonnenschirme und bieten Tretboote, Jet-Ski und ähnliche Wassersportgeräte an. Wer aber weiter entfernt sein Badetuch ausbreitet, findet hier noch immer viel Ruhe.

Traktoren ersetzen Maultiere und Esel

• *Verbindungen* Fast 24 km sind es auf der Asphaltstraße von *Kamariótissa*. Im Jahr 2007 bestand noch keine Busverbindung, möglicherweise soll aber eine eingerichtet werden.

• *Übernachten/Essen und Trinken* Über der **Tavérna Ta Delfínia** vermieten die Brüder Kapéllas 6 Zimmer (2–4 Betten) mit Gemeinschaftskühlschrank, Bad, Kühlschrank, AC und Balkon (Blick aufs Meer). Zwischen Mai und Oktober bezahlen zwei Personen je nach Saison 30–50 €. ✆ 2551095119, www.samothraki.com. Im **Restaurant** wird viel frischer Fisch, aber auch griechische Hausmannskost serviert.

Der Südosten

Nur vom Meer her lässt sich dieser Teil der Insel erkunden, das Sáos-Gebirge ist hier zu wild, zu steil und daher unzugänglich.

Westlich vom Kap Kípos beginnt der immer noch unerschlossene Küstenbereich von Samothráki, der sich bis Pachiá Ámmos zieht. Fährt man mit dem Boot entlang, passiert man z. T. mehrere 100 m fast senkrecht abfallende Felswände; dazwischen liegen immer wieder wunderschöne Strände. Das Boot hält immer einen Sicherheitsabstand ein, denn die Strömung ist gefährlich, und die vielen Riffe sind im dunklen Wasser nur schwer zu erkennen. In den Gesteinsaushöhlungen sollen noch einige der vom Aussterben bedrohten mediterranen Mönchsrobben leben, in der Luft sieht man Falken und andere Greifvögel.

Zu den landschaftlichen Höhepunkten dieser Fahrt gehören der aus großer Höhe ins Meer herabstürzende **Wasserfall Kremastó** und kurz davor eine **dunkelgraue Granitwand,** die von weißen „Fäden" (es handelt sich um Ganggranit) durchzogen wird. Die „Wäsche der Alten" nennen die Einheimischen diese eindrucksvolle geologische Formation, denn einer Anekdote zufolge soll eine alte Frau hier ihre Wäsche zusammen mit der Wäscheleine so ungeschickt ausgebreitet haben, dass sie schließlich das Knäuel nicht mehr entwirren konnte und es in dem Fels Abdrücke hinterließ.

Bootstour Je nach Bedarf und Wetter wird die Fahrt von Loutrá bis Pachiá Ámmos und zurück während der Sommermonate gleich von zwei Ausflugsbooten angeboten. Nähere Informationen dazu finden Sie auf S. 221.

Verlagsprogramm

- Abruzzen
- Ägypten
- Algarve
- Allgäu
- Altmühltal & Fränk. Seenland
- Amsterdam *MM-City*
- Andalusien
- Apulien
- Athen & Attika
- Azoren
- Baltische Länder
- Barcelona *MM-City*
- Berlin *MM-City*
- Berlin & Umgebung
- Bodensee
- Bretagne
- Brüssel *MM-City*
- Budapest *MM-City*
- Bulgarien – Schwarzmeerküste
- Chalkidiki
- Chianti – Florenz, Siena
- Cornwall & Devon
- Costa Brava
- Costa de la Luz
- Côte d'Azur
- Cuba
- Dolomiten – Südtirol Ost
- Dominikanische Republik
- Dresden *MM-City*
- Ecuador
- Elba
- Elsass
- England
- Franken
- Fränkische Schweiz
- Friaul-Julisch Venetien
- Gardasee
- Genferseeregion
- Golf von Neapel
- Gomera
- Gran Canaria
- Gran Canaria *MM-Touring*
- Graubünden
- Griechenland
- Griechische Inseln
- Hamburg *MM-City*
- Haute-Provence
- Ibiza
- Irland
- Island
- Istanbul *MM-City*
- Istrien
- Italien
- Italienische Adriaküste
- Kalabrien & Basilikata
- Kanada – der Westen
- Karpathos
- Katalonien
- Kefalonia & Ithaka
- Kopenhagen *MM-City*
- Korfu
- Korsika
- Kos
- Krakau *MM-City*
- Kreta
- Kroatische Inseln & Küste
- Kykladen
- Lago Maggiore
- La Palma
- La Palma *MM-Touring*
- Languedoc-Roussillon
- Lanzarote
- Lesbos
- Ligurien – Italienische Riviera, Genua, Cinque Terre
- Liparische Inseln
- Lissabon & Umgebung
- Lissabon *MM-City*
- London *MM-City*
- Madeira
- Madrid & Umgebung
- Mainfranken
- Mallorca
- Malta, Gozo, Comino
- Marken
- Mecklenburgische Seenplatte
- Mittel- und Süddalmatien
- Mittelitalien
- Montenegro
- München *MM-City*
- Naxos
- Neuseeland
- New York *MM-City*
- Niederlande
- Nord- u. Mittelgriechenland
- Nordkroatien – Kvarner Bucht
- Nordportugal
- Nordspanien
- Norwegen
- Nürnberg, Fürth, Erlangen
- Oberbayerische Seen
- Oberitalien
- Oberitalienische Seen
- Ostfriesland & Ostfriesische Inseln
- Ostseeküste – Mecklenburg-Vorpommern
- Ostseeküste – von Lübeck bis Kiel
- Paris *MM-City*
- Peloponnes
- Pfalz
- Piemont & Aostatal
- Polen
- Polnische Ostseeküste
- Portugal
- Prag *MM-City*
- Provence & Côte d'Azur
- Rhodos
- Rom & Latium
- Rom *MM-City*
- Rügen, Stralsund, Hiddensee
- Salzburg & Salzkammergut
- Samos
- Santorini
- Sardinien
- Schottland
- Schwäbische Alb
- Sinai & Rotes Meer
- Sizilien
- Skiathos, Skopelos, Alonnisos, Skyros – Nördl. Sporaden
- Slowakei
- Slowenien
- Spanien
- Südböhmen
- Südengland
- Südfrankreich
- Südmarokko
- Südnorwegen
- Südschwarzwald
- Südschweden
- Südtirol
- Südtoscana
- Südwestfrankreich
- Teneriffa
- Teneriffa *MM-Touring*
- Tessin
- Thassos, Samothraki
- Toscana
- Tschechien
- Tunesien
- Türkei
- Türkei – Lykische Küste
- Türkei – Mittelmeerküste
- Türkei – Südägäis
- Türkische Riviera – Kappadokien
- Umbrien
- Usedom
- Venedig *MM-City*
- Venetien
- Wachau, Wald- u. Weinviertel
- Westböhmen & Bäderdreieck
- Westungarn, Budapest, Pécs, Plattensee
- Wien *MM-City*
- Zakynthos
- Zypern

Aktuelle Informationen zu allen Reiseführern finden Sie im Internet unter
www.michael-mueller-verlag.de

Michael Müller Verlag GmbH, Gerberei 19, 91054 Erlangen
Tel. 0 91 31 / 81 28 08-0; Fax 0 91 31 / 20 75 41; E-Mail: mmv@michael-mueller-verlag.de

Register

Kavála
Alexandroúpolis
Thássos
Samothráki

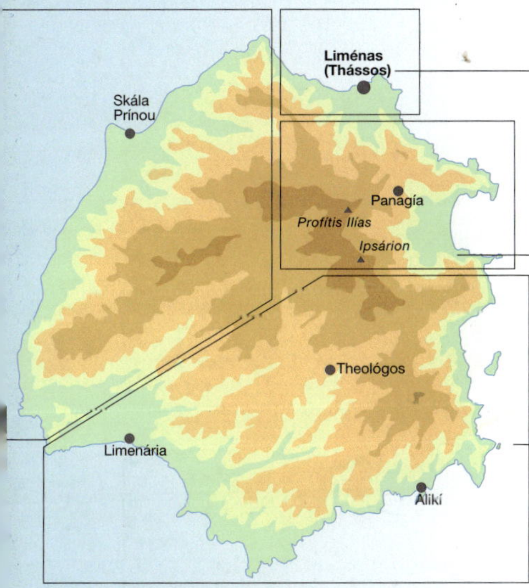
Liménas
(Thássos)
Skála
Prínou
Panagía
Profítis Ilías
Ipsárion
Theológos
Limenária
Alikí

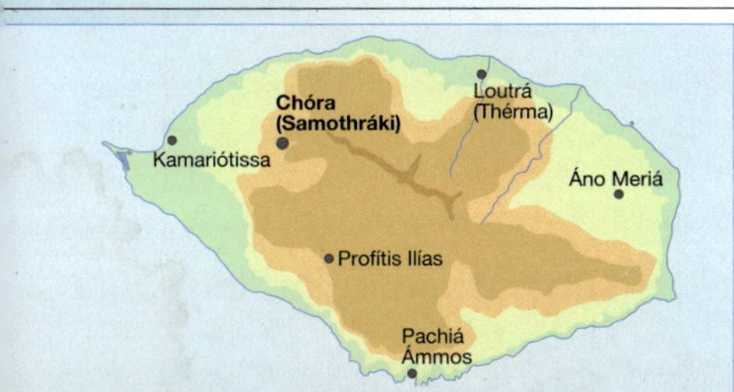
Chóra
(Samothráki)
Loutrá
(Thérma)
Kamariótissa
Áno Meriá
Profítis Ilías
Pachiá
Ámmos

Text und Recherche: Antje und Gunther Schwab
Lektorat: Angela Nitsche, Susanne Bartel
Redaktion und Layout: Nona-Andreea Kolle
Fotos: Antje und Gunther Schwab
Titelfotos: unten: Hafen von Liménas
oben: Alikí (beide: Antje und Gunther Schwab)
Karten: Hana Gundel, Astrid Wölfel
Covergestaltung: Karl Serwotka

Danksagung

Für die tatkräftige Unterstützung und viel Geduld möchten wir uns bei all unseren Freunden auf den beiden nordostägäischen Inseln bedanken. Auf Thássos waren uns Agláia Stalióglou und Alékkos Kotsitélis aus Panagía eine große Hilfe. Auf Samothráki sind wir Marína Hailás und Ralf Scheel sehr zu Dank verpflichtet. Danken möchten wir auch unseren Lesern für ihre zahlreichen Hinweise, insbesondere Daniela Wolter und Tobias Mielbrecht sowie Gunthard Heller. Nicht zuletzt geht aber wieder ein besonders herzliches Dankeschön an Sía Aídi, die uns mit Rat und Tat bei allen Fragen zur griechischen Sprache stets zur Seite stand.

ISBN 978-3-89953-411-5

4. komplett aktualisierte und überarbeitete Auflage 2008

ΠΕΡΙΦΕΡΕΙΑΚΟ ΚΟΙΝΟΤΙΚΟ
ΙΑΤΡΕΙΟ ΚΑΛΛΙΡΑΧΗΣ